Zhang Rongliangs Buch aus der Sicht chinesischer Christen

Um dieses ungewöhnliche Buch schätzen zu können, sind Voten von Vertretern der chinesischen Untergrundkirche hilfreich. Ihre Namen mögen den meisten Lesern unbekannt sein, doch sie gehören zu den geachtetsten Leitern dieses oft unsichtbaren Teils der weltweiten Gemeinde Jesu. Sie repräsentieren schätzungsweise über 70 Millionen chinesische Christen.

„Es gibt so vieles in der Untergrundkirche, das in der übrigen Welt nicht bekannt ist, aber Pastor Zhangs persönliches Zeugnis füllt die Lücke. Ich bin so dankbar für dieses Buch. Es ist unmöglich, sich die vom Heiligen Geist gewirkte Erweckung in China ohne Pastor Zhang vorzustellen. Sein Zeugnis beweist, dass Jesus lebendig und nicht tot ist.“

Pastor Zhen Ju Xing, Shenzhen

„Wer die Predigten von Zhang Rongliang hörte, übergab sein Leben Jesus, nahm sein Kreuz auf sich und folgte ihm nach. Diese Menschen geben bereitwillig ihre Freiheit und Bequemlichkeit auf, um ein Leben in der Verfolgung mit vielen Entbehrungen zu b[illegible]nnen. Das sind keine ‚normalen Menschen‘. ‚Norm[illegible]hen‘ tun nicht das, was in diesem Buch beri[illegible]hat Pastor Zhang gebraucht, um Millio[illegible] zu erreichen.“

Xiao Min,
Sängerin und Liedermacherin
der chinesischen Untergrundkirche

„Pastor Zhang hat in seinem Leben auf Schritt und Tritt Gottes Führung und Schutz erlebt. Dies ist nicht nur seine Geschichte, sondern auch die der Untergrundhauskirche Fangcheng – eines der größten Hauskirchennetzwerke in China. Wenn Sie Pastor Zhangs Geschichte lesen, erfahren Sie auch die Details der letzten vierzig Jahre Kirchengeschichte in China."

Pastor Chen Xiao Fu, Beijing

„Die faszinierende Geschichte, die Pastor Zhang in diesem Buch erzählt, zeigt, wie er eine der bekanntesten Kirchen in China leitete. Ich kenne vieles aus dieser Geschichte persönlich, weil ich mit dabei war. 1982-1986 hatte ich zahlreiche Gelegenheiten, die Untergrundkirche in Fangcheng zu besuchen. Es gelang Pastor Zhang, Teams zu schaffen und auszusenden, und er spielte eine Schlüsselrolle bei der Gründung der fünf großen Hauskirchennetzwerke. Ich habe erlebt, wie er mit großer Weisheit und mit Takt innerkirchliche Konflikte löste und Irrlehren bekämpfte. Pastor Zhang war der Mann, den Gott gebrauchte, um Seine Erweckung nach China zu bringen."

Pastor Peter Xu, USA

Inhalt

Vorwort

Ich bin Bruder Yun, der „Heavenly Man“. Zusammen mit Pastor Zhang Rongliang habe ich viel Verfolgung für das Evangelium erlitten. Über dreizehn Jahre meines Lebens habe ich im Gefängnis verbracht, aber durch die Macht von Jesus Christus konnte ich dies durchstehen.

Ich bin hocherfreut, dass Zhang Rongliangs Glaubenszeugnis der Welt bekannt gemacht wird, und fühle mich geehrt, dass ich etwas über dieses Buch schreiben darf. Pastor Zhang und ich waren lange Zeit Weggefährten. Gemeinsam wurden wir verhaftet, gemeinsam verloren wir unser Zuhause, gemeinsam sind wir durchs finstere Tal gegangen und haben die höchsten Berge erklommen. Oft konnten wir gemeinsam lachen und uns freuen.

Wir sind beide Kinder der Untergrundkirche in China, und beide waren wir Älteste im Sinim-Verband – einem Zusammenschluss verschiedener Hauskirchennetzwerke der chinesischen Untergrundkirche. Nach den ersten Seiten von Zhangs Geschichte war ich so bewegt, dass ich aufhören musste zu lesen und ins Gebet ging. Auf den Knien rief ich aus: „Für das Kreuz, für das Kreuz! Alles zur Ehre des Kreuzes! Möge Gott uns stets helfen, es den Völkern zu predigen!“

Der Wunsch, dass aller Dank Gott gelten möge, bohrte sich tief in mein Herz. Ich verschlang das Buch förmlich, ein Kapitel nach dem anderen. Was ich da las, machte mich satt, als ob ich eine reichliche Mahlzeit essen würde. Ich las die Geschichte in einer Nacht von der ersten bis zur letzten Seite und fühlte mich wie in den Psalmen Davids. Als ich endlich vom Buch aufschaute, sah ich, dass draußen der Morgen dämmerte.

Aller Dank gebührt unserem Gott, der uns erwählt hat. Wir haben nichts, dessen wir uns rühmen könnten. Wir sind voller Schwächen, Fehler, Sünden und Versagen. Aber wir dienen Gott vor den Engeln des Himmels. Nur durch das Blut von Jesus können wir unseren Auftrag erfüllen. Es ist unsere Aufgabe, Zeugen seiner Botschaft der Macht und Gerechtigkeit zu sein.

Mit viel Gebet und Segen möchte ich Ihnen dieses Buch ans Herz legen. Ich glaube, dass die Lebensgeschichte von Pastor Zhang ein mächtiges Zeugnis des Kreuzes ist, das die Kirche im Westen wie im Osten bewegen wird. Der himmlische Vater wartet darauf, dass seine Söhne und Töchter ihm ihr Herz zuwenden. Wenn wir uns zu ihm kehren, wird er sich zu uns wenden. Ich wünschte, die heutige Kirche könnte zurückkehren in die Tage der Apostel, sodass die Christen bereit werden, mutig ihr Leben für Gott zu geben, wie Pastor Zhang dies tat. Lesen wir diese Geschichte und lassen wir uns ermutigen, weiter das Evangelium jedem Volk und jedem Stamm zu bringen, bis jeder Mensch es hören kann.

Bruder Yun, Autor von *Heavenly Man*

Zu diesem Buch
Meine Lebensgeschichte gehört Christus

Mein Name ist Zhang Rongliang und ich folge aus Überzeugung Jesus Christus nach. Ich bin der Pastor der kleinen Landgemeinde Fangcheng. Ehrlich gesagt weiß ich nicht, wie viele Mitglieder unsere Kirche hat. Die meisten internationalen Quellen schätzen die Zahl auf etwa zehn Millionen Gläubige. Manche sagen, dass es viel weniger sind, andere, dass es vielleicht noch mehr sind. Die genaue Zahl kennt allein Gott und sie ist auch gar nicht wichtig.

Auf den folgenden Seiten möchte ich Ihnen mein persönliches Glaubenszeugnis erzählen, wie Gott es mir ins Herz gegeben hat. Es gilt als sehr gefährlich, den Inhalt dieses Buches unter die Leute zu bringen, aber die Geschichten in ihm wollen weitererzählt werden – zur Ehre Gottes und zur Ermutigung seiner Kirche. Viele Monate lang habe ich mit internationalen Autoren an diesem Buch gearbeitet, die extra nach China kamen und sich mit mir zusammensetzten, um jedes Kapitel meiner Geschichte durchzugehen. Das war nicht einfach für mich; oft bekam ich nasse Augen oder einen Kloß im Hals bei den Erinnerungen. Meine Lebensgeschichte ist kompliziert und voller Höhen und Tiefen. Mehrere Male wurde ich verhaftet und ins Gefängnis geworfen. Einen großen Teil meines Lebens habe ich hinter Gittern verbracht; insgesamt waren es fünf Haftstrafen.

Ich erachte es als ein Vorrecht, dass ich für den Namen meines Herrn Jesus Christus gelitten habe. In all den einsamen Nächten und hoffnungslosen Situationen hat er mich kein einziges Mal verlassen oder vergessen.

Eigentlich ist dies gar nicht „meine" Geschichte. Ich glaube, dass mein Leben und damit mein Glaubenszeugnis nicht mir selbst gehört, sondern Christus. Er allein hat mich erlöst. Alles, was ich habe und was ich über mein Leben erzählen kann, gehört ihm. Es ist mein Wunsch, wie jemand zu sein, der tot ist, damit Christus durch mich leben kann, und darum erzähle ich diese Geschichte. Ich möchte Ihnen von seiner Liebe, Gnade und Gemeinschaft erzählen, die nie aufhören.

1. Der „Große Sprung nach vorn“

Ich bin am 23. März 1951 geboren, im Bezirk Fangcheng der Provinz Henan im östlichen Zentralchina. Der Zeitpunkt lag in einer der schwierigsten Epochen in der langen Geschichte unseres Landes. Meine Familie war sehr arm. Ich war das mittlere von drei Kindern; meine ältere Schwester ist heute 73 Jahre alt, die jüngere 57. Mein Vater war Schreiner und tat sein Bestes, um die Familie zu ernähren, aber manchmal hatten wir so wenig zu essen, dass wir draußen nach Wildgemüse suchten. Meine ältere Schwester konnte Hunger aushalten, aber meine jüngere Schwester und ich baten unsere Mutter den ganzen Tag weinend um etwas zu essen. Unsere Mutter liebte uns mehr als ihr eigenes Leben, und eines Tages, als wir wieder vor Hunger weinten, sagte sie: „Liebe Kinder, bitte weint nicht! Eure Mama weiß doch, dass ihr Hunger habt, aber wenn ihr so weint, tut mir das Herz noch mehr weh.“ Wir spürten den Schmerz unserer Mutter und hörten auf zu weinen. Allmählich lernten wir, den Hunger zu ertragen.

1956 nahmen mich meine Eltern mit in die Stadt Lushan und danach nach Nanyang und Zhenping, um zu betteln. Wir gingen von Tür zu Tür und baten um Lebensmittel. Oft bot mein Vater gegen etwas Reis seine Schreinerdienste an. Manche Leute waren sehr unfreundlich und konnten nicht verstehen, warum wir bettelten. Andere waren bereit, das bisschen, was sie hatten, mit uns zu teilen. Viel war es nie, denn damals war fast jeder arm. Der Hunger war allgegenwärtig und die ausgemergelten Leichen Verhungerter waren ein gängiger Anblick auf den Straßen.

Unsere Familie musste also ums nackte Überleben kämpfen. Den ganzen Tag bettelten wir an den Türen um Essen –

und hatten abends oft doch nicht mehr als zwei Schalen Reis für unsere Familie. Das ging volle zwei Jahre so, jeden Tag; wir wären sonst verhungert. Heute finde ich es skandalös, wenn Kinder um Essen betteln müssen. Die ständige Ablehnung und Unsicherheit, die ich damals miterlebte, haben bis heute Spuren in meiner Seele hinterlassen. Diese Jahre waren furchtbar.

Dann erließ die Regierung ein Gesetz, nach welchem mehrere Haushalte sich denselben Kochtopf teilen mussten, was bedeutete, dass wir etwas vom Essen unserer Nachbarn abbekamen. Es war nicht viel, aber wir brauchten nicht mehr zu betteln. Der „Große Sprung nach vorn" (1958-1961), mit dem die Kommunistische Partei die Modernisierung des Landes forcieren wollte, führte aber zur Verknappung von Kochtöpfen, weil die Haushalte 1958/59 ihre Töpfe an den Staat abliefern mussten, um so die Stahlproduktion zu erhöhen. Für Mao war eine Großmacht ein Staat, der viel Stahl produzierte. Folglich wollte er England und die USA in der Stahlproduktion überholen, um China nach vorne zu bringen. Das Ergebnis war, dass es in unserem Dorf für 250 Haushalte nur noch einen einzigen Kochtopf gab, was zur Folge hatte, dass wir nur alle sieben oder acht Tage Nudeln essen konnten – und wer die Provinz Henan kennt, der weiß, dass Nudeln dort das Hauptnahrungsmittel sind.

1960 standen wir vor lauter „Sprung nach vorn" am Rande des Todes. 1958-1962 erlebte China die wohl größte Hungersnot in der Geschichte der Welt. Der Modernisierungswahn des Regimes hatte zu einer menschengemachten Katastrophe geführt, die im Laufe von vier Jahren schätzungsweise 45 Millionen Menschen den Tod brachte – nicht nur durch Verhungern, sondern auch durch Schläge, Folter und Zwangsarbeit. Damals war Mao Zedong, der nach der Machtergreifung

1949 als Vater der Kommunistischen Partei galt, Chinas Führer. Er leugnete beharrlich, dass es Hungersnöte gab; das Land ging lediglich durch eine „Periode der Knappheit“ – basta. Damals wurden in manchen Kollektiven oder Kommunen Lebensmittel nach der Arbeitsfähigkeit der Menschen zugeteilt, was bedeutete, dass die Alten, Schwachen, Kranken und Behinderten verhungerten.

Am schlimmsten traf die Hungersnot die ländlichen Gebiete. Viele Familien versuchten, aus allem, was sie auftreiben konnten (sogar Baumrinde), Suppe zu machen. Die Regierung konfiszierte von den Bauern Vieh („für das Wohl des Volkes“), nur um anschließend das Fleisch in den Händen unqualifizierter Stadtmenschen oder Parteikader verkommen zu lassen. Immer wieder wurden Kinder, die zu schwach waren, um auch nur noch zu weinen, auf den leeren Feldern liegen gelassen, um zu sterben. Über eine Million Menschen zogen den Selbstmord dem Hunger und der Verzweiflung vor.

Einer der Millionen Hungertoten dieser Jahre war mein Vater, der im Februar 1960 verhungerte, worauf meine Mutter allein mit uns Kindern dasaß. Eines Tages hatte sich mein Vater hingelegt, um zu schlafen, und war nicht mehr aufgestanden. Obwohl ich damals schon neun war, habe ich so gut wie keine Erinnerung daran – vielleicht weil ich nicht dabei war, als er starb. Meine Mutter sagte mir nur, dass Papa nicht mehr da war. Es war nichts Besonderes; wir rechneten damals alle damit, früher oder später zu verhungern.

Irgendwie fasste ich es trotzdem nicht, dass mein Papa nicht mehr da war. Ich rechnete jeden Augenblick damit, seine Stimme zu hören. Abends wartete ich darauf, dass er in unser Zimmer kommen würde, um uns Kinder ins Bett zu bringen. Aber er kam natürlich nicht. Für mich war der Tod schwer zu begreifen. Er war für mich der große Unbekannte, obwohl überall um mich herum Menschen starben. Mit der Zeit sollte er mir jedoch sehr vertraut werden – vertrauter, als mir lieb sein konnte.

Mit China ging es damals steil bergab, aber als Kind begriff ich nicht, warum das so war. Ich wusste nur, dass ich Hunger hatte und dass meine Mutter sich abrackerte, um für ihre Kinder genug zu essen aufzutreiben. Jeder Tag war ein neuer Überlebenskampf. Unser Dorf (in China gelten auch Orte in der Größenordnung deutscher Großstädte als Dörfer; d. Übers.) hieß Longchuan (heute Yangji) und hatte an die 200.000 Einwohner. Unser Zuhause war eine Hütte mit Wänden aus Lehm und Gras. Wir teilten sie mit drei anderen Familien; in der einen Ecke war ein kleines, dunkles Zimmer, wo wir alle auf dem Lehmfußboden schliefen. Ich sehe meine Mutter heute noch vor mir, wie sie spätabends unser Lager auf dem Fußboden herrichtete, wie eine Glucke für ihre Küken.

Nach einem Tag voller Sorgen und Arbeit war meine Mutter oft todmüde. Sie war so unterernährt, dass ihre Haut an den Knochen zu kleben schien. Wenn sie etwas zu essen bekam, gab sie es immer uns, anstatt es selbst zu essen. Ich weiß noch, wie ich selbst in dem dunklen Schlafzimmer ihre Silhouette ausmachen konnte, wenn sie uns ins Bett brachte.

In jenen Jahren kämpfte meine Mutter jeden Tag mit dem Tod. Ich glaube, sie wäre gerne gestorben, wenn sie nicht für uns Kinder hätte sorgen müssen. Sie hatte erlebt, wie unser Vater einschlief und nicht mehr aufwachte, und hatte Angst, dass uns das auch passieren würde. Dann kam der Tag, an dem meine ältere Schwester heiratete, sodass meine Mutter nur noch meine jüngere Schwester und mich im Haus hatte. Ich bin überzeugt, dass es die Liebe meiner Mutter zu uns war und ihre Entschlossenheit, für uns zu sorgen, die sie einen Tag nach dem anderen am Leben hielt.

Wenn sie sich abends neben mich legte, sah sie mich immer an, als ob dies das letzte Mal wäre, und dann durchbrach ihre Stimme die Stille: „Junge, ich hab meine Schuhe für die Nacht ausgezogen, aber ich weiß nicht, ob ich sie morgen früh wieder anziehen werde." Ich wusste genau, was sie meinte, und es tat mir furchtbar weh. Mein Gehirn begann jedes Mal zu arbeiten. Wie würde das sein – ohne Mama zu leben? Meinen Vater hatte ich schon verloren; dass auch sie noch ging, durfte nicht sein!

Sie sprach weiter in die Finsternis hinein: „Wenn ich morgen früh nicht mehr aufwache, musst du zum Haus deiner älteren Schwester laufen, sofort! Hörst du mich? Sie wird für dich sorgen." Es waren immer ihre letzten Worte, bevor ich einschlief. So verbrachte ich meine Kindheit. Sie war schwer und voller Angst. Noch heute spüre ich den Schmerz, wenn ich an diese Tage zurückdenke.

Selbst für die damaligen Verhältnisse in China war unser Dorf ein Notstandsgebiet. Es gab bei uns so viele Hungertote, dass der Regierung schließlich nichts anderes übrig blieb, als sich der Realität zu stellen und etwas zu tun. Sie ordnete Hilfsmaßnahmen zur Verteilung von Lebensmitteln unter den Familien in unserem Dorf an.

Jetzt war der Hungertod gebannt, aber wir waren immer noch stark unterernährt. Es gab sehr wenig zu essen und kein Salz. Meine Mutter schnitt sich schließlich ihr Haar ab und verkaufte es, um mit dem Erlös Reis und Salz für uns zu kaufen. Mit ihrer Glatze wurde sie prompt zum Gespött des ganzen Dorfes. Als ich sah, wie die Leute sie auslachten und was für eine Schmach sie auf sich nahm, um uns zu essen zu geben, bekam ich ein richtig schlechtes Gewissen.

Die Beziehung zwischen Mutter und Sohn ist immer eine ganz besondere. Nach dem Tod meines Vaters war ich der einzige „Mann“ im Haus. Als ich merkte, was meine Mutter auf sich nahm, um meine jüngere Schwester und mich über die Runden zu bringen, fühlte ich mich verantwortlich und ihre Last wurde meine Last, ihre Schmach meine Schmach und ihre Tränen wurden meine Tränen. Was musste sie ertragen! Ich sah es als meine Aufgabe, meiner Mutter Schutz und Trost zu geben, aber ich konnte nichts an ihrer Not ändern.

Viele Jahre später, am 2. Oktober 2005, saß ich in meiner Gefängniszelle, als die Erinnerung an meine Mutter und was sie alles für mich getan hatte, mich plötzlich überwältigte. Ich wollte ihr das so gerne sagen, aber sie lebte nicht mehr. So schrieb ich das folgende Gedicht:

Meine Mutter,
am 4. März 2003, mit 86 Jahren, bist Du von mir gegangen.
Ich weinte neben dem Bett, wo Du schliefst,
ich schaute Dich an und mein Herz tat mir weh.
Die Erinnerung an Dich ist wie ein Film in meinem Kopf:
An den Frühling im Jahr 1962,
in dem Jahr, als die Not unser Land drückte.
Wir hatten kein Salz mehr im Schrank,
aber die Gesundheit Deiner Kinder war Dir immer wichtig.
Du kauftest, was wir brauchten,
mit den Locken Deines eigenen Haares.
Jetzt hatte mein Essen Geschmack, aber mein Herz blutete.
Auf der Straße sahen die Leute sich nach Dir um,
ja, einige spotteten: „Schaut her, die hat ja eine Glatze!“
Mutter, ich hätte es nie essen sollen, jenes Salz,
ich hätte es nicht zulassen sollen, dass Du Dein Haar abschnittest.
Mutter, jetzt geht es Deinen Kindern viel besser,
aber Du bist fort.

Wie gerne hätte ich Dich bei mir behalten,
sodass Du von dem Salz hättest kosten können,
das Dein Sohn gekauft hat.

In all dem Elend damals schaffte meine Mutter es, mich auf die Schule zu schicken. Obwohl wir hungerten und obwohl mein Vater nicht mehr da war. Es ist nicht einfach, eine alleinerziehende Mutter zu sein, und es wird noch schwerer, wenn man mitten in einer Hungersnot steckt, die ein verblendetes Regime durch seine abenteuerliche Politik heraufbeschworen hat.

Meine Mutter tat also, was sie konnte, damit ich zur Schule gehen konnte. Doch dann kam der Tag, an dem sie merkte, dass sie nicht mehr das nötige Geld dazu hatte; sie konnte gerade noch genug zusammenkratzen, damit wir zu essen hatten. Ich wollte aber auf keinen Fall die Schule abbrechen. Sie war meine einzige Chance, es im Leben einmal besser zu haben. Meine Mutter hatte getan, was sie konnte; jetzt musste ich mir selbst etwas überlegen.

Und dann hatte ich eine Idee, wie ich mir das Schulgeld verdienen konnte. Angesichts der Hungersnot waren die Menschen bereit, so ziemlich jedes Tier zu essen. Ich beschloss, Maulwürfe zu fangen, die ich den Dorfbewohnern als Fleisch verkaufen konnte. Fünfzig Maulwürfe, so hatte ich ausgerechnet, müssten für ein halbes Schuljahr reichen. Ich erfand auch eine ebenso raffinierte wie erfolgreiche Methode, die Tiere zu fangen. Vier Jahre lang florierte mein privater Maulwurfhandel. Der Erlös reichte für mein Schulgeld, sodass meine Mutter sich nicht mehr darum zu sorgen brauchte, wie sie mir den Schulbesuch ermöglichen konnte. Doch nach den vier Jahren wurden die Maulwürfe immer weniger, gerade so, als ob auch sie die Hungersnot zu spüren bekämen. Ich musste die Schule abbrechen.

Das war ein herber Schlag für uns alle. Mir kam es vor, als ob meine Zukunft sich in Luft auflöste. Ich versuchte, eine andere Einnahmequelle zu finden, aber mir fiel nichts ein und meine Mutter brauchte zu Hause auch meine Hilfe. Ich wollte unserer Familie so gerne eine bessere Zukunft schenken, aber wir wussten nie, was der nächste Tag bringen würde. Überleben war wichtiger als Bildung.

Als ich viel später – im Jahre 2005 – auf einer Wiese ein paar Maulwurfshügel sah, musste ich wieder an jene schwierige Zeit denken. Wenn ich heute irgendwo Maulwürfe sehe, möchte ich ihnen am liebsten zuwinken und mich dafür entschuldigen, wie ich damals ihre Vorfahren verfolgt habe. Und ich sagte mir auf jener Wiese 2005 auch, dass ich zwar die Schule nicht hatte abschließen können, aber dass sich das Geld, das ich in meine Schulzeit gesteckt hatte, doch ausgezahlt hatte, denn so konnte ich später fleißig die Bibel lesen und studieren, um Menschenseelen zu retten.

2. Opa Sun

Den 11. März 1963 werde ich mein Leben lang nicht vergessen. An diesem Tag kam eines der ältesten Mitglieder meiner Familie, Sun Wendang, wie üblich zu uns zu Besuch und nahm mich beiseite, um mich zu unterweisen. Opa Sun, wie wir ihn nannten, war im ganzen Dorf hoch geachtet wegen seiner Weisheit und Besonnenheit.

In der chinesischen Kultur stehen die Alten und die Weisheit, die sie im Laufe ihrer langen Lebenserfahrung erworben haben, traditionell hoch im Kurs. Damals wohnten bei uns die verschiedenen Generationen einer Familie meist zusammen – in separaten Häusern oder Hütten, die um einen Innenhof herum angeordnet waren. Den Ehrenplatz hatte dabei immer das Haus der Großeltern, das am Kopf des Hofes stand. Die Kinder und Enkel hatten die Pflicht, für sie zu sorgen und sie zu ehren, während die Alten die Aufgabe hatten, ihre Weisheit an ihre Kinder und Enkel weiterzugeben, sodass sie im Fluss der Generationen nicht verloren ging.

Sun Wendang war der Bruder meines Großvaters, also eigentlich mein Großonkel, aber ich nannte ihn trotzdem „Opa Sun". An jenem Märztag brachte er mir etwas ganz Besonderes mit. Als er mich beiseitenahm, spürte ich, dass er etwas sehr Wichtiges auf dem Herzen hatte.

„Mein Enkel", sagte er, „du bist jetzt zwölf Jahre alt und ich muss dir etwas Wichtiges sagen. Du bist jetzt alt genug, um ein Goldkorn der Weisheit zu empfangen, das bis in die Ewigkeit reicht. Was ich dir jetzt sagen werde, ist für alle Zeiten wichtig; es geht um nichts weniger als um deine Seele."

Ich hörte immer aufmerksam zu, wenn Opa Sun mit mir

sprach, aber diesmal war es irgendwie anders. Der Klang seiner Stimme, der Ernst in seinem Gesicht – das musste etwas sehr Wichtiges sein. Aufmerksam saß ich da, die Ohren gespitzt und den Kopf nach vorne gebeugt, um ja kein Wort zu verpassen. Aber ich war nicht sehr geduldig. Seine Worte kamen für meinen Geschmack zu langsam; am liebsten hätte ich sie ihm aus dem Mund gezogen, damit es schneller ging. Ich spürte, dass er im Begriff stand, mir etwas Aufregendes zu sagen, und ich wollte es so schnell wie möglich hören!

„Ich möchte dir von einem Freund erzählen, der Jesus heißt. Jesus war ohne Sünde. Weißt du: Du und ich, wir sind voller Sünde und Schuld. Sünde – das ist das, was wir machen, wenn wir anderen, unserem Land oder uns selbst wehtun. Aber vor allem gibt es einen Gott und dem tun wir auch weh und das ist unsere allergrößte Sünde."

Opa Sun versuchte, mir den Begriff der Sünde und des ewigen Lebens auf eine Art nahezubringen, die ich, fast noch ein Kind, begreifen konnte. Obwohl ich ihm wie gebannt zuhörte, begriff ich nicht alles, was er sagte.

„Du kennst Jesus nicht, aber er kennt dich. Und er liebt dich. Jesus ist ohne jede Sünde und er will dir die Last deiner Sünde abnehmen. Er will dir ewiges Leben schenken. Ewiges Leben kann nur bekommen, wer von seinen Sünden reingewaschen ist."

Als Vierjähriger hatte ich einmal eine Kirche von innen gesehen. Nicht weit von unserem Haus hatte es eine sehr schlichte Kirche gegeben, aber damals war ich zu jung gewesen, um die Predigt zu verstehen, geschweige denn zu merken, ob die Christen dort sich frei und ohne die Einmischung des Staates versammeln konnten oder nicht. Das war lange her. Ich verstand nicht alle Worte, die Opa Sun jetzt benutzte.

Jesus war mir kein Begriff. Er wohnte nicht in meinem Dorf, sodass ich noch nie von seiner Familie gehört hatte. Opa Sun fuhr fort: „Jesus möchte, dass du für immer mit ihm lebst. Er starb, um dich von deinen Sünden reinzuwaschen. Er wurde geschlagen und an einem Holzkreuz aufgehängt, wo er starb. Aber am dritten Tag ist er aus dem Grab auferstanden. Er lebt und eines Tages wird er wiederkommen und uns für immer zu sich in den Himmel holen."

Als Opa Sun fertig war, übergab ich mein Leben Jesus und wurde Christ. Es war ein heiliger Augenblick. Als wir gebetet hatten, zog Opa Sun eine Bibel hervor und legte sie mir auf den Schoß. Ich hatte noch nie eine Bibel gesehen, obwohl Bibeln damals noch nicht solch einen Seltenheitswert hatten wie später während der Kulturrevolution, als der Besitz einer Bibel verboten war.

Opa Sun erklärte, dass er mir diese Bibel schenken wollte. Ich musterte das Buch und verspürte eine plötzliche Freude. Jetzt hatte ich also meine eigene Bibel! Aber als ich dann anfing, sie zu lesen, war das nicht einfach. Viele Worte kannte ich nicht, und weil ich nur ein paar Jahre zur Schule gegangen war, war es mit meinem Lesen sowieso nicht sehr weit her. Ich konnte diese Bibel nur mithilfe eines Wörterbuchs lesen.

Opa Sun nahm die Bibel, schlug das 53. Kapitel im Propheten Jesaja auf und fing an, mir die Verse 2 bis 6 vorzulesen, die Jesus beschreiben. Dabei ersetzte er einige der Worte durch meinen Namen:

Er hatte keine Gestalt und Hoheit. Da war keine Gestalt, die Zhang Rongliang gefallen hätte. Er war der von Zhang Rongliang Allerverachtetste und Unwerteste, voller Schmerzen und Krankheit. Er war so verachtet, dass Zhang Rongliang das Angesicht vor ihm verbarg. Zhang Rongliang hat ihn für nichts geachtet. Fürwahr, er trug Zhang Rongliangs Krankheit und lud auf sich seine Schmerzen. Zhang Rongliang aber hielt ihn für den, der geplagt und von Gott geschlagen und gemartert wäre. Aber er ist um Zhang Rongliangs Missetat willen verwundet und um Zhang Rongliangs Sünde willen zerschlagen. Die Strafe liegt auf ihm, auf dass Zhang Rongliang Frieden hätte, und durch seine Wunden ist Zhang Rongliang geheilt. Zhang Rongliang ging in die Irre wie ein Schaf und sah nur auf seinen Weg. Aber der Herr warf alle Sünde Zhang Rongliangs auf ihn.

Als ich das hörte, musste ich weinen – weinen über meine Schuld und meine Sünde und darüber, was für einen hohen Preis Jesus gezahlt hatte, um meine Sünde wegzunehmen. An diesem Tag beschloss ich, Christus nachzufolgen. Wie Opa Sun mir damals diesen Bibelabschnitt vorlas, werde ich nie vergessen.

Auch meine ältere Schwester war Christin. Sie ging in eine Kirche und einmal nahm sie mich mit. Für mich als jungen Teenager aus einer nicht besonders christlichen Kultur war der Gottesdienst ein Buch mit sieben Siegeln. Das Einzige, woran ich mich noch erinnere, war das gemeinsame Gebet und wie meine Schwester mir zuflüsterte: „Zhang, wenn wir beten, musst du die Augen schließen." Ich wusste nicht, was das sollte. Würde da gleich etwas Geheimnisvolles, ja Gefährliches passieren, das man nicht sehen durfte? Ich wusste auch nicht, dass man nach dem Beten die Augen wieder öffnete.

Nach einer Weile sagten alle „Amen". Was sollte das nun wieder? Ich hielt meine Augen vorsichtshalber fest geschlossen. Ich hielt sie noch geschlossen, als der Gottesdienst vorbei war und wir die Kirche wieder verließen. Ich hielt die Hand meiner Schwester fest und ließ mich von ihr führen. Erst auf dem Nachhauseweg merkte sie, dass meine Augen immer noch geschlossen waren. „Was ist mit dir?", fragte sie. „Warum hast du die Augen zu?"

„Du hast mir doch gesagt, dass ich sie zumachen muss!"

„Das war doch nur für das Gebet. Jetzt beten wir nicht mehr, da kannst du die Augen wieder aufmachen!"

Ach so. Offenbar geschahen diese geheimnisvollen Dinge nur, wenn die Leute in der Kirche waren und beteten. Vielleicht waren sie auch ein bisschen abergläubisch? (Wie gesagt, damals kannte ich mich mit dem christlichen Glauben noch nicht besonders aus.)

Als ich Christ wurde, war ich noch Schüler und die deutlichste Veränderung in meinem Leben bestand darin, dass meine Noten gewaltig nach oben gingen. Ich konnte plötzlich viel besser lernen. Meine Lehrer verstanden die Welt nicht mehr; ich dankte Jesus und gab ihm alle Ehre.

Durch das, was ich in der Bibel las und von Opa Sun hörte, lernte ich die Kernbotschaft der Bibel kennen. Eines Tages vertraute auch meine Mutter ihr Leben Christus an. Jetzt waren wir beide gläubig. Es war natürlich kein sehr tiefer Glaube; wir hatten ein paar einfache Vorstellungen über Jesus und den Hunger, mehr zu lernen. Für meine Mutter war das Christsein besonders schwierig, denn sie war nie zur Schule gegangen und Analphabetin, sodass sie die Bibel nicht lesen konnte.

Im Frühjahr 1963, kurz nachdem wir beschlossen hatten, Jesus nachzufolgen, begann die Regierung mit einer Schuhverteilaktion an Bedürftige in unserem Bezirk. In unserer Familie besaßen wir keine Schuhe; meine Mutter und ich gingen barfuß. Jetzt fuhren Lastwagen der Regierung durch die Dörfer und boten den Menschen kostenlos Schuhe an. Nun ja, nicht ganz kostenlos, denn der Beschenkte musste zuvor erklären, dass er nichts mit Jesus Christus zu tun hatte.

Ich hatte von der Aktion gehört, und als meine Mutter mit Schuhen für uns nach Hause kam, fragte ich sie sofort, wo sie die Schuhe herhatte. Meine schlimmsten Befürchtungen bestätigten sich, als sie mir sagte, dass sie sie von einem Regierungs-Lkw bekommen hatte. Was also bedeutete, dass sie Jesus verleugnet hatte.

Ich fühlte mich furchtbar enttäuscht, ja verraten. Das kann ich schwer in Worte fassen. Die Regierung verlangte von den Empfängern der Schuhe ja nicht, dass sie sich ganz allgemein von der Religion distanzierten, sondern speziell dem christlichen Glauben absagten. Meine Mutter hatte öffentlich Jesus Christus verleugnet – das tat weh! Ich wurde richtig wütend. Wir kannten uns noch nicht sehr gut in der Bibel aus, aber das wussten wir: Als Christ hatte man Jesus offen vor den Menschen zu bezeugen. Ich begann, haltlos zu weinen.

Dann schrie ich: „Bring sie zurück! Bring sie sofort zurück, sonst geh ich nicht mehr zur Schule!"

Das wirkte. Meine Mutter wollte doch so sehr, dass ich zur Schule ging. Der Gedanke, dass ich Knall auf Fall damit aufhörte, war ihr unerträglich. Es war die einzige Drohung, mit der ich sie wirklich aufrütteln konnte.

Heute verstehe ich meine Mutter besser. Sie war eine alleinerziehende Mutter, die das Beste für ihre Kinder wollte. Wir brauchten Schuhe und sie fand, dass es in Ordnung war, wenn sie das Angebot der Regierung nutzte. Sie muss lange Schlange gestanden haben damals und sich mühsam einen Weg zu dem Lkw gebahnt haben, um an die Schuhe zu kommen. Es wird ihr nicht leichtgefallen sein. Aber damals fühlte ich mich von ihr im Stich gelassen. In meinen Augen hatte sie Jesus verraten – und damit auch mich. Es waren schwere Zeiten für uns damals und die Zukunft sollte nicht leichter werden.

Meine Mutter hat die Schuhe nicht behalten, sondern an die Regierung zurückgegeben.

Unser Kampf mit der Armut ging weiter. Meine Mutter war unerhört zäh. Jeden Tag hungerte sie und opferte – wie erwähnt – sogar ihr Haar, um für uns sorgen zu können. Sie war eine Barfußbäuerin, die jeden Tag neu darum kämpfte, dem Hungertod ein Schnippchen zu schlagen.

1963 heiratete sie ein zweites Mal und wir zogen in eine andere Stadt – Guaihe –, zu meinem Stiefvater. Der war arbeitslos, sodass unsere finanzielle Lage sich nicht groß änderte, aber dafür eröffnete das Leben in Guaihe andere Möglichkeiten, die wir vorher nicht gehabt hatten.

Es gab in dem Ort eine ganze Reihe Leute, die frei grasende Schafe hielten und Hirten für sie brauchten. Guaihe lag in den Bergen und unser neues Haus lag auf einer Bergkuppe. Es war die perfekte Schafweide und die Stadtbewohner machten mich zu einem der Hirten. Die Besitzer der Schafe hatten nicht genug Geld, um mich zu bezahlen, sodass sie mich mit Naturalien entlohnten – mit Schafen. Da wir so hoch auf dem Berg wohnten, kam kein Mensch auf die Idee, unsere Schafe zu stehlen. Aber dafür musste ich ständig auf der Hut vor Wölfen sein, die die Schafe reißen wollten.

Ich wurde ein richtiger Kenner meiner Schafe; ich lebte mit ihnen und schlief mit ihnen. Auch studierte ich die verschiedenen Grassorten und welche die Schafe mochten und welche nicht. Unser Haus war etwas erhöht gebaut, sodass unter dem Fußboden Platz für einen improvisierten Viehstall war, und so brachte ich die Schafe oft zu uns nach Hause.

Ich gab jedem Schaf einen eigenen Namen. Am Anfang kamen sie mir alle gleich vor, aber als ich sie dann kennenlernte, merkte ich, dass sie genauso unterschiedlich waren wie die Menschen. Jedes Tier hatte gleichsam seine eigene Persönlichkeit und war ein Original. Manche Schafe waren richtig ängstlich, andere energisch und mutig. Ein paar waren von der neugierigen Sorte und gingen auf Erkundungsgänge, weg von der Herde; andere waren vorsichtiger und verließen die Herde nie.

Ich entwickelte eine richtige Beziehung zu „meinen" Schafen. Wenn sie krank waren, behandelte ich sie. Ich beschützte sie vor den Wölfen. Ich half ihnen zusammenzubleiben, damit keines sich verlief. Ich spürte auch ihre Angst und fühlte mit ihnen mit, wenn sie zum Schlachten gebracht wurden. Sie waren bald wie eine zweite Familie für mich.

Manchmal musste ich mich sogar als Schlichter betätigen, wenn es Konflikte zwischen den Schafen gab. Es waren meine ersten Lektionen in Sachen Konfliktmanagement. Sie sollten mir in meiner späteren Tätigkeit als Pastor sehr zugutekommen, ja meine ganzen Schäferjahre sollten sich als Schatz erweisen, während ich als Pastor und Leiter in Chinas Untergrundkirche tätig war.

3. Die Kulturrevolution

Der Juni 1966 war ein warmer Monat. Inzwischen hatte die berühmt-berüchtigte Kulturrevolution begonnen. Viele Menschen sehen bei dem Wort „Kulturrevolution" vor allem die Massenparaden der Roten Garden und die fanatische Begeisterung für Mao Zedong vor ihrem inneren Auge. Sie wissen nicht, dass dies auch einer der brutalsten Bürgerkriege des 20. Jahrhunderts war. Heute spricht man in China nicht gerne über dieses dunkle Kapitel in der Geschichte der Nation, und die meisten Bücher, die es wagen, die Morde und Gräuel der Kulturrevolution zu erwähnen, kommen auf den Index.

Die Kulturrevolution war ein Projekt Maos, der jede Rückkehr Chinas zum Kapitalismus verhindern wollte. Er hatte den Eindruck, dass der Klassenkampf mit der Machtübernahme der Kommunisten 1949 nicht wirklich geendet, sondern nur neue, heimtückischere Formen angenommen hatte. Die reichen Grundbesitzer waren liquidiert, aber was war mit den neuen Klassen der Intellektuellen, die möglicherweise Reste „bürgerlicher" Vorstellungen bewahrt hatten? Und so entfesselte Mao eine intensive Propagandakampagne, die die chinesische Jugend dazu aufrief, den „vier Alten" den totalen Krieg zu erklären. Die „vier Alten", das waren die alte Kultur, die alten Sitten, die alten Gewohnheiten und die alten Ideen, und dazu gehörten auch alle alten Religionen, vor allem jedoch das Christentum, wegen seiner historischen Verbindung zum Westen und seinen Werten.

Während der Kulturrevolution wurden Kirchen zerstört, Bibeln konfisziert und verbrannt und Pastoren, Prediger und andere Christen verhaftet und brutal verfolgt. Es war eine dunkle Zeit für die Kirche in China.

Die Verfolgungswelle erfasste auch Opa Sun, der als bekannter Christ in der Stadt zu einer Zielscheibe des Kampfes gegen das Alte wurde. Er hat viel für das Evangelium gelitten. Den heraufziehenden Sturm spürte er zeitig, und so schickte er eines Tages zwei Männer los, um mich zu ihm zu holen. Als ich bei ihm eintraf, reichte er mir seine Bibel. Der Blick in seinen Augen war dringend, seine Stimme gepresst. Irgendwie muss er gespürt haben, dass seine Tage gezählt waren und dass er das Ende des Sturmes nicht mehr erleben würde.

Als er mir die Bibel übergab, sagte er: „Mein Junge, dieses Buch ist ein himmlisches Buch. Es ist unser großer Schatz in diesem Leben. Bewahre es wie deinen Augapfel; sieh zu, dass du es immer bei dir hast, solange du lebst. Es muss dir kostbarer sein als dein eigenes Leben."

Ich nahm die Bibel feierlich entgegen und versprach Opa Sun, auf sie achtzugeben, und wenn es mich das Leben kosten würde. Es war eine große, schwarze Bibel, die viele Jahre auf dem Buckel hatte. Opa Sun hatte unzählige Male in ihr gelesen und Stellen, die ihm wichtig waren, markiert. Die Schriftzeichen waren die alten, nicht die vereinfachten modernen, die wir in der Schule gelernt hatten. Opa Sun hatte die Bibel 1933 in einer Kirche in unserer Gegend erstanden.

Ich nahm die Bibel mit nach Hause. Jetzt hatte ich zum zweiten Mal eine Bibel bekommen! Oben auf dem Berg, wo wir wohnten, war es ruhiger und man wurde nicht so leicht vom Arm der Regierung erreicht wie in anderen Gegenden. Ich bewahrte diese Bibel in meinem Kopfkissen auf, und jeden Abend zog ich sie hervor, um meiner Mutter und Schwester Gottes kostbares Wort vorzulesen. Sie selbst konnten nicht lesen. Manchmal las ich ihnen bis Mitternacht vor. In jenen schweren Tagen brachten die Worte unseres Herrn unseren müden Seelen viel Trost.

Nicht lange nachdem er mir seine Bibel geschenkt hatte, wurde Opa Sun öffentlich gedemütigt und gefoltert, bis er schließlich seine Märtyrerkrone bekam. Parteibeamte zerrten ihn aus seinem Haus und zwangen ihn, die Hauptstraße meines Heimatortes entlangzugehen, mit einem Schild um den Hals, auf welchem groß die Aufschrift prangte: „Jesus-Nachfolger". Was für ein wunderbares Schimpfwort! Für die Kommunisten war er ein Konterrevolutionär. Ich stand hilflos in der Menge, als sie ihn durch die Straßen stießen, während die Umstehenden ihn verhöhnten und schlugen.

Auf dem Kopf hatte Opa Sun eine Art Narrenkappe aus Zeitungspapier. Er sah aus wie ein hilfloses Lamm unter lauter Wölfen, aber anders als meine Schafe konnte er von mir keinen Schutz erwarten. Ich stand da und konnte nichts tun. Es drückte mir das Herz zusammen.

Bevor er starb, sah Opa Sun mich an und sagte: „Junge, ich glaube, der Herr wird dich reich gebrauchen. Ich gehe jetzt heim. Vergiss dies eine nie: Predige die frohe Botschaft von Jesus Christus und höre nicht auf damit, ob es die rechte Zeit dafür ist oder nicht." (Vgl. 2. Timotheus 4,2.) Ich habe diese Worte nie vergessen. Sie sind in mein Gedächtnis eingegraben als echtes Zeichen des aufopferungsvollen Dienstes: „... ob es die rechte Zeit dafür ist oder nicht".

1967 ging die Kulturrevolution in ihr zweites Jahr. Die Christen wurden immer mehr verfolgt und zerstreut. Alle Kirchentüren waren geschlossen, niemand wagte es mehr, offen Gottesdienste oder Bibelstunden abzuhalten. Wir standen an der Schwelle der finstersten Jahre unserer Geschichte.

Eines Tages las ich im Hebräerbrief den Satz: „Lasst uns nicht unsere Versammlungen verlassen, wie einige zu tun pflegen" (Hebräer 10,25), und ich erkannte, dass es nicht recht war, wenn die Christen sich nicht mehr zu Gottesdiensten trafen. Hier stand ja nicht: „Lasst uns nicht unsere Versammlungen verlassen, es sei denn, die Verfolgung wird zu stark."

Irgendwie mussten wir weiter als Christen zusammenkommen, egal was es kosten würde. Und wir fingen an, uns heimlich zu treffen. Es war der Beginn einer Untergrundkirche. Anfangs waren wir nur drei bis fünf Personen. Da ich eine Bibel besaß und sie seit einiger Zeit studierte, war es nur natürlich, dass ich diese Treffen leitete.

Wir beteten gemeinsam und sangen Lieder – aber so leise, dass die Nachbarn uns nicht hören konnten. Anfangs bestand unsere Gemeinde nur aus meiner Schwester, meiner Mutter, mir und ein, zwei Nachbarn. Ich las ihnen Geschichten aus der Bibel vor, die ich dann ganz schlicht und so, wie ich es konnte, auslegte.

Ich beriet mich mit meiner Mutter und wir kamen zu dem Schluss, regelmäßig solche Gottesdienste in unserem Haus abzuhalten. Das war sehr gefährlich, und viele der Glaubensgeschwister aus unserem Ort rieten uns: „Passt auf! Seid klug wie die Schlangen und ohne Falsch wie die Tauben!" (Vgl. Matthäus 10,16.) Sie begriffen nicht, dass wir in solch gefährlichen Zeiten so ein Risiko eingehen wollten.

Als wir mit den heimlichen Gottesdiensten in unserem Haus anfingen, hatten die meisten unserer Nachbarn zu viel Angst, um zu kommen, obwohl sie es gern getan hätten. Nun gut, zur Not würden wir uns auch zu zweit über das Wort Gottes austauschen und Lieder zu seiner Ehre singen – nur meine Mutter und ich. Es müssen wohl die kleinsten Gottesdienste in der Geschichte der Welt gewesen sein. Aber wir wussten: Egal wie wenige wir waren, der Herr war mit uns; hatte er nicht versprochen, dass er dort, wo auch nur zwei oder drei in seinem Namen versammelt waren, mit dabei sein würde?

Nach etwa sechs Monaten wurde unsere kleine Gemeinde allmählich größer. Bald waren wir zu fünft. Im folgenden Jahr (1968) waren wir dreizehn. Wir hatten nicht viel zu bieten, aber wir waren einmütig und liebten einander und jeder trug das Seine zum Gottesdienst bei.

Damals hatten wir keinen Pastor und auch kein Radio, mit dem wir christliche Sender hätten hören können. Es gab auch keine Bibelkommentare, Andachtsbücher oder Ähnliches. Alles, was wir hatten, waren die Worte der Bibel. Wir baten Gott, uns das, was wir da lasen, aufzuschließen. Und tatsächlich sprach uns sein Wort ganz direkt an, manchmal so, dass wir zu Tränen gerührt waren. Dann hielten wir uns weinend an den Händen, während wir zusammen beteten. Wir riefen zu Gott und er antwortete uns. Diese Gottesdienste konnten mehrere Stunden dauern, weil niemand Lust hatte, aufzuhören und nach Hause zu gehen.

Wir erlebten auch Wunder, zum Beispiel Krankenheilungen. Einmal war mein Onkel sterbenskrank. Wir beteten für ihn und sagten ihm, dass Jesus die Macht hat, auch ihn zu erlösen. Wir wussten, dass er in seinem Haus Götzenbilder hatte, und so gingen wir hin und zerstörten sie. Zwei Tage später kam er wieder zu sich (er war bewusstlos gewesen) und bat um etwas zu essen. Er war komplett geheilt und hatte einen Bärenhunger!

Der Vater meines Onkels konnte die chinesischen Schriftzeichen nicht lesen. Wir beteten für ihn um die Fähigkeit zu lesen. Wir glaubten, dass Jesus dazu imstande war, sie ihm zu schenken. Sofort nach unserem Gebet konnte der Mann fließend Chinesisch lesen!

Man begann sich zuzuflüstern, was für erstaunliche Versammlungen wir da in unserem Haus abhielten. Mehr und mehr Menschen kamen dazu. Bald waren wir so viele, dass wir uns in zwei Gruppen aufteilen mussten. Wir sahen uns nach einem zweiten Haus um, wo man sich ungestört treffen konnte, und fanden es in Guangquan, einer Nachbarstadt. In der dunkelsten Stunde Chinas war Gott mit uns und ließ seine Gemeinde wachsen.

4. Karriere in einer politischen Bande

Am 28. Juli 1967 kam meine Mutter zu mir in die Berge, wo ich meine Schafe hütete. Sie bat mich, für sie in die Stadt zu gehen und ein paar Einkäufe zu machen - Salz, Streichhölzer, Lampenöl usw. Als ich die Stadt erreichte, waren dort Straßenkämpfe in vollem Gang. Es gab damals in Henan zwei große politische Banden, die „Henan-Rebellen" und die „Er-Qi-Bande". Beide waren kommunistisch, aber ansonsten wie Hund und Katze, und sie lieferten sich immer wieder blutige Auseinandersetzungen.

Beide Banden rekrutierten sich aus Gewerkschaftsmitgliedern vor Ort, sodass an diesem Tag die halbe Stadt auf den Beinen war zum Demonstrieren und Kämpfen, anstatt zu arbeiten. Es war das totale Chaos. Die Kämpfe endeten mit dem Sieg der Henan-Rebellen.

Ich hatte die Straßenschlacht aus sicherer Entfernung beobachtet. Als ich in mein Dorf zurückkehrte, erzählte ich den Nachbarn, was ich da in der Stadt mitbekommen hatte. Kurz zuvor hatte Mao Zedong die Hauptstadt der Provinz Henan, Zhengzhou, besucht und sich dabei zustimmend zur Er Qi geäußert, doch dies hatte sich in der Zeit vor Telefon und Internet noch nicht herumgesprochen, sodass die beiden Banden nicht wussten, dass Mao sich gerade hinter die eine von ihnen gestellt hatte.

Ich hätte wohl besser nicht der halben Nachbarschaft erzählt, dass ich während jener Kämpfe in der Stadt gewesen war. Bald hieß es im Dorf, dass ich selbst mitgekämpft hätte. Plötzlich war ich jemand und ich bekam neue Freunde - und Feinde.

Nachdem ich den Nachbarn von den Geschehnissen in der

Stadt erzählt und meine Einkäufe bei meiner Mutter abgeliefert hatte, ging ich zurück zu meiner Schafherde. Ich wusste nicht, dass die Anführer der Henan-Rebellen mich suchten. Sie glaubten, dass ich ein führender Kopf in der Er Qi sei und an jenem Tag gegen sie gekämpft hätte. Während ich bei meinen Schafen war, klopften Vertreter beider Banden zu Hause bei meiner Mutter an.

Meine Mutter hatte in der Nacht zuvor einen Traum gehabt, in welchem ich ein kleiner Esel war und mehrere Personen mich als Arbeitstier brauchten. Als die Chefs der beiden Gruppen kamen, führte meine Mutter sie zu mir. Der Boss der Er Qi glaubte, dass ich auf seiner Seite stand, und wollte, dass ich mich seiner Bande anschloss; sein Rivale von den Henan-Rebellen hatte vor, mich mit einem Schild um den Hals durch die Straßen zu treiben, um mich öffentlich zu demütigen.

Der Er-Qi-Anführer sagte: „Wir sind durch dein Dorf gegangen und du scheinst der Einzige zu sein, der für unsere Bewegung ist. Wir sind sicher, dass wir gewinnen werden. Wie wär's? Hättest du Lust, unser Chef für diese Gegend zu werden?"

Ich erwiderte: „Ich habe mit dieser Sache überhaupt nichts zu tun. Ich bin ein einfacher Schäfer. Ich habe für keine Seite Partei ergriffen."

Ich wollte mich aus diesem Konflikt heraushalten, aber andererseits … Es war ein verführerisches Angebot. In jenen Tagen galt es in China als ehrenhafte Sache, sich den jungen Aktivisten anzuschließen. Ich würde etwas für mein Land tun und meine Familie wäre stolz auf mich. Die Idee, dass die Kommunistische Partei doch strikt gegen meinen Glauben stand, kam mir nicht. Ich betrachtete mich als chinesischen Patrioten. Ich war stolz darauf, Chinese zu sein, und wollte meinem Land nach besten Kräften dienen.

Und so schloss ich mich der Er Qi an. Einer Gruppe beizutreten, die von der Kommunistischen Partei, ja von Mao Zedong persönlich unterstützt wurde – das schien wie der Freifahrtschein in eine bessere Zukunft. Alle meine Nachbarn sagten mir, was für ein Glückspilz ich sei, dass ich mich der Jugendrevolution anschließen konnte. War das nicht genau ein Beispiel dafür, wie denen, die Gott lieben, alle Dinge zum Besten dienen müssen (vgl. Römer 8,28)?

Die Idee eines neuen Chinas begeisterte mich und ich stand ganz hinter den Vorstellungen der Revolution. Ich verschlang die „Worte des Vorsitzenden Mao Zedong", die „Mao-Bibel", die wir zu besitzen, zu lesen und ständig bei uns zu tragen hatten. Ich glaubte ihr, lernte sie buchstäblich auswendig und konnte sie bei Bedarf jederzeit aufsagen. Ich war ein Musterrevolutionär, der sie ständig studierte und überallhin mitnahm.

Was soll ich heute dazu sagen? Ich war jung und voll von der oft irregeleiteten Begeisterung der Jugend. Unter Mao Zedong war das Land wie von einem Fieber ergriffen, das von jungen Patrioten wie mir verbreitet wurde. Alle die Regeln und Traditionen des alten Chinas wanderten in die Mülltonne. Jetzt konnten auch Mädchen zur Schule gehen und wurden von dem Zwang befreit, sich die Zehen einbinden zu lassen, was die berüchtigten Klumpfüße zur Folge gehabt hatte. Der ganze Ahnenkult mit seinem Aberglauben, die taoistischen und buddhistischen Tempel mit ihren Götzenstatuen – fort damit! Die ausländischen „Imperialisten", die unser Land doch nur ausbeuten wollten, wurden verjagt, und das alte Klassensystem und die Idee der Erbmonarchie wurden in den Orkus der Geschichte gefegt.

Jetzt waren alle Bürger gleich und bekamen auch das gleiche Geld für ihre Arbeit. Ein Arzt verdiente nicht mehr als die

Männer von der Müllabfuhr. Der Grundbesitzer hatte keine Macht mehr über den einfachen Bauern, der Land pachten musste, um seine Familie ernähren zu können. Der Fabrikbesitzer konnte seine Angestellten nicht mehr Tag und Nacht wie Sklaven schuften lassen. Jeder hatte nach seinen Fähigkeiten zu arbeiten und bekam den Lohn, den er brauchte. Es war eine wunderbare Zeit der Befreiung und Gleichheit und wir waren jung und nur allzu bereit mitzumarschieren.

Bald begann ich, als Er-Qi-Mitglied Karriere in der Kommunistischen Partei zu machen. Man übertrug mir die Verwaltung meines ganzen Bezirks. Ich bildete junge Kader aus und sorgte für die Durchsetzung von Gesetzen, die alte Traditionen abschafften. Ich durfte sogar eine Waffe tragen, wenn ich ausgeschickt wurde, um angebliche Konterrevolutionäre zu verhaften. Chinas Goldenes Zeitalter schien gekommen, und ich – jawohl, ich! – durfte dabei mitwirken. So dachte ich.

Im neuen China gab es viele kleine Dinge, die nicht mehr erlaubt waren. Frauen durften zum Beispiel keinen Schmuck tragen oder Schuhe mit hohen Absätzen. Bei Hochzeiten durfte man der Braut keine schönen Kleider mehr schenken, sondern nur „praktische" Sachen, die Braut und Bräutigam bei ihrer Arbeit auf dem Feld dienlich waren, etwa Schaufeln oder Arbeitshandschuhe.

Ich trug jetzt eine rote Armbinde, die mir die Tür zu vielen Vergünstigungen öffnete. Dadurch konnte ich kostenlos in den Kantinen essen oder mit dem Zug verreisen. Ich war der Inspekteur für meinen Bezirk und hatte mein eigenes Büro. 36 Dörfer und über 1.170 Mitarbeiter waren mir unterstellt. Oft dankte ich Gott für die Gelegenheit, ihm in solch einer hohen Position zu dienen. Und ich versprach ihm, meine Macht und Autorität zu nutzen, um in meinem Bezirk seine Kirche voranzubringen.

Soweit es an mir lag, sollte es nicht mehr vorkommen, dass Christen öffentlich geschmäht und gedemütigt wurden wie damals Opa Sun. Es gelang mir zu verhindern, dass Bibeln konfisziert und vernichtet wurden. Mit so vielen Menschen, die meinem Befehl unterstanden, konnte ich doch wohl etwas bewirken! Ich fand, dass ich etwas tat für meine Stadt und mein Land, und das sollte auch so bleiben!

Was meinen christlichen Glauben betraf, so hielt ich weiter die heimlichen Gottesdienste und Bibelstunden in unserem Haus. Ich war bekehrt, ich gehörte zu Jesus, aber eines hatte ich noch nicht gemacht - mich taufen lassen.

Als ich damals im Gespräch mit Opa Sun mein Leben Jesus anvertraut hatte, wusste ich noch nicht, was das bedeutete – ein Christ zu sein. Dass man sich taufen lassen musste, der Gedanke war mir nicht gekommen. Als ich dann älter geworden war und mehr wusste, war die Lage in China so prekär, dass an Taufen nicht zu denken war. Erst im eisigen Rekordwinter 1968 beschloss ich, mich endlich taufen zu lassen.

Noch heute lassen sich viele Chinesen in unserer Kirche vorzugsweise im Winter taufen, den sie für die beste Jahreszeit für so etwas halten. In China betrachten wir die Taufe als das äußere Zeichen für einen inneren Wandel. Viele chinesische Christen finden, dass eine Taufe im Sommer nicht viel besser ist, als draußen zu baden. In einer Kultur, wo die Menschen oft in Flüssen oder Seen baden, ist es nichts Besonderes, wenn man sich irgendwo draußen untertauchen lässt. „Im Sommer gehen die Leute ständig baden“, sagen unsere Christen, „was soll daran besonders sein?“ Eine Flusstaufe im eiskalten Winter gilt hingegen als ein deutliches Zeichen für das Absterben des alten Menschen, das Opfer und die tiefe Hingabe an Christus.

Ich wurde von einem älteren Christen aus unserer Gegend getauft, zusammen mit dreißig weiteren Personen. Es war verboten, sich taufen zu lassen, aber mir war die Taufe einfach wichtig. Wir versammelten uns kurz vor Mitternacht und gingen leise einen schmalen Pfad entlang durch den dunklen Wald, bis wir an einen kleinen Teich kamen. Mit dabei war ein lieber Bruder in Christus, der als ehrenamtlicher Prediger diente. Er war ein echter Mann Gottes, der gerade unsere Gegend besuchte.

Da war der Teich. Wir warteten, bis Mitternacht vorbei war. War auch bestimmt niemand in der Nähe, der uns sah? Unter den über dreißig Personen war ich der Einzige, der es mit der Kommunistischen Partei hielt; ich trug sogar meine rote Armbinde.

Es war ein bewegender Augenblick. Ich spürte, wie mein Herz vor Vorfreude hämmerte. Gleich würde ich getauft werden! In China sind bei Taufen oft nicht nur die nächsten Freunde und Verwandten des Täuflings dabei. Viele Christen werden zusammen mit anderen Christen getauft, die nicht zu ihrer Verwandtschaft gehören, ja zu denen sie außerhalb der Untergrundversammlungen ihrer Gemeinde vielleicht keinerlei Kontakt haben.

Damals wussten wir nicht so viel über die Taufe wie heute, aber bei vielen Taufen erlebten wir Wunder. In jener Nacht wollte sich unter anderem ein Bruder taufen lassen, der sehr hohes Fieber hatte. Mehrere Glaubensgeschwister versuchten ihm klarzumachen, dass das Untertauchen in eiskaltem Wasser keine gute Idee für ihn war. Doch ihre Bitten trafen auf taube Ohren; er wollte seinem Herrn durch die Taufe gehorchen, basta! Als er wieder aus dem Wasser stieg, war er fieberfrei und vollständig von seiner Krankheit geheilt.

Dergleichen Dinge waren damals nicht selten. Ein anderer

Christ, den ich kannte, war so krank, dass er nicht mehr lange zu leben hatte, aber er wollte sich vor seinem Tod noch taufen lassen. Nach der Taufe war seine schwere Krankheit wie weggeblasen.

Nach meiner Taufe brannte in mir noch mehr als zuvor der Wunsch, die gute Nachricht von Jesus Christus unter die Leute zu bringen. Ich fing an, Reisen zu machen, um von Jesus zu predigen. Als Erstes ging ich zurück in meinen Geburtsort und suchte meine Verwandten und Freunde auf, um ihnen von der Erlösung durch unseren Herrn zu erzählen. Es dauerte nicht lange und vier meiner Verwandten kamen zum Glauben an Jesus. Im folgenden Jahr ging ich nach Nanzhao, wo ich weitere fünf Menschen zu Jesus führen konnte.

Was ich auch anfing, alles schien mir zu gelingen. Ich glaubte, dass der Herr selbst mit mir war und mein Ausziehen und mein Zurückkommen segnete (wie es in Psalm 121,8 heißt). Ich durfte erleben, wie die Gemeinde wuchs und wuchs. Und obwohl ich in meinem Alltag der Partei diente, erlebte ich, wie die Hand Gottes Wunder tat.

5. „Ich gehöre zu Jesus Christus"

Am 1. Juli 1970 wurde ich hochoffiziell in die Kommunistische Partei aufgenommen. Dies galt als große Ehre, denn auch wenn es in China nur eine politische Partei gab, konnte längst nicht jeder Mitglied werden. Ich hatte in den letzten Jahren treu für die Partei gearbeitet, aber Mitglied hatte ich bisher nicht werden dürfen. Und dabei sah ich mich doch als Pionier für die Partei und als jemanden, der seinem Land die Revolution bringen wollte. Ich wollte, dass alle gleich behandelt wurden, dass die Reichen zahlten, was sie schuldig waren, und die Armen unterstützt wurden.

Nun, aufgrund der Loyalität und Entschlossenheit, die ich im Dienst für Mao Zedong und die Partei gezeigt hatte, luden mehrere Genossen mich schließlich ein, der Partei beizutreten. Es hatte sich in der Parteihierarchie herumgesprochen, was für ein vorbildlicher Mitarbeiter ich war. Mehrere Parteifunktionäre aus anderen Regionen prüften mich auf Herz und Nieren. Sie stellten mir Fragen, die testen sollten, wie gut ich über die Partei Bescheid wusste und wie treu ich Mao und der Revolution ergeben war. Sie wollten wissen, ob ich an „religiöse Märchen" glaubte oder „abergläubisch" war. Viele Christen in China hatten Probleme mit dieser Frage, weil sie den Eindruck hatten, dass sie auf das Christentum abzielte, sodass nicht viele Christen der Partei beitraten. Aber ich fand, dass meine Beziehung zu Jesus Christus nichts mit „Märchen" oder „Aberglauben" zu tun hatte, und so antwortete ich geradeheraus, dass ich mit Märchen und Aberglauben nichts am Hut hatte. Ich konnte mir nicht vorstellen, dass es einen Konflikt geben könnte zwischen meinem Christsein und dem Gelübde, bis zu meinem Tod der Partei zu dienen.

Nach eingehender Überprüfung konnte ich zusammen mit etwa tausend anderen Kandidaten zum Hauptplatz im Zentrum von Guaihe marschieren, wo wir in einer feierlichen Zeremonie der Kommunistischen Partei beitraten. Jeder von uns bekam eine Urkunde und ich hoffte, dass meine mein Ticket heraus aus der Armut wäre. Ich war voller Begeisterung.

Sofort wurde ich Erster in der Parteihierarchie für meine Region. Nun ja, nicht ganz. Offiziell gab es jemanden, der noch höher stand als ich, aber ich war ihm nicht verantwortlich und konnte alle Entscheidungen in meinem Zuständigkeitsbereich selbst fällen. Dass ich als so junger Mann auf Anhieb solch eine Position bekam, war eine große Ehre. Für mich war klar, dass hier Gott selbst am Werk war, denn ich hatte weder eine so gute Schulausbildung wie die anderen in meinem Alter, noch hatte ich nahe Verwandte, die in der Partei waren.

Ja, was für eine Ehre! Ich beschloss, mich noch mehr für mein Land einzusetzen und noch entschiedener gegen die Konterrevolutionäre in China vorzugehen. Ich war erst neunzehn Jahre alt, aber ich wollte keine Minute meines Lebens vergeuden. Auf mir lag eine gewaltige Verantwortung und ich wollte allen zeigen, dass ich in der Lage war, diese Verantwortung zu schultern und der Partei und meinem Land zu dienen.

Wo ich auch war, die Mao-Bibel hatte ich immer dabei. Ich hatte sie so auswendig gelernt, dass ihre Worte in mein Herz gebrannt waren. Aber ich las auch bei jeder sich bietenden Gelegenheit die Bibel. Tagsüber diente ich der Partei; abends diente ich Gott. Für mich war mein Einsatz für die Partei allen Ernstes ein Teil meines Dienstes für Gott. Noch heute finde ich, dass jeder gute Jünger von Jesus eigentlich auch ein guter Bürger ist. Als Christen haben wir die Aufgabe, die Gesetze zu befolgen, den Armen zu helfen, den Schwachen Gerechtigkeit zu bringen, für die Obrigkeit zu beten und uns in der Gesellschaft zu engagieren. Hatte mein Glaube an Jesus sich in der Schule nicht darin gezeigt, dass ich gute Noten hatte und meinen Lehrern keinen Kummer machte? Zeigte er sich jetzt nicht darin, dass ich fleißig und gewissenhaft meine Arbeit machte? Und wenn die Kommunistische Partei sich für die Hilflosen einsetzte, den Armen zu essen gab und die Gleichheit der Menschen predigte, stand sie damit nicht in Übereinstimmung mit dem, was der christliche Glaube lehrte? So dachte ich.

Dann kam der 22. Mai 1971. An diesem Abend kam der Sekretär des Bezirksparteipräsidiums, Jinde Li, zu mir und sagte: „Ich habe gute Nachrichten für Sie, Zhang. Aufgrund Ihrer guten Arbeit und Ihrer Loyalität und Vertrauenswürdigkeit ist der Wunsch geäußert worden, Sie zu einem Regierungsbeamten auf nationaler Ebene zu machen, nicht mehr nur auf Bezirksebene. Sie haben eine Woche, um Ihren Verwandten und Genossen die gute Nachricht mitzuteilen und Ihre Aufgaben an einen Nachfolger zu übergeben. Kommen Sie in sechs Tagen wieder zu mir, damit ich anfangen kann, Sie in Ihre neue Position einzuarbeiten.“ Er unterbrach sich kurz, dann fuhr er fort: „Zhang, Sie sind erst zwanzig Jahre alt. Ich hoffe, Ihnen ist klar, was für eine traumhafte Chance dies für Sie ist.“

Ich war platt. Ich saß da und fragte mich, ob ich wachte oder träumte. Bald wäre ich einer von denen da oben! Wie würde das sein? Was würde ich machen, wo würde ich wohnen? Der Sekretär bat mich, am Abend einer kleinen Zeremonie zur Feier meiner Beförderung beizuwohnen. Ich muss gestehen, dass mich auch der Gedanke lockte, dass ich jetzt bald mehr Macht und mehr Geld haben würde. Auf diesem Posten, den man mir da anbot, würde ich ein schöneres Leben haben. So eine Gelegenheit hatte in meiner ganzen Familie noch keiner bekommen! Seit vielen Generationen waren wir eine Bauernfamilie, und jetzt das! Dies war meine große Chance, nicht nur für mich selbst, sondern auch für künftige Generationen …

Doch am selben Tag erhielt ich auch eine diskrete Mitteilung von einem Gemeindeleiter in unserer Gegend. Er lud mich zu einem Taufgottesdienst in der kommenden Nacht ein. Ich glaube, die meisten meiner christlichen Brüder und Schwestern hätten Verständnis dafür gehabt, wenn ich die Einladung zu der Taufe nicht angenommen hätte und stattdessen zu der Parteifeier gegangen wäre. Aber aus irgendeinem Grunde spürte ich in meinem Herzen, dass ich zu der Taufe gehen sollte.

Ich war in meinem Leben an einer Weggabelung angekommen. Welchen Weg sollte ich wählen? Ich war hin- und hergerissen zwischen meiner Loyalität zur Partei und der Treue zur Gemeinde. Und ich kniete mich hin und begann zu beten. Kaum hatte ich angefangen, spürte ich etwas wie eine innere Stimme, die mir sagte: *Setz Jesus an die erste Stelle, gib ihm die Ehre!* Nein, ich durfte nicht zu dem Parteitermin, ich musste in den Taufgottesdienst gehen!

Ich wusste es in dem Augenblick noch nicht, aber diese Entscheidung sollte den Gang meines Lebens für immer verändern. Wir befanden uns damals mitten in der Kulturrevolution und geheime Treffen in der Nacht galten als Hochverrat. Mao Zedong selbst hatte geheime Treffen benutzt, um seine Revolution voranzutreiben und an die Macht zu kommen; er hatte den Sturz der Nationalisten in Geheimtreffen mit Gewerkschaftlern und Studenten vorbereitet. Er wusste, was für ein Umsturzpotenzial in solchen Treffen lag, und so war eine seiner ersten Maßnahmen als der Große Vorsitzende gewesen, sämtliche heimlichen Versammlungen zu verbieten.

Der Gemeindeleiter, der den Taufgottesdienst geplant hatte, war ein lieber Bruder namens Yao Wanming. Etwa hundertsechzig Menschen kamen in dieser Nacht zusammen. Unsere Gemeinde war in den vorangegangenen Monaten stark gewachsen und viele wollten getauft werden. Wir kamen nie mit den Taufen nach, weil alles im Untergrund durchgeführt werden musste. Ich hatte die Aufgabe, die Formulare für jeden der Täuflinge auszufüllen.

Bevor wir mit den Taufen begannen, hielt Yao Wanming eine Predigt. Alles verlief glatt. Gleich würden wir zu dem Teich gehen, wo die Taufen stattfinden würden. Damals zogen wir dazu oft unsere Schuhe aus und schoben sie uns unter den Arm, damit wir beim Gehen draußen nicht so viel Lärm machten. Doch diesmal sollten wir es nicht bis zum Teich schaffen, ja noch nicht einmal bis zur Tür.

Draußen hatten heimlich, still und leise dreißig Soldaten das Haus umstellt. Ohne Vorwarnung traten sie die Tür ein und umzingelten uns. Ihre Gewehrläufe zeigten auf unsere Gesichter. Es gab keine Möglichkeit zur Flucht und die meisten von uns hatten ja schon ihre Schuhe ausgezogen.

Die jungen Soldaten kamen mir bekannt vor. Natürlich, es waren Männer, die für mich arbeiteten. Ich war ihr Kommandant; ich hätte sie anbrüllen können, ihnen befehlen, die Leute in Ruhe zu lassen. Aber das ging natürlich nicht. Befehle erteilen? Als jemand, der bei etwas erwischt worden war, was in den Augen der Partei absolut verboten war?

Nun gut, erwischt war ich noch nicht. Der Raum war nur schwach beleuchtet und niemand erkannte mich. Ich wusste, wer diese Soldaten waren, aber sie wussten nicht, wer ich war.

Keiner meiner Genossen, die da um uns herumstanden, wäre auch nur im Traum auf die Idee gekommen, dass ich hier war. Ich war noch nie mit dem Gesetz in Konflikt gekommen, dies hier wäre meine erste Verhaftung gewesen. Ich war völlig schockiert und durcheinander. Die Zeit schien stillzustehen, nein, eigentlich raste sie wie verrückt.

Plötzlich packten zwei der Soldaten einen der Brüder, Gao Daoxue, der gerade auf dem Boden kniete und betete. Sie schlugen und traten ihn gnadenlos. Bruder Gao schrie laut den Namen Jesus und betete weiter, während die Schläge auf ihn herunterprasselten.

Ein anderer Soldat zeigte in die Runde und sagte: „Wenn ihr bereit seid, dem Namen Jesus abzusagen und Schluss mit eurem Aberglauben zu machen, dürft ihr nach Hause gehen und werdet nicht verhaftet. Wenn nicht, wartet morgen die Hölle der Zwangsarbeit auf euch. Ihr werdet Sand schaufeln und Straßen reparieren und wir werden euch auf den Straßen der Stadt vorführen, damit jeder weiß, was für ein konterrevolutionärer Abschaum ihr seid!“

Ein Augenblick Stille, während sie auf unsere Antwort warteten. Der Soldat lugte über den Lauf seines Gewehrs, die Augen voller Verachtung. Ich wusste, was er dachte, denn war ich eigentlich nicht ganz ähnlich wie er? Auch ich wollte doch unser Land schützen und die Revolution vorantreiben, auch ich wollte die Konterrevolutionäre mit Stumpf und Stiel ausrotten.

Während die Soldaten warteten, begann einer der Brüder neben mir, laut zu singen: „Auf, Brüder, lasst uns geh'n, lasst alles steh'n! Nehmt euer Kreuz und folgt dem Herrn, es geht nach Golgatha!“

Die anderen Christen im Raum schauten zum Himmel auf und fielen in das Lied ein, laut und furchtlos. Die Tränen flossen uns über die Gesichter, während wir sangen. Dieses wohlbekannte Lied bekam eine neue Bedeutung für uns, hier vor diesen Soldaten und ihren Gewehren. Die Kraft des Herrn Jesus kam auf uns und wir spürten den Trost seiner Gegenwart. Täuschte ich mich oder waren die Soldaten plötzlich nicht mehr so selbstsicher? Fühlten sie sich getroffen vom Text des Liedes?

Egal, wir wurden alle verhaftet und ins Rathaus gebracht, wo wir den Morgen abwarten sollten. Die Soldaten bewachten uns. An Schlaf war nicht zu denken, dazu war die Ungewissheit zu groß. Was würden sie morgen mit uns machen? Betten gab es im Rathaus sowieso keine. Ich konnte den Morgen kaum erwarten; ich musste meine Kollegen kontaktieren!

Im Dunkel der Nacht hatte mich niemand erkannt. Als der Morgen kam, trat ich zu einem unserer Bewacher und sagte ihm, dass ich unbedingt Parteisekretär Ai sprechen müsse.

Man brachte mich zu ihm. Seine Augen wurden groß, als ich in sein Büro trat. „Zhang, was machst du denn hier?"

Ich erklärte ihm, was vorgefallen war. Er hörte aufmerksam zu, dann sagte er: „Warum hast du dich nicht eher gemeldet? Das tut mir ja so leid, was dir da letzte Nacht passiert ist. Wenn ich gewusst hätte, dass du mit in dem Haus warst, hätte ich was machen können."

Ai brachte mich zu einem anderen Sekretär, Li Jinde, der höher in der Hierarchie stand. Ich erstattete auch ihm Bericht.

„Genosse Li", sagte ich, „gestern Abend nahm ich an einer Versammlung in dem Haus eines Freundes von mir teil. Dort waren Christen zusammen, um ihren Glauben zu praktizieren. Wir wurden alle verhaftet und für den Rest der Nacht ins Rathaus gebracht. Ich habe bis jetzt gewartet, um Ihnen das zu berichten, damit Sie das Nötige veranlassen können."

Li sah mich fest an. „Zhang", sagte er, „Sie sind ein junger

Mann. Nehmen Sie das nicht so schwer. Wir alle machen mal Fehler, das ist normal. Wichtig ist, dass wir diese Fehler dann nicht wiederholen. Die Sache ist nicht so ein großes Problem, wie Sie denken. Sie gehen jetzt nach Hause, schreiben ein Geständnis Ihres Vergehens und kommen wieder zu mir und legen es mir vor."

Ich verließ Lis Büro. Was sollte ich in meinem „Geständnis" schreiben? Dann fing ich an, die Geschichte meines Lebens und meiner Bekehrung zu Papier zu bringen. Ich erklärte, warum ich mein Leben Jesus Christus gegeben hatte und welche Rolle Opa Sun dabei gespielt hatte. Ich beschrieb, was sich durch meine Bekehrung in meinem Leben geändert hatte. Ich beendete den Brief mit dem Ausblick auf die Wiederkunft von Jesus, der eines Tages zurück auf die Erde kommen und uns zu sich nach Hause holen würde.

Dann kehrte ich zu Lis Büro zurück und reichte ihm den Brief. Er begann zu lesen. Ich merkte, wie sein Gesichtsausdruck sich veränderte, von „beamtenmäßig" zu „verwirrt". Dann sagte er: „Also, Ihnen scheint Ihr Fehler ja gar nicht leidzutun! Das hier ist kein Geständnis, das ist ... Wollen Sie mich etwa bekehren? So geht das nicht, Zhang, das sollten Sie doch wissen!"

Er räusperte sich und fuhr fort: „Sie haben hier nur eine Option und die sollte Ihnen eigentlich klar sein. Sie sind Mitglied der Kommunistischen Partei. Wir sind Atheisten. Sie können nicht gleichzeitig Christ und Mitglied der Kommunistischen Partei sein, Zhang. Sie müssen sich entscheiden und es wäre eine Katastrophe für Sie, wenn Sie sich weigerten, mit Jesus Schluss zu machen."

Er dachte kurz nach, dann sagte er: „Wir machen Folgendes: Sie gehen nach Hause und denken noch mal in aller Ruhe darüber nach, was Sie da gemacht haben. Und dann schreiben Sie diesen Brief noch einmal und bringen ihn morgen früh zu mir."

Ich nickte.

„Zhang, dies ist Ihre letzte Chance, eine weitere kriegen Sie nicht. Das ist wichtig! Dies könnte der wichtigste Brief Ihres Lebens sein, nehmen Sie ihn nicht auf die leichte Schulter. Was Sie in diesem Brief schreiben, entscheidet Ihr Schicksal."

Als ich mich am Abend hinsetzte, um erneut mein „Geständnis" zu schreiben, wusste ich: Was ich jetzt schrieb, hatte die Macht, über meine Zukunft zu entscheiden. Fragte sich nur, was für eine Zukunft ich wollte. Ich hatte die Wahl: Glück oder Leiden, die Partei oder Jesus, Freiheit oder Gefängnis, die Welt oder den Himmel – ewigen Tod oder ewiges Leben.

Ich konnte nichts essen und nicht schlafen. Ich kniete mich vor dem Herrn hin und begann zu beten. Bald stand ich wieder auf, entschlossen, das zu schreiben, was ich schreiben musste. Was gab es noch groß zu überlegen? Ich hatte doch längst beschlossen, Jesus nachzufolgen, und hatte nicht die Absicht umzukehren. Gerne hätte ich meine Position in der Partei behalten, aber mich von meinem Herrn und Erlöser abzuwenden – unmöglich!

Ich begann wieder zu beten. Ich spürte, wie Jesus neben mir stand, und dann kam mir plötzlich eine Bibelstelle in den Sinn. Gott legte die folgenden Worte aus dem Hohelied Salomos in mein Herz: „Denn Liebe ist stark wie der Tod und Leidenschaft unwiderstehlich wie das Totenreich. Ihre Glut ist feurig und eine Flamme des Herrn, sodass auch viele Wasser die Liebe nicht auslöschen und Ströme sie nicht ertränken können. Wenn einer alles Gut in seinem Hause um die Liebe geben wollte, so könnte das alles nicht genügen" (Hoheslied 8,6-7).

In diesem Augenblick bekam ich die Kraft, meine Entscheidung zu treffen. Ich sagte: „Jesus, du bist mein Ein und Alles. Du bist mir das Wichtigste im Leben. Wen sonst könnte ich wählen als dich?"

Am Morgen gab ich meinen Brief in der Parteizentrale ab. Er endete mit den Worten: „Ich gehöre zu Jesus Christus. Er hat mir eine so große Erlösung geschenkt, dass alles andere klein dagegen ist."

Es waren mehrere Personen im Büro, als ich meinen Brief abgab. Der Funktionär, der den Brief entgegennahm und las, wurde rot im Gesicht. „Ist das Ihr Ernst?"

„Jawohl", sagte ich mit fester Stimme.

„Sie spielen mit Ihrem Leben! Sind Sie ganz sicher, dass Sie das nicht bereuen werden?"

„Ganz sicher", erwiderte ich.

Man entließ mich. Als ich das Büro verließ, spürte ich eine plötzliche Freude in mir, die ich nur schwer in Worte fassen kann. Aber es macht einen froh und getrost, wenn man weiß, dass man das Richtige getan hat - auch wenn man gleichzeitig weiß, dass es einem eine Zukunft bringen wird, die nicht leicht ist.

6. Verhör, Folter, Arbeitslager

Am 2. Juni 1971 wurde ich aufgefordert, mich auf der Polizeiwache der Stadt zu melden. Während ich dort war, wurden mehrere Beamte zu meinem Haus geschickt, um nach meiner Bibel und etwaigen anderen religiösen Schriften zu suchen. Ich wusste, dass sie die Bibel nicht finden würden. Ich lieh sie oft aus und wir sorgten dafür, dass sie nie längere Zeit im selben Haus war, damit die Polizei sie nicht so leicht finden konnte. Wenn ich sie bei mir zu Hause hatte, versteckte ich sie oft irgendwo in den Bergen unter einem Stein, was sich jedoch als problematisch erwies, denn dort wurde sie oft vom Regen nass. Während ich in der Polizeiwache saß, stellte der Fahndungstrupp mein Haus auf den Kopf. Die Polizisten wussten, dass ich eine Bibel hatte, aber ich weigerte mich, ihnen zu sagen, wo sie war, und sie konnten sie nicht finden. Alles, was sie fanden, war ein Gesangbuch, aber ihrem triumphierenden Gehabe nach hätten es genauso gut tausend Bibeln sein können. Sie empfahlen ihren Vorgesetzten sofort, mich wegen Besitzes verbotener Schriften vor Gericht zu stellen. Ich wusste, dass ein Gesangbuch nicht dasselbe war wie eine Bibel, aber in den Augen der Parteifunktionäre war es genauso belastend für mich.

Kurz bevor ich im Taufgottesdienst erwischt worden war, hatte ein älterer Christ Lob- und Danklieder vor sich hin gesungen. Ein Parteifunktionär hatte ihn gehört und gefragt, was er da sang. Als der alte Herr es ihm erklärte, fragte der Funktionär ihn: „Hassen Sie den Sozialismus? Hat die Partei Sie nicht gut behandelt? Versuchen Sie sich als Klassenkämpfer?“ Der alte Mann wurde angezeigt und zu vier Jahren in einem Umerziehungslager verurteilt.

Jetzt musste ich denken: *Wenn der vier Jahre gekriegt hat, weil er Lieder sang, beantragen die bei mir vielleicht die Todesstrafe, weil sie ein ganzes Liederbuch gefunden haben.*

Als der Hausdurchsuchungstrupp zurückkam, hatte er das Gesangbuch dabei. Die Beamten hielten es hoch und zeigten allen ihren Schatz. Dann sahen sie mich an. „Wo haben Sie das her? Wer hat Ihnen dieses Buch gegeben?"

„Niemand. Die Lieder in dem Buch habe ich selbst geschrieben."

„Sie – die Lieder geschrieben? Unmöglich! Dafür sind Sie viel zu dumm. Sie haben noch nicht mal die Schule abgeschlossen und können nur mit Mühe und Not lesen, geschweige denn Lieder schreiben!"

Die Fragen wurden immer bohrender und es dämmerte mir: Ich würde nicht mehr zurück nach Hause kommen. Jetzt verhörte ich nicht mehr andere, jetzt wurde ich selbst verhört. Der Spieß war umgedreht. Was ich früher anderen über den Umgang mit „Konterrevolutionären" beigebracht hatte, fiel jetzt auf mich selbst zurück. Ich verspürte keine Lust herauszufinden, wie gelehrig meine Schüler gewesen waren.

Man steckte mich in eine Einzelzelle, wo das Verhör weiterging. „Wo haben Sie das Buch her? Wer hat es Ihnen gegeben? Wer schmuggelt diese Bücher?"

Ich antwortete nicht. Ich merkte, wie ich immer hungriger wurde. Sie hatten angefangen, mir nichts mehr zu essen zu geben, um meinen Widerstand zu brechen. Erst Essensentzug, dann Schlafentzug. Ich kannte das System, aber diesmal saß ich zum ersten Mal auf der anderen Seite des Verhörtisches. Ich wusste, was kommen würde, und dieses Wissen machte mir meine Lage nicht leichter.

Die kommunistische Ideologie hat furchtbare Auswirkungen auf die Seelen der Menschen. Sie löscht das Individuum als Person aus. Und nicht nur der Kommunismus tut dies, sondern im Grunde jede Lehre und jede gesellschaftliche Institution, die den Glauben an Gott systematisch zerstört. Christen wissen, dass sie alle Brüder und Schwestern in Jesus Christus sind; sie sind eine große Familie. Sie wissen auch, dass selbst die Menschen, die nicht an Christus glauben, nach Gottes Bild erschaffen sind. Und sie kennen die „goldene Regel": „Wie ihr wollt, dass euch die Leute tun sollen, so tut ihnen auch!" (Lukas 6,31) Ein Mensch, der mit Jesus Christus verbunden ist, kann unmöglich foltern, denn er versetzt sich unwillkürlich in die Rolle des Gefolterten. Es ist unmöglich für einen echten Christen, einem Folteropfer ins Gesicht zu blicken, ohne sich mit ihm solidarisch zu fühlen, gerade so, als würde er selbst soeben geschlagen.

Diese Solidarität, diese Mitmenschlichkeit nimmt der Atheismus weg. Der chinesische Kommunismus hat damals die Gesellschaft entmenschlicht. Er sah die Menschen, der Evolutionsideologie folgend, als höher entwickelte Tiere. Der Einzelne war kein Mensch mehr, sondern nur noch ein austauschbares Stück Material. Die Staatsideologie kannte keine Söhne und Töchter, Mütter und Väter, Brüder und Schwestern mehr, sondern nur noch das Kollektiv der Rädchen im Getriebe, die gefälligst mehr zu produzieren hatten, als sie verbrauchten.

Es war nicht leicht für mich, dort in dieser Zelle zu sitzen und darüber nachzudenken, was für eine hohe Position ich in der Partei gehabt und wie ich ihr mit allem, was ich hatte, gedient hatte. Mir dämmerte, wie falsch es gewesen war, mich dem Kommunismus anzuschließen. Das war der Anfang meines Abschieds von all den falschen, naiven Vorstellungen, die ich von der Partei gehabt hatte.

Die Worte Mao Zedongs hörten auf, mich zu begeistern. Die „Mao-Bibel" sagte mir nichts mehr. Stattdessen fand ich meine Kraft und Freude allein in der Bibel – dem Buch meines Herrn und Heilands, der mich nie im Stich lassen würde (vgl. zum Beispiel Hebräer 13,5).

Ich wurde jeden Tag verhört. Da ich nichts zu essen bekam, wurde ich immer schwächer. Die Wärter schlugen mich zu Boden und traten mich. Jeder Schlag schoss mir durch den ganzen Körper – immer stärker, je schwächer ich vor Hunger wurde. Die Verhörbeamten verloren die Geduld und ich war am Rande der Bewusstlosigkeit.

Am dritten Tag war ich total fertig vom Hunger und den Schlägen. Die Sommerhitze war furchtbar. Es gab kein Bett und der Fußboden war hart. Ich versuchte, zum Schlafen die kühlste Stelle zu finden, damit ich nicht so schwitzte. Denn ich wusste: Je mehr ich schwitzte, umso mehr würde mein Körper austrocknen. Aber irgendwann wurde mir das egal vor lauter Schwäche.

Nachts wurde ich von zwei Wärtern bewacht. Wir kannten uns gut. Sie sagten: „Warum tust du dir das an, Zhang? Warum lässt du nicht einfach diesen Aberglauben sausen und kooperierst mit uns?"

Was sollte ich ihnen antworten? Wie sollte ich ihnen begreiflich machen, dass die Liebe von Jesus größer ist als jede Liebe, die wir in dieser Welt erfahren? Wie konnten sie diese Wahrheit verstehen, wenn alles, was sie sehen konnten, ein sturer Verrückter war, der sich völlig unnötig foltern ließ?

Die Verhörbeamten waren Freunde von mir. Ich sagte ihnen schließlich, dass ich das Gesangbuch von einem gewissen Sun Wendang bekommen hatte. Na, endlich … Als ich ihnen den Namen gegeben hatte, verließen sie den Raum und man erlaubte mir, ein Bad zu nehmen und etwas zu essen.

Doch schon bald waren meine Wärter wieder da, außer sich vor Wut. Der eine schlug mich ins Gesicht und fauchte: „Du hast uns belogen! Sun Wendang lebt gar nicht mehr!"

Ich erwiderte: „Ich habe euch nicht belogen. Er hat diese Lieder geschrieben, aber das war vor drei Jahren. Ihr habt einen Namen gewollt und ich habe ihn euch gegeben."

„Warum musst du so stur sein, Zhang?", schrien sie. „Warum sagst du uns nicht, wo du dieses blöde Buch herhast? Du hast nur eine Wahl. Du kannst nicht der Partei dienen und gleichzeitig an Jesus glauben. Aus dir hätte was werden können, und stattdessen bist du Christ geworden! Jetzt musst du die Suppe auslöffeln, die du dir eingebrockt hast."

Während ich noch auf der Polizeiwache war, schickte die Bezirksregierung einen anderen Trupp Polizisten in meine Heimatstadt, um nach weiteren konterrevolutionären Christen zu fahnden. Sie fanden bald heraus, dass es dort mindestens zehn weitere Personen gab, die an Jesus glaubten. Die Polizei nahm sie fest und bedrohte und schlug sie, um sie zu zwingen, Informationen über andere Gläubige und über Gottesdienste in der Stadt preiszugeben.

Einer der zehn begann tatsächlich zu reden. Er erzählte der Polizei, dass ich in der Tat eine Bibel hatte, aber dass sie gut versteckt war. Genau das hatten die Beamten schon geargwöhnt. Sie wussten, dass in meinem Haus noch mehr sein musste als nur dieses Gesangbuch. Diese Bibel mussten sie haben!

Ich hatte keinerlei Lust, noch länger gefoltert zu werden, aber ich wusste auch: Wenn ich diese Bibel verlor, würde ich vielleicht nie eine neue kriegen. Ich dachte an meinen geliebten Opa Sun, der mir die Bibel geschenkt hatte. Und an seine Worte kurz vor seinem Märtyrertod. Wie hatte er noch gesagt? „Zhang, mit dieser Bibel musst du leben und sterben. Du darfst es nicht zulassen, dass sie sie kriegen!" Diese Bibel war mein Leben, mein wertvollstes Familienerbstück, das ich um jeden Preis schützen musste.

Gleich draußen vor dem Gefängnis hielt sich ein Bruder aus unserer Gemeinde auf, der sich als Straßenfeger ausgab und fleißig den Hof vor der Polizeiwache fegte. Während er fegte, schaute er verstohlen in Fenster und offene Türen hinein, um zu sehen, wo ich war. Nach einiger Zeit wurde er fündig und wir entdeckten einander.

Als ich ein paar Minuten allein war, ohne die Wärter, huschte er zu mir und ich flüsterte ihm durch das Fenster zu, schnellstens zu meiner Mutter zu gehen. „Du musst unbedingt zu ihr! Sag ihr von mir, sie soll zwei beliebige Bücher nehmen und im Hof verbrennen und anschließend die Asche dort liegen lassen."

Ich schaute um mich, um sicherzugehen, dass uns auch niemand belauschte. Wir hatten nicht viel Zeit. „Wenn die Polizisten kommen, um weiter nach der Bibel zu suchen, soll sie sagen, dass sie sie bereits verbrannt hat, und ihnen die Asche von den beiden anderen Büchern zeigen."

Mein Freund nickte kurz und ging. Als die Polizei wieder in mein Haus kam, hatte meine Mutter bereits meine Bitte befolgt und zwei Bücher verbrannt. Sie führte die Beamten nach draußen in den Hof und zeigte ihnen die Asche. Sie inspizierten die Überreste und kamen zu dem Schluss, dass das meine Bibel gewesen war.

Also glaubten sie, dass sie meine Bibel vernichtet hatten, aber sie waren immer noch nicht zufrieden, denn meinen Glauben hatten sie noch nicht zerstört. Ich war jetzt seit 29 Tagen auf dem Polizeirevier und die Tage wurden nicht leichter.

Dann hatte die Polizei eine Idee, wie sie meinen Widerstand endlich brechen könnte. Wenn es nichts brachte, mich in einem Zimmer einzusperren und zu schlagen, würde ich vielleicht zur Vernunft kommen, wenn ich drei Tage lang ein

Arbeitslager ausprobiert hatte. Und man verlegte mich in ein Arbeitslager, das gute fünfzehn Kilometer von meiner Stadt entfernt war und wo ich weder von meiner Familie noch von unserer Gemeinde Besuch empfangen durfte.

Aus den drei Tagen Arbeitslager wurde ein Jahr. Ein ganzes Jahr musste ich unter den wachsamen Augen der Lagerwärter schuften. Was ich in dem Lager erlebte, war noch viel schlimmer als die Wochen in der Polizeiwache. Während der gesamten Zeit in dem Lager war es mir verboten, mit anderen Menschen zu sprechen. Es war schier unerträglich.

Eine der schlimmsten Strafen für einen Pastor ist, mit niemandem reden zu dürfen. Mit anderen Menschen zu arbeiten, das Evangelium zu predigen und am Leben anderer teilzunehmen, sind einige der großen Leidenschaften, die Gott mir gegeben hat. Das Redeverbot war die reine Folter.

Eines Tages kam ein junger Mitgefangener namens Li zu mir, aber ich konnte nicht mit ihm sprechen. Es drängte mich so sehr, mich mit ihm auszutauschen, dass ich Angst hatte, die Worte würden mir aus den Poren dringen, wenn ich nicht den Mund aufmachte. Li war ein gebildeter junger Mann, der voller Liebe zu Gott war. Ich bat Gott in meinem Herzen, mir zu zeigen, wie ich trotz allem mit Li reden konnte.

Nicht lange nach diesem Gebet schenkte Gott mir eine Idee: dass wir zusammen in die Toiletten gingen, um miteinander zu reden. Gesagt, getan. Mehr als zwei Minuten am Stück ging nicht, aber diese Minuten waren unglaublich erfüllend. Sie waren genau das, was ich brauchte. Li munterte mich auf und ich ihn. Wir erlebten, dass die Verbundenheit in Christus das stärkste Band der Welt ist.

Schon bald merkten wir, dass die Toiletten wirklich der ideale Treffpunkt für Gespräche waren. Immer wieder einmal gingen wir hinein, tauschten uns aus und machten uns Mut.

Bald organisierte ich auch „Toilettengespräche" mit anderen Mitgefangenen. Dort bei den stinkenden Löchern im Boden (mehr waren die „Toiletten" nicht) hielten wir unsere Kurzgottesdienste. Die Gerüche, die von unten heraufstiegen, waren alles andere als erbaulich, aber das Zusammensein in Christus war wie ein Wohlgeruch für unsere Seelen. Es ist meine Überzeugung, dass man buchstäblich überall Gottesdienst feiern kann, wenn das Herz auf Christus ausgerichtet ist.

Es ist unerlässlich, dass die verschiedenen Glieder am Leib Christi einander aufbauen und Mut machen. Die innere Öffnung gegenüber dem Bruder oder der Schwester in Not ist ein absolutes Muss, damit beide in ihrer Zerbrochenheit vor Gott treten und seine durchtragende Kraft erfahren können. Während meiner ersten Inhaftierung wurde mir klar, dass ich mit dem Leiden nicht alleine fertigwerden konnte. Ohne die Kraft des Herrn hätte ich nicht überleben können und er gab mir diese Kraft, indem er mir in dieser dunklen Zeit Brüder an die Seite stellte.

Diese Brüder waren lauter Männer, mit denen ich außerhalb der Gefängnismauern nichts gemeinsam gehabt hätte. Sie waren früher hartgesottene Kriminelle gewesen, und anfangs waren viele von ihnen total in sich verschlossen. Doch sobald sie den Herrn Jesus Christus in ihre Herzen aufgenommen hatten, wurden sie mir für den Rest meines Lebens Freunde und Mitstreiter für das Evangelium. Ich danke Gott für jede einzelne dieser kostbaren Seelen.

7. Die „Schwarzen Fünf“

Nach einem Jahr Inhaftierung hatte mein geistlicher Alltag eine gewisse Struktur bekommen. Tagsüber dachte ich viel über Gottes Güte nach; das war das Einzige, was mir auf Dauer Halt gab. Ich wachte auch jede Nacht dreimal auf, um zu beten. Und ich verließ mich ganz auf die Kraft, die Gott mir gab.

Im Laufe der nächsten Jahre wurde meine Gefangenschaft noch schwieriger. Ich wurde in ein sogenanntes Intensivarbeitsteam verlegt. In diesen Teams sollten die Gefangenen sich buchstäblich zu Tode schuften. Die Regierung hatte entschieden, mich in die „Schwarzen Fünf“ zu stecken.

Mit dem Begriff „Schwarze Fünf“ beschrieb man damals die Feinde der sozialistischen Gesellschaft von Mao Zedong. Der Kampf gegen die „Klassenfeinde“ war in vollem Gang und die Jugendbewegung der Kommunisten hatte bestimmte Glieder der Gesellschaft zu den gefährlichsten Klassenfeinden erklärt: den „Schwarzen Fünf“. Ihr Gegenstück waren die „Roten Fünf“.

Die Roten Fünf, das waren die Parteikader, die Märtyrer für die Sache des Kommunismus, die Soldaten, die Arbeiter und die armen Bauern. Die Schwarzen Fünf hingegen waren die Grundbesitzer, die Reichen, die Bürger, die „rechts“ waren, die gewöhnlichen Kriminellen und die Konterrevolutionäre. Das Arbeiterstadion in Beijing (Peking) war der Schauplatz zahlreicher öffentlicher Hinrichtungen von Menschen, die man verdächtigte, zu den Schwarzen Fünf zu gehören.

Diese Klassifizierung traf nicht nur Einzelpersonen, sondern ganze Familien, nach dem Prinzip der Weitervererbung. Wenn der Vater ein Revolutionär war, dann war sein Sohn automatisch ein Held; war der Vater ein Konterrevolutionär, dann war der Sohn ein Taugenichts. So suchte die Partei die angeblichen Sünden der Väter an deren Kindern heim.

In diesem System hatte ich keine Chance. Als Mensch, der an Jesus Christus glaubte, war ich automatisch ein Konterrevolutionär und gehörte zu den Schwarzen Fünf. Damit aber war ich sozusagen ein Untermensch, der es nicht wert war, dass er lebte. Die Schwarzen Fünf – das war der Abschaum der Menschheit, der keinerlei Rechte hatte. Wer zu ihnen gehörte, war für jedes Mitglied der Kommunistischen Partei buchstäblich ein Sklave.

Da ich früher selbst Parteimitglied gewesen war, wurde ich besonders grausam behandelt und musste ohne jede Bezahlung arbeiten. Wenn jemand aus der Partei mir irgendetwas befahl, hatte ich den Befehl sofort und ohne Widerrede auszuführen. Gehorchte ich nicht oder nicht exakt so, wie der Betreffende es wünschte, wurde ich öffentlich geschlagen und verhöhnt. Bald fühlte ich mich wie ein Sündenbock für alles und jedes, was in China schieflief.

Wer zu den Schwarzen Fünf gehörte, hatte keinerlei Stimme oder Mitspracherechte. Wir durften nicht an Versammlungen teilnehmen, wo über Maßnahmen der Regierung gesprochen wurde, und auf niemanden Einfluss nehmen. Wir durften uns noch nicht einmal untereinander treffen. Wir galten als die Ursache sämtlicher Probleme Chinas; wo etwas nicht funktionierte, waren wir schuld. Selbst nach meiner Entlassung aus dem Arbeitslager gehörte ich weiter zu den Schwarzen Fünf.

An dem Abend meiner Entlassung begab ich mich direkt zu Bruder Li. Er war ein sehr lieber Bruder im Herrn und ich wusste, dass er die ganze Zeit für mich gebetet hatte. Ich bin davon überzeugt, dass es die Gebete von Mitchristen wie Bruder Li waren, die mich durch diese schweren Zeiten hindurchtrugen. Ohne die Fürbitte dieser treuen Brüder und Schwestern hätte ich nicht überlebt. Ich musste Bruder Li sehen! Und ich ging nach Guaihe, wo er wohnte.

Damals hatten die Menschen in China in ihren Häusern keinen elektrischen Strom, sodass sie nachts die Türen offen ließen, um die kühle Luft und das Sternenlicht hereinzulassen. Ich schlüpfte durch die Tür in Bruder Lis Haus, vorbei an dem Hund, der mich nicht bemerkte. Von innen kamen leise Stimmen. Mehrere Menschen beteten. An der Tür des Raumes, wo die Beter waren, blieb ich stehen und hörte zu.

Alle waren so ins Gebet vertieft, dass sie mich nicht bemerkten. Gerade beteten sie um meine Freilassung aus dem Arbeitslager. Ich stand da und lauschte. Wie inbrünstig diese Geschwister beteten, welche Liebe aus ihren Worten strahlte! Sie hatten mich nicht vergessen. Sie hatten mich nicht allein gelassen in dem Gefängnis, sondern waren im Gebet bei mir gewesen.

Ich fing an zu schluchzen. Die anderen hörten es, öffneten die Augen und sprangen auf, um mich zu umarmen. Endlich wieder bei meinen Brüdern und Schwestern. Ein Traum war wahr geworden.

Wie soll ich jemandem, der noch nie im Gefängnis war, erklären, wie ich mich in diesem Augenblick fühlte? Wie viele Nächte hatte ich für diesen Augenblick gebetet, wie viele Nächte hatte ich wach gelegen und mir gewünscht, aus dieser Hölle herauszukommen und beim Aufwachen wieder zu Hause bei meinen Lieben zu sein! Ich hatte so darum gebetet, dass sie mich nicht vergessen würden und dass Gott sie nicht vergaß.

Aber vor allem hatte ich darum gebetet, dass sie ihre erste Liebe, Jesus Christus, nicht vergessen würden. Für einen von den Schwarzen Fünf konnte das Leben unerträglich sein. Manchmal schien es keine Hoffnung mehr zu geben, aber irgendwie wusste ich, dass mir Gott in seiner Liebe treu sein würde bis ans Ende.

Ich hielt mich eine Weile bei Bruder Li und seinen Gästen auf und machte mich dann auf zu einem anderen Dorf, das gute sechs Kilometer entfernt lag. Dort fand ich zum Haus einer Glaubensschwester namens Yaojie und ihrer Mutter, ging um das Haus herum zur Rückseite und schaute durchs Fenster. Da waren sie; auch sie beteten. Ich versuchte mitzubekommen, was sie da beteten, bevor ich mich bemerkbar machte.

Da hörte ich meinen Namen. Auch sie beteten darum, dass Gott mich bewahrte! Ich klopfte leise ans Fenster. Ihre Köpfe ruckten hoch und sie schauten zu mir heraus, ihre Gesichter zwei Fragezeichen. Es muss ein Schock für sie gewesen sein, dass ich just in dem Augenblick, als sie für mich beteten, vor ihrem Fenster stand.

Sie öffneten die Tür. Ich sagte: „Ich bin's – Zhang!“ Sie standen wie angewurzelt da und schienen ihren Augen nicht zu trauen.

„Bist du das? Bruder Zhang? Das ist doch nicht möglich!“

„Doch, ich bin's. Danke, dass ihr für mich gebetet habt.“

Sie waren so kostbar, diese Augenblicke. Wieder war ein Traum wahr geworden. Es gab ein tränenreiches Wiedersehen.

So war ich voller Energie, als ich Yaojies Haus verließ. Ich musste auch die übrigen lieben Glaubensgeschwister besuchen, alle! Ich rannte zum nächsten Haus und dann zum übernächsten. Die Menschen, an die ich die ganze Zeit meiner Haft gedacht hatte, musste ich besuchen! Ich weiß noch gut, wie ich in diesem Arbeitslager gewesen war und nachts zum Himmel hochgeschaut und an meine Brüder und Schwestern gedacht hatte, die jetzt zusammen waren und beteten. Und an meinen Herrn Jesus Christus und wie es wäre, wenn er in dieser Nacht wiederkäme.

„Herr, komm, bitte!", hatte ich gebetet. „Bitte komm bald! Ich brauche dich. Ich sehne mich so danach, dass du kommst – jetzt. Bitte komm und hol mich zu dir, hinein in dein Reich, weit weg von dieser Erde."

Während der langen Arbeitsstunden hatte ich oft Gedichte darüber geschrieben, wie ich sehnsüchtig zum Himmel hochschaute. Ich hatte gedacht: *Wenn ich jetzt nur Jesus sehen könnte, wie er vom Himmel herabkommt und mich aus dieser Sklaverei erlöst!* Manchmal hatten die Wärter mein Tagträumen bemerkt und mir Schläge angedroht, falls ich nicht sofort wieder an meine Arbeit ging.

Selbst nachdem ich endlich entlassen war, hatte ich wie erwähnt weiter ohne Lohn zu arbeiten. Ich war und blieb einer von den Schwarzen Fünf. Daher musste ich als Zwangsarbeiter in der Landwirtschaft schuften, jeden Tag, von morgens früh bis zum Einbruch der Dunkelheit. Für Gottesdienste und Ähnliches war keine Zeit. Bei der mageren Kost, die ich bekam, und nach den langen Arbeitsstunden war ich abends immer völlig erschöpft.

Dabei war ich wie ein Schaf, das in einem Wolfsrudel arbeiten musste. Die anderen legten mir so viele Steine wie nur möglich in den Weg, nur weil ich Christ war. Eines Tages war ich wieder draußen auf dem Feld und sehr müde, sodass ich gähnen musste. Das hätte ich besser nicht gemacht. Sofort war ich von den anderen Arbeitern umringt. Einer schrie: „Der Kerl betet wohl nachts, wie?"

Im Nu kamen über hundert Leute zu uns gerannt. Viele der anderen Arbeiter und der Leiter des Landwirtschaftsbetriebes sahen mich als Klassenfeind, dem man es heimzahlen musste. „Der hält Predigten, anstatt zu schlafen! Darum ist er so müde!"

Ein Wort gab das nächste. Dann kam der erste Faustschlag und dann fiel die ganze Meute über mich her. Jeder wollte mich schlagen oder treten, sie kämpften um die besten Plätze. Ich ging zu Boden. Sie schlugen jeden Quadratzentimeter meines Körpers, bis sie keine Lust mehr hatten.

Ich lag da. Alles tat mir weh. Ich brach in Tränen aus. Was war an mir so schlimm, dass die anderen mich so hassten und es ihnen Spaß machte, mich zusammenzuschlagen? Was hatte ich denn getan? Ein einziges Mal gegähnt.

Die Schikanen nahmen kein Ende. Einmal, während einer seltenen Pause draußen auf den Feldern, forderte eine Bande mich auf, mich ihr anzuschließen. Sie waren absolut gottlos und redeten in einer extrem vulgären Gossensprache. Schon wegen dieser Sprache, die sie ganz bewusst benutzten, ließ ich sie abblitzen. Noch nie vorher hatte ich Menschen kennengelernt, die es fertigbrachten, ganze Sätze zu bilden, die nur aus Flüchen und Kraftausdrücken bestanden.

Als ich ihr Angebot ablehnte, wurden sie wütend, weil ich nicht ihrem Willen folgte. Sie wurden immer aggressiver und ich wurde auch wütend. „Mit euren Ausdrücken beschmutzt ihr die Frauen und euch selber", erklärte ich. „Und wenn ihr die Frauen in den Dreck zieht, dann zieht ihr nicht nur eine in den Dreck, sondern alle Frauen, einschließlich eurer Mütter. Mit eurer Sprache schlagt ihr eurer eigenen Mutter ins Gesicht, die euch das Leben gegeben hat!"

Während der Kulturrevolution und noch danach gab es in China keinerlei Redefreiheit – noch nicht einmal die Freiheit, solche biblischen Wörter wie „Halleluja" zu benutzen, auch wenn man dies gedankenlos tat. Wenn jemand das hörte, konnte einem das eine Anklage wegen Verunglimpfung des Sozialismus einbringen. Das bloße Wort „Halleluja“ konnte einen also teuer zu stehen kommen. Ich wusste das und versuchte, mich zu beherrschen, aber manchmal überkam es mich einfach.

Eines Tages rutschte mir, ehe ich mich bremsen konnte, ein „Halleluja“ über die Lippen. Es war das erste Mal und ich dachte, das würde weiter nichts ausmachen. Aber an die dreißig Leute standen in meiner Nähe, die sofort auf mich einschlugen und eintraten.

1972 heiratete ich. Ich weiß immer noch nicht, wie ich das damals schaffte. War ich glücklich? Nein, sondern traurig und niedergedrückt. Der Himmel hing nicht voller Geigen, sondern voller Wolken. Es war kein gutes Jahr für China, ja die ganzen letzten Jahrzehnte waren ein Elend gewesen für das ums Überleben kämpfende Land.

Anders als in Europa können die meisten Chinesen sich ihren Ehepartner nicht selbst aussuchen. Die meisten Ehen werden von den Familien arrangiert und in den Untergrundgemeinden von den Pastoren. Es gibt auch professionelle Heiratsvermittler, die Familien helfen, einen Ehepartner für ihr Kind zu finden. In unserer Stadt gab es einen offiziellen städtischen Heiratsvermittler, der Ehen vor Ort vermittelte. Der Druck auf meine Frau und mich, zu heiraten, war sehr groß; der Vermittler hatte unsere Ehe schon arrangiert, als wir noch sehr jung waren.

Als wir verkuppelt wurden, wohnte ich oben auf dem Berg und meine künftige Braut unten im Tal. Sie war keine Christin und hatte vor mir noch nie einen Christen kennengelernt. Sie kam wie ich aus einer Bauernfamilie und für den Heiratsvermittler waren wir ein ideales Paar. Wir hatten keine große chinesische Hochzeit, wie viele sie heute feiern. Wir hatten gerade genug Reis für den jeweiligen Tag, und so machten wir es wie andere arme Paare damals auch: Wir gingen aufs Amt und füllten die Formulare aus. Es war sehr unromantisch.

Ich bekam einen Tag frei für meine Hochzeit, aber die Regierung ließ mich von Agenten beschatten, um sicherzustellen, dass ich keine kirchliche Trauung hatte. Sie sorgte auch dafür, dass keine christlichen Freunde bei der Hochzeit dabei waren.

Meine Frau ist eine erstaunliche Persönlichkeit. Als der Heiratsvermittler ihr sagte, dass er mich als Mann für sie ausgesucht hatte, stimmte sie sofort zu. Vom ersten Tag an bejahte sie mich, obwohl sie sehr gut wusste, dass sie einen „Konterrevolutionär" und „Staatsfeind" heiratete. Als Christ brachte ich eine Menge schweres Gepäck in die Ehe mit. Mir war klar, dass ich für meinen Glauben würde leiden müssen. Hatte Christus selbst uns nicht Verfolgungen vorhergesagt? Für meine Frau, die gar keine Christin war, war das alles andere als klar, aber indem sie mich heiratete, nahm sie diese Lasten, die mit meinem Glauben an Jesus zusammenhingen, mit auf sich.

Unsere Hochzeit fand in einer Zeit großen Leidens statt. Noch heute wünsche ich mir, wir hätten unter besseren Umständen den Ehebund schließen können. Ja, diesen Teil meines Lebens hat der Widersacher Gottes mir gestohlen.

8. Sklaven der Partei

Nach der Hochzeit wollte ich zusammen mit meiner Frau endlich ein normales Leben führen. Ich wollte nicht, dass sie meinetwegen leiden musste, aber tief drinnen war eine Unruhe in meiner Seele. Der Herr hatte in mir ein Feuer entzündet, das Evangelium zu predigen, und dieses Feuer brannte umso heller, je mehr ich verfolgt wurde.

Doch der große Feind unserer Seelen war ebenfalls unruhig; er wollte mein Leben auslöschen, bevor Gott es gebrauchen konnte. Zuerst versuchte er es durch die Regierungs- und Parteifunktionäre in meiner Heimatstadt, die sich von mir verraten fühlten. Sie wollten mich vernichten und berieten sich, wie sie das am besten bewerkstelligen konnten.

Sie ließen schließlich siebzehn Personen verhaften, die als „Schwarze Fünf" galten, darunter auch mich. Wie gesagt, die Schwarzen Fünf waren die allerschlimmsten Konterrevolutionäre der Nation, der Bodensatz der Gesellschaft, der nicht verdient hatte zu leben. Manche Chinesen, vor allem unter den fanatisierten Schülern und Studenten, fanden die Schwarzen Fünf so schlimm, dass sie ihre bloße Existenz für eine Beleidigung der Revolution hielten. Am liebsten wäre es ihnen gewesen, man hätte uns auf der Stelle erschossen.

Die Polizei kam in mein Dorf und verhaftete mich vor meiner Haustür, ohne jede Erklärung, außer dass sie mich einen „Feind der Revolution" nannte. Dieses Wort genügte; es war Anklage und Urteil zugleich. Dann führte man mich ab, in die Mitte des Ortes, wo ich mich zusammen mit den anderen sechzehn aufstellen musste. Wir waren wie Trophäen in den Händen der eifrigsten Parteikader. In ihren Augen waren wir Feinde von allem, was in der Gesellschaft als gut galt.

Als wir dort der gaffenden Menge vorgeführt wurden, zeigte es sich, dass ich der Jüngste war. Die meisten der Polizisten hatten auf mich einen besonderen Hass, weil ich nicht nur die Kommunistische Partei verraten hatte, sondern auch so jung war, dass ich es eigentlich besser hätte wissen müssen. Die Älteren waren eben Produkte ihrer Generation, die man nur ein bisschen umzuerziehen brauchte, aber für mich als jungen Mann und ehemaliges Parteimitglied gab es keine Entschuldigung.

Als ich dort stand, gingen mir viele Dinge durch den Kopf. Würden sie uns nur auf der Hauptstraße vorführen oder gleich öffentlich hinrichten? Ich musste an Opa Sun mit seiner Narrenkappe denken, den sie vor der johlenden Menge geschlagen hatten.

Einer der Kader trat vor und verkündete, was man über uns beschlossen hatte. Wir würden oben am Berg ein Wasserreservoir anlegen, in Handarbeit. Lohn würden wir keinen kriegen, denn wir seien Sklaven der Kommunistischen Partei. Es wäre auch egal, wenn wir uns bei der Arbeit verletzten. Das Einzige, wozu wir noch taugten, sei Zwangsarbeit. Wenn die Regierung unsere Arbeitskraft nutzen könnte, bevor wir verhungerten oder unter einem Erdrutsch begraben würden, wäre das eine gute Rendite für eine minimale Investition, und die Gesellschaft hätte unsere Arbeitskraft nicht vergeudet.

Es war nicht einfach, auf den Berg zu steigen. Der diensthabende Wächter brachte uns in Zwangsmärschen hinauf. Wir wussten: Wenn wir ihm auch nur den kleinsten Grund gaben, uns zu erschießen, würde er es tun und niemand würde ihn dafür zur Verantwortung ziehen. Im Gegenteil: Einen Konterrevolutionär zu töten war ein möglicher Beförderungsgrund.

Jeden Tag mussten wir auf diesen Berg steigen. Nach der

Hälfte des Weges hatte ich immer einen brennenden Durst. Wir bekamen nur das absolute Minimum an Wasser und Nahrung. Mein ausgedörrter Körper schrie mich an, eine Pause zu machen. Meine Zunge schwoll an, meine Lippen wurden trocken und rissen auf. Jede Zelle meines Körpers schrie nach Wasser. Ich hätte alles getan für ein Glas Wasser.

Nach dem ersten Tag dort oben tat mir der ganze Körper weh vom Graben. Am nächsten Tag war der Aufstieg doppelt so schwer, aber ich wusste, dass ich keine Wahl hatte. Mein Körper schaltete in den Überlebensmodus und meine Gefühle reduzierten sich auf den nackten Selbsterhaltungstrieb.

Wir arbeiteten alle siebzehn als Arbeitskolonne zusammen. Unsere Hauptaufgabe war, das Gestein aufzubrechen, und unsere Hände waren bald halb zerrissen von dem stundenlangen Hantieren mit Meißel und Vorschlaghammer. Jeder Schlag ging mir in die Knochen, dass mir alle Gelenke wehtaten.

Damals gab es in den Zentren der Städte und Dörfer in China große Megafone, zur Mitteilung wichtiger Nachrichten an die Bevölkerung. So erfuhren die Bewohner meiner Stadt, dass die Schwarzen Fünf oben auf dem Berg waren und ein Wasserreservoir bauten. Wir waren ein öffentliches Spektakel, ein Lehrstück, das allen zeigte, was mit denen geschah, die nicht nach der Pfeife der Partei tanzten.

Unterhaltung war Mangelware im damaligen China. Die meisten Menschen waren zu arm, um sich ein Radio leisten zu können, und wer eines hatte, konnte es nicht zur Unterhaltung benutzen. Eine der Zeitungen zu kaufen, die ohnehin nur die neueste Propaganda enthielten, galt als Geldverschwendung. (Manchmal gab es im Stadtzentrum oder vor den Schulen die aktuelle Ausgabe der Tageszeitung in einer Art Schaufenster, wo jeder sie kostenlos lesen konnte.) Was wurde also der große Zeitvertreib der Menschen in unserer Gegend? Richtig, die Schwarzen Fünf auf dem Berg.

Ganze Familien nahmen sich einen Tag frei, um einen Ausflug zu uns zu machen. Sie gafften uns an, als wären wir Tiere im Zoo. Ich weiß noch, wie sie die Köpfe schüttelten, wenn sie mich sahen. Sie konnten nicht begreifen, wie ein so junger Mensch sich nicht der Revolution anschloss, sondern lieber sein Leben für einen Aberglauben ruinierte.

Es gab eigentlich keinen Grund dafür, zu uns auf den Berg zu steigen. Aber für die, die Zeit übrig hatten, wurden wir ein beliebtes Ausflugsziel. Familien und Freundescliquen standen da und sahen uns zu, stundenlang. Sie zeigten auf mich und sagten ihren Kindern: „Schaut her, das ist er! Der Jesus-Freak!"

Manchmal kamen sie näher und verspotteten mich, um zu sehen, wie ich reagieren würde. Ich kam mir wie ein Tier in einem Käfig vor, das kleine Kinder mit Stöcken piksten, um es zu reizen. Eine Stunde nach der anderen, einen Tag nach dem anderen ging das so. Ich war nicht der Einzige, den sie verhöhnten und anschrien, aber manchmal kam ich mir so vor. Ich versuchte, stark zu bleiben und den Spott zu ignorieren, aber manchmal hatte ich einfach keine Kraft mehr.

Eines Tages gelang es einem der Stadtbewohner, die den Berg hinaufgestiegen waren, sich so nah zu mir zu schieben, dass er mich etwas fragen konnte. Meinen Namen kannte er nicht, aber das war auch nicht nötig, da ich für die meisten sowieso nur ein Gegenstand und kein Mensch war. Er sah mir eine Weile zu, bis ich zu ihm hinschaute und ihn bemerkte.

Fast alle dieser Zwangsarbeitstouristen sprachen nur miteinander oder schrien mich an; fast keiner begann ein Gespräch mit mir. Aber dieser Mann brach sein starrendes Schweigen und sagte: „Hey, du warst doch mal Parteimitglied, oder?"

Ich nickte.

„Wow! Und jetzt? Bereust du manchmal, dass du keins mehr bist?“

Ich dachte einen Augenblick nach und antwortete: „Ich bin wegen meiner persönlichen Entscheidung hier. Niemand hat mich gezwungen, diesen Weg zu gehen. Meine eigenen Füße haben mich getragen und der Weg führt mich zum Kreuz Jesu. Das ist mein großes Ziel, jeden Tag.“

Ich merkte, dass er mit so einer Antwort gerechnet hatte. Er fuhr fort: „Aber jeden Tag kommen Leute hier rauf, um dich zu verhöhnen und das Elend zu sehen, in das du dich selbst gebracht hast. Wie steht's denn damit?“

Ich musste lächeln über seine Frage und die Antwort gab ich nicht nur ihm, sondern auch mir selbst. „Ich habe den Eindruck, dass mein Wert heute größer ist als je zuvor.“ Es tat mir gut, das zu sagen, und ich sah das Erstaunen in den Augen des Besuchers. Ich fuhr fort: „Früher haben die Leute mich nicht weiter beachtet; was ich sagte, war ihnen egal. Jetzt kommen sie von weit her, um mich zu sehen, sie organisieren richtige Ausflüge. Beweist das nicht schon, dass ich heute mehr wert bin als früher?“

Der Mann ging, ganz perplex.

Nicht nur die Leute aus dem Dorf kamen, um mich anzugaffen. Ich bekam auch Besuch von meinen Brüdern und Schwestern im Herrn. Sie kamen nicht zum Gaffen, sondern aus Solidarität mit mir. Sie sahen, was ich durchmachte, und weinten für mich. Sie durften nicht mit mir sprechen und ich schaffte es nicht, die Wachen auszutricksen, sodass wir ein paar Minuten für uns gehabt hätten. Der stumme Augenkontakt war das Einzige, was uns möglich war. Und selbst das war nicht immer einfach, weil sie manchmal so geschockt waren, dass sie es nicht schafften, lange genug mit dem Weinen aufzuhören, um meinen Blick zu erwidern.

Viele chinesische Christen versuchten in jenen Jahren, ihren Glauben geheim zu halten, weil sie nicht das durchmachen wollten, was sie bei mir sahen. Sie hatten große Angst vor der Partei. Ich kannte drei Parteimitglieder, die heimlich Christen waren, wie ich früher auch. Sie taten, was sie konnten, um ihren Glauben geheim zu halten, aber schließlich kam die Wahrheit doch heraus. Jeder echte Christ in China fiel früher oder später auf. Die Gläubigen konnten nicht verhindern, dass ihr Licht in Chinas Dunkelheit schien; ihr Glaube war wie ein Leuchtturm, der meilenweit sichtbar war. Wer dagegen nur ein lauwarmer Christ war, hatte keine Entdeckung zu befürchten, weil es bei ihm nichts Besonderes zu entdecken gab.

Alle siebzehn von uns Schwarzen Fünf arbeiteten, aßen und schliefen zusammen. Jeden Abend stiegen wir hinunter ins Tal. Anfangs hatten wir noch genügend Kraft, um uns zu unterhalten, wenn die Wächter nicht hinschauten, und wir versuchten, einander kennenzulernen, aber schon nach kurzer Zeit hatten wir uns völlig verausgabt.

Wir litten alle an Unterernährung und körperlicher Überanstrengung. Es war der Sommer des Jahres 1973 und die Sonne brannte jeden Tag unbarmherzig auf uns herunter. Keiner hatte Lust, sich mehr zu bewegen, als absolut notwendig war. Abends fielen wir buchstäblich auf unser Nachtlager und hatten keine Energie mehr für nächtliche Gespräche.

Ich weiß noch, wie ich spätabends dort auf dem Boden lag, kurz vor dem Einschlafen, und darauf wartete, dass Gott ein Wunder tat und mich herausholte aus dieser Hölle. Ich klammerte mich an die Geschichten von Daniel in der Löwengrube und Petrus im Gefängnis, in der leidenschaftlichen Hoffnung, dass Gott auch bei mir ein Wunder tun würde. Doch nach einer Weile betete ich nur noch darum, dass Jesus bald wiederkäme. Ich brauchte Ruhe. Ich brauchte Befreiung. Ich brauchte ihn.

Noch unerträglicher wurden meine Tage durch einen Mann namens Yifa Tian, der unserer Arbeitskolonne als Aufseher zugeteilt wurde. Er war geradezu süchtig darauf, mich leiden zu sehen. Wenn er in der Nähe war, spürte ich sofort die Spannung zwischen ihm und mir. Ich erfuhr, dass seine Mutter Christin gewesen war, aber dass er fanatisch gegen den christlichen Glauben eingestellt war.

1969 hatte seine Mutter sich eine Bibel von unserer Gemeinde ausgeliehen. Bibeln waren damals wertvoller als Gold. Es gab nur noch wenige und es war nicht möglich, eine Bibel zu kaufen oder neu zu drucken. Je mehr Bibeln von der Regierung konfisziert und vernichtet wurden, umso wertvoller wurden sie.

Als Yifa herausfand, dass seine Mutter sich eine Bibel ausgeliehen hatte, nahm er sie ihr weg und benutzte die Seiten als Toilettenpapier. Er war ein Peiniger, dem es Spaß machte, andere zu quälen – das demonstrierte er mir täglich. Er konnte meinen Namen nicht aussprechen, ohne ausgiebig zu fluchen. Und ich – konnte ihm nur gehorchen. Und für ihn beten. Nein, ich hasste ihn nicht, aber seine Schlechtigkeit zu ertragen, war eine tägliche Herausforderung.

Selbst einer von unseren Schwarzen Fünf, der sich Bruder Li nannte, verhöhnte und verfluchte mich, bis ihn eines Tages sein Gewissen packte und er zu mir kam, um sich zu entschuldigen. Unter Tränen bat er mich um Vergebung für alles, was er mir angetan hatte. Yifa bekam die Szene mit und wollte sofort wissen, was los war. Aber wie sollten wir ihm begreiflich machen, was hier geschah?

„Bist du etwa auch Christ, Li?“, fragte Yifa.

Li nickte stumm.

„Ich kann's nicht glauben! Noch einer, der diesem Quatsch auf den Leim gegangen ist! Was ist bloß los mit euch Christen? Wann werdet ihr endlich schlau?"

Yifa rief mehrere Männer heran, die uns nur zu gerne misshandeln wollten. Er wies sie an, Li zu verprügeln und anschließend auf die Polizeiwache zu bringen, damit sein Verbrechen dort registriert werden konnte.

Lis Leben war Yifa keinen Pfifferling wert. Als ich zuschaute, wie der Mob sich auf ihn stürzte und schlug und schlug, dass sein Blut auf den Boden spritzte, schrie alles in mir auf. Warum konnte ich ihm nicht helfen? Am liebsten hätte ich sie alle umgebracht, diese Bestien, die Li da schlugen. Ich wollte wie Mose sein, als er sah, wie der Ägypter den Israeliten schlug. Ich stellte mir vor, wie ich diese Männer erschlug und im Sand verscharrte, wie damals Mose (vgl. 2. Mose 2,11-12). Dass ich in diesem Augenblick nicht wahnsinnig wurde, lag nur daran, dass ich mich daran erinnerte: Gott allein ist der Richter und Rächer (vgl. zum Beispiel Römer 12,19).

Manchmal wollte ich mich am liebsten wehren, aber ich tat es nie. Manchmal quälte mich meine Hilflosigkeit, aber tief innen wusste ich immer, dass der Herr selbst mein Beschützer war. In jenem Augenblick brauchte Li seinen Schutz, und ich wusste, dass Gott ihn nicht vergessen würde.

Nach einer Weile kam für Yifa der Tag des Gerichts. Eines Nachts hatte ich einen Traum. Eine Stimme rief mir zu: „Heute wird der Mann, der dich so verfolgt hat, sterben!" Die Stimme war so deutlich und laut, dass ich aufwachte. Zitternd lag ich da. Was bedeutete das, was ich da gerade erlebt hatte? War das wirklich nur ein Traum gewesen? Die Worte klangen mir noch in den Ohren, ich konnte mich an jedes einzelne erinnern.

Beim Frühstück musste ich die ganze Zeit an diesen Traum

denken. Mit jedem Bissen hörte ich sie wieder, die Worte: *Heute wird der Mann, der dich so verfolgt hat, sterben!* Was bedeuteten sie nur? Wer war dieser „Mann“? Es gab ja so viele, die mich verfolgten …

Die Aufseher sagten mir, dass ich heute zu der Mannschaft gehören würde, die mit Dynamit ein Stück von dem Hang wegsprengen würde. Für die Sprengarbeiten setzte man bevorzugt die Schwarzen Fünf mit ein; wenn einer von ihnen dabei ums Leben kam, hielt sich der Verlust in Grenzen.

Eigentlich sollte ich mich direkt nach dem Frühstück zu den Sprengarbeiten melden, aber dann bekam ich in letzter Minute einen anderen Arbeitsauftrag. Yifa zog zusammen mit dem Team zur Sprengung los, ohne mich. Bei einer der Dynamitladungen hatte man eine große und eine kleinere Sprengladung miteinander kombiniert. Die große Ladung explodierte wie geplant, die kleine nicht, aber das bemerkte niemand. Als Yifa hinzutrat, um die gesprengte Stelle zu inspizieren, ging plötzlich die kleinere Ladung hoch, sodass es Yifa buchstäblich in Fetzen riss. Man fand nur einen Teil seiner Überreste (etwa 20 Kilogramm) wieder. Als ich das hörte, musste ich an meinen Traum in der Nacht denken.

Aufgrund ihrer alten religiösen Traditionen sind die Chinesen ein besonders abergläubisches Volk. Kaum war Yifa tot, ging das Tuscheln und Raunen los. Je mehr die Menschen sich über den Vorfall unterhielten, umso deutlicher wurde ihnen, dass Yifas Tod Gottes Strafe dafür war, dass er mich so drangsaliert hatte. Von diesem Tag an wurde das Verhalten der Arbeiter und Aufseher mir gegenüber vorsichtiger. Man raunte sich zu, dass es Gott gab und dass er mich vor meinen Verfolgern beschützte. Auf einmal hieß es: „Zhang glaubt an einen wahren Gott. Er steht unter dem Schutz von Jesus.“ Yifas Tod hatte ein Stück Gottesfurcht in die Herzen der Menschen gelegt.

Der neue Aufseher der Arbeitskolonne der Schwarzen Fünf, Yifas Nachfolger, bekam die Gerüchte ebenfalls mit, und auch er beschloss, mich besser zu behandeln, als dies bisher geschehen war. Er gewährte mir sogar jedes Wochenende einen Urlaub bei meiner Familie – ein seltenes Vorrecht. Ich nutzte diese freien Wochenenden, um nach Hause zu gehen und Tag und Nacht die Gemeinden in der Gegend zu besuchen und zu predigen.

Wie wunderbar, wieder zusammen mit anderen Brüdern und Schwestern in Christus zu sein! Wo ich auch hinkam, hieß man mich voller Liebe und Freude willkommen. Jeder Gottesdienst trug reiche Frucht. Scharen von Menschen kamen zum Glauben und ließen sich vom Herrn erlösen. Viele waren am Beginn des Gottesdienstes eher kritisch, aber dann erwärmte Gottes Wort ihr Herz, sodass der kalte Zweifel fliehen musste. Es waren keine leichten Zeiten, aber Gott segnete die Predigt seines Wortes mit mächtigen Taten.

9. Li Tianen

Während meines Einsatzes in der Arbeitskolonne der Schwarzen Fünf wusste ich nicht, wann diese Hölle auf Erden enden würde. Würde ich noch einen Tag dort sein müssen? Einen Monat? Ein Jahr? Für den Rest meines Lebens?

Ich liebte die Besuche in den Gemeinden an den Wochenenden, aber andererseits bedeuteten sie zusätzliche Arbeit, die all meine Kraft in Anspruch nahm, bevor ich dann am Montag zu meiner Schwerstarbeit auf dem Berg zurückkehrte. Ich war total ausgelaugt – körperlich, geistlich und seelisch. Nicht nur mein Körper hatte Hunger und Durst, sondern auch meine Seele fühlte sich so an, als ob sie seit langer Zeit keine richtige Nahrung mehr bekommen hätte. Ich war am Ende meiner Kräfte und bald nicht mehr in der Lage, anderen Menschen etwas zu geben. Eher fühlte ich mich wie der Reiche im Gleichnis in Lukas 16, der sich nach einem Tropfen Wasser von Lazarus' Finger sehnte. Ich hatte einen brennenden inneren Durst und rief zu Gott, mir Wasser zu geben. Oh, ich brauchte so dringend Ruhe und geistliche Nahrung!

Und Gott erhörte mein Gebet. Bruder Ma, ein lieber Freund von mir, der Mitglied in der Kommunistischen Partei war, teilte meinen Glauben an Christus. Auch er hatte schon viel gelitten für das Evangelium. Eines Abends schob er mir einen Zettel zu. Mein Herz machte einen Satz, als ich ihn auseinanderfaltete und las: „Mitternacht. Komm nach Guipa Tao. Ein Diener Gottes namens Li Tianen spricht."

Ich aß den Zettel sofort, damit niemand mich damit erwischen konnte. Mein Herz schlug schneller. Eine Predigt von Li Tianen war genau das, was ich brauchte!

Wie ich kam Li Tianen aus dem Bezirk Fangcheng in der

Provinz Henan, aber er hatte den Großteil seines Lebens in Schanghai verbracht. Er gehörte zur Christengeneration vor meiner; er war 1928 geboren und schon seine Vorfahren waren treue Christen gewesen. Sein Großvater war durch Hudson Taylor, den berühmten Gründer der China-Inland-Mission, zum Glauben gekommen.

Li war von seiner Mutter erzogen worden, die eine Reiseevangelistin war. Sie starb kurz nach der japanischen Invasion in China. Li war damals erst neun Jahre alt und man schickte ihn zu seinen Großeltern. Später studierte er am baptistischen Predigerseminar in Kaifeng (Provinz Henan).

Ich war ganz begeistert, Pastor Li hören zu können. Ein studierter „richtiger" Pastor war eine Seltenheit bei uns und es war jedes Mal ein Ereignis, wenn Li Tianen nach Henan kam. Er leitete eine Gemeinde am Rande von Schanghai. Die Regierung hatte von ihm verlangt, Jesus Christus abzusagen. Als er sich weigerte, war er in ein Straflager in der Provinz Anhui gekommen, wo man ihn barbarisch gefoltert hatte. Nach seiner Freilassung war er sofort zurück nach Henan gegangen, um in Fangcheng zu evangelisieren und Gemeinden zu gründen, nachdem Christen in Henan ihn brieflich um seinen Dienst gebeten hatten.

Bevor ich mich in der Nacht auf den Weg nach Guipa Tao machte, steckte ich mir etwas Brot in die Tasche. Es war nicht als Proviant gedacht, sondern zur Ruhigstellung der Dorfhunde, falls sie mich bemerkten. Es würde ihre Schnauzen beschäftigt halten, sodass sie nicht zu bellen anfingen und das halbe Dorf merkte, dass jemand auf der Straße unterwegs war. Ausgehungert wie ich war, war es Schwerarbeit für mich, dieses Brot nicht selbst zu essen, aber mein geistlicher Hunger war stärker.

Es wurde eine der fruchtbarsten Nächte meines Lebens.

Pastor Lis Predigt war genau das, was ich brauchte: Speise für meine hungrige Seele. Ich hing an seinen Lippen und versuchte, mir jedes Beispiel aus den Evangelien, das er auslegte, zu merken.

Pastor Li war ein sehr sanfter Mann, aber er predigte mit Kraft und Leidenschaft. Es war überdeutlich, dass Gott selbst ihn beauftragt hatte. Wer ihn hörte, hatte den Eindruck, dass die Worte von Gott kamen. Ich merkte, wie ich mit jedem Wort von Pastor Li innerlich stärker wurde.

Das Thema seiner Predigt war die Salbung von Jesus in Betanien (vgl. Markus 14,3-9; Johannes 12,3-8). Er erzählte, wie Maria das Glas mit dem Nardenöl zerbrach, um mit seinem Inhalt Jesus zu erfreuen. Er sagte: „Es gibt heute zu viele Christen, die auch solche Gläser mit kostbarem Parfüm haben, aber sich weigern, sie zu zerbrechen. Sie wollen das Parfüm nicht hergeben – warum, wissen sie selber nicht. Jesus lieben erfordert unsere totale Hingabe, die nichts zurückhält. Nichts ist kostbarer und wertvoller, als dass unser Erlöser bei uns ist. Wir dürfen nichts zurückhalten."

Als ich da saß, erkannte ich: Auch ich durfte nichts zurückhalten. Und ich betete im Stillen: *Herr, alles, was ich dir bieten kann, ist mein Leben. Es ist kein teures Parfüm, aber ich bin bereit, es willig für dich auszugießen. Möge der Inhalt dieses zerbrochenen Gefäßes dir, Herr, ein wohlgefälliger Duft sein.*

Ich wusste damals noch nicht: Pastor Li sollte ein wichtiger Lehrer in meinem Leben werden. Wir würden in der Zukunft viel zusammen unterwegs sein.

In jener Nacht konnte ich mich mit ihm unterhalten. Er erzählte mir von seinen zehn Haftjahren im Gefängnis in Anhui und wie der Herr ihn dort immer wieder bewahrt hatte. Er berichtete mir auch von den Wundern, die er da unter den widrigsten Umständen erlebt hatte.

Einmal hatte er in einem Steinbruch am Rande eines gefährlichen Abhangs Steine aufgeschichtet. Plötzlich rutschte er aus und stürzte über zehn Meter tief. Die anderen Häftlinge dachten, er wäre tot. Er hatte ein Nahtoderlebnis, bei dem er von außen zuschaute, wie man ihn zum Lagerarzt trug. Er schwebte wie ein Adler über seinem Körper, doch gleichzeitig wusste er, dass seine Zeit noch nicht gekommen war. Sein Körper atmete nicht und es gab auch keinen Puls. Die Leute, die ihn aufgehoben hatten, öffneten seine Augen und sahen auch dort kein Lebenszeichen. Dann kam die Untersuchung durch den Arzt, der nach eineinhalb Stunden zu dem Ergebnis kam, dass Li tot war, und die anderen Gefangenen anwies, ein Grab auszuheben.

Da schlug Li die Augen auf und sah den Arzt an. Der verstand die Welt nicht mehr und fragte Li, ob er wisse, wer er sei. Li antwortete, dass er Li Tianen heiße, und fragte den Doktor, ob er an Gott glaube. Der Arzt erwiderte: „Früher nicht, aber ab jetzt schon."

Als ich dasaß und Pastor Li zuhörte, konnte ich mich zutiefst mit ihm identifizieren. Seine Berichte und Glaubenszeugnisse erfrischten mein Herz und gaben mir neue Kraft.

Pastor Li erzählte mir auch, wie die Gefängnisleitung einmal zwei Mitgefangenen befohlen hatte, ihn zu bewachen und darauf zu achten, dass er nicht die Lippen bewegte, um zu beten. Sobald sie den Eindruck hatten, dass er betete, sollten sie ihn foltern.

Einer dieser Männer entdeckte das Versteck von Pastor Lis Bibel in seinem Bettzeug. Er meldete dies sofort dem wachhabenden Offizier. Als dieser kam, um Lis Bett zu durchsuchen, wurde er dringend an eine andere Stelle des Lagers gerufen. Er ging und Lis Bibel wurde nie gefunden.

Pastor Li gab meiner Seele innere Nahrung, von der ich

viele Jahre lang zehren sollte. Ich wusste es damals noch nicht, aber ich würde jeden Bissen brauchen. Die härtesten Prüfungen lagen noch vor mir und ich brauchte alle Kraft und Inspiration, die ich bekommen konnte.

10. Im „Höllenlager"

Als das chinesische Neujahrsfest 1974 endete, ließ mich die Regierung einigermaßen in Ruhe und eine Atempause bei den Verfolgungen begann. Zudem hatte das Treffen mit Pastor Li mir neue Kraft gegeben, dem, was kommen mochte, freudig entgegenzutreten. Wenn mein Herr mich für würdig befinden sollte, in den schlimmsten Situationen seinen Namen laut zu bekennen, dann würde ich das gerne tun; es wäre mir eine Ehre. Während ich in den ersten Wochen als Zwangsarbeiter gespürt hatte, wie meine Kräfte mich immer mehr verließen, war jetzt meine alte Energie wieder da. Ich fühlte mich wie eine Uhr, die frisch aufgezogen war.

Dann kam der März 1974, und jeder Haushalt im Bezirk Fangcheng, dem man vorwarf, christlich zu sein, kam auf eine Liste. Die Liste wurde aufgrund früherer Verhaftungen erstellt und der für Zwangsarbeitsmaßnahmen zuständigen Regierungsstelle zugeleitet. Mao Zedong hatte eine neue Vision: ein Straßennetz für ganz China aufzubauen, das Orte miteinander verband, die noch nie zuvor an den Rest des Landes angeschlossen gewesen waren. Auch die Provinz Henan hatte neue Straßen zu bauen, zur Erhöhung des Güterverkehrs für Industrie und Militär.

Jeder, der auf der Liste stand, wurde zum Straßenbau herangezogen – ohne Bezahlung natürlich. Selbst meine sechzig Jahre alte Großmutter musste hinaus auf die Baustelle. Doch mein Name war nicht auf der Zwangsarbeitsliste; ich würde also keine Straßen für das Regime bauen müssen.

Ob Sie es glauben oder nicht: Ich war enttäuscht, dass mein Name fehlte. Ich kam mir betrogen vor, dass die Regierung mich nicht als würdig genug erachtete, auf der Liste christlicher Zwangsarbeiter für den Bezirk Fangcheng zu stehen. Ich schrie zu Gott: „Herr, was habe ich getan, dass ich nicht auf der Liste bin? Ich bin dir doch treu gefolgt und habe deinen Namen verkündigt. Bitte lass diese Verfolgung nicht an mir vorbeigehen! Bitte lass nicht jemand anderes an meiner Stelle leiden. Ich bin gerne bereit, der Welt zu zeigen, dass du mir über alles gehst."

Als ich das gesagt hatte, tröstete der Herr mich. Sofort. Sein Geist entrückte mich und ich hörte, wie er zu mir sagte: „Mein Kind, hab Geduld. Du wirst etwas anderes erleben. Du bist gewogen worden und dein Kreuz steht bereit."

Ich war verwirrt, aber das Wort des Herrn gab mir Trost. Allerdings brauchte ich diesen Trost nicht sehr lange, denn am 3. Mai 1974 bekam ich einen Brief von der Bezirksregierung, mit der Mitteilung, dass ich ein Konterrevolutionär sei und daher an Umerziehungskursen speziell für religiöse Personen teilzunehmen hätte. Die treibende Kraft hinter diesen „Kursen" war Maos Frau, Jiang Qing, die fest entschlossen war, das Christentum in China ein für alle Mal auszurotten.

Mein Herz hüpfte vor Freude. Noch bevor ich den Brief fertig gelesen hatte, rannte ich, so schnell ich konnte, nach Hause. Mit dem Brief in der hocherhobenen Hand rannte ich zu meiner Mutter hinein und rief: „Mutter! Mutter! Diesen Brief musst du sehen! Gott hat mein Gebet erhört! Gott hat mein Gebet erhört!"

Die Menschen, die Jesus nachfolgen, sind nach den Maßstäben der Welt nicht ganz normal. Kaum einer, der im Stall von Bethlehem stand, wird es für möglich gehalten haben, dass dies der Anfang von Gottes Reich auf dieser Erde war. Wie konnte der König des Universums in einem Stall geboren werden? Wie konnte der Schöpfer aller Dinge im Haus eines einfachen Zimmermanns aufwachsen, der keine theologische Bildung genossen hatte? Keiner, der die Passion Christi miterlebte, einschließlich der Dornenkrone auf seinem Kopf, konnte allen Ernstes auf die Idee kommen, dass sich hier Gottes Erlösungsplan für die von ihm abgefallene Menschheit erfüllte! Niemand, der vor dem Kreuz von Jesus stand, konnte mit seinem menschlichen Verstand begreifen, dass dieser schmähliche Tod der größte Sieg war.

Und ähnlich könnte ich es keinem Nichtchristen (und noch nicht einmal den Wohlfühlchristen, die man heute in so vielen Kirchen findet) verständlich machen, wie weh es mir getan hatte, dass da andere Christen verfolgt wurden, aber ich nicht. Und wie begeistert ich war, als ich diesen Brief erhielt, der mir zeigte, dass ich also doch für würdig befunden war, mich mit den Leiden meines Heilands zu identifizieren, was ja hieß, dass ich eines Tages auch an seiner Herrlichkeit teilhaben würde (vgl. zum Beispiel Römer 8,17).

Wie gut, dass ich damals noch nicht wusste, was mich erwartete. Die „Kurse“, von denen hier die Rede war, waren alles andere als eine Art Unterricht mit Schulstunden und einer Prüfung am Ende des Halbjahrs. Ich stand im Begriff, in den Schlund des Drachens zu gehen, in den finstersten Kerker, den ich in meinem ganzen Leben erlebt hatte.

Unter chinesischen Christen wurden diese Umerziehungslager als „Höllenlager“ bekannt. Ich würde dort schikaniert, ausgehungert und gefoltert werden. Ich würde Krankheiten bekommen, deren Namen ich nicht kannte. Die „Kurse“ sollten mich entweder umprogrammieren oder töten, und die Atmosphäre erinnerte an die Vernichtungslager des Holocaust. Der Schatten des Todes hing wie ein Geier über uns, und tagtäglich rieb man uns unter die Nase, dass unser Leben in den Augen der Regierung nur ein Dreck war.

Insgesamt vier Personen aus unserer Gegend hatten sich in dem Lager zu melden: Huifangs Mutter, Guizhen Jia (eine meiner geistlichen Mütter), Jibin Lou und meine Wenigkeit. Bevor wir hingingen, versammelten wir uns und beteten füreinander. Wir machten einander Mut, fest zu bleiben und unter keinen Umständen den Namen von Jesus zu verleugnen. Ich sagte: „Lasst uns fest bleiben und dem Namen Jesu Ehre machen, was auch kommen mag."

Als wir dann durchs Lagertor gingen, spürte ich förmlich den schwarzen Schatten der Verzweiflung in der Luft. Die Wärter, die mich in Empfang nahmen, schüttelten die Köpfe. Mein Anblick widerte sie an; sie wussten, dass ich ein Zugpferd der Kommunistischen Partei gewesen war.

Jetzt gab es kein Zurück mehr. Wir waren in der Gewalt von Menschen, die den Auftrag hatten, uns zu brechen und zu vernichten. Die Wärter umzingelten uns wie Wölfe ihre Beute. Dann ging alles sehr schnell. Ich wurde gefesselt und dann kamen die Tritte und Schläge, aus allen Richtungen gleichzeitig. Ich versuchte instinktiv, meine Knie hochzuziehen, um Brust und Bauch zu schützen. Mit jedem Schlag schloss ich meine Augen fester. Ich spürte den Geschmack meines warmen Blutes im Mund. Die Wärter schlugen und schrien. Ich hörte die Schreie der anderen Gefangenen. Es war eine Explosion des Hasses und der Wut.

Wir waren insgesamt dreißig Personen, die so gefoltert wurden. Die Geräuschkulisse der Schläge und Schreie war so groß, dass man schwer einschätzen konnte, wie es den anderen ging.

„Wo ist deine Bibel, Christ?", schrie der eine Wärter mich an.

Ich antwortete nicht.

„Wo ist deine Bibel, Christ?"

Ich schloss die Augen vor Schmerz und hörte die Schreie der anderen.

„Oh, du wirst noch reden! Du wirst reden wie ein Buch!"

Dann hörte ich durch die Wut- und Schmerzensschreie hindurch das Knallen einer Peitsche. Im nächsten Augenblick biss sie in mein Fleisch. „Wo ist deine Bibel? Wo versammelt ihr Christen euch? Was für Lieder singt ihr? Wer sind eure Pastoren?"

Die Fragen kamen wie Schüsse, dazwischen die nächsten Peitschenhiebe. Nicht lange und ich hörte, wie mehrere der Gefangenen unter der Folter zusammenbrachen. Niemand war ohnmächtig geworden, sodass die einzige Möglichkeit, die Schläge zu stoppen, darin bestand, den Namen Jesus zu verleugnen, was einige auch taten. Wer in diesem Lager Jesus verleugnete, musste zum „Beweis" die Namen anderer Christen offenlegen und diese sofort auf ein Blatt Papier schreiben.

Die Wärter wollten, dass auch ich Jesus verleugnete, aber das war für mich nie eine Option. Ich war bereit zu sterben, aber die Folter hatte erst angefangen. Wenn nur die Schläge aufgehört hätten! Aber das stand nicht in meiner Macht.

Als sie endlich aufhörten, mich zu schlagen, war ich ein einziges Bündel aus Schmerz. In der Nacht tastete ich mich ab. Hatte ich etwas gebrochen? Schwer zu sagen, wenn alles wehtat. Die kleinste Bewegung schickte mir neue Schmerzwellen durch den Körper. Ich wollte nur noch eines: ruhig liegen. Ich bat Gott, mir die Schmerzen wegzunehmen. Anfangs hatte ich Angst gehabt, dass der Dreck vom Fußboden in meine offenen Wunden dringen könnte, aber das war mir jetzt egal; ich hatte nicht die Kraft, irgendetwas daran zu ändern.

Am 5. Mai führte man uns in den Hof des Lagers. Man hängte mir ein Schild um den Hals, auf welchem stand:

„Schlagt Zhang Rongliang, den Feind der Revolution." Dieses Schild war nicht weniger als ein Befehl der Lagerleitung an die anderen Gefangenen, mich zu schlagen. Wer es fertigbrachte, mich zu töten, würde umgehend freigelassen werden, und das Schändlichste, was jemand tun konnte, war, Mitleid mit mir zu haben.

Ich schleppte mich durch die Lagerstraßen, während die anderen Insassen mich anschrien, anspuckten, traten und mit allem Möglichen bewarfen. Stehen bleiben hätte den sicheren Tod bedeutet. Die einzige Möglichkeit zu überleben bestand darin, dass ich weiter durch diesen Mob ging, Schmerzen hin, Schmerzen her. Meine Hände waren schwarz vor Dreck, mein Gesicht rot von meinem Blut. Der Schmerz war unbeschreiblich.

Am Abend dieses Tages flehte ich Gott an, mich sterben zu lassen. Ich wusste noch nicht, wie viel Schmerzen ich ertragen konnte. Wie vermessen war ich gewesen, mir einzubilden, dass ich stark war und jeder Verfolgung standhalten würde! Ich war nicht stark.

Mindestens drei Mal jeden Tag wurden wir erneut geschlagen und jeder Raum in dem Lager war eine Hölle für sich.

Ich hörte, wie Insassen nach ihrer Mutter oder ihrem Vater schrien. Ich hörte ihr „Hilfe!" und „Aufhören!", aber es kam keine Hilfe, und die Wärter hörten erst auf, wenn sie wollten. Und am meisten hörte ich, wie Menschen zu Gott schrien.

Früher war mein innigstes Gebet gewesen, dass Gott mich so gebrauchte, wie er wollte. Jetzt betete ich vor allem darum, sterben zu können.

Von uns dreißig Christen, die in dieses Umerziehungslager kamen, überlebten nur vier, ohne den Namen Jesus zu verleugnen. Wir sprachen einander Mut zu, wann immer wir konnten, und wir lobten und priesen den Namen Christi.

Die Lagerleitung bezeichnete uns vier als unverbesserliche Rebellen. Trotz aller Schmerzen fühlten wir uns im Laufe der Zeit stärker als die Wärter, die uns schlugen. Wir sagten ihnen sinngemäß: „Vielleicht kriegt ihr andere dazu, Jesus zu verleugnen, aber ich werde ihn nicht verleugnen. Warum sollte ich? Er ist alles, was ich habe, alles andere habt ihr mir weggenommen. Ich habe nur noch Jesus. Er wird mich nicht verleugnen und ich kann ihn auch nicht verleugnen. Und wenn die ganze Stadt ihm absagen sollte, ich nicht!"

Worauf die Wärter den Kopf schüttelten. Wir waren eben die Unbelehrbaren.

Am 11. Mai war ich immer noch wie benommen. Mein ganzer Körper war ein einziger Schmerzensschrei. In solche Abgründe des Bösen hatte ich noch nie zuvor geblickt. Ich hatte nicht gewusst, wozu menschlicher Hass imstande war.

Als ich an diesem Morgen die Essensausgabe verließ, sah ich am Rand der Gasse vor unserem Gebäude jemanden liegen. Als ich näher kam, sah ich, dass es meine geistliche Mutter war, Guizhen Jia. Sie war eine sanfte, liebevolle Frau, die viel für andere betete. Wenn ich müde, schwach oder verzagt war, munterte sie mich immer auf und betete für mich. Auch in unserer Gemeinde war sie wie eine Mutter gewesen.

Jetzt war sie nur noch ein Schatten ihrer selbst. Ihr Haar klebte am Kopf, mehrere Stellen waren kahl. Ihr weißes Hemd war von eingetrocknetem Blut verfleckt. Ihr Gesicht war von blauen Flecken entstellt und mit Kohle und Dreck verschmiert. Sie sah aus, als ob jemand sie den Weg entlanggeschleift hatte.

Sie konnte nicht mehr stehen. Man hatte sie einem Mob vorgeworfen, der sie pausenlos geschlagen hatte. Sie hatten ihr die Schuhe weggerissen und auf ihren Füßen herumgetrampelt, bis mehrere Zehen abgegangen waren.

Mein Mund war so geschwollen, dass ich ihr nichts sagen konnte. Wie sollte ich sie nur trösten? Wie sollte ich sie beschützen, diese wunderbare Frau und Mutter zweier Kinder, die seit Kurzem auch Großmutter war? Ich ging zu ihr und nahm sie unbeholfen in die Arme. Ich weinte bitterlich.

Schließlich sagte ich: „Lass uns gemeinsam sterben. Lass uns gemeinsam begraben werden."

Einer der Wärter hörte das. Er kam sofort herbeigestürzt und trat mich unter das Kinn, dass es mich hochschleuderte und auf den Rücken warf. Mehrere andere kamen, um dem Wärter zu helfen. Sie schleiften mich zu einem Baum. Da meine Beine zu schwach waren, um zu stehen, banden sie mich mit einem Seil am Stamm fest. Sie zischten: „Wie kannst du dich uns am helllichten Tag widersetzen? Weißt du nicht, wo du bist? Dein Gott ist nicht hier, aber wir! *Wir* sind die Götter dieser Stadt!"

Herr, hol mich hier weg!, betete ich stumm. Ich schaute immer wieder zum Himmel hoch. Wann würde Jesus endlich kommen und mich zu sich holen? Ich spürte, wie ich ohnmächtig wurde, aber es ging nicht schnell genug. Meine geistliche Energie wurde mit jedem Tag weniger. Ich hatte keine Kraft mehr und wollte nur noch, dass Jesus kam und mich nach Hause holte.

Als der Abend kam, schleiften sie mich zurück in die Zelle, wo wir alle schliefen, und warfen mich achtlos auf den Lehmfußboden. Sie hielten mich für tot, aber ich atmete noch. Die Hitze des Monats Mai machte unsere Zelle zu einem Glutofen, da es keinerlei Fenster gab, durch die die kühle Nachtluft zu uns hereinkommen konnte.

Niemand in der Zelle hatte sich waschen, geschweige denn baden dürfen. Ich hörte das Stöhnen und Wimmern der anderen. Ich war nicht allein, andere litten auch. Hatte ich es eigentlich nicht sogar vergleichsweise gut? Noch hatte ich alle Gliedmaßen, noch hatte ich keine schwere Gehirnerschütterung erlitten wie viele andere.

Dann hörte ich in der Schwärze der Nacht die Stimme eines der Männer in dem Raum. Es war Lanju Gao. Er war Muslim und der gebildetste Insasse in unserer Zelle. Er war auf die Oberschule gegangen.

„Zhang! Kannst du mich hören?“, flüsterte Lanju.

Ich wartete einen Augenblick. Ich musste erst Luft holen, damit die Schmerzen beim Sprechen nicht so stark waren. „Ja“, flüsterte ich. Ich wusste nicht, ob er mich verstand oder nicht. Wenn die Wärter uns sprechen hörten, würden sie sofort hereinstürzen.

„Ich hab gesehen, was sie heute mit dir gemacht haben.“ Ich hörte den Schmerz in seiner Stimme. „Wie sie dich an den Baum gebunden haben und alles. Zhang? Glaubst du, ich kann an deinen Gott glauben?“

Ich war verblüfft. Die Worte fehlten mir. Ich war so mit meinen eigenen Schmerzen und meiner eigenen Situation beschäftigt gewesen, dass es mir gar nicht in den Sinn gekommen war, jemand anderem hier Christus zu bringen. Plötzlich kam ich mir nutzlos vor. Ich war bereit aufzugeben, ja zu sterben. Wie konnte Gott mich dazu gebrauchen, anderen Menschen sein Leben und seine Wahrheit zu bringen, wenn ich nur daran dachte, zu fliehen und zu sterben?

„Ich hab dich heute gesehen, Zhang, und ich glaube, dass du dem wahren Gott dienst.“

„Alles, was du tun musst, ist, an Jesus zu glauben. Rufe ihn an und er wird dich retten.“

In der Stille des Raumes, der wie ein Feuerofen war, hörte ich, wie Lanju zu Jesus rief, und meine Kraft kam zurück.

11. Ein religiöser Verbrecher

Nicht lange, nachdem Lanju Christ geworden war, erwischten die Wärter ihn beim Beten. Lanju hatte schon genug Probleme und brauchte nicht noch mehr, aber er sagte den Wärtern tapfer, dass er Christ geworden war.

Die Wärter wussten nicht recht, was sie machen sollten. Ihre Aufgabe war, Lanju zu einem Atheisten zu machen – und jetzt war er stattdessen mitten in ihrem Lager Christ geworden! Es war unfassbar. Sie waren nicht nur wütend, sie hatten Angst. Wenn es sich herumsprach, dass in ihrem atheistischen Umerziehungslager Menschen zu Jesus fanden, konnte sie das ihren Arbeitsplatz kosten, vielleicht sogar ihr Leben.

Sie gingen sofort daran, die Lage unter Kontrolle zu bringen. Sie fesselten Lanju, schlugen ihn und bombardierten ihn mit Fragen. Alles, was sie aus ihm herausbekamen, war: „Jesus ist der wahre Gott! Jesus ist der wahre Gott!" Was sie auch machten, er sagte es immer wieder.

Sie fragten ihn: „Was macht dich so sicher, dass Jesus Gott ist?"

Lanju keuchte und rang nach Luft, dann sagte er, durch seine Schmerzen hindurch: „Weil ich zugeschaut habe, wie ihr Zhang Rongliang geschlagen habt. Er hatte nichts Böses getan, aber ihr habt ihn geschlagen, und er hat es alles über sich ergehen lassen, ohne zu klagen. Auf seinem Gesicht war ein Friede und eine Kraft, die mir gezeigt haben, dass er dem einen wahren Gott dient. Ich habe die Finsternis verlassen und jetzt lebe ich im Licht." Er hielt kurz inne, dann hob er den Kopf und sagte: „Und jetzt diene auch ich dem einen wahren Gott."

Die Wärter ließen von ihm ab, banden aber seine Hände

nicht los, sondern ließen sie auf seinem Rücken, so stramm gefesselt, dass es ihm das Blut abdrückte. Ich schaffte es nicht, seine Fesseln zu lösen, aber sobald ich konnte, fütterte ich ihn. Ich merkte, dass er tatsächlich ein anderer geworden war. Die Schläge hatten ihn nicht demoralisiert, sondern ihn im Gegenteil noch fester davon überzeugt, dass Gott lebte und ihn beschützen würde.

Er sah mich an und sagte: „Es ist so traurig, dass ich der Einzige bin, der gerade mit dir redet, Zhang. Ich weiß genau: Wenn jetzt hundert Menschen hier in diesem Raum wären, sie würden alle das Gleiche machen, was ich gemacht habe. Sie würden alle ihr Leben Jesus geben, das weiß ich. Sie würden alle Buße tun, denn die Liebe Christi ist so stark, dass niemand ihr widerstehen kann."

Das ist es, was der Apostel Paulus meinte, als er schrieb, dass das Zeugnis vom Evangelium den einen Menschen „ein Geruch des Todes zum Tode" und den anderen „ein Geruch des Lebens zum Leben" ist (2. Korinther 2,16).

Lanju schüttelte den Kopf und schluckte mühsam den nächsten Bissen. „Ich weiß, dass die Liebe Christi eines Tages die Herzen der Menschen in China gewinnen wird. Der Tag wird kommen, wo unser Land die Liebe von Jesus kennenlernen und frei werden wird von dieser Finsternis des Bösen."

Es war gewaltig: In diesem Augenblick, während einer der dunkelsten Stunden seines Lebens, sprach Lanju, ohne es zu wissen, eine Prophezeiung über China aus. Er wusste nicht, dass China einmal die größte Erweckung der Weltgeschichte erleben sollte. Lanju wurde später ein großer Evangelist, der viele Menschen von der falschen Religion des Islam zu Christus führen konnte.

Wir waren ganze zwanzig Tage in dem „Höllenlager", aber gefühlt waren es eher Jahre. Die Gehirnwäschestunden endeten und viele „Schüler" konnten nach Hause gehen. Ich nicht. Am 10. Juni kam ein Polizeibeamter zu mir, um einen letzten Versuch zu machen. Ich merkte, dass die Wärter allmählich mit ihrem Latein am Ende waren. Ich war ein Klotz an ihrem Bein. In der Zeit, wenn sie versuchten, mich zu bekehren, hätten sie alles Mögliche andere machen können, das sie beruflich vielleicht weitergebracht hätte. Im Grunde taten sie mir leid. Sie hätten sich so viel Zeit und Mühe sparen können, wenn sie mir geglaubt hätten, als ich ihnen bei meiner Einlieferung sagte, dass ich Christus nicht absagen würde. An den Abenden, die sie mit mir verbracht hatten, hätten sie besser mit ihren Familien zusammen sein können.

„Rongliang", sagte der Beamte, als er in den Raum trat. „Sie sind noch so jung, Sie haben noch das ganze Leben vor sich. Warum wollen Sie das alles wegwerfen, indem Sie sich gegen die Regierung stellen? Sie haben ein schönes Haus in den Bergen und ältere Verwandte, die Sie brauchen. Wie wollen Sie sich um sie kümmern, wenn Sie im Gefängnis sitzen?"

Er klang ehrlich, als er das sagte. Dann richtete er sich auf, sah mich fest an und machte seinen letzten Versuch: „Dies ist Ihre letzte Chance. Sie brauchen nur zu sagen: ‚Ich bin kein Christ mehr', und Sie können morgen nach Hause gehen." Seine Miene verfinsterte sich. „Aber wenn Sie sich weigern, Zhang, habe ich keine andere Wahl, als Sie ins Gefängnis zu schicken."

Ich war inzwischen so oft bedroht worden, dass ich daran gewöhnt war. Keiner dieser Leute hatte mich angelogen, sie hatten mir alle die Wahrheit gesagt: dass die nächste Station auf meinem Weg noch schlimmer wäre und dass es an mir läge, sie zu vermeiden. Aber sie hatten nicht begriffen, dass nachgeben und den Namen Jesus verleugnen für mich schlimmer gewesen wäre als jedes irdische Gefängnis oder Leiden. Sie wussten nicht, dass mein Leiden zeitlich begrenzt war, aber dass die Herrlichkeit, bei meinem Heiland sein zu dürfen, ewig wäre.

Ich antwortete dem Beamten: „Sie könnten mich tausendmal fragen, meine Antwort wäre immer dieselbe. Ich werde den Namen Jesus nie verleugnen.“

Der Polizist ging, sichtlich wütend.

Drei Tage danach, am 13. Juni 1974, kam er um neun Uhr morgens zu mir und eröffnete mir spöttisch: „Gratuliere zur Beförderung. Sie haben das Höllenlager erfolgreich abgeschlossen und dürfen jetzt ins Gefängnis.“

Ich war zu müde und hatte zu viel Schmerzen, um ihm zu antworten.

Den Weg zum Gefängnis musste ich zu Fuß zurücklegen. Bevor ich das Lager verließ, hielt ich kurz an und schaute mich noch einmal um. Der Abschied fiel mir nicht leicht; ich ließ so viele liebe Freunde zurück. Die Menschen im Höllenlager waren mehr als flüchtige Haftbekanntschaften. Sie waren meine Familie, meine Brüder und Schwestern.

Als ich draußen war, fing ich an zu weinen. Ich wusste, dass ich einige der Brüder und Schwestern, die mir in diesen dunklen Tagen der „Umerziehung“ zur Seite gestanden hatten, vielleicht nie wiedersehen würde. Etwas in mir zerbrach bei dem Gedanken, dass ich sie diesseits des Grabes nie mehr würde umarmen können. Selbst unter den furchtbarsten Schlägen hatte ich nie eine Träne vergossen, aber jetzt, wo ich meine Freunde verließ, weinte ich wie ein Kind.

Der Weg vom Lager zum Gefängnis dauerte etwa zwanzig Minuten. Als ich ankam, legte der Beamte in der Aufnahme mir ein Formular hin und sagte: „Lesen Sie das und unterschreiben Sie.“

Ich las: „Zhang Rongliang, ein religiöser Krimineller, hat das Verbrechen begangen, ein Konterrevolutionär zu sein.“

Ich setzte meinen Namen unter das „Geständnis“ und ging ins Gefängnis.

Lieber Herr, betete ich. *Bitte gib mir etwas Erleichterung. Und wenn es möglich ist, dann gib, dass ich Bruder Chen finde.* Ich hatte gehört, dass ein Bruder im Herrn namens Chen Hai Lu, der als Prediger des Wortes Gottes sehr bekannt war, verhaftet worden war und in diesem Gefängnis einsaß. Es hieß gerüchteweise, dass er vor neun Tagen eingetroffen sei. Ich wusste nicht, ob das Gerücht stimmte, aber bat Gott, uns zusammenzubringen. Ich war geistlich schwach und brauchte die Gemeinschaft mit Bruder Chen. Mein Leben würde leichter sein, wenn ich mich hin und wieder mit ihm unterhalten könnte.

Ein Wärter führte mich den Gang entlang und hielt vor meiner neuen Bleibe an, der Zelle 10. Ich ging hinein, und was sah ich? Das fröhliche Gesicht von Chen Hai Lu! Man hatte ihm befohlen, mir zu helfen, meine Sachen unterzubringen. Mein Herz machte einen Sprung. Ich konnte meine Freude nicht offen zeigen, das hätte die Wärter nur provoziert. Also versuchte ich tapfer, mich zu beherrschen.

Als wir dann allein waren, konnten wir füreinander beten und einander Mut zusprechen. Es war genau das, was ich brauchte. Für mich war diese Gefängniszelle das reinste Paradies. Bruder Chen als mein Zellengenosse – daran hatte ich in meinen kühnsten Träumen nicht gedacht! Einen Augenblick lang kam ich mir vor, als ob ich gar nicht im Gefängnis, sondern in Freiheit wäre.

12. Eisblumen

Wie überall in China im Jahre 1974 waren auch in der Provinz Henan Lebensmittel knapp. Im Gefängnis machte sich diese Knappheit noch mehr bemerkbar. Die meisten der Insassen waren schon halb verhungert und Bruder Chen war keine Ausnahme. Es wird für die Gefängnisleitung nicht einfach gewesen sein, Lebensmittel für die Gefangenen aufzutreiben; es ist nie einfach, das Durchfüttern von Gesetzesbrechern zu rechtfertigen, wenn schon so viele gesetzestreue Bürger buchstäblich verhungern.

Wir bekamen jeden Tag Nudeln, das Grundnahrungsmittel in Henan. Bei uns sagt man gerne, dass Nudeln die Henan-Version von Reis sind. Unser Essen war streng rationiert; jeder Insasse bekam pro Tag nur eine bestimmte Menge. Oft zweigten die Wärter aber von unseren Rationen etwas für sich selbst ab, sodass wir noch weniger bekamen. Die Nudeln waren schwarz, schmeckten nach nichts und hatten keinen großen Nährwert. Jeder war unterernährt und mit Bruder Chens Gesundheit ging es immer mehr bergab.

Ich betete viel mit ihm und gab ihm von meiner Ration ab, aber er wurde immer schwächer. Ich merkte, wie auch mein Körper zusehends schwächer wurde; dazu kamen Probleme mit meiner Lunge.

Oft sang ich Lieder, um die Schmerzen zu betäuben. Ich sang gerade so laut, dass Chen es hören konnte, aber nicht der Wärter. Manchmal, wenn ich zum Zellenfenster hinausschaute, war ich nicht sicher, ob ich das hier überleben würde. Es gab Zeiten, wo mein Glaube stark war und ich die Gegenwart des Herrn förmlich spürte, aber dann kamen wieder die Stunden, in denen ich mich fragte, wo man mich einmal beerdigen würde. Ich schaute zu dem Friedhof hinüber, der neben dem Gefängnis lag. Ob ich dort landen würde?

Die Essensrationen wurden immer kleiner, und immer öfter kam es nach der Essensausgabe zu Streitereien zwischen den Gefangenen. Viele von ihnen wurden wie tollwütige Hunde. Da fand jemand, dass er nicht genug bekam, und zischte den Essensausgeber an. Oder jemand langte in die Schüssel seines Nachbarn und schon setzte es Schläge. Manche der Insassen schlangen ihre Portion herunter, so schnell sie konnten, und versuchten dann, die anderen zu bestehlen.

Die Hungersnot schien das ganze Volk in Tiere zu verwandeln. Ein Menschenleben hatte keinen Wert mehr und für Männer und Frauen galt nur noch die Parole: Töten oder getötet werden, fressen oder gefressen werden. Dass Chen und ich einander freiwillig von ihren Essensrationen abgaben, war für die anderen Insassen unbegreiflich. Sie benahmen sich wie ausgehungerte Haifische; Chen und ich sprachen unser Tischgebet und teilten das miteinander, was wir hatten.

Den anderen blieb diese Liebe zwischen uns also nicht verborgen, und mehrere von ihnen kamen zum Glauben an Jesus – unter anderem Jinxin Liu und Zhaolai Wang. Liu und Wang wurden liebe Brüder in Christus und es gelang uns, uns aus dem Kampf aller gegen alle herauszuhalten und zueinanderzustehen. Wir pflegten unsere eigene Kultur der Liebe und Loyalität, die stärker war als unser Egoismus und Selbsterhaltungstrieb.

Die Grundpfeiler der traditionellen chinesischen Kultur sind Loyalität, Ehre und Pflichterfüllung. Kinder wie Alte werden geschätzt und geachtet, von Generation zu Generation. Doch jetzt – fast über Nacht – war unsere Kultur an einem Punkt angelangt, wo Selbsterhaltung und Eigeninteresse wichtiger waren als das Leben der alten Eltern oder der eigenen Kinder.

Um uns herum brachen die alten Werte zusammen, aber Chen und ich standen weiter treu zueinander. Wir verrieten einander nicht und stellten unser eigenes Wohl immer hinter das Wohl des anderen. Die Nöte in diesem Gefängnis führten Chen und mich nur noch enger zusammen. Wir litten gemeinsam und achteten einer auf den anderen. Zwischen uns bildete sich ein Band, das ähnlich stark war wie einst das zwischen David und Jonatan (vgl. 1. Samuel 18,1-4).

Das Jahr schlich weiter und die Finsternis wurde schwärzer. Die Behörden gingen noch härter gegen die Christen vor, seitdem Beamte, die Christen verhafteten, dafür Belohnungen bekamen. Einer der bekannteren Prediger im Bezirk Tanghe war der 81 Jahre alte Huaru Wang. Er war ein treuer Diener Gottes, der sein ganzes Leben zur Verbreitung des Evangeliums von Jesus eingesetzt hatte. Die Polizei verhaftete ihn und brachte ihn in unser Gefängnis. Obwohl die Wärter um sein Alter wussten und dass er schwächer war als wir anderen, behandelten sie ihn mit großer Brutalität.

Mehrere Monate später wurden weitere Gemeindeleiter aus dem Bezirk Fangcheng verhaftet. Yunjiu Gao war bereits viermal in Haft gewesen. Für die meisten von uns war er ein Phänomen. Er war einer der wenigen, denen das Gefängnis regelrecht einen Energieschub zu geben schien. Es war fast so, als ob die Haft Superbenzin für seinen inneren Motor war.

Im Oktober wurde auch Guizhen Jia, meine geistliche Mutter, wieder verhaftet und in mein Gefängnis gebracht. Sie hatte das „Höllenlager“ überlebt, obwohl man sie ja fast totgeschlagen hatte. Es war egoistisch von mir, aber ich genoss ihre Gegenwart. Ich liebte die Geschichten, die sie erzählte, und wie sie uns allen Mut zusprach.

Vor Ablauf des Jahres 1974 brachte eine Großrazzia etwa achtzehn Prediger aus den Gemeinden in Fangcheng in unser Gefängnis, darunter so bekannte Männer wie Yudong Chen, Qingshan Lu, Genfa Zhao, Fengchen Li, Fuzhang Qiao und David Zhou.

Mit der Zahl der Christen in unserem Gefängnis wuchs auch unsere Erwartung, dass Wunder geschehen würden. Wir freuten uns über jeden neuen Bruder und jede neue Schwester, die zu uns kamen, weil dies noch mehr Gemeinschaft bedeutete. Für die Wärter müssen wir Narren ohne Zukunft gewesen sein, aber wir wussten, dass wir Kinder des Königs der Könige waren. Sie ahnten nicht, dass es für uns eine Ehre war, für Jesus Christus zu leiden. Viele konnten das einfach nicht begreifen – bis zu dem Tag, an dem auch sie Jesus als ihren Herrn und Erlöser annahmen.

Jeden Tag durften wir ein paar Minuten nach draußen an die Sonne und die frische Luft, aber jedes Gespräch war strikt verboten. Also erfanden wir nichtsprachliche Gesten und Signale. Wir schrieben uns auch Bibelverse auf den Unterarm, und wenn wir einem anderen Christen begegneten, zogen wir diskret den Ärmel hoch. So machten wir einander mit dem Wort Gottes Mut.

Eines Tages machte ich den Fehler, Bruder Gao hörbar anzusprechen, als ich an ihm vorbeikam. Prompt zog ein Wärter, der in der Nähe stand, sein Messer und stürzte sich auf mich. Ich drehte mich instinktiv um, um mein Gesicht zu schützen, und die stumpfe Seite des Messers ritzte meinen Nacken. Ein anderes Mal erzählte Huaru Wang einem Mitgefangenen von Jesus, worauf sie ihn einen halben Tag lang schlugen, dass ich dachte, er würde es nicht überleben.

Die Wärter hatten auch ihre eigenen Probleme und folterten uns unter anderem, um ihrem Frust Luft zu machen. Fast jeden Tag holten sie mich aus meiner Zelle und führten mich zu einer Art Pranger mit Löchern für den Kopf und die Arme. Sie steckten meinen Kopf und die Arme in die Aussparungen, worauf sie das Oberteil des Prangers zuklappten. Nachdem ich so befestigt war, traktierten sie mein Gesicht mit ihren Bajonetten.

Die Wärter konnten die Gefängnishausordnung bestimmen, aber über die Herzen der Christen hatten sie keine Gewalt. Wir fanden Mittel und Wege, Gemeinschaft miteinander zu haben, und konnten so unsere Probleme unter die Füße bekommen. Die Freiheit im Herrn konnte uns nichts und niemand nehmen.

Wir durften keinen Besuch erhalten, noch nicht einmal von unseren nächsten Verwandten, aber wir verloren nie die Hoffnung. Wir wussten: Gott würde unser Schreien hören und er würde uns nicht stärker leiden lassen, als wir es ertragen konnten. Wenn einer von uns aufgeben wollte, brachten die anderen ihn einmütig im Gebet vor den Herrn. Es gab keine Streitereien und kein Verurteilen zwischen uns. Wir hatten alle unsere Stärken und Schwächen, aber dies war keine Zeit für Auseinandersetzungen und Streit.

Unser größtes Problem war, eine brauchbare Methode zur Kommunikation miteinander zu finden. Eines Tages hatte Yanjiu Gao eine zündende Idee. „Zhang“, flüsterte er mir zu. „Ich hab eine Idee. Wie wär's, wenn wir einen Geheimtunnel graben, um Nachrichten auszutauschen?“

„Wie bitte?“, fragte ich. Wie um alles in der Welt sollten wir in diesem Lager Tunnel graben, wenn wir pausenlos überwacht wurden?

Yanjiu hockte sich etwas tiefer und fuhr fort: „Du weißt doch, dass wir jeden Samstag unsere Betttücher draußen waschen und trocknen.“

„Und?“ Ich wusste nicht, was unsere Bettwäsche mit der Sache zu tun haben sollte.

„Na, du weißt doch, wie meine Betttücher aussehen, und ich kenne deine“, fuhr er fort. „Du schreibst einfach einen Zettel und schiebst ihn in den Bezug. Das mache ich auch und wenn wir die Betttücher wieder holen, tauschen wir sie einfach.“

Ach, so meinte er das! Es war ein tolles Gefühl, als wir den Trick das erste Mal probierten. Wenn ich gerade Zeit hatte und niemand in der Nähe war, las ich Yanjius kurze Briefe. Wir perfektionierten bald das System und fingen an, Mini-Tagebücher zu schreiben, in denen wir die Ereignisse der Woche und unsere Gedanken und Probleme festhielten. So konnten wir einander noch besser verstehen und füreinander beten, und ein Ventil für unsere Gedanken und Probleme hatten wir auch.

Bald übernahmen auch andere Christen unser Kommunikationssystem. In diesem Lager, wo unsere Feinde überall waren, wurden diese Zettel unser Rettungsanker und unsere Lebensader. Jetzt schrieben wir vieles, was wir nicht sagen konnten, einfach auf. Diese Betttuchzettel waren wie eine Gesprächsrunde. Wir freuten uns, wenn jemand von uns einen Sieg errungen hatte, und wurden gestärkt, wenn ein Bruder uns erzählte, was Gott ihm gerade gezeigt hatte.

Dieses Zettelsystem veränderte auch die Art, wie wir uns anschauten, wenn wir einander begegneten. Alle früheren Versuche, Gedanken, Ermutigung und Solidarität durch Gesten, Flüstern und Augenbewegungen mitzuteilen, waren nicht halb so fruchtbar wie dieser „Tunnel“. Wenn ich jetzt einem Bruder begegnete, sah ich ihm förmlich an, was er gerade dachte, weil er es uns ja geschrieben hatte. Es war wie ein Blick ins Herz des anderen, und es war in gewisser Weise noch persönlicher als gesprochene Worte, weil manch einer bereit war, Dinge schriftlich mitzuteilen, die er in einem Gespräch niemals gesagt hätte. Das Schreiben gab uns auch mehr Zeit zum Nachdenken. In einem Gespräch verliert man leicht den roten Faden, während das Aufschreiben einen dazu zwingt, sich zu konzentrieren.

Wie alles andere in dem Gefängnis hatte auch diese neue Möglichkeit, sich einander mitzuteilen, ihren Preis. Eines Tages erwischte ein Wärter Bruder Huaru dabei, wie er gerade seinen „Betttuchbrief" las. Er befahl ihm, ihm den Zettel auszuhändigen. Huaru schob sich den Zettel geistesgegenwärtig in den Mund und schluckte ihn hinunter. Dieser „Ungehorsam" brachte die Wärter so in Rage, dass sie ankündigten, Huaru zur Strafe für seine Insubordination so lange zu schlagen, bis er „halb tot" war.

Ich hatte natürlich Angst um Huaru, aber das Wort „halb tot" machte mich stutzig. Bis jetzt hatten die Wärter, wenn sie einen Gefangenen zur Strafe schlagen wollten, immer angekündigt, ihn *tot*zuschlagen, und wenn Gefangene sich anschließend über solche Prügelorgien unterhielten, sagten sie immer, dass die Wärter den Betreffenden fast totgeschlagen hatten. Und jetzt hieß es auf einmal nur „halb tot". Waren hier womöglich mildere Zeiten in Sicht?

Voller Hoffnung schrieb ich Gao einen Brief: *Es scheint Hoffnung zu geben. Ich glaube, unsere Kirche steht vor einer Erweckung. Habe heute gehört, dass Huaru „halb totgeschlagen" werden soll. Es kommen andere Zeiten.*

Gao schrieb zurück: *Dein Brief hat mich sehr getröstet. Ich glaube, Du hast recht. Nur „halb totgeschlagen" zu werden, das ist wie das Olivenblatt, das die Taube zur Arche Noah zurückbrachte. Es ist ein Zeichen dafür, dass das Unglück bald vorbei sein und das Land wieder grün werden wird!*

Wieder und wieder las ich heimlich Gaos Notiz und jedes Mal drückte ich sie anschließend an meine Brust. Ich hatte in dem Gefängnis nicht viel persönlichen Besitz, aber ich hatte Hoffnung. In diesen langen Tagen benutzten wir unseren „Geheimtunnel", um uns auszutauschen, Freud und Leid zu teilen und immer mehr im Herrn zu wachsen. Wie schon Paulus über sein eigenes Leben schrieb: „Wir sind von allen Seiten bedrängt, aber wir ängstigen uns nicht. Uns ist bange, aber wir verzagen nicht. Wir leiden Verfolgung, aber wir werden nicht verlassen. Wir werden unterdrückt, aber wir kommen nicht um" (2. Korinther 4,8-9).

Ich lag in meiner Zelle und starrte auf die Risse in der staubigen Betondecke über mir. Niemand konnte sich vorstellen, wie freudig erregt ich in diesem Augenblick war. Die meisten Blumen blühen im Frühling, aber in China gibt es eine Blume, die im Winter blüht, wenn es am kältesten und dunkelsten ist. Es ist die „Eisblume". Wenn der Norden Chinas von Schnee bedeckt ist und die Tage am kürzesten sind, trotzt diese Blume dem Wind und dem Schnee und wächst und blüht. Die Beharrlichkeit dieser Blume bringt den Glanz der Schönheit in die dunkelsten Stunden. Ähnlich können nur die Kinder Gottes das Licht der Schönheit in die finstersten Stunden der Menschengeschichte tragen. Nur die Kirche von Jesus Christus kann einer finsteren, sterbenden Welt Licht bringen.

Ich teilte meine Zelle mit Jinxing Liu, Guoqing Li und Zhaolai Wang. Alle drei waren im Gefängnis Christen geworden. Ich fragte sie, warum sie ausgerechnet in der finstersten Stunde für die Christen in China angefangen hatten, an Christus zu glauben. Ihre Antwort: „Das ganze Jahr über haben wir in deinem Leben und deiner Liebe Jesus gesehen. Du hast nicht mit Worten, sondern mit Taten gepredigt. Als wir dein Verhalten sahen, spürten wir eine Kraft, die wir nur Liebe nennen konnten. Deine Treue zum Herrn ist stärker als der Tod. Keiner von uns wollte in dieses furchtbare Gefängnis, aber dort haben wir Gottes Größe und ungeheure Liebe erkannt."

Ich war jetzt Anfang zwanzig und glaubte nicht, dass ich noch lange leben würde, aber vielleicht konnte ich doch noch etwas Sinnvolles für diese Welt tun. Mein erster Sohn wurde 1975 geboren, während ich im Gefängnis war. Er wurde von meiner Frau erzogen, die noch keine Christin war. Aber ich machte mir keine Sorgen; irgendwie wusste ich, dass mein Sohn eines Tages ein Diener und Werkzeug Gottes werden würde.

Leider konnte meine Frau nicht erleben, wie es war, den Ehemann zu Hause zu haben. Sie teilte wie gesagt meinen Glauben an Jesus Christus nicht, und ich konnte ihr nicht böse sein wegen ihrer Verbitterung darüber, dass ich nicht zu Hause war und für meine Familie sorgte. Es war nicht leicht für mich mitzuerleben, wie einer nach dem anderen im Gefängnis zu Jesus fand, aber meine Frau zu Hause nicht. Ich konnte nur hoffen und glauben, dass eines Tages auch sie zu den Erlösten gehören würde.

13. Am Rande des Todes

Die Zeit von 1974 bis 1976 war der Höhepunkt der Kulturrevolution. Es waren furchtbare Jahre für China. Jeden Tag starben Menschen durch Verhungern, Unterkühlung oder die Repressalien der Regierung. Viele Autoren aus aller Welt haben Bücher mit Augenzeugenberichten aus dieser Zeit geschrieben, aber das ganze Ausmaß des Elends, Unrechts und Chaos wird sich wohl nie erfassen lassen. Damals lebten wir jeden Tag am Rande des Todes. Wir waren wie Lämmer, die zur Schlachtbank geführt wurden. Allein durch Gottes Gnade überlebte ich diese Zeit, sodass ich heute über sie berichten kann.

Mitte der 1970er-Jahre wurde ich aus dem Gefängnis entlassen und konnte endlich zurück nach Hause, zu meiner Frau und meinem Sohn. Ich war zutiefst dankbar für dieses Gottesgeschenk, aber meine neue Freiheit dauerte nicht lange. Mein Name stand nach wie vor auf der schwarzen Liste der „Konterrevolutionäre“, sodass ich unter dem kleinsten Vorwand erneut verhaftet werden konnte. Für die Regierung war ich ein Staats- und Volksfeind. So schlimm das Leben in China allgemein war – noch schlimmer war es für diejenigen, die von der Regierung als Staatsfeinde und Konterrevolutionäre gebrandmarkt wurden; sie waren automatisch an allem schuld. Für das Regime war keines der Probleme des Landes die Folge einer falschen Politik; schuld sein konnten nur die Konterrevolutionäre.

Und so wurde ich am 18. Januar 1976 von der Polizei vor ein „Volksgericht“ in Guaihe gestellt, der Stadt meiner Jugend. Hunderte Zuschauer kamen zu dem Schauprozess. Ich stand vor Richter Taifeng Li und hörte mir die Liste meiner „Vergehen“ an. Er las laut vor, dass ich ein Konterrevolutionär und religiöser Sektierer war, und verurteilte mich zu sieben Jahren Gefängnis.

Das Herz wurde mir schwer, als ich das Urteil hörte. Im ersten Augenblick war ich wie betäubt. Sieben Jahre! Das bedeutete, dass mein Sohn in einem entscheidenden Lebensabschnitt keinen Vater haben würde. Und angesichts des Hungers, der in China herrschte, war es gut möglich, dass er diese sieben Jahre gar nicht überleben würde. Und ich? Nach dem, was ich in der Haft bereits erlebt hatte, gab es keine Garantie, dass ich nach den sieben Jahren noch am Leben wäre.

Kaum war das Urteil verkündet, wurde die Zuschauermenge unruhig. Meine Verwandten und Mitchristen begannen laut zu weinen und zu klagen. Die Nichtchristen schauten verwirrt zu, wie immer mehr Menschen weinten und riefen, bis ihre Rufe zu einer Brandungswelle der Klage wurden, die bis zum Himmel zu rollen schien. Viele schoben mir Geld zu, einige sogar Kleidung. Es war, als ob sie mir für immer Ade sagten. Viele schienen zu glauben, dass ich bereits so gut wie tot war.

Es war ein hartes Urteil, aber es hätte leicht noch härter ausfallen können. Sie hätten mich auch hinrichten können, wie schon so viele andere vor mir. In gewissem Sinne war dieser Richter noch gnädig gewesen. „Sie haben zwanzig Minuten", sagte mir der Gerichtsdiener streng, während er mit der Hand auf die Menschen zeigte, die mit mir reden wollten. Ich nickte und drehte mich zu ihnen. Sie nahmen meine Hand und die Christen fingen sofort an, für mich zu beten und mir Mut zuzusprechen. Ich konnte beides – die Gebete und die Ermutigungen – mehr als brauchen. Schon sieben Tage konnten sich in einem chinesischen Straflager wie eine Ewigkeit anfühlen, und jetzt sieben Jahre.

Nach den zwanzig Minuten führte man mich zu einem Polizeiwagen. Ein Polizist schob mich hinein, ein anderer hielt die Menge auf Abstand, während die Tür hinter mir geschlossen wurde. Wir fuhren nach Zhaohe, einer kleinen Stadt. Dort erwartete mich eine Menge aus mehreren Hundert Menschen, die weinend dastanden und meinen Namen riefen. Erst begriff ich nicht, was das sollte, dann dämmerte es mir, dass mein Name und meine „Verbrechen" im Radio bekannt gegeben worden waren. Noch am gleichen Tag, an dem ich verhaftet und zu sieben Jahren verurteilt wurde, hatte die Regierung das Urteil öffentlich bekannt gegeben und mich diverser Verbrechen beschuldigt.

Noch bevor der Wagen anhielt, bildete die Menge einen Kreis um ihn. Im Nu entstand um diesen ersten Kreis ein zweiter. Als der Wagen weiterfuhr, bewegte sich der Kreis mit, und jedes Mal, wenn der Wagen langsamer wurde, wurde der Kreis noch größer.

Als der Wagen endgültig anhielt, sprangen zwei Polizisten von der vorderen Sitzbank nach draußen. Einer packte ein Holzbrett. Dann zogen sie mich aus dem Wagen, legten mir einen Strick um den Hals und befestigten an dem Strick das Brett. Es war etwa 60 Zentimeter lang und 30 Zentimeter hoch, und auf ihm stand in großen schwarzen Lettern: „Zhang Rongliang – Religiöser Konterrevolutionär".

„Nicht stehen bleiben!", schrie der eine Beamte mich an, während er mich in Richtung Gefängnis schob. Dann, zu der immer noch wachsenden Menge um uns herum: „Zurückbleiben!"

Als sie mich in mein neues Domizil führten, fühlte ich mich fast beschämt von dem Mut all dieser Mitchristen, die unter Einsatz ihres Lebens und ihrer Sicherheit ihre Solidarität mit mir bekundet hatten. Ich hatte gar nicht gewusst, dass so viele Menschen für mich beteten. An diesem ersten Abend in dem neuen Gefängnis schrieb ich Folgendes:

Der Herr hat meine Bitte, dass ich bald diese Welt verlassen und zu ihm gehen möge, erhört. Ich bin jetzt wieder im Gefängnis, aber über allem steht die Liebe des Herrn.

Meine Brüder und Schwestern, ich werde Euch nie vergessen – Euch und all die unausgesprochenen Worte in Euren Tränen. Aber jetzt hört auf zu weinen, denn ich habe keine Angst um mein Leben.

Ich weiß, dass ich als Schande für meine Vorfahren gelte, aber ich werde meinem himmlischen Vater und meinen geistlichen Müttern und Vätern treu bleiben.

Falls Ihr doch weiter um mich weinen müsst, bitte verbergt Eure Gesichter vor meinem. Auch ich weine gerade – aber nicht, weil ich vor Hunger Magenschmerzen habe oder weil meine Fesseln so stramm sind. Ich weine, weil ich weiß, dass unsere Traurigkeit nicht lange dauern wird. Jesus hat uns verheißen, dass wir für immer in seinem Reich sein werden.

Meine Brüder, ich habe die Tränen auf Euren Gesichtern und Kleidern gesehen. Die Polizisten haben Euch beleidigt und verhöhnt. Ihr habt nicht darauf geachtet, denn wie sollen sie sie verstehen können, die Liebe, die tiefer ist als die zwischen leiblichen Geschwistern?

Glaubt es und haltet fest daran: Eines Tages werden wir bei Jesus sein und dieser Tag wird voller Freude sein! Bald wird die Gemeinde auf Erden die Ernte einholen und die ganze Erde wird vor Freude beben und jauchzen! Völker werden vor Jesus treten und verkündigen, dass er der Erlöser ist, und wir werden frei sein für immer und ewig.

Die Liebe dieser lieben Glaubensgeschwister war wie eine Welle erfrischendes Wasser; sie linderte nicht nur meinen persönlichen Schmerz, sondern schien groß genug, um den Schmerz des ganzen Landes wegzuspülen.

Kurz nachdem ich meine Zelle bezogen hatte, erfuhr ich, dass in dem Frauengefängnis, gleich nebenan, meine geistliche Mutter, Guizhen Jia, einsaß. Das erleichterte mich ungemein. Gut, es war etwas Egoistisches in dieser Freude darüber, dass meine geistliche Mutter in der Nähe war; aber ich wusste, dass ihre Gegenwart mir Kraft und Ruhe geben würde, und ich dankte Gott für sie.

Doch das änderte sich am Morgen des 23. Januars. Kurz nach dem Wecken hörte ich, dass ich in ein anderes Gefängnis verlegt werden sollte. Ich war noch nicht ganz wach, sodass es etwas dauerte, bis ich die Tragweite dieser Nachricht begriff: Ich würde mich also nicht mit Guizhen Jia treffen können! Ich geriet schier in Panik und flehte Gott an, mir eine Gelegenheit zu schenken, Guizhen zu sagen, dass ich verlegt wurde. Sie hätte sonst nie erfahren, dass ich nicht mehr da war oder wo ich hinging. Der Wunsch, es ihr zu sagen, irgendwie, war wie ein loderndes Feuer in mir. Ich versuchte, jemanden zu finden, der ihr die Nachricht überbringen konnte, aber dazu war es noch zu früh am Morgen. Sämtliche Personen, die dazu infrage kamen, würde ich erst nach 7 Uhr kontaktieren können.

Ich saß vor der vergitterten Zellentür und schaute den Gang entlang, so weit ich irgend sehen konnte. Wie konnte ich es fertigbringen, für einen kurzen Augenblick meiner Gefangenenrealität zu entfliehen, um Guizhen zu sagen, dass ich verlegt wurde und ihre Gebete brauchte? Kurz vor 7 Uhr hörte ich die Wärter den Gang entlangkommen. Ich hörte ihre Schritte auf dem staubigen Betonfußboden und das Klappern ihrer Gewehre. Als sie näher kamen, sah ich, dass sie elektrische Schlagstöcke dabeihatten. Der bloße Anblick ließ meinen Körper zusammenzucken; ich wusste nur zu gut, was diese Elektroschocks vermochten.

Dann, hinter den Wärtern, sah ich die Gittertür, die zur Frauenabteilung führte. Aus irgendeinem Grund war sie nicht verschlossen, sondern halb offen. Ich stand langsam auf, fixierte die Tür und versuchte fieberhaft, einen Plan zu machen.

Was folgte, nahm ich wie in Zeitlupe wahr. Der eine Wärter schob sein Gewehr nach hinten auf die Hüfte; es schaukelte am Tragegurt, der über seiner Schulter hing. Jetzt beugte er sich mit seinem Schlüssel etwas nach unten und begann, meine Zellentür zu öffnen. Die übrigen Gefangenen in der Zelle achteten nicht auf mich. Sie wussten nicht, was ich plante, und ehrlich gesagt, wusste ich es auch nicht.

Ich stand neben der Tür und lauschte auf das Klicken des Schlosses. Jetzt war die Tür einen Spalt offen. Ich warf mich mit aller Kraft dagegen, dass der eine Wärter zu Boden fiel. Bevor der andere reagieren konnte, hatte ich ihn zur Seite gestoßen.

Ich sprintete auf die offen stehende Gittertür zu. In China dürfen Gefängniswärter ohne Vorwarnung schießen. Ich wusste, dass jeder Schritt mein letzter sein konnte, aber mein Adrenalin war stärker als meine Vernunft. Vor mir lag das Frauengefängnis; es kam immer näher. Meine Beine trugen mich schneller als je zuvor in meinem Leben. Ich staunte, was für Kraftreserven ich hatte und wie stark meine Beine waren.

Da war der Hof und dort die Frauenabteilung. Ich schrie: „Tante Gui! Tante Gui! Ich werd heute in ein anderes Gefängnis verlegt! Lass uns füreinander beten! Guizhen! Ich werd verlegt! Lass uns füreinander beten!"

Plötzlich ein unerhörter Stoß durch meinen ganzen Körper. Der elektrische Schlagstock, der meinen Nacken traf, ließ den Strom in einem Augenblick bis in meine Füße schießen. Mein Körper erschlaffte, sodass ich kopfüber zu Boden stürzte. Der Strom war so stark, dass ich noch nicht einmal meine Hände ausbreiten konnte, um den Fall abzubremsen. Dann die rauen Hände der Wärter, und ich war zurück in der Realität – ich war im Gefängnis.

Merkwürdigerweise spürte ich keine Schmerzen, als ich da reglos wie ein nasser Sack auf dem Boden lag, sondern eine tiefe Befriedigung. Ich war froh, dass ich meine Chance genutzt hatte. Dann spürte ich ein Ziehen an meinen Beinen. Die Wärter, die sich aufgerappelt hatten, schleiften mich über den Hof zurück in die Männerabteilung. Ich versuchte, mein Gesicht mit den Händen zu schützen, aber die Wärter gingen zu schnell.

Da war die Stufe, die zu unserm Gang hochführte. Ihre Ecken rissen in meine Brust, mein Kinn knallte auf die Kante. Ich protestierte nicht; es hätte sowieso nichts genützt.

„Für diese Nummer wirst du uns büßen, Zhang", zischte der Kommandant. „Schafft ihn hierher und zieht ihm die Jacke aus." Sie schleiften mich in den Gefängnishof. Der eine der Wärter hob meinen Rücken hoch, um mir die Jacke auszuziehen, dann stieß er mich wieder nach unten, dass mein Kopf mit einem Rumms auf dem Boden landete. Dann hörte ich das Knallen einer Peitsche und zuckte zusammen; ich wusste, was jetzt kam. Ich rollte mich auf den Bauch, um mein Gesicht zu schützen. Da kam schon der erste Hieb. Es war eine Totenstille im Hof, als meine Auspeitschung begann. Ich konnte niemanden sehen, aber ich wusste, dass aller Augen auf mich gerichtet waren.

Niemand im Gefängnis hatte die Zeit gehabt, mich kennenzulernen, sodass keiner wusste, was hier geschah. Wieder und wieder ließ der Wärter die Peitsche auf mich niedersausen, und jeder Schlag schnitt tiefer ins Fleisch auf meinem Rücken. Manchmal wickelte sich das lange Lederband halb um meine Seite und riss die Haut auf, wenn es wieder nach oben schoss.

Eigentlich hätte ich wahnsinnige Schmerzen verspüren und um Gnade flehen müssen. Aber ich spürte keine Schmerzen, sondern eine unbeschreibliche Freude. Jetzt wusste meine geistliche Mutter, dass ich verlegt wurde, und sie würde Tag und Nacht für mich beten. Was für ein Trost!

Als sie mit dem Peitschen aufhörten, blieb ich auf dem Boden liegen. Ich versuchte zwar, mich hochzudrücken, aber meine zerschundene Haut machte nicht mit; sie wollte sich nicht genügend spannen, dass ich meinen Körper wölben und aufstehen konnte. Ich schaute kurz auf mein Hemd. Es schwamm in meinem eigenen Blut. Es war nicht das erste Mal, dass sie mich halb totgeschlagen hatten, und es sollte nicht das letzte Mal sein.

OBEN: Vier Große des Glaubens aus der chinesischen Hauskirchenbewegung. Von links nach rechts: Bruder Yun, Enoch Wang, Peter Xu und Zhang Rongliang.

LINKE SEITE, OBEN: Der junge Zhang Rongliang mit seinem ersten Sohn.

LINKE SEITE, UNTEN: Als Lehrer im Predigerseminar in einer geheimen, mit den Händen gegrabenen Höhle in der Provinz Henan, wo Tausende chinesischer Pastoren ausgebildet wurden.

Als Prediger auf einer Konferenz

Zhang während seiner letzten Inhaftierung

Zhang in Fangcheng

14. Onkel Feng

Sie fuhren mich zum landwirtschaftlichen Arbeitslager Xi Hua bei der Stadt Xi Hua (Provinz Henan). Zu diesem Lager gehörten 64 Quadratkilometer Ackerland. Das Lager war 1962 gegründet worden, kurz nachdem Mao angefangen hatte, Häftlinge zur „Umerziehung" in solche Lager zu schicken. Es war ein Gefängnis, in das viele Menschen hineinkamen, aber nur wenige wieder heraus.

Ich war fünfundzwanzig Jahre alt, fühlte mich aber wie ein alter Mann. Alle meine Gelenke taten mir weh. Nach dem Auspeitschen versuchte ich, eine Körperhaltung einzunehmen, bei der meine Kleidung nicht an den offenen Wunden festklebte. Man führte mich in meine Zelle. Ich konnte kaum gehen. Ich sah, wie die anderen Insassen mich mit ihren Augen taxierten, wie sie dies bei jedem Neuen machten. Bestimmt dachten sie: „Was für ein langsamer, schwacher Mann!"

Für die Wärter, aber auch die Gefangenen war jeder Neue entweder ein potenzielles Plus oder ein Minus, eine Erleichterung oder eine Last. Grob gesagt, gab es zwei Sorten Neuankömmlinge: die, die jung und kräftig waren und damit den anderen die Arbeit draußen auf den Feldern leichter machten, und die Alten und Schwachen, die weiche Hände hatten und für die Gruppe eigentlich nur nutzlose Esser waren.

Schon gleich nach meiner Ankunft hörte ich die ersten Gerüchte aus dem Lager. Bald wusste ich, dass wir pro Monat nur 36 Kilo Reis bekamen – eigentlich zu wenig, um zu überleben. Es gab auch keinen Arzt, sodass man besser nicht krank wurde. Trotzdem hatten wir jeden Tag Knochenarbeit auf den Feldern zu leisten. So sah das Leben für jeden Gefangenen im Lager Xi Hua aus.

Die mangelhafte Ernährung und die anstrengende Arbeit forderten bald ihren Tribut von mir, ich wurde krank. Es war keine schwere Krankheit, aber nach drei Monaten hatte ich sie immer noch, und an Medikamente war nicht zu denken. Wenn das so weiterging, würde ich immer schwächer werden, bis ich eines Tages starb. Nach den drei Monaten war ich auf den Feldern nicht mehr zu gebrauchen. Ich hatte nicht mehr die Kraft, einen Pflug zu schieben oder auch nur Unkraut zu jäten. In dieser aussichtslosen Lage zeigte mir Gott seine Liebe und Gnade auf eine wahrhaft erstaunliche Weise.

Eines Tages kam ein Wärter zu mir und sagte leise und ungewöhnlich freundlich zu mir: „Zhang Rongliang, meine Frau hat von Ihrer Krankheit gehört und mich gebeten, Ihnen diese Medikamente zu kaufen. Sagen Sie's nicht weiter, das muss unter uns bleiben." Und er schob mir ein Päckchen in die Hand, das er versteckt gehalten hatte. Als ich es öffnete, sah ich, dass er mir Medikamente und eine Extraration Essen gebracht hatte. Ich traute meinen Augen nicht! Gott war in meiner großen Not gnädig zu mir. Ich musste an Worte König Davids in den Psalmen denken. Ja, Gott war wirklich meine Hilfe und mein Heil (Psalm 27,9).

Später erfuhr ich, dass die Frau dieses Gefängniswärters eine Schwester im Glauben war. Die nächsten sechs Monate ließ sie mir Lebensmittel und Medikamente zukommen, sodass ich mich nicht nur von meiner Krankheit erholte, sondern auch danach bei Kräften blieb. Ihr Mann riskierte Kopf und Kragen, um die Sachen ins Lager hereinzuschmuggeln und mir zu übergeben. Gott hatte mir wahrlich einen Tisch gedeckt im Angesicht meiner Feinde (vgl. Psalm 23,5). Ich hatte mich schon mit meinem baldigen Tod abgefunden und jetzt zeigte der Herr mir, dass es noch nicht so weit war. Er versorgte mich auch weiterhin.

Eines Tages hörte ich, dass Feng Jianguo (oder „Onkel Feng", wie wir ihn nannten) in unser Lager verlegt werden sollte. Ich war überglücklich. Onkel Feng war ein begnadeter Prediger, der das Hauskirchennetzwerk „China Gospel Fellowship" gegründet hatte.

Die China Gospel Fellowship (die meisten Mitglieder nennen sie einfach „Tanghe") ist eines der bekanntesten Hauskirchennetzwerke der Untergrundkirche in China. Die Mitgliederzahl geht in die Millionen; das Netzwerk hat mehr Mitglieder als manche europäischen Staaten Einwohner. Wie die meisten Untergrundnetzwerke in China nennt sich die Tanghe-Gemeinschaft nach dem Bezirk, in dem sie entstand – hier also nach dem Bezirk Tanghe in der Provinz Henan. Onkel Feng war in den 1970er-Jahren ein dynamischer Prediger in Tanghe, galt aber als Feind der Kommunistischen Partei Chinas. Ich hatte von seinem gesegneten Dienst gehört, aber die Regierung offenbar auch.

Onkel Feng hatte keine hochfliegenden Pläne zur Gründung einer Megakirche gehabt, sondern einfach treu das Evangelium gepredigt. Da die Polizei ihm ständig auf den Fersen war, musste er von einem Dorf zum nächsten ziehen, was bedeutete, dass er in einem großen Gebiet Chinas Gemeinden gründete. Wenn die Polizei die nächsten Glieder dieser Gemeinden festnahm, sagten diese einfach: „Wir gehören zur Tanghe-Kirche." Die Verfolgung ließ eine mächtige Armee furchtloser Kämpfer für Christus entstehen.

Die Partei, für die Onkel Feng ein Konterrevolutionär war, gab keine Ruhe, bis er verhaftet wurde. Nach der Verhaftung wurde er verhört, geschlagen und ins Gefängnis in Nanyang gebracht, wo er ungefähr ein Jahr blieb, bis er in unser Arbeitslager Xi Hua verlegt wurde.

Das Lager Xi Hua bestand aus verschiedenen Abteilungen

mit verschiedenen landwirtschaftlichen Betrieben, und ich stellte mich darauf ein, dass ich Onkel Feng womöglich nie sehen würde. Aber ich hatte gehört, welch große Dinge Gott durch ihn getan hatte, und wusste, dass ich nur davon profitieren konnte, ihn kennenzulernen. Mehrere Brüder im Lager Nanyang hatten ihm da schon erzählt, dass ich in Xi Hua war. Sie beteten alle darum, dass wir uns begegneten.

Der Teil des Lagers, in dem ich untergebracht war, lag ganz in der Nähe des Hauptbetriebs, sodass ich mitbekam, was am Haupttor und im Gefängnishof vor sich ging. Eines Tages – es war, kurz nachdem ich das mit Onkel Feng gehört hatte – kam ein Bus nach dem anderen durch das Haupttor, bis sechshundert neue Gefangene sich in dem großen Hof drängten. Die Wärter teilten die Neuankömmlinge systematisch in Gruppen und Untergruppen auf, worauf Wärter die einzelnen Gruppen in die Teile des Lagers führten, wo sie untergebracht werden sollten.

Einer der Wärter schrie mir zu, zu ihm zu kommen und eine der letzten Gruppen der Neuen in meinen Zellenblock zu führen. Als ich in die Richtung ging, hörte ich schon die Schritte der Häftlinge. „In einer Reihe aufstellen!“, bellte der Wärter. Ich merkte, wie müde alle waren, die Wärter nicht weniger als wir. „Wenn ich auf jemand zeige“, fuhr der Wärter fort, „tritt er vor und sagt seinen Namen!“

Er zeigte auf einen der Neuen: „Du da!“ Der Häftling trat vor und rief: „Häftling Feng Jianguo, konterrevolutionärer Verbrecher!“ Mein Blick schoss zu ihm. Er war erschöpft, aber ich sah die Freude des Herrn auf seinem Gesicht. Seine Wangen waren eingesunken vor Hunger, sein Haar zerzaust. Der Mann brauchte dringend Ruhe und dass er wieder zu Kräften kam, und ich nahm mir vor, ihm dabei zu helfen, so gut ich konnte.

„Zhang! Bring diesen Häftling unter!"

„Jawoll!" Ich rannte zu Onkel Feng, nahm ihm sein Gepäck ab und trug es in meine Zelle. Gott hatte es so geführt, dass unter sechshundert neuen Gefangenen der eine, den ich am meisten brauchte, in meiner Zelle landete! Wieder einmal hatte er die Gebete seiner Kinder erhört.

Als wir in der Zelle waren und ich Feng seine Pritsche gezeigt hatte, schauten wir uns kurz um. Beobachtete uns auch keiner? Da ich einem neuen Häftling half und ihm die Gepflogenheiten des Lagers erklären musste, durften wir miteinander reden. Als ich sah, dass niemand zu uns hinschaute, packte ich Onkel Fengs Hände und wir begannen, miteinander zu beten. Es war ein Geschenk des Himmels und der Geist Gottes war spürbar. Ich musste plötzlich weinen und meine Tränen zeichneten nasse Kanäle in den Dreck auf meinem Gesicht.

Auch Feng begann zu weinen. So standen wir da, hielten uns an den Händen und weinten vor unserem himmlischen Herrn. Wir wussten nicht, was der nächste Tag bringen oder ob wir dieses Lager überleben würden, aber an diesem Abend wussten wir felsenfest: Jesus war mit uns und sein Lächeln war wie die warme Sonne auf unseren Gesichtern.

15. Der Herr hört das Seufzen der Gefangenen

Keine Heizung und dünne Kleidung – der Winter im Arbeitslager Xi Hua war nicht leicht. Aber er ging vorüber und der Sommer 1977 kam. Ich war dankbar, dass der Herr mich am Leben erhalten hatte. Allmählich gewöhnte ich mich an das Leben im Lager, obwohl es nicht einfacher wurde.

Ich brauchte dringend einen Ort, wo ich ungestört mit Gott allein sein und sein Wort studieren und darüber nachsinnen konnte, ohne dass die Wärter mich unterbrachen oder erwischten. Ich bat den Herrn also, mir diesen Ort zu geben. Was ich suchte, war ein Plätzchen, wo ich christliche Lieder singen konnte, ohne dass jemand es hörte. Ein ungeheurer Luxus im Lager.

Eines Nachts hatte ich einen Traum. Ein Polizist kam und führte mich zu einem Schweinestall. Der Polizist bedeutete mir hineinzugehen, aber das ging nicht, da die Tür verschlossen war und ich keinen Schlüssel hatte. Ich wollte unbedingt in diesen Stall, aber wie sollte ich das machen ohne Schlüssel? Wiederholt schaute ich auf meine Hände hinunter. Sie waren immer leer; kein Schlüssel.

Der Traum packte mich so, dass er mir noch nach dem Aufwachen nachging. Ich stand immer noch hilflos vor dieser Tür, nur weil ich keinen Schlüssel hatte. Und dann hatte ich auf einmal eine Idee: *Ich kann die Tür nicht öffnen, weil ich keinen Schlüssel habe. Der Schlüssel ist das Gebet! Wenn ich diese Tür aufbekommen will, muss ich beten.*

So ging ich auf die Knie und fing innerlich an, Gott um einen Raum zu bitten, in dem ich mit ihm allein sein konnte. Ich sagte: „Herr, bitte vergib mir. Dreieinhalb Jahre habe ich nicht mehr so vor dir auf den Knien gelegen! Herr, vergib mir meine Dummheit, bitte! Erhöre mein Gebet und gib mir einen Ort, wo ich ungestört zu dir beten und bei dir sein kann. Das ist alles, was ich will, Vater."

Am Abend dieses Tages, als schon alles schlief, kam Bruder Liu, einer der Christen in der Stadt, heimlich zu mir ins Lager. „Zhang", sagte er, „heute hat der Herr zu mir gesprochen und mir gesagt, dass du ab morgen bei den Schweinen wohnen wirst. Dein Gebet wird erhört werden. Aber behalte dies für dich, bis zu der Stunde, wo es sich erfüllt. Sage das, was ich dir gerade gesagt habe, niemandem weiter."

Was sagte er da? Ich war platt. Vor meinen Augen erfüllte sich die tiefe Wahrheit in Gottes Wort, dass „der Herr das Seufzen der Gefangenen hört" (Psalm 102,20-21). Gott ist der Gott, der Gebete erhört.

Am nächsten Morgen kam ein Wärter in meine Zelle, führte mich in den Bereich des Lagers, wo die Schweine gefüttert wurden, und sagte mir, dass ich in Zukunft hier wohnen und arbeiten würde. Gott hatte mein Gebet erhört, indem er mich in einen Schweinestall brachte! In diesem Stall zu schlafen, war der Himmel auf Erden für mich! Hier war ich ungestört und hatte mehr Freiheit, als ich mir je hätte träumen lassen.

Der Schweinestall war so weit vom übrigen Lager entfernt, dass die meisten Wärter nur noch hin und wieder kamen, um zu sehen, was ich machte. Nachts störten sie mich praktisch gar nicht mehr, zumal ich keiner von der lauten Sorte war. Der Fußmarsch zu den Schweinen, um meine Arbeit zu kontrollieren, hätte ihnen nur zusätzliche Arbeit bereitet; so viel Mühe war ich ihnen einfach nicht wert.

Und so konnte ich den ganzen Tag lang während meiner Arbeit Gott loben und preisen. Anfangs war ich dabei still, aber nach ein paar Tagen merkte ich, dass mich hier niemand stören würde, am allerwenigsten die Schweine, und so fing ich an, abends nach der Arbeit draußen unter dem Sternenhimmel herumzulaufen und laut zu beten und zu singen. Ich wusste bald, dass die Wärter sich so spät nie die Mühe machten, zu mir zu kommen, und eines Abends, als ich wieder betete, kam mir eine Idee. Sie schoss mit der Wucht einer Brandungswelle in mein Gehirn und wollte sich nicht abschütteln lassen: Was, wenn ich einfach aus dem Lager hinausspazierte? Das Areal, wo ich arbeitete, wurde nicht überwacht, weil es einfach zu groß war. Keiner der Wärter würde es mitbekommen, wenn ich in die nächsten Dörfer ging, um dort mitten in der Nacht das Evangelium zu predigen. Meine Sehnsucht danach, mit anderen Glaubensgeschwistern zusammen Gottesdienst zu feiern, war stärker als mein Selbsterhaltungstrieb, und so schlich ich mich eines Abends aus dem Lager hinaus und ging ins nächste Dorf.

Als ich den Rand des Dorfes erreichte, gab ich mir extra Mühe, geräuschlos zu gehen, um die Hunde nicht zu wecken. Das Zirpen der Grillen war so laut, dass es alle Geräusche, die ich machte, übertönte. Das Einzige, was noch lauter war, war das Hämmern meines Herzens. Bestimmt konnte man es drei Häuser weit hören! Es fühlte sich an, als ob es aus meiner Brust springen wollte.

Ich kannte das Dorf nicht besonders gut, aber es reichte, um mich zu orientieren. Es gelang mir, Bruder Liu zu finden, und wir wurden Partner im Dienst für Jesus. Er lieh mir sein Fahrrad aus (ein Fahrrad war in jenen Armutsjahren ein Luxus), damit ich den Weg vom und zum Arbeitslager schneller zurücklegen konnte. Jetzt konnte ich glatt nachts als Prediger tätig sein und so anderen Christen dienen und mich von ihnen stärken lassen! Es war traumhaft. Einen Abend nach dem anderen fuhr ich mit Lius Fahrrad in die umliegenden Dörfer, predigte dort das Evangelium und machte den Gemeinden Mut. Heute ist Bruder Liu nach wie vor als Pastor in seiner Gemeinde tätig. Er weidet treu die Schafe Jesu in der ganzen Stadt Xi Hua und wo er geht und steht, geschehen Zeichen und Wunder.

Nach einer Weile zog ich die Sträflingskleidung aus und fing an, meine eigenen Sachen zu tragen, sogar im Lager. Es war die als „Mao-Uniform" bekannte übliche blaue Kleidung. Das Budget des Lagers reichte ohnehin nicht aus, um allen Insassen eine Sträflingsuniform zu stellen, sodass die Wärter nichts dagegen hatten, wenn ich in meinen eigenen Kleidern herumlief – in denen ich natürlich auf meinen Ausflügen in die Dörfer viel weniger auffiel.

Ich machte es mir zur Gewohnheit, jeden Abend das Lager zu verlassen und vor Sonnenaufgang wieder zurück zu sein, worauf ich mein Tagwerk begann. Erst reinigte ich die Ställe, dann mischte ich das Futter – Mais und Weizen.

Ich fütterte die Schweine normalerweise dreimal am Tag. Wenn ich nicht genug Getreide hatte, mischte ich Gras ins Futter. Um dieses Gras zu sammeln, musste ich natürlich nach draußen, was sehr praktisch war: Falls ein Wärter mich dabei erwischen sollte, wie ich das Lager verließ, konnte ich mich auf die Schweine berufen. Futter für sie zu suchen, war das perfekte Alibi.

Im Laufe der Zeit wuchsen mir „meine" Schweine ans Herz. Ich versuchte immer, ihnen etwas Essbares mitzubringen, wenn ich von meinen nächtlichen Ausflügen zurückkam. Bald konnte ich mich selbst tagsüber von den Ställen entfernen, ohne dass die Wärter Verdacht schöpften, denn wenn ich ein paar Stunden später wiederkam, trug ich die nächste Fuhre Gras auf den Armen. Wenn ein Schwein krank wurde, legte ich ihm die Hände auf und bat Gott, es zu heilen. Ich wusste, dass Gott selbst für diese Schweine sorgte. Solange die Schweine rund, gesund und glücklich waren, waren die Lagerwärter zufrieden.

Die Versuchung, von meinem nächsten nächtlichen Ausflug einfach nicht zurückzukommen, war groß, aber ich führte mir immer wieder vor Augen, dass Gott mir hier eine Gelegenheit zum Predigen seines Wortes gegeben hatte, die ich als entlaufener Sträfling nicht gehabt hätte. Die Dinge begannen, sich für mich zum Guten zu wenden. Ich fühlte mich richtig frei. In über fünf Dörfern in der Nähe des Lagers konnte ich das Evangelium predigen, Jünger schulen, neue Gemeinden gründen und diese Gemeinden systematisch aufbauen.

Ich hätte in diesen Dörfern nie predigen können, wenn ich nicht in dem Arbeitslager gewesen wäre. Das Leben in Xi Hua war nicht leicht, aber ich war dankbar, dass ich dort war. Solange ich morgens vor Sonnenaufgang wieder zurück war und gut für die Schweine sorgte, ging das Leben im Lager normal seinen Gang und ich konnte nachts in den Dörfern predigen. Es war ein ermüdendes Arrangement, aber es war unter den Umständen perfekt. Nun ja, fast. Wenn wir uns zu wohl fühlen, ist das immer gefährlich und kann einen körperlich und geistlich träge machen. Mir ging es in meinem Schweinestall allmählich zu gut und ich war nicht mehr so vorsichtig, wie ich es gewesen wäre, wenn ich noch mit den anderen im Lager zusammen gewesen wäre.

Bei meinen nächtlichen Besuchen in den Dörfern hatte ich eine Bibel ergattern können, die ich mit ins Arbeitslager nahm. Damals war in ganz China eine Bibel etwas ungeheuer Wertvolles, aber noch kostbarer war sie in den Lagern und Gefängnissen, wo solche „konterrevolutionären" Bücher absolut verboten waren. Tagsüber, wenn ich draußen arbeitete, versteckte ich meine Bibel immer unter dem Schweinefutter, wobei ich darauf achtete, dass die Stelle nicht so feucht war, dass die Seiten aufweichen konnten.

Anfangs war ich immer sehr vorsichtig und achtete darauf, dass ich die Bibel so gut wie irgend möglich versteckte, doch mit der Zeit nahm ich es nicht mehr ganz so genau. Dann kam der Herbst des Jahres 1978. Ich arbeitete draußen, als ich auf einmal die Lautsprecher hörte. Was war das? Ich schaute in die Runde. Ich spürte, wie die Luft plötzlich vor Spannung zu knistern schien. Die Wärter liefen hin und her, als ob sie etwas suchten. Da war etwas im Busch – aber was?

Nun, ich sollte es bald merken. Es war eine Razzia, eine unangekündigte Durchsuchung aller Zellen und Räume, um etwaiges Schmuggelgut zu finden. Mir wurde heiß und kalt. Wenn die mein Zimmer im Schweinestall durchsuchten, würden sie den Fund ihres Lebens machen …

Ich marschierte schnurstracks zu den Schweineställen. Hoffentlich war ich schneller als die Wärter! Aber als ich in die Nähe kam, sah ich, dass es zu spät war. Die Wärter waren schon da und sie hatten meine Siebensachen bereits durchsucht. Ich blieb in einiger Entfernung stehen, damit ich sie beobachten konnte, ohne dass sie mich bemerkten. Ihrem Verhalten nach zu schließen, hatten sie alles gefunden.

Mein Herz begann zu hämmern. Es gab keine festgelegte Strafe für den Besitz einer Bibel, weil hier niemand eine hatte, aber ich wusste, dass die Wärter erfinderisch waren und sich schon etwas Grausames ausdenken würden, um mir den Besitz dieser Bibel heimzuzahlen.

Bald raunte man sich im Lager zu, dass die Wärter meine Bibel gefunden hätten, dazu mehrere Schriftstücke, auf denen die Namen anderer Christen in dem Lager standen wie auch Angaben über meine Tätigkeit in den Dörfern. Ich begab mich sofort zu meinen Glaubensbrüdern im Lager, um sie zu warnen und ihnen zu sagen, dass sie gerne abstreiten konnten, irgendetwas über meine Aktivitäten zu wissen. Sie fingen sofort an, für mich und die ganze Situation zu beten.

Ich war ganz durcheinander. Was sollte ich nur machen? „O Herr“, betete ich, „du hast gesagt, wer bittet, dem wird gegeben. Ich möchte jetzt in deinem Namen darum bitten, dass dieser Sturm sich legt, sofort. Bitte hilf mir, dass ich meine Bibel zurückbekomme!“

Kaum waren die Worte aus meinem Mund heraus, hatte ich eine Idee. Es war keine gute Idee, es war sogar eine ziemlich verrückte, aber wer wusste, vielleicht würde sie gerade deshalb funktionieren. Ich hörte auf, Angst zu haben, und fing an, Gott zu vertrauen. Und ich ging schnurstracks in die Gefängnisdirektion, ins Büro des diensthabenden Offiziers.

„Officer Liu“, sagte ich.

Liu schaute von seinem Schreibtisch hoch, sichtlich erstaunt über meine Anwesenheit. „Zhang? Was wollen Sie?“

„Sir, heute haben einige Ihrer Männer mein Buch und sechs Seiten Dokumente in meinem Quartier konfisziert und ich würde sie gerne wiederhaben.“

Liu zögerte einen Augenblick, dann murmelte er: „Also, ich ...“ Ich merkte, dass er nach einer Antwort suchte und keine fand. Täuschte ich mich oder war da nicht sogar etwas wie Angst in seinem Gesicht?

Ich wiederholte mein Anliegen. „Ihre Männer sind in mein Zimmer gekommen und haben meine Sachen konfisziert, und jetzt hätte ich sie gerne zurück, weil ich sie brauche.“

Liu erhob sich, um meine Bibel und die Gemeindeaufzeichnungen zu holen. Als er sie gefunden hatte, reichte er sie mir. Problem gelöst.

Ich muss wohl echt verrückt gewesen sein damals, aber ich

kann Gott nur loben, dass er mein Gebet so prompt erhörte. Es war eine der erstaunlichsten Gebetserhörungen, die ich je erlebt habe.

16. Purim auf Chinesisch

Von 1977 bis 1979 kamen in China unzählige Menschen zum lebendigen Glauben an Jesus Christus. Es war eine gewaltige Ernte. Im September 1976 war Mao Zedong gestorben. An seine Stelle trat für kurze Zeit die sogenannte Viererbande, eine Gruppe hoher kommunistischer Funktionäre, an deren Spitze Maos Witwe, Jiang Qing, stand. Sie wurden alsbald die Sündenböcke für all die politischen Fehler, die die Nation während der Kulturrevolution ins Elend gestürzt hatten, und man machte ihnen den Prozess. Jiang Qing wurde zum Tode verurteilt, die Strafe wurde jedoch in der Folge in eine lebenslängliche Haftstrafe umgewandelt. Sie beging später Selbstmord, indem sie sich in der Toilette erhängte; auf einem Zettel hinterließ sie die Botschaft: „Vorsitzender, deine Schülerin und Kämpferin kommt zu dir!"

Jiang Qings Tod 1991 sollte dann ein Wendepunkt in der Christenverfolgung in China werden. Sie war einer der erbittertsten Feinde des christlichen Glaubens gewesen und fest entschlossen, ihn für immer auszurotten. Einem ausländischen Reporter soll sie einmal gesagt haben, dass es das Christentum in China nicht mehr gebe: „Es existiert nur noch im Museum; es ist tot und begraben." Nun, heute ist Jiang Qing tot und begraben und der Name Jesus wird in ganz China verkündet, zum Ruhm seiner herrlichen Gnade!

Die ganze Situation nach dem Tod von Jiang Qing erinnerte mich an das jüdische Purim-Fest, das zum Gedenken an die im Buch Ester berichteten Ereignisse begangen wird. So wie Gott damals die Juden in Persien vor den heimtückischen Vernichtungsplänen Hamans bewahrt hatte, so befreite Gott die Christen in China von ihrer fanatischsten irdischen Feindin. Wie Ester hatten Tausende von Christen in China für die Bewahrung des Volkes Gottes gebetet und gefastet. 1976 fühlten sie sich wie im Rachen des Todes, der sie gleich zerreißen und auffressen würde – aber Gott, der die Gebete seiner Kinder gehört hatte, griff ein und rettete sie. Als die Nachricht von Jiang Qings Tod die Runde machte, führten viele Menschen in China Freudentänze auf den Straßen auf. In mein Gedächtnis haben sich diese Tage als „Chinas Purim" eingebrannt.

Mit Maos Tod konnte China eines der finstersten Kapitel seiner Geschichte endlich abschließen. Maos Nachfolger, Deng Xiaoping, leitete einen Kurswechsel ein. Es gelang ihm, die extreme Linke an den Rand zu drängen und zu bestrafen; unter seiner Politik konnten Grundbesitzer, Intellektuelle und Geschäftsleute wieder freier atmen.

Die wachsende Zahl der Christen in China führte unter anderem dazu, dass Christen, die um des Evangeliums willen inhaftiert waren, öfter Besuch bekamen. An manchen Tagen schien der Strom der Menschen, die ins Lager kamen, um mich zu besuchen, nicht abreißen zu wollen. So etwas hatte es noch nicht gegeben. Ich kam mir vor wie ein kleiner Junge zu Weihnachten; womit hatte ich das verdient? Die Worte meiner Besucher gaben mir neue Kraft. Viele von ihnen deuteten es als ein Vorrecht, dass ich um Jesu Christi willen hier im Lager war.

Einer der Besucher aus der Gemeinde im Bezirk Fangcheng fragte mich in diesem Jahr 1978, wie ich über das Thema „Leiden" dachte. Ja, was dachte ich? Ich grübelte stundenlang darüber nach, und jemand, der nicht das erlebt hat, was ich erlebt habe, wird schwer verstehen, was ich antwortete. Die Christen sind ein seltsames Völkchen und ich betrachte mich als stolzes Mitglied dieses Völkchens. Das Leiden war mein Begleiter, seit ich meinen Weg mit Jesus begann, aber es war nicht mein einziger Begleiter; immer wieder habe ich auch Augenblicke intensiver Freude, ja Seligkeit erlebt.

Als jener Besucher gegangen war und ich mit mir und meinen Gedanken allein war, beschloss ich, in mein Tagebuch zu schreiben, was ich über den Sinn des Leidens dachte. Ich schrieb:

So viele Menschen in der Welt werden mit dem Leiden konfrontiert.
Wie kann man ohne Leiden die ganze Tiefe der Güte unseres Herrn erfahren?
Und wie können dem, der sie erfahren hat, noch weltliche Wünsche wichtig sein?
O Leiden, einst bin ich vor dir geflohen.
Aber heute befiehlt der Herr mir, alles zu erdulden, was du für mich bereithast.
O Leiden, haben die Apostel dich nicht begrüßt?
Das Leiden lädt die Suchenden ein, mit ihm mitzugehen.
Es ruft mich an und sagt: „Komm, schüttle mir die Hand!"
O Leiden, lass mich dich umarmen.
Es war so gut, mit dir zusammen im Herrn zu sein.
O Leiden, wie viele Jünger hast du gespeist?
Ohne dich fehlt dem Leben die Würze des Kampfes.
Ich bitte dich: Komm und besuche mich!
Lass mich nur etwas von der Süßigkeit kosten, die du gibst.
O Leiden, du machst die Augenblicke mit meinem Herrn so viel besser.
Du bist der Sauerstoff der Heiligen.
Ohne dich hätten sie längst aufgehört zu atmen.
Du bist mir so nah.
O Leiden, lass uns gemeinsam gehen, Arm in Arm.
(Lager Xi Hua, März 1978)

Die politischen Erdbeben führten 1978 zu einer stürmischen Veränderung der Situation und unser Arbeitslager war davon nicht ausgenommen. Die meisten Insassen waren als „Konterrevolutionäre“ hineingekommen und es war Zeit, mit ihrer Freilassung zu beginnen. Unter Deng Xiaoping galten sie nicht mehr als so staatsgefährdend wie unter der eisernen Faust Mao Zedongs. Bald begann die Gefängnisleitung, die ersten Insassen nach Hause zu schicken. Jeden Tag kamen drei oder vier frei. Auch mich wollten sie gerne freilassen, aber zuerst wollten sie von mir hören, dass ich „rehabilitiert“ war.

Einer der Oberwärter nahm mich beiseite und sagte: „Religion – das ist ein Märchen, das die Imperialisten benutzen, um Völker zu unterwerfen. Religion ist eine Kette, die die Armen unter der Knute der Imperialisten gefangen hält.“ Er betonte jedes Wort. Ich spürte, wie in mir eine Flamme hochschoss; mit jeder Sekunde wurde ich wütender. Der Mann schwadronierte weiter, aber ich konnte es nicht mehr mitanhören. Der hatte doch überhaupt keine Ahnung von der Macht unseres Gottes! Er weckte einen brüllenden Löwen in mir, sodass ich zurückschoss: „Hören Sie gut zu! Ich kann nicht von der Wahrheit zur Ignoranz rehabilitiert werden!“

Und ich drehte mich um und ging, ohne den Wärter zu fragen, ob ich schon gehen durfte. Ich wusste, dass dies meine letzte Chance gewesen war, aus dem Lager freizukommen. Dieser Mann wollte, dass ich ihm beipflichtete, damit er mich nach Hause schicken konnte. Mit meiner Reaktion hatte ich praktisch meine Entlassung unmöglich gemacht. Aber war das wirklich so neu? Die Grundkonstellation war doch weiterhin unverändert: Sage Jesus ab, und du bist ein freier Mann. Wie oft war ich nicht schon in dieser Situation gewesen und nie hatte ich meinen Herrn verleugnet; wie kamen die auf die Idee, dass ich ihn jetzt verleugnen würde? Sie schienen wirklich davon überzeugt zu sein, dass sie mich ändern konnten. Diese Leute hatten einen Glauben, wie ich ihn bei den meisten Christen nicht gefunden habe.

Ich blieb weitere zwei Jahre in dem Lager, während die Wärter Überstunden machten, um mich endlich loszuwerden. Die Gefängnisleitung schickte schließlich einen Regierungsbeamten zu mir, der mir ideologischen Einzelunterricht erteilen sollte. Er versuchte, mir beizubringen, dass Jesus ein Lump gewesen sei. Er gab sich redlich Mühe, aber es war alles umsonst. Ich sagte der Gefängnisleitung schließlich, dass ich mehr von meiner Zeit hatte, wenn ich bei den Schweinen war. Ich meinte das nicht sarkastisch, es war die schlichte Wahrheit.

Am Morgen des 10. Januar 1980 gab es den üblichen Appell. Es war kalt und dunkel, ein Wintermorgen wie alle anderen auch. Ich stand frierend da, bereit, gleich wieder zu meinen Schweinen zu gehen.

„Zhang Rongliang!", brüllte einer der Wärter. Ich stutzte. Wenn in einem Arbeitslager jemand den Namen eines Häftlings brüllt, ist das meist kein gutes Zeichen.

Ich meldete mich. „Hier!"

„Zhang, packen Sie Ihre Sachen! Sie gehen heute nach Hause!"

Und so wurde ich entlassen, nach drei von meinen sieben Jahren. Bevor ich ging, machte ich einen letzten Gang zum Schweinestall. Es war gar nicht so leicht, Abschied zu nehmen von diesem Ort, wo ich so viele schöne Stunden mit meinem Herrn Jesus Christus verbracht hatte. Ich stand in meinem Zimmer und betete mein letztes Gebet in diesem Gefängnis: „Herr, du bist so viele Jahre mit mir in diesem Lager gewesen. Ich habe nicht vergessen, wie du mir geholfen hast und wie Glaubensbrüder mich getröstet haben. In diesen Wänden hier hast du mir so viel gezeigt. Herr, bitte erhöre mein Gebet. Wenn mein Sohn seiner Mutter bei der Hausarbeit helfen kann, bring mich hierher zurück!"

Seit ich das letzte Mal meine Familie gesehen hatte, waren Jahre vergangen. Ich vermisste sie sehr, meine Eltern, meine Frau und meinen Sohn, aber als Erstes würde ich nach meiner Entlassung eine Gemeinde besuchen und Gott für all das danken, was er für mich getan hatte.

17. Bleib nicht zu lange am gleichen Ort

Nach langer Gefangenschaft endlich frei – das ist ein Gefühl, das der Normalbürger nicht kennt. Als ich mich fertigmachte, um das Arbeitslager Xi Hua zu verlassen, war ich nach wie vor zweihundertfünfzig Kilometer von zu Hause entfernt, aber gefühlt war es viel näher als noch am Tag zuvor. Ich ging durchs Lagertor und genoss das unerhörte Gefühl, dass mir niemand mehr befehlen konnte, wo ich hinzugehen und wann ich stehen zu bleiben hatte. Ich sog die Luft ein. Sie kam mir auf einmal viel frischer vor, denn ich atmete sie als freier Mann ein. Alles um mich herum war so lebendig.

Man hatte mir etwas Geld für die Fahrt nach Hause gegeben. Ich ging von Tian Kou nach Zhoukou, wo die Busstation war. Während ich auf den Bus wartete, versuchte ich mich so normal wie möglich zu benehmen. Dann kam der Bus, die Bremsen quietschten. Ich stieg ein und suchte mir einen Fensterplatz, damit ich hinausschauen konnte, während ich an meine Frau und meinen Sohn dachte, die ich jetzt bald wiedersehen würde.

Tief in meinem Herzen schlummerte eine stille Liebe zu meiner Frau. Ich hatte sie in meinen Gefängnisjahren nicht vergessen, aber regelmäßig an sie zu denken, hätte mich in den Wahnsinn getrieben. Sie war der eine Mensch, dem ich so gerne alles sagen wollte, aber wie sollte ich ihr das, was mich bewegte, verständlich machen, solange sie noch nicht Jesus Christus als ihren Herrn und Erlöser angenommen hatte?

Im Jahre 1978 war ihr Weg einsam und dunkel gewesen, aber in diesen dunklen Tagen hatte sie zum ersten Mal in ihrem Leben Christus angerufen und ihm ihre Sünden hingelegt. Wie Gott an ihr gearbeitet hat, ist ein Wunder und ein Geheimnis. Ich hatte meiner Frau viele Male das Evangelium zu erklären versucht, hatte ihr alles gesagt, was ich über das Wort Gottes wusste, bis mir nichts mehr einfiel. Ich hatte nichts unversucht gelassen, sie zu Christus zu führen. Es hatte alles nichts gebracht. Aber als die rechte Zeit da war, hatte ohne mein Mitwirken unser allmächtiger Gott selbst meine Frau zu sich geführt.

Während der Jahre, in denen ich im Arbeitslager war, hatten viele Brüder und Schwestern aus der Gemeinde meine Frau besucht und ihr geholfen, über die Runden zu kommen. Trotzdem war es eine harte Zeit für sie. Als 1978 das chinesische Neujahrsfest kam (die fröhlichste Zeit im ganzen Jahr), bereiteten die Menschen in unserer Heimatstadt sich alle auf das Fest vor. Meine Frau schaute sehnsüchtig zu, wie ihre Nachbarn sich im Familienkreis trafen und die Neujahrsmahlzeit kochten. Sie selbst hatte buchstäblich nichts im Haus. Unser Sohn weinte damals oft vor Hunger, aber sie konnte ihm nichts geben, und selbst wenn sie etwas gehabt hätte – sie hatte kein Geld, um Salz und Öl für die Zubereitung zu kaufen. Um sie herum feierten alle das neue Jahr; meine Frau konnte nur verzweifelt auf den Tod warten, der bald kommen würde, wenn sie nicht endlich etwas Essbares ins Haus bekam.

So verzweifelt sie war, sie hatte niemandem etwas von ihrer Not gesagt. Und was hätte es auch gebracht? Die anderen waren ja auch bitterarm, wie hätten sie ihr schon helfen können?

Aber Gott dachte an meine Frau. Er rührte das Herz eines lieben Bruders in Christus namens Shuqian Zheng an, der knapp 65 Kilometer entfernt wohnte. Er hatte nur wenig Geld – 16 Renminbi, was damals knapp 2 US-Dollar entsprach. Gott befahl ihm, sich zu unserem Dorf zu begeben und die Hälfte von dem Geld meiner Frau zu schenken. Dieser liebe Bruder gehorchte dem Heiligen Geist und ging die ganzen 65 Kilometer zu Fuß durch die Kälte, um ihr das Geld zu überreichen.

Meine Frau hörte, wie jemand an die Tür klopfte. Als sie öffnete, stand Bruder Zheng vor ihr. Als er ihr erklärt hatte, warum er gekommen war, brachen alle ihre Ausreden, warum sie Jesus Christus immer noch nicht als ihren Herrn und Heiland angenommen hatte, wie ein Kartenhaus zusammen. Sie stand in unserer halb kaputten Tür, starrte in die hektischen Augen dieses Wildfremden, der ihr erzählte, dass Gott ihm befohlen hatte, 65 Kilometer zu ihrem Haus zu gehen, um ihr Geld zu geben, und ihre Beine gaben nach, sodass sie auf den Fußboden sank. Sie lag da und weinte und weinte, dass die Tränen, die über ihre staubigen Wangen flossen, eine Pfütze auf dem Lehmboden bildeten. Der Gott, der ihr so lange fremd gewesen war, war endlich ihr Vater geworden – ein liebender Vater, der sich um seine Kinder kümmert und ihnen gibt, was sie ganz persönlich brauchen.

Ich hatte von ihrer Bekehrung erfahren, als ich im Lager Xi Hua war. Jetzt, zwei Jahre später, saß ich in dem Bus, der mich endlich zu ihr bringen würde. Aber die Chinesen sind anders als die Menschen anderer Kulturen, und dieses Anderssein zeigt sich manchmal auch in der Art, wie sie mit der Bibel umgehen. Als ich dort im Bus saß, kam mir plötzlich ein Vers aus dem Lukasevangelium in den Sinn und ich sprach ihn halb unbewusst leise vor mich hin: „Wenn jemand zu mir kommt und hasst nicht seinen Vater, Mutter, Frau, Kinder, Brüder, Schwestern und dazu sich selbst, der kann nicht mein Jünger sein“ (Lukas 14,26).

Es sind Worte, die einem beim ersten Hören hart und kalt erscheinen, aber wenn der Heilige Geist sie uns aufschließt, erkennen wir, dass Jesus hier von der aufopferungsvollsten Liebe spricht, die Menschen möglich ist. Dieser Vers fordert uns mitnichten auf, unsere engsten Verwandten zu hassen; die Bibel befiehlt uns ja eindeutig das Lieben und nicht das Hassen. Nein, was hier gemeint ist, ist schlicht, dass wir in unserem Leben Christus immer an die erste Stelle setzen müssen, über alles andere, auch über alle Menschen. Und dort, in diesem Bus, sprach mich dieser Bibelvers ganz persönlich an und so deutlich wie die Beschilderung an einer Straßenbaustelle, die dem Fahrer mit großen Buchstaben und grellen Blinklichtern anzeigt, welche Spur er zu wählen oder welche Umleitung er zu fahren hat.

Jawohl, ich musste zu meiner Frau und meinem Sohn, den ich das letzte Mal gesehen hatte, als er sechs Monate alt war. Aber Gott wollte, dass ich zuerst ein paar Mitchristen besuchte. Warum, wusste ich nicht, aber ich gehorchte ihm trotzdem. Und so stand ich bald vor dem Haus von Schwester Jiang. Meine Ankunft war das reinste Fest. Schwester Chen war ebenfalls dort und bereitete sofort eine Mahlzeit für alle Anwesenden. Ich staunte, was sie alles auf den Tisch brachte. Sie erinnerte mich an die Witwe in Lukas 21,1-4, die auch alles, was sie hatte, Gott hinlegte. Aus dem ganzen Dorf kamen alte und neue Freunde, bis das Haus voll war. Und dann, einfach so, stand ich plötzlich auf und begann zu predigen. Wir genossen das gute Essen, aber es war Gott, der uns zusammengeführt hatte, und er hatte mir eine Botschaft für diese Menschen gegeben.

Nachdem ich mich von meinen Freunden verabschiedet hatte, ging ich noch zu drei weiteren Häusern von Christen in verschiedenen Städten, bevor ich fünfzehn Tage später endlich zu meiner Familie kam. Ich war jetzt seit über zwei Wochen aus dem Lager entlassen und konnte es nicht erwarten, meine Familie wiederzusehen. Immer wieder stellte ich mir vor, wie dieses Wiedersehen sein würde. Als ich dann endlich ankam, rannte ich zu meinem Sohn und nahm ihn in die Arme. Wie groß er geworden war! Die Tränen strömten meiner Frau über das Gesicht. Die Zeit stand still, während wir uns umarmten und uns freuten.

Chen, meine Frau, bereitete eine Willkommensmahlzeit für mich, die mich an die guten alten Zeiten erinnerte. Einer nach dem anderen kamen Freunde und Verwandte in unser kleines Haus, dass der Staub an der Haustür sich nicht mehr legen wollte. Ich konnte es schier nicht glauben, wie viele Menschen in unserem Ort Christen geworden waren. Männer, die sich früher offen zum Atheismus bekannt hatten, kamen, um mich willkommen zu heißen. Andere, die mich verspottet und verfolgt und meine Frau und mich mit Beleidigungen überschüttet hatten, freuten sich jetzt zusammen mit mir im Namen von Jesus. Ich war sprachlos. Ich war nicht mehr ein einsamer Christ in einem Meer von Gottlosen, sondern ein Glied an einem stetig wachsenden Leib von Gläubigen. Diese Menschen ließen sich nicht abhalten von der Angst vor Verfolgung, Verhaftung oder Tod.

Armut und Verfolgung hatten die Kirche in China nicht zerstört. Stattdessen war diese Kirche dabei, zu einer schönen, reinen Braut Christi heranzuwachsen. In einem alten chinesischen Sprichwort heißt es: „Du stirbst, damit ich leben kann.“ „Du“, das meint den Feind in einer Schlacht. Ich will nicht sterben, und so muss ich meinem Feind das Leben nehmen. Ich sterbe nicht selbst für die Sache, für die ich kämpfe; sterben soll gefälligst der Feind. Dieses Denken ist in China jahrtausendelang von einer Generation zur nächsten weitergegeben worden. Aber vor nunmehr zweitausend Jahren hat Jesus uns ein neues Leben und eine neue Lebensart gegeben. Heute gilt für die Christen in China: „Ich muss sterben, damit Jesus in mir leben kann." Unser Ich muss abnehmen, damit Christus wachsen kann (vgl. Johannes 3,30).

Nach meiner Rückkehr nach Hause hörte ich unter anderem, was man sich über einen meiner Nachbarn, Wubo Tian, erzählte. Er war als rechtschaffener Mann bekannt, aber auch als reizbar und nachtragend – und er hatte einen tiefen Hass auf mich und meine Familie. Als ich in unserer Region ein großer Mann in der Kommunistischen Partei gewesen war, hatte es eine Razzia in Wubos Haus gegeben, weil er alte Götzenfiguren besaß. Bei der Aktion hatte man ihm übel mitgespielt, sodass er sehr aufgebracht war. Wegen meiner hohen Position in der Partei glaubte er, dass er die Razzia mir zu verdanken hatte, aber ich hatte gar nichts davon gewusst.

Als ich verhaftet wurde, war Wubo richtig schadenfroh gewesen und hatte jedem, der es hören wollte, gesagt, dass ich ein Bösewicht war, der endlich seine verdiente Strafe bekam. Während ich als Mitglied der Schwarzen Fünf im Gebirge schuftete, war er einer von denen gewesen, die mich regelmäßig besuchten, um mich zu verhöhnen. Als ich jetzt aus der Haft zurückkam, dachte er nichts anderes, als dass ich mich an ihm rächen würde. Er hatte Angst, dass ich ihn von einem gedungenen Killer ermorden lassen würde, ja dass womöglich seine ganze Familie ermordet werden würde, während sie im Bett lag und schlief.

Ich wusste in meinem Herzen: Du musst zu Wubo gehen und ihn mit dem großen Gott, dem du dienst, bekannt machen. Er betrachtete mich als seinen Feind; ich sah ihn als einen Bruder. Gott hatte Wubo erschaffen und liebte ihn, und da Gott ihn liebte, liebte ich ihn auch; ich lebte ja nicht mehr selbst, sondern Christus lebte in mir (vgl. Galater 2,20).

Und so kaufte ich Geschenke für das chinesische Frühlingsfest und ging damit zu Wubo. Der Weg zu seinem Haus war nicht weit, vielleicht einen Kilometer. Ich klopfte an; er kam selbst an die Tür. Als er mich sah, wurden seine Augen weit vor Angst. Er war nur zwanzig Jahre älter als ich, aber so ausgehungert, dass er wie ein alter Mann aussah.

„Lieber Wubo“, begann ich. Hinter ihm erschienen die Gesichter seiner Familie; sie schienen alle das Schlimmste zu erwarten. „Ich komme, um dir diese Geschenke zu geben.“ Und ich holte die Süßigkeiten hervor, die ich für ihn und seine Familie eingekauft hatte. „Bitte nimm sie als Zeichen meiner Freundschaft an und vergib mir, wo ich dir oder deiner Familie in der Vergangenheit Unrecht getan habe.“ Als ich das Wort „vergib“ aussprach, kamen mir die Tränen.

Der Damm des Argwohns begann zu brechen, Wubos Angst wich der Verwirrung. Seine Augen wurden schmaler, als ich ihm die Geschenke hinhielt. Dann spülte die Liebe Christi in einem Augenblick seine Verteidigungsmauern weg und er begann ebenfalls zu weinen. „Oh, bitte vergib mir, Zhang!“, erwiderte er. „Vergib mir, was ich dir getan habe, bitte!“ Und wir umarmten uns, während seine Familie entgeistert zuschaute.

„Lass mich dir erklären, warum ich gekommen bin“, fuhr ich fort. Und ich erzählte der ganzen Familie von Gottes Liebe in Jesus Christus. An diesem Nachmittag nahmen Wubo und seine Familie Jesus als ihren Erlöser an. Wubo wurde an diesem Tag nicht nur mein Freund, er wurde mein Bruder. Sein Sohn und sein Enkel sollten später führende Rollen beim Bau der Gemeinde in Fangcheng spielen.

Als Christ in China hatte ich schon früh gelernt, dass es gefährlich ist, zu lange am gleichen Ort zu bleiben. Wie gerne wäre ich zu Hause bei meiner Familie geblieben, aber ein Prediger in der Untergrundkirche blieb nur dann am gleichen

Ort, wenn das Gitter einer Gefängniszelle ihn am Reisen hinderte. Solange er in Freiheit war, musste er ständig unterwegs sein, und so wusste ich: Ich durfte nicht zu lange zu Hause bleiben.

18. Wie ein Lauffeuer

Nach meiner Freilassung beschlossen wir, einen Gottesdienst für junge Leute abzuhalten. Wir waren platt, als über achthundert kamen. Die Energie dieser jungen Menschen wirkte elektrisierend. Die älteren Christen waren begeistert, dass so viele Jüngere ihr Leben Christus gegeben hatten. Jetzt wussten sie: Auch wenn sie längst nicht mehr da waren, würde der Name Jesus in China weiter gepredigt werden.

Wir positionierten einige Brüder an den Rändern der Versammlung, damit sie, falls die Polizei kam, die anderen warnen und die Beamten an einem zu raschen Vordringen hindern konnten. Als ich in dieses Meer von Gesichtern schaute, wusste ich, dass es nur eine Frage der Zeit war, bis die Behörden Wind von unserer Versammlung bekamen. In China darf man sich nur versammeln, wenn man sich vorher hat registrieren lassen.

Als die Polizei hörte, dass sich in unserer Stadt achthundert junge Leute versammelt hatten, stellte sie einen Trupp von zwölf schwer bewaffneten Soldaten zusammen, der von einem gewissen Wen Furong befehligt wurde. Als Furong mit seinen Männern ankam, erwartete er nichts anderes, als dass wir uns vor Angst schier in die Hosen machen würden. Mit seiner Amtsautorität würde er im Nu diese illegale Veranstaltung auflösen und die Verantwortlichen abführen. So dachte er.

Aber es ging nicht ganz so, wie er sich das vorgestellt hatte. Die Männer, die an den Rändern der Versammlung ihre Positionen bezogen hatten, ließen die Soldaten nicht durch. Schulter an Schulter standen sie da, eine menschliche Barriere. Und die jungen Leute ließen sich von ihrem Mut anstecken und weigerten sich auseinanderzugehen.

Wen Furong war wütend wegen dieses Ungehorsams. Er verlangte, den Besitzer des Hauses zu sprechen, wo wir versammelt waren. Als dieser kam, schrie Furong ihn an: „Was machen alle diese Leute in Ihrem Haus?" Seine aggressive Art brachte ihm keine Punkte bei dem Besitzer ein, der geradezu ungerührt erwiderte: „Ich weiß nicht, wo all diese Leute her sind, und ich weiß auch nicht, wo sie hingehen werden, aber ich habe sie eingeladen, indem ich für diesen Gottesdienst gebetet habe."

Furong hob entnervt die Hand und winkte seinen Männern zu, den Rückzug anzutreten. Die Anwesenden brachen in Jubel aus; fast war es wie der Schlachtruf einer siegreichen Armee. Alle freuten sich über diese jungen Christen und die Energie, die sie ausstrahlten.

Ich stand da, als frisch aus der Haft Entlassener, und wusste nicht, ob ich wachte oder träumte. Dieselbe Obrigkeit, die mich ohne langes Überlegen ins Gefängnis gesteckt hatte, trat den Rückzug an vor einer Gruppe von Christen, die sich weigerten, Angst vor ihr zu haben. Es hatte keine Gewalt gegeben, niemand war verletzt worden. Wir standen einfach als Gruppe zusammen und es war ein wunderbares Gefühl.

Jeden Tag kamen mehr Menschen neu zum Glauben. Es war wie bei einem Angler, der seine Angelschnur gar nicht schnell genug aus dem Wasser ziehen und wieder auswerfen kann, weil ständig neue Fische anbeißen. So war das damals in China.

Aber dass wir so viele wurden, bedeutete auch, dass wir immer dringender Bibeln brauchten. Als der Winter kam, fingen mein Mitarbeiter, ein Ältester der Gemeinde namens Zhang, und ich an, uns Gedanken zu machen, wie wir an neue Bibeln kommen konnten. Das Wort Gottes war die Nabelschnur unserer Erlösung; ohne dieses Wort würde es in einem noch nie gekannten Ausmaß zu Irrlehren kommen.

Der Älteste Zhang und ich fanden schließlich, dass wir uns am besten nach Schanghai begaben, um an mehr Bibeln zu kommen. Wir hatten gehört, dass man in Schanghai eine Lieferung Bibeln erwartete; vielleicht konnten wir eine davon ergattern und unserer Gemeinde mitbringen. Unsere Gemeinde war nicht reich, aber sie gab uns genügend Geld, um mit dem Zug nach Schanghai zu fahren. Dort angekommen, standen Zhang und ich alsbald vor der Tür von Li Tianen, dem Pastor, zu dessen Predigt ich mich geschlichen hatte, als ich zu den Schwarzen Fünf gehörte.

Li Tianen war viel bei uns in Nanyang tätig, aber er wohnte in Schanghai. Er ließ sich seinen Glauben an Jesus Christus etwas kosten, aber Schanghai war sein Rückzugsort, wenn er müde war und ausruhen musste. In Schanghai standen ihm auch mehr Hilfsmittel für seine Arbeit zur Verfügung als in der Provinz Henan. Die christliche Kirche in Schanghai war anders als die in Henan. Die Provinz Henan galt als etwas hinterwäldlerisch; hier gab es viele Dörfer, wo die Christen – Pastoren wie Laien – einfache, ungebildete Bauern und Arbeiter waren. Die Kirche in Schanghai dagegen kam aus einer langen, reichen Tradition gebildeter Christen, die unter der Anleitung zahlreicher ausländischer Missionare das Wort Gottes nach allen Regeln der Kunst studierten. Einige der bekanntesten christlichen Bücher Chinas stammten aus Schanghai.

Li Tianen sagte uns, dass er demnächst eine Bibel sowie einen Kassettenrekorder mit einer Aufnahme der Bibel erwartete. Der Älteste Zhang wurde ganz aufgeregt und sagte: „Zhang, ich brauche diesen Rekorder. Ich kann nicht lesen und das Wort Gottes hören können, das wäre ein riesiger Segen für mich! Stell dir nur mal vor: Ich werde Gottes Wort jederzeit hören und es dann anderen sagen können!" Seine Freude steckte mich richtig an. „Und die Bibel", fuhr er fort, „kann ich in unserer Gemeinde gebrauchen. Die Leute dort können sie einander vorlesen."

„Okay", erwiderte ich. Meine Reaktion war wohl etwas vorschnell. Waren wir etwa für eine einzige Bibel und einen Kassettenrekorder bis nach Shanghai gefahren? Und beides war noch gar nicht da; wir *hofften* lediglich, den Rekorder mit der Aufnahme und die Bibel zu bekommen.

Zehn Tage lang blieben Zhang und ich in Pastor Li Tianens Haus und warteten. Er war sehr freundlich und ein so guter Gastgeber, wie es ihm möglich war. Wir konnten ihm kein Geld geben, weil wir nur den Gegenwert von 50 US-Cent besaßen, mit dem wir die ganzen zehn Wartetage auskommen mussten. Wir wussten, dass Pastor Li uns nicht die ganze Zeit durchfüttern konnte; alle waren arm und hatten kaum etwas, was sie abgeben konnten.

Und so gingen Zhang und ich jeden Morgen in aller Frühe aus dem Haus und verbrachten den Tag irgendwo in der Stadt, um Pastor Li nicht zur Last zu fallen. Er war im guten Glauben, dass wir andere Termine hatten. Wenn wir abends zurückkamen, taten wir so, als ob wir schon gegessen hatten.

Als wir die Bibel und den Kassettenrekorder endlich in Händen hielten, waren wir überglücklich. Wir fuhren zurück in die Richtung unserer Stadt und kamen uns sehr erfolgreich vor. Aber dieses Erfolgsgefühl verflog rasch, als wir durch eine Stadt in unserem Bezirk kamen, die Po River hieß. Als wir mit den Christen dort sprachen, sagten sie uns, dass es in ihrer Stadt schon über 80.000 Gläubige gab. Ihre Kirche wuchs nicht Einzelmitglied um Einzelmitglied, sondern sozusagen Dorf um Dorf!

„Sind das wirklich 80.000?“, fragte ich.

„Schaut in jedes Haus, schaut euch jeden Berg und jede Brücke an – überall sind Christen, an jeder Ecke singen sie und loben den Herrn.“

Unsere eine Bibel kam mir plötzlich wie der sprichwörtliche Tropfen auf den heißen Stein vor. Doch nicht überall gab es ein so rasantes Gemeindewachstum wie in Po River. Am liebsten wäre ich in dieser Stadt geblieben, wo die Ernte so reichlich war, aber wir fuhren weiter, nach Hause.

Jeden Freitagabend hatte ich einen Predigtdienst in einem Dorf, das knapp zwanzig Kilometer von meiner Wohnung entfernt lag. Eines Freitags fing es an zu regnen. Ich schaute missmutig zum Fenster hinaus und beschloss, an diesem Abend zu Hause zu bleiben. „Herr, heute Abend gehe ich da nicht hin“, erklärte ich Gott, fast trotzig. „Es regnet und du weißt doch, dass bei Regen nicht viele kommen.“ Ich versuchte richtig, mit Gott zu handeln, ihn mit klugen Argumenten herumzukriegen. Es wollte mir nicht gelingen; kaum waren die Worte aus meinem Mund, kamen sie mir leer und hohl vor.

Dann spürte ich Gottes Antwort: *Sei ein guter Hirte.* Die Worte wiederholten sich in meinem Kopf wie ein Echo, klar, deutlich und unwiderlegbar. Ende der Diskussion. Ich zog widerwillig meinen Regenmantel an und ging die zwanzig Kilometer durch den strömenden Regen. Als ich in dem Dorf ankam, war nur ein Mann da, um mir zuzuhören. Na, prima … Ich hatte Lust, mit dem Finger auf den Mann zu zeigen, zu Gott hochzuschauen und ihm zu sagen: „Siehst du, Herr? Hab ich dir's nicht gesagt? Du könntest mich ruhig etwas bedauern!“

Aber der Mann kümmerte sich nicht um meine Frustration. Er war ein ausgesprochen guter Zuhörer; er sog das, was ich ihm an diesem Abend sagte, förmlich auf und übergab sein Herz an Gott. Schon am nächsten Tag ging er hinaus, um das Wort Gottes zu predigen, und viele Menschen kamen zu Jesus. Und ich war froh, dass Gott nicht auf all die Menschen zeigte, die er durch diesen einen Mann erreicht hatte, und mir sagte: „Siehst du, Zhang?" Gott ist allmächtig und wir müssen ihm gehorchen.

Durch diesen einen Mann lernte ich etwas: dass wir Christen nicht nur dazu da sind, das Wort Gottes aufzunehmen, sondern auch dazu, es weiterzugeben. Und ich lud 500 Christen, denen ich seit meiner Entlassung aus der Haft Gottes Wort erklärt hatte, zu einer Versammlung ein. Sie kamen, bereit, den Herrn einmütig zu feiern und zu preisen, aber ich hatte eine andere Botschaft für sie als sonst. Ich musste an den einsamen Zuhörer denken, der in dieser Woche so viele Menschen zu Jesus geführt hatte, und ich sagte den Anwesenden, dass sie anfangen mussten, das, was sie in den Gottesdiensten und Versammlungen gehört hatten, an so viele Menschen wie möglich weiterzugeben.

„Brüder und Schwestern", sagte ich, „Gott erwartet mehr von euch. Es geht nicht an, dass ihr hierher kommt und zuhört, aber anschließend nicht handelt. Ich weiß, dass viele von euch sich nicht viel zutrauen, aber Gott hat euch berufen und er wird euch führen. Wenn ihr tagsüber als Bauern draußen bei euren Kühen seid, dann übt das Predigen mit euren Kühen. Macht Gottes Botschaft klar, strengt euch an! Wenn ihr im Wald arbeitet, dann predigt den Bäumen. Wenn ihr auf einer Wiese seid, predigt dem Gras."

Ich konnte förmlich sehen, wie es in ihren Köpfen zu arbeiten begann. Als die Versammlung vorbei war, begann das Evangelium sich wie ein Lauffeuer zu verbreiten, in alle Himmelsrichtungen – weiter und schneller als je zuvor. Fast alle dieser 500 Brüder und Schwestern wurden Missionare, Evangelisten und Pastoren in einigen der entlegensten Gegenden Chinas.

19. Die Fangcheng-Hauskirche

Ich konnte nicht immer ein Vollzeitpastor sein. Aufgrund meines politischen Status' als Konterrevolutionär wurde ich nach wie vor zu Arbeitseinsätzen eingezogen. Oft war ich in der glühenden Sommerhitze draußen mit einem Spaten in der Hand, um die nächste neue Straße zu bauen. Und wenn ich keine Straßen bauen musste oder in geheimen Gottesdiensten predigte, nutzte ich jede Minute, um Gottes Wort und die Geschichte des christlichen Glaubens in China zu studieren.

Der Bezirk Fangcheng kann auf eine lange Geschichte der Mission durch Christen aus anderen Völkern zurückblicken, und der Boden war getränkt vom Blut der Märtyrer. 1807 kam ein britischer Missionar namens Robert Morrison nach Macau. Danach dauerte es noch fast achtzig Jahre, bis der erste Missionar nach Fangcheng kam. Und erst nach jahrelanger Arbeit konnte er einen einzigen Menschen zu Jesus Christus führen.

1909 wurde in Fangcheng die erste Kirche erbaut; eine zweite, mit fast 60 Gläubigen, folgte ein Jahr später. 1914 entstand in Zhaofugang eine dritte Gemeinde mit 93 Gliedern, und 1919 wurde in Guaihe eine vierte Kirche gebaut, zu der 169 Gläubige gehörten. Von 1950 bis 1980 lag die Kirche im Bezirk Fangcheng in einer Art Winterschlaf, doch die Saat, die in diesen Jahren im Boden geruht hatte, ging jetzt mit Macht auf.

Im Jahre 1981 konnte man die Situation der christlichen Gemeinden in Fangcheng mit folgenden Worten aus dem Propheten Hesekiel beschreiben: „Des Herrn Hand kam über mich und er führte mich hinaus im Geist des Herrn und stellte mich mitten auf ein weites Feld; das lag voller Totengebeine. Und er führte mich überall hindurch. Und siehe, es lagen sehr viele Gebeine über das Feld hin, und siehe, sie waren ganz verdorrt. Und er sprach zu mir: ‚Du Menschenkind, meinst du wohl, dass diese Gebeine wieder lebendig werden?‘ Und ich sprach: ‚Herr, mein Gott, du weißt es. Und er sprach zu mir: ‚Weissage über diese Gebeine und sprich zu ihnen: Ihr verdorrten Gebeine, höret des Herrn Wort! So spricht Gott der Herr zu diesen Gebeinen: Siehe, ich will Odem in euch bringen, dass ihr wieder lebendig werdet. Ich will euch Sehnen geben und lasse Fleisch über euch wachsen und überziehe euch mit Haut und will euch Odem geben, dass ihr wieder lebendig werdet; und ihr sollt erfahren, dass ich der Herr bin‘“ (Hesekiel 37,1-6).

In jeder Stadt und jedem Dorf, wo ich predigte, wuchs die Gemeinde Jesu Christi phänomenal. Einfache Gläubige begannen, Verantwortung und Leitungsfunktionen für ihr Gebiet zu übernehmen. Sie fingen an, selbst zu predigen und biblische Unterweisung zu geben, bis ich das nächste Mal kam. Bald predigte ich an Orten, wo ich noch nie gewesen war; mein Wirkungskreis wuchs und wuchs. Dies bedeutete allerdings auch, dass ich nicht alle Gemeinden so oft besuchen konnte, wie ich eigentlich wollte, weil ich meine Zeit zwischen vielen Terminen einteilen musste, sodass die Gemeinden selbst immer mehr Aufgaben und Verantwortung übernahmen.

Wir waren ein loser Verbund von Christen und Gemeinden und ich wollte gerne, dass wir uns unserer Einheit in Christus bewusster wurden. Daher berief ich für den 1. Oktober 1981 ein Gemeindeleitertreffen ein. Der 1. Oktober ist in China der kommunistische Nationalfeiertag und der Beginn der „Goldenen Woche“, in der viele Chinesen eine ganze Woche Urlaub haben. Deshalb wählten wir diesen Tag. Inzwischen gab es in jeder Ecke von Fangcheng Gemeinden mit Leitern, die die Arbeit vor Ort koordinierten. Es war gewaltig, was Gott hier in so kurzer Zeit und unter den widrigsten Umständen getan hatte. Über vierhundert Personen kamen zu unserem Leitertreffen – lauter Leute, die vor kurzer Zeit in der Kirche noch niemand gekannt hatte.

Ein Unterdrückerregime, das entschlossen war, den Leib Christi in China zu vernichten, hatte auf ganzer Linie eine Niederlage erlitten. Die Kirche war nicht zerstört, sie war noch nicht einmal geschrumpft; sie wuchs mit einer Wucht, wie es das in der ganzen Geschichte von Fangcheng noch nie gegeben hatte.

Jeder der über vierhundert Teilnehmer an dem Leitertreffen stand für eine christliche Gemeinde in Fangcheng. Zu Beginn der Konferenz riefen wir alle gemeinsam zu Gott. Ich hatte den Eindruck, dass wir länger beteten als sonst. Gegen 22 Uhr flog die hintere Tür des Saales auf und Dutzende Polizisten sprangen herein, die Läufe ihrer Gewehre auf uns gerichtet. Der Kommandant schrie: „Polizei! Polizei!" Sie hatten uns erwischt. Wir hatten alle denkbaren Sicherheitsvorkehrungen getroffen, aber es war wohl doch nicht möglich, in einem kleinen Dorf ein Treffen von vierhundert Personen zu planen, ohne dass jemand Wind davon bekam.

Ich tat etwas scheinbar völlig Verrücktes. Ich rief in den Saal: „Habt keine Angst! Sie können uns nichts tun! Es sind nur Menschen und was können Menschen uns tun? Seid still und seht, wie unser himmlischer Vater euch beschützen wird! Der auf unserer Seite ist, ist viel größer als diese Leute!" Und ich predigte weiter. Die Versammelten kümmerten sich nicht mehr um die Polizisten und hörten mir weiter zu.

Die Polizei brüllte: „Aufhören!" Ich sprach weiter, und die Versammlung hörte mir lächelnd zu. Der Kommandant schrie: „Ist Ihnen nicht klar, dass wir hier sind, um Sie zu verhaften, wegen religiösen Aberglaubens und Teilnahme an nicht genehmigten Versammlungen?“ Er schaute halb verunsichert um sich, dann in die Gesichter seiner Männer, die sichtlich schwankend wurden. Dann griff er an seine Seite und zog seine Dienstwaffe; es war der letzte Versuch zu demonstrieren, dass er der Herr dieser Situation war. „Zum letzten Mal: Ich befehle Ihnen zu schweigen!“

Ich predigte ungerührt weiter. Der Kommandant wusste nicht mehr, wie er reagieren sollte. Ich wusste es auch nicht; ich vertraute einfach auf Jesus. Der Kommandant rief schließlich die zuständige Dienststelle des Büros für Religionsangelegenheiten an, worauf bald ein hochrangiger Beamter erschien. Er kam zu mir und fragte: „Könnte ich kurz mit Ihnen sprechen?“

„Ja“, entgegnete ich. Ich wollte nicht den Helden markieren, aber ich wollte auch nicht meinen Glauben an Jesus verstecken, bloß weil mir eine Strafe drohte. Jede Faser meines Körpers wollte den Befehl des Polizeikommandanten befolgen, der für die Gesetze Chinas stand, aber die Gesetze Chinas standen hier nun einmal in direktem Gegensatz zu meinem Glauben an Jesus Christus.

Jesus hat seinen Jüngern nicht viele Befehle gegeben, aber er hat sie ohne Wenn und Aber angewiesen: „Darum gehet hin und machet zu Jüngern alle Völker: Taufet sie auf den Namen des Vaters und des Sohnes und des Heiligen Geistes und lehret sie halten alles, was ich euch befohlen habe. Und siehe, ich bin bei euch alle Tage bis an der Welt Ende“ (Matthäus 28,19-20).

Der Beamte begann: „Dass wir uns recht verstehen: Die Polizei ist hierhergekommen, weil Sie eine nicht genehmigte religiöse Versammlung abhalten. Ich bin hier, um Ihnen zu helfen. Darf ich das?“

Ich antwortete: „Die Menschen, die hier zusammengekommen sind, gehören alle zu Gottes Volk. Wir sind keine Verbrecher, sondern ehrliche Bürger, die gemeinsam Gott anbeten möchten." Ich sah ihn fest an, dann fuhr ich fort: „Können wir kurz zusammen beten, bevor wir weitermachen?"

„Doch, ja, sicher", sagte er.

Und ich betete für alle Anwesenden. Ich bat Gott um seine Weisheit und Schutz. Ich betete voller Zuversicht, obwohl ich nicht wusste, wie dieser Abend enden würde. Ich hatte keinerlei Garantien. Ich wusste nur, dass Gott zu seinem Volk stehen und bei uns wohnen würde.

Als ich fertig gebetet hatte, sagte der Vertreter des Büros für Religionsangelegenheiten: „Was Sie hier tun, ist illegal! Sie können nicht an einem Ort, wo die Menschen nicht gläubig sind, den Namen Ihres Gottes verkünden!"

Eine unserer Glaubensschwestern, Xiuling Ding (sie war auch als Ding Hei bekannt), meldete sich: „Verehrter Herr, nicht wir sind es, die hier den Namen ihres Gottes vor Menschen verkündigen, die nicht an ihn glauben, sondern Sie selbst! Wir alle hier glauben an den einen, wahren Gott und jetzt kommen Sie und wollen uns Ihren Glauben an keinen Gott aufzwingen!"

„Sie können nicht hier zusammenbleiben", sagte der Beamte. „Sie müssen diese Versammlung sofort beenden. Die Sache ist ganz einfach, das sehen Sie doch wohl, oder?"

„Nein", erwiderte ich, „so einfach ist das nicht. Wir haben unsere Rechte und dazu gehört das Recht, unseren Gott zu loben. Wir haben die Freiheit, mit anderen Menschen, die ebenfalls gläubig sind, zusammenzukommen. Wir gehen erst, wenn diese Versammlung beendet ist."

Ich wusste den eigentlichen Grund, warum die Polizei gekommen war. Sie wollten unsere Leiter verhaften, hatten aber nicht mit solch einer Menge von Teilnehmern gerechnet. Wir setzten unsere Versammlung fort, während die Polizei draußen wartete. Sie konnte schließlich in dieser Nacht nur drei Vertreter der neu gegründeten Leitung der Kirche in Fangcheng verhaften, und wir konnten das tun, was wir uns vorgenommen hatten: ein Leitungsteam für die Hausgemeinden in Fangcheng zusammenzustellen, das ein Herz und eine Seele war und ein klares Ziel vor Augen hatte.

20. Erweckungsfeuer

Das stürmische Wachstum der Kirche in China bedeutete mitnichten, dass der Krieg des Regimes gegen die Christen aufgehört hatte. Er nahm sogar einen neuen Anlauf. Die früheren Kampagnen hatten offen und unverblümt auf die Eliminierung aller Christen, Gemeinden und christlichen Schriften abgezielt. Die neue Regierung hatte aus den Fehlern der Vorgänger gelernt. Sie startete jetzt eine neue Verhaftungs- und Einschüchterungswelle, koppelte sie jedoch diesmal mit einer Medienkampagne sowie Maßnahmen, durch die der Nachschub an Bibeln und anderen Materialien aus dem Ausland gestoppt werden sollte.

1981 öffnete Deng Xiaoping neue Türen für die Menschen in China. Eine neue Politik ermöglichte es manchen Personen, Grundbesitz zu erwerben, um neue Häuser zu bauen, damit jede Familie ihr eigenes Nest und eine sorgenfreie Zukunft erarbeiten konnte. Dies war auch eine Schlüsselperiode für die chinesische Kirche, weil jetzt Christen, die ihr Leben ganz Gott zur Verfügung stellen und vollzeitlich der Gemeinde dienen wollten, gewisse grundsätzliche Weichenstellungen vornehmen mussten. Das „sorgenfreie Leben", für das das „Neue China" stand, galt ja gerade nicht für die Christen, die sich verbindlich in der Arbeit für das Reich Gottes engagierten. Wir konnten diesen Brüdern und Schwestern kein sorgenfreies Leben versprechen; sie mussten eher mit Leiden und Verfolgung rechnen.

Tatsache war: Wer sich für den Beruf des Pastors oder Evangelisten entschieden hatte, konnte kein normales Familienleben mehr führen. Die Frage war schon nicht mehr, wie viele Tage pro Jahr er mit seinen Lieben zusammen sein konnte, sondern eher, wie viele Stunden. „Sicherheit" war für so jemanden ohnehin ein Fremdwort. Trotzdem beschlossen etliche junge Leute, ihre Zukunft ganz in Gottes Hand zu legen. Sie hatten sich dafür entschieden, das Evangelium zu predigen und die neue Kirche in China zu leiten, egal was die Zukunft bringen mochte. Ich hatte viele Jahre zuvor die gleiche Entscheidung getroffen, aber damals waren wir nur wenige gewesen, während jetzt die Zahl der Christen, die sich voll in den Dienst warfen, nach oben schnellte.

Wir begannen, ein Team zu bilden. Ich dachte dabei an das Vorbild der Bibel, wie zum Beispiel Abraham eine kleine Truppe zusammenstellte, um seinen Neffen Lot aus den Händen der Feinde zu befreien (vgl. 1. Mose 14,8-16), oder wie Jesus die 72 Jünger aussandte (Lukas 10,1-12.17-20). Niemand ging allein. Der Geist Gottes sagte mir, dass China ein großes, äußerst bevölkerungsreiches Land war, das wir nur dann verändern konnten, wenn wir Teams von Christen bis in die letzten Ecken der Nation schickten.

Von dieser Stunde an setzte ich ganz auf Mission und Evangelisation. Am Anfang hatten wir uns tapfer geschlagen, aber viel mehr nicht. Die Botschaft des Evangeliums hatte sich über den ganzen Bezirk Fangcheng verbreitet, aber dies war gewissermaßen planlos geschehen; wir hatten noch keine Strategie, die wir systematisch geplant oder schriftlich festgehalten hätten. Doch jetzt rief Gott ein Team zusammen, das von den Gemeinden in Fangcheng planmäßig in die übrigen Gebiete Chinas ausgesandt wurde. Unsere Schritte wurden gezielter; erste langfristige Strategien zur systematischen Ausbreitung des Reiches Gottes begannen sich herauszubilden. Der ganze große ländliche Raum in China befand sich in einer geistlichen Aufbruchstimmung; der Wind der Erweckung schien alle Widerstände hinwegzufegen.

Die finanzielle Ausstattung unseres Evangelistenteams war schmal. Sie bekamen eine einfache Bahnfahrkarte in ihr vorgesehenes Missionsgebiet, wo sie weitgehend auf sich selbst gestellt sein würden. Es war eine Fahrt ins Ungewisse. Das Reisen war damals noch nicht so einfach wie heute. Wir hatten keine Mobiltelefone, E-Mail oder andere elektronische Kommunikationsmittel, um Abfahrts- und Ankunftszeiten abzustimmen. Wir konnten noch nicht einmal per Brief miteinander kommunizieren – zum einen, weil Briefe von der Polizei geöffnet werden konnten, und zum anderen, weil eine Einsatzplanung per Brief uns nicht die Flexibilität gegeben hätte, die wir brauchten, um sicher vor dem Arm des Gesetzes zu sein. Es war auch schwierig, Orte und Zeiten für Gottesdienste und Veranstaltungen zu planen, vor allem in Gegenden, wo es noch keine Elektrizität gab.

Sobald die Mitglieder des Teams an ihrem Einsatzort eintrafen, begannen sie, das Evangelium zu predigen und Gemeinden zu gründen. Sie konnten Kirchen in den Provinzen Henan, Hubei und Anhui gründen. An zentralen Orten richteten wir Taufzentren ein, damit Neubekehrte bald getauft werden konnten. Bald gab es jeden Tag Taufen in nie gekannter Zahl. Es dauerte nicht lange und es waren bis zu 2.000 Taufen pro Tag.

Im Laufe der 1980er-Jahre öffnete China allmählich auch wieder seine Türen für Gäste aus dem Ausland. Die unter Mao Zedong eingeführten Verbote und Restriktionen wurden langsam gelockert, sodass immer mehr Besucher ins Land kamen – Reisegruppen, Geschäftsleute und Investoren, aber auch christliche Missionare, die offiziell als Touristen oder Lehrer einreisten. Plötzlich kamen Missionare aus Hongkong, Taiwan, Europa und Nordamerika nach China, lauter brennende Christen, die wissen wollten, wie es der Gemeinde

Jesu ging in diesem Land, das jahrzehntelang von der Außenwelt abgeschottet gewesen war.

Wir brauchten die Hilfe dieser Missionare, und wie wir sie brauchten! Wir wussten so wenig über die Bibel und ihre Lehren; nur wenige von uns hatten überhaupt Zugang zu einer Bibel. Da lasen wir zum Beispiel die Apostelgeschichte oder wörtlich: die „Taten der Apostel". Das chinesische Wort für „Taten" klingt ähnlich wie das für „Steine", und schon kam die Lehre auf, dass Gott aus Steinen Jünger machen konnte. Wir lasen die Bibel so, wie wir sie vorfanden, ohne irgendwelche erklärenden Hilfen. Wir versuchten einfach, sie so gut zu verstehen wie möglich. Der Heilige Geist half uns und bewahrte uns vor vielen Stolpersteinen. Es gab ja so viele Gelegenheiten, wo der Feind Gottes uns hätte in die Irre führen können, aber der Herr bewahrte uns davor, in Irrlehren zu fallen.

Wir hatten keine Bibelkommentare, Nachschlagewerke, Bücher über Kirchengeschichte oder dergleichen. Wir hatten nur die Predigten der wenigen unter uns, die eine Bibel besaßen. Ich hielt eine Predigt, und die führenden Mitglieder der Gemeinde, in der ich sprach, schrieben so viel davon auf, wie sie konnten, und gingen dann ins Nachbardorf, wo sie die Predigt, so gut es ging, wiederholten. Es war ein System, das tausend Türen für grobe Missverständnisse und Irrlehren offenließ, und es ist ein Wunder, wie stark die Kirche trotzdem wuchs – schneller, weiter und tiefer als je zuvor. So viel wie jetzt hatte ich noch nie gepredigt.

Da wir so wenige Bibeln und Lehrer hatten, war ich jeden Tag unterwegs, zu meinen nächsten Predigtterminen. Überall in den Städten und Dörfern entstanden fast täglich neue christliche Gruppen und Gemeinden. Ich predigte jeden Tag vor mindestens zwei Gemeinden, es konnten aber auch bis zu fünf sein. Die Menschen hatten einen solchen Hunger nach Gottes Wort, dass sie schon Stunden, bevor ich eintraf, zusammenkamen und geduldig auf mich warteten. Und ich hielt nicht nur Predigten, sondern führte jeden Tag auch Trauungen, Beerdigungen und Taufen durch. Ich hatte keinerlei Erfahrung mit diesen kirchlichen Amtshandlungen und fühlte mich bei ihnen zuerst nicht sehr wohl in meiner Haut, aber nach einer Weile gingen sie mir in Fleisch und Blut über.

Die ersten Monate, die dies so ging, befand ich mich auf Wolke sieben. Gott hatte alle meine Gebete erhört. Ich hatte darum gebetet, dass er die Herzen meiner Landsleute öffnete. Ich hatte ihn um das Feuer der Erweckung in ganz China gebeten. Und jetzt erhörte er diese Bitten vor meinen Augen. Der Regen der Erweckung strömte nur so herab und ich befand mich in einer Art permanentem Rausch. Ich ging von einem Dorf zum anderen. Noch bevor ich den Gottesdienst in dem einen Dorf beendet hatte, dachte ich an den im nächsten. Ich nahm mir kaum die Zeit, zu essen oder zu schlafen. Wo ich ging und stand, war ich umgeben von Christen mit hungrigen Seelen. Sie scheuten keinen Weg und keine Gefahr, um die Predigt des Wortes Gottes zu hören.

Wenn ich mich plötzlich müde und ausgelaugt fühlte, genügte die nächste Versammlung, vor der ich stand, um mein Adrenalin wieder fließen zu lassen. Es war wie eine Energiespritze. Aber mit der Zeit wurde die Wirkung der Spritzen immer kürzer und die Erschöpfungsphasen wurden immer länger. Die Kraft schien aus mir heraus auf den Fußboden zu rinnen und ich wusste nicht, wie ich sie zurückholen sollte. Ich war total ausgebrannt; mein Körper schrie nach Ruhe, mein Geist nach einer Pause und meine Seele nach Gelassenheit. „Gott“, rief ich, „bitte gib mir eine Ruhepause! Ich weiß nicht, wie das gehen soll, aber ich brauche eine.“ Ich war damals theologisch unbedarft, sodass ich mir keine Gedanken darüber machte, was Gott „konnte“ und was nicht. Ich ahnte nicht, wie er mein Gebet erhören würde.

Nun, drei Tage nach meinem Hilfeschrei bekam ich die Ruhepause, die ich brauchte, aber nicht ganz so, wie ich mir das vorgestellt hatte. Ich bekam hohes Fieber und musste meine Arbeit komplett einstellen. Das Fieber stieg immer höher und ich konnte das Bett nicht verlassen. Viele Christen beteten für mich, aber nichts geschah. Nachdem sie monatelang gebetet hatten, hatten viele heimlich den Eindruck, dass ich bald sterben würde.

Es ging mir so schlecht, dass einmal ein Mann aus unserer Gemeinde, als er an einer Beerdigung vorbeikam und eine Frau aus unserer Gemeinde weinen sah, wohl annahm, ich sei gestorben, ohne dass er davon erfahren habe. Worauf er sich zur Trauergemeinde gesellte und ebenfalls weinte und Gott fragte, warum er mich so früh zu sich genommen habe!

Sechs Monate lang warf das Fieber mich aufs Bett. Es war gerade so, als ob mein Körper wusste, dass ich Ruhe und nochmals Ruhe brauchte, und in den „Stand-by-Betrieb“ geschaltet hätte. Dann stieg das Fieber noch mehr und ich war in echter Gefahr. Mehrere Freunde kamen zu mir und beteten stundenlang für mich. Ich beichtete alle meine Sünden und machte mich bereit zu sterben – dann sank das Fieber plötzlich und ich war gesund. Seit jenem Tag habe ich mich bei Gott nie mehr über zu viel Arbeit beklagt!

21. Der Preis einer Gewehrkugel

Am 16. August 1983 startete die chinesische Regierung eine neue Offensive zur Ausschaltung der Untergrundgemeinden. Das Land hatte sich auf die neue Regierung eingestellt, die Lage hatte sich beruhigt, und so ging die Kampagne gegen die Christen in die nächste Runde. Das erste Ziel des Regimes war das Untergrund-Hauskirchennetzwerk in Fangcheng, das von Tag zu Tag wuchs, obwohl das Evangelisieren gesetzlich verboten war. Die Regierenden fanden, dass die Kirchen eigentlich schon lange vor 1980 hätten erledigt sein sollen, und die Fangcheng-Kirche war ihnen ein Rätsel. Es konnte sich hier nur um eine Verschwörung handeln!

Die Verfolgung kam rasch und war intensiv. Eine gut geplante Polizeirazzia nach der anderen fand statt. Jeden Tag wurden Christen verhaftet und Gemeinden zerschlagen. Viele Christen aus der Führung der Fangcheng-Kirche wurden verhaftet und misshandelt. Die Polizei war auf der Suche nach dem „Rädelsführer" – sprich: nach mir. Sie verhaftete und folterte Gemeindeglieder, um herauszufinden, wie und wo wir arbeiteten und wie wir die Arbeit finanzierten. Die Kirche in Fangcheng war der Staatsfeind Nr. 1 geworden. Was mich natürlich ganz oben auf die schwarze Liste brachte.

Als dieser Sturm losbrach, taten wir das, was wir am besten konnten: Wir beteten. Die Gemeinden riefen zu Gott und baten ihn um seinen Schutz und seine Gnade. Wir alle gingen auf die Knie und schrien zu Gott: „Herr, nimm du die Sache in die Hände, bringe uns durch diesen Sturm!"

Immer mehr meiner Weggefährten wurden verhaftet. Die Razzien erfolgten mit erstaunlicher Präzision. Die Polizei schien unsere Schritte schon zu kennen, bevor wir sie machten. Wir versuchten, unsere Taktik zu ändern und unsere Treffen noch geheimer zu halten; umsonst, sie kriegten uns trotzdem. Binnen weniger Monate hatte die Polizei den Großteil der Leiter der Hauskirchenbewegung verhaftet. Als der Winter kam, war sie nicht mehr an wahllosen Verhaftungen interessiert. Die Beamten hatten mehr über unsere Leiter erfahren, als ihnen lieb war, und standen sprachlos vor dem Wachstum der Kirche. Die Verhöre der verhafteten Christen hatten Erkenntnisse zutage gefördert, die sie sich nicht hätten träumen lassen. Die Lage war noch viel schlimmer, als die Regierung gedacht hatte.

Aufgrund der Verhöre hatte die Polizei dreizehn „Rädelsführer" ermittelt, die ihrer Meinung nach um jeden Preis sofort ausgeschaltet werden mussten. Sie verschickte eine Liste dieser dreizehn Personen. Überall im Bezirk Fangcheng erschienen Plakate mit ihren Namen und der Überschrift „Gesucht – tot oder lebendig". Die Polizei fand sie schließlich alle und erschoss sie. Doch diese führenden Brüder waren eigentlich schon längst tot gewesen – gestorben in Christus, und Christus selbst lebte in ihnen.

Junge Männer und Frauen, die damals beschlossen, mit Christus ernst zu machen, mussten schon früh der Tatsache ins Auge sehen, dass sie wahrscheinlich nicht mehr lange leben würden. So war das damals, 1983. Diese Christen waren keine Schwarzseher oder Kleingläubigen. Und realistisch, wie sie waren, trafen sie die nötigen Vorkehrungen für ihre Beerdigung (zum Beispiel die Wahl des Begräbnisplatzes), damit sie ihrer Familie nach ihrem Tod nicht finanziell zur Last fielen.

Aber obwohl sie sich auf ihren Tod vorbereiteten, liefen sie nicht mit einer düsteren Miene herum. Sie entschieden sich aus freien Stücken für Christus, weil er ihnen Hoffnung und Freude, Erlösung und wahres Leben gab. Weil sie bereit waren zu sterben, waren sie frei von Angst. Die Angst konnte diese Christen nicht niederdrücken; sie wussten, dass das Grab nicht das Ende, sondern der Anfang sein würde.

Christen waren in China damals Freiwild und wer sie jagen und töten wollte, durfte das gerne tun. Auf viele Christen wurde geschossen und sie wurden liegen gelassen in der Überzeugung, sie seien tot. Aber der, hinter dem die Behörden am meisten her waren, war ich. Mit Plakaten und Spionen in allen Dörfern versuchten sie, mir auf die Schliche zu kommen, aber sie kamen nicht nah genug an mich heran.

Eines Abends, als wir uns wieder heimlich versammelt hatten, waren unsere Herzen schwer wegen der Leiden unserer Glaubensgeschwister. Die Verfolgung war intensiv und keiner von uns wusste, was der nächste Tag bringen würde. Während wir beteten, sprang auf einmal ein junger Mann namens Shuqian Zheng auf und sagte: „Wovor habt ihr Angst? Gott allein regiert, er wird für uns sorgen. Wir gehören ihm. Brüder und Schwestern, wir sind Gottes Mitarbeiter, wir sind seine Freunde. Ich sehe, wie der Geist des Herrn durch China braust, wie ein Sturm, den niemand stoppen kann. Es kommt ein Tag, wo es den Christen in China so gutgehen wird, wie wir uns das heute gar nicht vorstellen können. Es kommt ein Tag, wo es in China in jedem Haushalt ein Auto geben wird und für jede Familie eine Wohnung."

Bruder Shuqian wurde immer aufgeregter. Der Geist Gottes sprach aus ihm. „Eines Tages wird die Herrlichkeit des Herrn über China leuchten. Eines Tages wird an die Stelle von Schrecken, Armut und Tränen Friede, Reichtum und Lachen treten." Damals klangen diese Worte schier verrückt, aber sie waren prophetische Vorausdeutungen auf das, was Gott in China tun würde. Als Bruder Shuqian fertig war, begannen alle zu singen:

Ich weiß nicht, was morgen kommen wird, aber ich will jeden Tag für den Herrn leben.
Ich muss mich nicht um morgen sorgen, weil ich seinen Verheißungen traue.
Eines weiß ich vor allem anderen: dass ich mit dem Herrn wandeln werde.
Es gibt so vieles, was ich jetzt nicht verstehe,
aber ich weiß, wer im Regiment sitzt und wer stets meine Hand hält.

Dann ergriff Ding Hei das Wort (die Frau, die dem Vertreter des Büros für Religionsangelegenheiten die Stirn geboten hatte, als die Polizei unsere Leiterversammlung sprengen wollte). „Vertraut dem Herrn!", rief sie wieder und wieder, bis wir uns alle beruhigt hatten. Ding Hei – ihr Spitzname war „Schwester D" – war 1961 im Bezirk Fangcheng geboren worden. Ihr Vater war ein Funktionär in der Kommunistischen Partei, ihre Mutter eine Christin, die zum Glauben gekommen war, nachdem sie heimlich einen Hausgottesdienst besucht hatte, als Schwester D noch klein war.

Schwester D selbst war als Schülerin zum Glauben gekommen. Sie erzählte das Evangelium darauf heimlich ihren Klassenkameraden weiter, und etwa vierzig Schüler wurden Christen und trafen sich nach dem Unterricht zum Gebet. Die Lehrer durften davon natürlich nichts erfahren; die Folgen für die jungen Christen und ihre Verwandten hätten sonst schlimm sein können. Sie benutzten daher heimliche Gesten während des Unterrichts, um sich zum nächsten Treffen zu verabreden. Schwester D übte außerdem stundenlang heimlich das Predigen des Evangeliums, damit sie es, wenn die Gelegenheit da war, prompt an den Mann oder die Frau bringen konnte. Einmal mussten sie und ihre Klassenkameraden sich in der Schule den Prozess gegen mich im Fernsehen ansehen. Es war das erste Mal, dass sie ein Gerichtsverfahren gegen einen Pastor mitbekam.

Schwester Ds Vater, der ein sehr harter Mann war, verbot ihr strikt, in irgendwelche christlichen Versammlungen zu gehen. Als sie älter wurde, rannte sie von zu Hause weg und kam nie wieder. Sie ging über die Berge nach Guihe, wo sie mich kennenlernte. Über sechs Jahre lang wohnte sie bei uns. Sie war einer der ersten vollzeitlichen Mitarbeiter der Gemeinden in Fangcheng und bald berühmt für ihre Zivilcourage gegenüber der Polizei und den Behörden. Sie war eine unglaublich gute Predigerin und hatte keine Angst davor, verhaftet zu werden.

„Eine Gewehrkugel kostet 0,15 Renminbi", sagte sie einmal in einer kleinen Versammlung. „Wenn sie uns erschießen, schickt die Regierung unseren Familien eine Rechnung für die Patrone. Sorgen wir dafür, dass unsere Arbeit das Geld wert ist. Wir schulden dem Herrn so viel. Lasst uns keine einzige Minute vergeuden, solange wir leben. Wir haben nur begrenzt Zeit, um das Evangelium unter die Leute zu bringen, bevor wir erwischt und hingerichtet werden. Es gibt so viele Seelen, die auf dem Weg zur Hölle sind und Erlösung brauchen. Was können wir Besseres mit unserem Leben machen, als das Evangelium zu predigen?"

Der ganze Raum war wie elektrisiert, als sie das sagte. Alle Christen, die dort waren, waren bereit, ihr Leben für das Evangelium zu geben, auch wenn es am Ende des Tages 0,15 Renminbi kosten sollte. Und sie gelobten einmütig, fortan nur noch dem Herrn zu dienen. Es war der Anfang des, wie wir es später nannten, „Teams der Todesmutigen", einer Gruppe furchtloser chinesischer Christen, die bereit waren, dem System in China die Stirn zu bieten, um das Evangelium von Jesus Christus unter die Leute zu bringen. Sie betrachteten ihr Leben als etwas, das keinen Wert in sich selbst hatte, sondern nur in den Augen ihres Schöpfers. Deshalb weihten sie ihr ganzes Leben dem Dienst für ihn, selbst wenn dies den sicheren Tod bedeutete.

Als die Polizei die oben erwähnten dreizehn führenden Christen aufgespürt und erschossen hatte, setzten sich die Mitglieder des Teams der Todesmutigen umso entschlossener für das Evangelium ein. Insgesamt etwa dreißig Christen schlossen sich dem Team an – überwiegend junge Leute zwischen 20 und 30 Jahren; der Älteste war gut 45 Jahre alt. Sie zogen in alle vier Himmelsrichtungen aus, ohne die geringste Angst vor dem Tod.

Schwester D, die ebenfalls zu dem Team gehörte, hatte kein gutes Wort übrig für die Parteifunktionäre. Schwester D spielte nicht nur für die chinesische Kirche allgemein eine große Rolle, sondern auch für die christlichen Frauen in China.

Die Kulturrevolution hatte die Emanzipation der Frau auf ihre Fahnen geschrieben. Traditionell hatten Frauen in der chinesischen Gesellschaft eine untergeordnete Position gehabt, was sich äußerlich in Praktiken wie den eingebundenen Füßen zeigte. Jetzt war China voll von Plakaten und Fahnen, die Frauen zeigten, wie sie Seite an Seite mit den Männern in Fabriken oder auf den Feldern arbeiteten.

Als das stürmische Wachstum der Kirche in China begann, waren die Frauen in den Gemeinden bald in der Überzahl. Vielerorts wusste man nicht recht, wie christliche Frauen sich verhalten sollten. Hier wurde Schwester D ein lebendiges, wegweisendes Beispiel. Sie zeigte im Umgang mit ihren Mitchristen ein bemerkenswertes Taktgefühl, doch gleichzeitig zeigte sie den Frauen, wo es langging, und viele von ihnen fanden durch sie ihren Platz in der Gemeinde.

Generationen von Frauen lernten von Schwester Ds Beispiel und ließen sich gerne von ihr anleiten. In China kamen damals typischerweise zuerst die Ehefrauen zum Glauben an Jesus Christus, oft gegen den Widerstand ihrer Männer. Durch Schwester D entstand eine Armee von Frauen, die dafür arbeiteten, ihre Männer, ja ihre ganze Familie zum Herrn zu bringen.

Schwester D führte das Team der Todesmutigen in entlegene Winkel des ländlichen Chinas. Die Prediger wurden zu zweit ausgesandt an Einsatzorte in den Provinzen Henan, Sichuan, Hubei, Hunan, Shanxi, Anhui, Jiangsu und Shandong. Wir hatten kaum Geld, das wir ihnen mitgeben konnten, sodass sie mit dem Gegenwert von etwa 25 US-Cent in der Tasche für den Kauf von Nudeln loszogen. Sie setzten ganz darauf, dass Gott selbst sie versorgen würde. Jeden Tag mussten sie neu im Glauben leben und darauf vertrauen, dass Gott sie durchbringen würde.

Diese Teams legten das Fundament für eine der größten Erweckungen in der Geschichte der Welt. Die Kraft des Heiligen Geistes ruhte auf den Missionaren; er selbst rief sie und trug sie. Die Teams gingen für sechs Monate bis zwei Jahre an ihre Einsatzorte, die in Gegenden lagen, wo die Menschen kein Mandarin-Chinesisch sprachen, nicht die Kultur der Han-Chinesen (der größten ethnischen Gruppe in China) teilten und eine tief sitzende Abneigung gegen die Han hatten.

Als diese Missionare nach Fangcheng zurückkehrten, erkannten wir sie zuerst nicht wieder. Ihr Haar war verfilzt, weil sie es wochenlang nicht hatten waschen können. Sie waren unterernährt und deutlich abgemagert. Ihre Haut war wie Leder geworden, von der Sonne verbrannt und vom Wind in Westchina aufgerissen. Ihr Opfer war klar erkennbar – aber die Früchte ihrer Arbeit auch. Bevor diese Botschafter Christi hinausgezogen waren, hatte die Erweckung in Fangcheng sich im Wesentlichen auf das Gebiet dieses Bezirks beschränkt; jetzt waren überall im Land neue Feuer der Erweckung entfacht worden, die hell brannten.

Ein Beispiel unter vielen für die Arbeit der Missionare vom Team der Todesmutigen war die Stadt Nankai in Sichuan. In Nankai verehrten die Menschen einen Baum. Sie hielten ihn für einen Gott und glaubten, dass jeder, der ihn berührte, sterben müsse. Als die Missionare in die Stadt kamen, zeigte man ihnen als Erstes den heiligen Baum, worauf sie dem Namen „Team der Todesmutigen" Ehre machten und den Baum prompt berührten. Sie hatten keine Angst vor dem Baumgötzen, weil sie wussten, dass der Gott, dem sie dienten, größer ist als alles in der Welt.

Die Missionare erklärten den Umstehenden, dass Jesus der Herr über alles ist und dass sie sie jetzt aus den Fesseln dieses Baumes befreien würden. Worauf sie den Baum kurzerhand fällten. Die Menschen waren geschockt, aber gleichzeitig fühlten sie sich befreit. All die Jahre hatten sie Angst um ihre Kinder gehabt, falls sie den Baum aus Versehen berührten.

Als die Missionare den Baum gefällt hatten, warteten die Dorfleute mit angehaltenem Atem, was jetzt passieren würde. Viele waren überzeugt, dass diese Christen gleich tot umfallen würden, aber nichts dergleichen geschah. Stattdessen standen die Missionare dort, wo der Baum gestanden hatte, und verkündeten, dass Jesus der Herr aller Herren ist. Die Einheimischen sogen jedes Wort auf, tief beeindruckt von dem, was sie da erlebten. Fast alle kamen sie nach vorne, um Jesus Christus als ihren Herrn anzunehmen.

Solche Demonstrationen der Macht Gottes ereigneten sich überall, wo das Team der Todesmutigen hinkam. Götzen, die

die Einheimischen für allmächtig gehalten hatten, erwiesen sich als machtlos gegenüber dem wahren, lebendigen Gott. Die Menschen sahen, dass der Gott dieser Christen real und lebendig war. Kranke wurden geheilt, Lahme konnten wieder gehen, Blinde erhielten ihr Augenlicht zurück.

Es dauerte nicht lange und die Obrigkeit hörte von den Aktivitäten des Teams der Todesmutigen. Bald erschienen überall Plakate von Evangelisten, die als Mitglieder des Teams bekannt waren. Man sah sie an jeder Straßenecke in Nanyang und Fangcheng. Sie versprachen jedem, der Hinweise geben konnte, die zur Verhaftung eines dieser Evangelisten führten, eine Belohnung von 1.500 US-Dollar. Die Jagd hatte begonnen.

22. Untergrundnetzwerke

Die Erweckungen erfassten immer mehr Gebiete. Wir hörten, dass jetzt auch in der Provinz Anhui, östlich von Henan und westlich von Schanghai, Netzwerke von Untergrundgemeinden entstanden. Wir halfen den Gemeinden in Anhui schon seit Jahren mit Bibeln aus, aber ich hatte noch nie Gelegenheit gehabt, dorthin zu fahren und diese Christen persönlich kennenzulernen.

1983 hatten wir damit begonnen, Bibeln nach Anhui zu schicken. Jetzt, fünf Jahre später, lud man mich ein, die Provinz zu besuchen, um mich mit den führenden Brüdern zu treffen und das Evangelium in den Gemeinden zu predigen. Die Gemeinde, die mich eingeladen hatte, gehörte zum Bezirk Yingshang in Anhui. Wie die Fangcheng-Kirche war auch das Yingshang-Netzwerk in andere Gegenden Chinas vorgedrungen, und diese neuen Gemeinden nannten sich ebenfalls Yingshang-Gemeinden. Die Kirche in Yingshang wuchs geradezu explosionsartig und das Feuer der Erweckung loderte über die Grenzen der Provinz hinaus. Als ich in Yingshang ankam, begriff ich, warum das so war. Die Leiter der Kirche, Xiaofu Chen und Zhanghe Chen, waren beide Männer, die demütig und hungrig nach dem Wort Gottes waren.

Sie hießen mich mit größter Herzlichkeit willkommen, und ich genoss meinen Aufenthalt. Ich kam mir vor wie zu Hause in Fangcheng. Nicht lange nach meiner Ankunft nahmen die Netzwerkpastoren mich in eine Dorfgemeinde mit, wo ich predigen sollte. Als ich mich vorstellte, merkte ich, dass die Gesichter der Zuhörer förmlich an mir klebten. Auf dem Rand ihrer Stühle vorgebeugt saßen sie da, die Ohren gespitzt. Die Luft war wie aufgeladen von Erwartung. Diese Leute schienen bereit zu sein, mir die Worte aus dem Mund zu ziehen, falls sie nicht schnell genug kommen sollten.

Ich kam nicht sehr weit mit meiner Predigt. Plötzlich hoben alle Christen in dem Raum wie auf ein geheimes Signal die Hände und fingen an, Gott zu loben. Bald sangen und beteten wir alle. Unsere Anbetung wurde tiefer und dann füllte plötzlich die Gegenwart Gottes den Raum, sodass wir alle auf unsere Gesichter fielen. Gemeinsam riefen wir zu Gott, baten ihn um seine Vergebung und spürten förmlich, wie die Wasser der Vergebung uns reinwuschen. Die Macht des Herrn war überwältigend; zwei Tage lang konnten wir an nichts anderes denken.

Am zweiten Nachmittag merkte ich, dass es ja schon Zeit war, wieder zurück nach Henan zu fahren. Die ganze Gemeinde lag betend auf dem Boden. Ich stand leise auf. Eigentlich hatte ich sie zum Abschied alle noch einmal umarmen und ihnen sagen wollen, wie schön es bei ihnen gewesen war, aber vielen von ihnen strömten die Tränen über das Gesicht und ich brachte es nicht über mich, sie aus ihrer Andacht herauszureißen.

Daher drehte ich mich um und ging leise zur Tür hinaus. Draußen regnete es. Ich zog meine Jacke fester um den Körper, senkte den Kopf, spannte meinen Regenschirm auf und trat hinaus in den Regen. Ich kam nicht weit, bevor ich hörte, wie die Tür hinter mir sich wieder öffnete. Eine Stimme rief: „Zhang!“ Ich drehte mich um. Jemand aus der Gemeinde kam aus der Tür herausgerannt, meinen Namen rufend und mit der Hand gestikulierend. Der Regen schien ihm egal zu sein.

Dann kamen, wie ein Bienenschwarm, die anderen durch die Tür. Es sah aus, als ob sich hundert Menschen gleichzeitig nach draußen durchquetschen wollten. Alle rannten sie hinaus in den Regen und riefen meinen Namen. Einer nach dem anderen kamen sie so nah zu mir, wie es ging, fielen dann im Schlamm auf die Knie und sagten: „Legen Sie uns die Hände auf, Pastor Zhang, bitte! Bitte gehen Sie nicht, bevor Sie uns gesegnet haben!"

Ich ließ wie in einem Reflex meinen Regenschirm in den Schlamm fallen und fing an, den Brüdern und Schwestern die Hände aufzulegen. Ich stand da im strömenden Regen und segnete diese Menschen mit lauter Stimme. Wir versteckten uns nicht mehr, wir waren draußen auf der Straße und wir hatten keine Angst. Wir dachten nur noch an die Güte und Macht Gottes. In all den Jahren, die ich jetzt das Evangelium in China predige, habe ich keine Gebetsversammlung erlebt, die kostbarer war als diese.

Bevor ich ging, verabschiedete ich mich noch vom Leiter der Gemeinde, Pastor Chen. Er stand hoch aufgerichtet vor mir. Er war ein ungewöhnlich mutiger Verkündiger des Evangeliums und des Wortes Gottes und ich wusste: Ich würde noch viele Jahre mit der Yingshang-Kirche zusammenarbeiten. Das Yingshang-Hauskirchennetzwerk ist als „Netzwerk der Wahrheit" bekannt geworden. Gemeinsam mit ihm konnten wir überall in China neue Gemeinden gründen und das Wort Gottes bis in die letzten Winkel des Landes tragen.

Die Kirche im Bezirk Yingshang war ganz ähnlich wie die im Bezirk Tanghe, der gute hundertzehn Kilometer von Fangcheng entfernt liegt. Pastor Feng Jianguo, der Gründer des Hauskirchennetzwerks in Tanghe, hatte viel gemeinsam mit Pastor Chen in Anhui. Beide Männer waren leidenschaftliche Prediger des Kreuzes Christi.

Pastor Chen kannte ich nicht so gut wie Pastor Feng, mit dem ich dreieinhalb Jahre zusammen im Gefängnis gewesen war. Es gibt kaum eine bessere Methode, einen Menschen kennenzulernen, als zusammen mit ihm inhaftiert zu sein. Ich hatte ihn in seinem größten Elend erlebt, und er mich in meinem. Dort im Gefängnis hatten wir zusammen gelacht, zusammen geweint, zusammen gelitten und einander gestärkt. Wir hatten einander Mut gemacht, wenn wir nicht mehr konnten und am liebsten sterben wollten. Gott hatte Pastor Feng in dieselbe Gefängniszelle geführt wie mich, um mir das Leben zu retten. In meinen dunkelsten Stunden hatte Pastor Feng mir Gottes Wort gesagt und es hatte mir neues Leben gegeben. Und wie gerne dachte ich an die Nächte zurück, wo wir zusammen unter den Sternen draußen auf den Wiesen schliefen und auf den richtigen Augenblick warteten, um uns aus dem Lager hinauszuschleichen und in die umliegenden Dörfer zu gehen, um dort zu predigen. Ich merkte, dass Pastor Chen aus dem gleichen Holz geschnitzt war wie Pastor Feng.

Gott war dabei, uns drei darauf vorzubereiten, an der Spitze einer der größten Erweckungen zu stehen, die China je erlebt hatte. Und wir waren nicht die Einzigen, die er vorbereitete. Ein anderer Pastor in Anhui, ein Kollege von Pastor Chen, galt ebenfalls als begnadeter Prediger. Und dann gab es Pastor Xianqi Zheng, der als Reiseevangelist Gemeinden im Bezirk Lixin (Anhui) gegründet hatte. In den Gemeinden in Lixin, wie auch in denen in Tanghe, Fangcheng und Yingshang, brannte das Feuer der Erweckung.

Die Kirche in Lixin wurde später als das Hauskirchennetzwerk „Segen“ bekannt. Auch Pastor Zheng war ein Mann, der das Evangelium voller Mut predigte und die Kosten nicht scheute. Ich lernte ihn kennen, als Pastor Dennis Balcombe aus Amerika uns einander vorstellte. Ich merkte rasch, dass Pastor Zheng denselben Glauben und dieselbe Vision hatte wie ich und dass er Ähnliches erlebt hatte, und obwohl wir noch nie zuvor zusammengearbeitet hatten oder uns begegnet waren, fanden wir auf Anhieb eine gemeinsame Basis im Wort Gottes.

Es waren ganz einfache Menschen, die Gott benutzte, um eine der größten Erweckungen Chinas, ja der ganzen Welt zu beginnen. Wer hätte gedacht, dass Gott uns „konterrevolutionäre Verbrecher" dazu benutzen würde, die soziale und religiöse Landschaft Chinas von Grund auf zu verändern? Pastor Feng, Chen und ich würden gemeinsam anfangen, ganz China das Evangelium von Jesus Christus zu bringen, und Pastor Zheng würde zu uns stoßen. Spätere Schätzungen sollten die Gesamtzahl der Glieder der Fangcheng-, Yingshang- und Tanghe-Kirche in ganz China bei 30 Millionen ansetzen.

Die Hauskirchen in China wuchsen zu einem schlagkräftigen Netzwerk von Christen heran. Ich möchte an dieser Stelle noch ein Netzwerk aus der Provinz Henan erwähnen, das wie ein Lauffeuer wuchs. Im Bezirk Nanyang gab es eine sehr aktive Hauskirchenbewegung, die bald als „Born again Movement" („Bewegung der Wiedergeborenen") bekannt wurde. Es war eines der ersten Netzwerke, die nicht nach dem Bezirk benannt wurden, in dem sie entstanden waren. Der Leiter dieser Kirche war Xu Yongzi, der auch als Peter Xu bekannt ist.

Ich hatte Peter Xu 1980 auf einer christlichen Konferenz kennengelernt. Damals waren die Christen bei uns nicht von der besonders leidenschaftlichen Sorte und die meisten Teilnehmer der Konferenz kamen aus Nanyang. Die Nanyang-Christen waren ein Segen für die Kirche in Henan. Als ich Peter das erste Mal sah, merkte ich sofort, dass er voller Leidenschaft und Energie war. Es war ein Phänomen, wie er das Evangelium vermitteln konnte. Es gab nicht viele Pastoren oder Prediger, die die Botschaft so klar und überzeugend und mit einer solchen Sprachgewalt weitergeben konnten wie Peter.

Als ich seinen Predigten lauschte, fiel mir auf, dass er gebildeter war als alle, die ich bisher gehört hatte. Dazu war er ein geborener Planer und Organisator, der in kurzer Zeit zahlreiche Christen mobilisieren konnte. Wir alle bewunderten sein Organisationstalent. Ich fand, dass er ein großer Segen für die chinesische Kirche war. Seine Hingabe an Gott war groß und seine Familie hatte für die Sache Christi gelitten. Seine Schwester und seine Söhne sind ebenfalls in den Dienst für Gott gegangen.

Viele christliche Gruppen in China haben ihre Wurzeln in seiner Kirche, dem „Born again Movement". In Peters Kirche gab es zahlreiche leidenschaftliche Evangelisten, viele davon in der Stadt Nanyang, und die Kirche hatte damals bereits begonnen, Evangelisten in andere Gegenden in ganz China auszusenden.

Wir wussten damals nicht viel, aber eines war uns klar: Gott wirkte in China und aus irgendeinem Grund, den wir selbst nicht kannten, wollte er gerade uns gebrauchen. Diese einfachen Netzwerke aus Untergrundgemeinden kamen zusammen, um sich zu einer gemeinsamen Bewegung zusammenzuschließen, die ganz China zutiefst verändern würde.

23. Gemeinsam sind wir stärker

Als der Geist des Herrn in Chinas Gemeinden wehte, begannen Scharen von Menschen ins Reich Gottes zu kommen. Ich kam kaum noch nach bei diesem Gemeindewachstum, aber gleichzeitig merkte ich, dass irgendetwas noch fehlte. Die Einheit der Christen wurde mir ein immer größeres Anliegen. Die Kirche in China konnte sich den Luxus von Spaltungen nicht leisten; wir mussten vereint gegen den Feind stehen, der uns regelmäßig angriff. Die chinesische Regierung betrieb gegenüber den Christen im Ausland eine Politik der Desinformation über uns und versuchte, die Netzwerke der Untergrundgemeinden eines nach dem anderen zu isolieren, um so die Kirche auszulöschen. Diesem Angriff konnten wir nur widerstehen, wenn wir zusammenstanden und in der Kraft des Herrn einig waren.

Im Jahre 1994 legte Gott mir die Einheit der Kirchen in China mit Nachdruck aufs Herz. Ich fing an, darüber zu beten und mich mit anderen auszutauschen. Damals schien es ein Ding der Unmöglichkeit, die Leiter der verschiedenen Untergrundkirchen zusammenzubringen. Die Polizei hatte das Land jahrelang nach diesen Netzwerken, die es nach der Sprachregelung des Regimes überhaupt nicht gab, durchkämmt. Wenn wir uns alle gleichzeitig in demselben Raum versammelt hätten und entdeckt worden wären, wäre das der Fang des Jahrhunderts für die Polizei geworden.

Aber dieses brennende Verlangen nach Einheit, das Gott in mein Herz gelegt hatte, ließ sich nicht unterdrücken. Also gut; ich war gespannt, was er tun würde, um diese Einheit zustande zu bringen. Der Herr hatte mir als Namen für unsere Vereinigung das Wort „Sinim“ gegeben. Es steht in Jesaja

49,12, wo es heißt: „Siehe, diese werden von ferne kommen, und siehe, jene vom Norden und diese vom Meer und jene vom Lande Sinim." Viele Bibelausleger glauben, dass mit dem Wort „Sinim" hier China gemeint ist.

1996 kamen die Dinge in Bewegung. Ich kontaktierte mehrere Brüder und wir fingen an, um die Einheit aller Hauskirchen in China zu beten. Am 8. November konnte ich mich bei einer Zusammenkunft in Pingdingshan in der Provinz Henan mit den Leitern der anderen großen Netzwerke treffen. Es war das erste Treffen, bei dem es um das Thema „Einheit" ging. Die Kirchennetzwerke Yinxiang und Lixin (Provinz Anhui) waren nicht vertreten, da sie noch nicht beschlossen hatten, sich mit uns zu vereinigen. Das Netzwerk Yinxiang (auch „Wahrheit" genannt) erlebte gerade wieder einmal einen Wechsel in der Leitung; aufgrund der Verfolgungen wie des stürmischen Wachstums wechselten die Leiter dort ständig. Erst als Pastor Chen die Leitung dieser Gemeinden übernahm, konnten sie den Schritt tun und sich unserer Vereinigung anschließen.

Aber es gab noch ein anderes Problem. Manche der Gemeinden schreckten vor einer zu engen Zusammenarbeit mit Peter Xu oder Pastor Enoch Wang, einem bekannten Netzwerkleiter in der Provinz Henan, zurück. Sie erkannten die Leistungen dieser Männer an, hatten aber Anfragen an ihre Theologie. Die Gemeinden von Peter Xu waren unter dem Spitznamen „die Weinenden" bekannt, offenbar, weil dort Tränen beim Beten als Zeichen echter Buße galten. Das schien den Leitern der anderen Netzwerke suspekt. Und Peter Xu hatte seinerseits Bedenken gegenüber unseren Gemeinden, denn er vertrat beim Thema „Geistesgaben" eine konservativere Position als die übrigen in der Hauskirchenbewegung.

Was Pastor Wang betraf, so stießen sich einige der anderen

Leiter daran, dass er nicht die gängige chinesische Bibelübersetzung benutzte. Die meisten Hauskirchen in China benutzen die Chinese-Union-Version-Bibel, die sie für eine verlässliche Übersetzung halten. Enoch Wang und seine Gemeinden hatten sich für eine eigene Übersetzung entschieden. Damit gingen Lehrmeinungen über den Heiligen Geist einher, die unter uns kontrovers diskutiert wurden.

Ich fand, dass es unbedingt nötig war, Peter Xu und Enoch Wang in dem Einheitsprozess nicht außen vor zu lassen. Was bringt Einheit, wenn wir alle Kopien voneinander sind? Ihre wahre Kraft entfaltet Einheit erst dort, wo Menschen trotz ihrer Unterschiede zusammenfinden. Wir hatten unterschiedliche Gottesdienst- und Predigtstile, aber wir waren eins in unserem Glauben an Jesus Christus – und darin, dass das Regime uns intensiv verfolgte.

In meinen Augen war es nur dann möglich, Peter Xu in unsere Vereinigung hineinzubekommen, wenn wir ihm den Vorsitz anboten. Ich glaube nicht, dass er beigetreten wäre, wenn ich der Leiter gewesen wäre. Ich vermutete auch: Wenn Peter Xu diesen Posten bekam, konnten wir sehr wahrscheinlich auch Pastor Wang mit ins Boot holen. Ich hatte schon vor unserem Treffen die Idee ins Gespräch gebracht, Peter Xu zum Vorsitzenden der vereinigten Organisation zu machen. Während des Treffens wurde dies offiziell.

Zuerst hatten die übrigen Netzwerkleiter ihre oben genannten Bedenken gegen Peter Xu und Enoch Wang geäußert. Ich legte ihnen dar, dass alle nur profitieren konnten, wenn sie mitmachten. Ich sagte: „Ist es nicht besser, sie arbeiten mit uns zusammen, damit sie so merken, wo sie vielleicht falschliegen? Wenn ihr sie außen vor lasst, weil ihr manches anders seht als sie – werden sie dann nicht immer weiter in die falsche Richtung laufen? Aber was, wenn wir sie mit ins

Boot holen und ihnen zuhören und sie uns? Dann haben wir vielleicht eine Chance, sie nach und nach zu korrigieren."

Bruder Yun, der heute in der ganzen Welt als der „Heavenly Man" bekannt ist (vgl. seine Biografie mit dem gleichen Titel), war begeistert von der Idee, gemeinsam das Wort Gottes zu hören und weiterzugeben, und wir machten ihn zum Leiter des Bereiches „Mission". Wir haben es damals vielleicht nicht gemerkt, aber wir schlugen hier ein neues Kapitel in der chinesischen Geschichte auf. Noch nie zuvor hatte es in China so viele Christen gegeben und noch nie zuvor waren so viele chinesische Christen eins gewesen in ihrer Herzensüberzeugung, ihrer Vision und ihren Zielen.

Nun, wir begannen zu beten, und während wir beteten, erinnerte Gott mich erneut an Jesaja 49,12. Wie oben schon erwähnt, glauben viele Christen, dass „Sinim" in diesem Bibelvers für China steht. „Sinim" ist auch in die moderne Fremdwortsilbe *sino-* eingegangen, etwa in: „sino-europäische Beziehungen" oder „Sinologie" (die Wissenschaft von der chinesischen Sprache und Literatur). Wir beschlossen schließlich, uns den Namen „Sinim Fellowship" („Sinim-Gemeinschaft") zu geben. Es war uns wichtig, im Namen unserer Vereinigung das Wort „China" zu vermeiden, das leicht „politisch" hätte gedeutet werden können, im Sinne eines Geheimbundes zum Sturz der Regierung im Stile Mao Zedongs. Aber wir hatten nicht vor, die Regierung zu stürzen, wir wollten einfach in Freiheit Christus nachfolgen. Die Sinim-Gemeinschaft gab uns eine greifbare Identität, ein Gesicht und Sprachrohr der chinesischen Untergrundkirchen gegenüber den Menschen im Ausland. Und sie gab uns auch eine gemeinsame, quasi offizielle Stimme gegenüber denen, die uns angriffen. Jenes kleine Treffen in Pingdingshan wurde zu einem Meilenstein in der Geschichte der chinesischen Christenheit.

Wir waren ganz begeistert von der Idee der Zusammenarbeit und der Aussicht darauf, bald mit *einer* Stimme zu sprechen. Am 16. Januar 1997, kurz vor dem chinesischen Neujahrsfest, konnten wir uns wieder treffen; diesmal kamen über 300 Vertreter der verschiedenen Netzwerke der Sinim-Gemeinschaft. Einer der Hauptredner war Enoch Wang. Seine geisterfüllte Predigt begeisterte unsere Herzen. Aber was uns noch fester zusammenschweißte an jenem Tag, war unsere „Nachtigall Gottes", Xiao Min.

Gott hat Xiao Min gewaltig als sein Werkzeug für die Untergrundkirche in China benutzt. Als armes Bauernmädchen aufgewachsen, konnte Xiao nur die Grundschule besuchen. Sie kann bis heute keine Noten lesen, aber sie hat über tausend Lieder verfasst, die als „Kanaanslieder" bekannt geworden sind und das Evangelium wiedergeben, wie die chinesische Untergrundkirche es versteht. In Xiaos Texten nehmen unsere Gedanken und Gefühle Gestalt an. Auf jenem Treffen der Sinim-Gemeinschaft schwelgten wir in den Anbetungsliedern, in die Xiao Min uns hineinnahm.

Ich hatte Xiao Min 1989 kennengelernt, in einem Gottesdienst in Macheng im Nordosten der Provinz Hubei, in dem ich die Predigt hielt. Dort saß in der Gemeinde ein junges Mädchen, das einen sehr schüchternen Eindruck machte, aber ganz im Lob Gottes aufzugehen schien. Obwohl es mitten in der übrigen Gemeinde saß, schien es irgendwie allein mit Gott zu sein. Diese junge Dame hatte ein gewisses inneres Etwas, das sie geradezu leuchten ließ.

Ich hatte gehört, dass sie Lieder schrieb, und ich wusste, dass unsere Kirche in Fangcheng solche Lieder dringend brauchte. Viele unserer alten Lieder waren noch von den ausländischen Missionaren nach China gebracht worden. Ihre Melodien waren uns nicht sehr vertraut und wir wussten nicht recht, wie man sie richtig sang und was für Texte dazu passten. Xiao Mins Lieder gaben unserem Gotteslob Gestalt und Leben. Sie halfen uns, das, was wir erlebten, fühlten und wünschten, vor Gott in Worte zu fassen, und sie wurden ein Schlüsselelement im Wachstum aller fünf Hauskirchen der Sinim-Gemeinschaft. Ich gehe so weit zu behaupten, dass die Kirche in China heute nicht das wäre, was sie ist, wenn Gott nicht das Herz dieses schüchternen, ungebildeten Mädchens vom Lande angerührt hätte, sodass es mit großer Lauterkeit die Geschichte der chinesischen Untergrundkirche in Wort und Klang fasste. Xiao Min ist ein Schatz für die Christen in China, ja ein Segen für chinesische Gemeinden in aller Welt, die ihre Lieder singen.

Während unserer Sinim-Versammlung berührte Xiao Min die Herzen der Gemeindeleiter in dem Saal, als sie ein Lied mit dem Titel „Die Einheit der Gemeinde“ zu singen begann. Die Worte ergriffen unsere Seelen und wir weihten unser Leben dem Dienst an unserem Land und seiner Kirche. Xiao berührte uns erneut, als sie auf einem anderen Sinim-Treffen im Juni des gleichen Jahres sang. Bei dieser Zusammenkunft hielt Pastor Li Tianen einen Vortrag über die Geschichte der Kirche in China, und Xiao Min sang drei Lieder: „Wir werden Sieger“, „Die Taube fliegt zurück“ und „Himmel ohne Zäune“.

Das Lied „Himmel ohne Zäune“ wühlte uns richtig auf. Es beschreibt das Reich Gottes als Ort ohne Barrieren zwischen Kirchen, Lehren, Kulturen, Sprachen und Bekenntnisformulierungen. Viele der Barrieren, mit denen wir kämpfen, sind ja menschengemachte, egoistische Zäune, die das Wort Gottes an seinem freien Lauf hindern.

24. Unser Glaubensbekenntnis

Die Aussicht auf Einheit war begeisternd, aber die Freude währte nicht lange. Kaum hatte sich herumgesprochen, dass die Untergrundkirchen sich vereinigt hatten, begannen die Verfolgungen durch die Regierung wieder. In den 1990er-Jahren glaubten viele im Ausland, dass es die Hauskirchen in China gar nicht gebe. Diese irrige Annahme war weitgehend eine Frucht chinesischer Regierungspropaganda, der maßgebliche Persönlichkeiten im Westen nur zu gerne auf den Leim gingen. Diese Situation wiederholt sich heute. Wenn das Regime in China dem Westen etwas weismachen will, finden sich dort immer Stimmen, die diese Botschaft bereitwillig weitergeben, weil sie sich dadurch einen leichteren Zugang zu Chinas Wirtschaft erhoffen.

Vor der Bildung der Sinim-Gemeinschaft betrieben die Gemeindenetzwerke, die nicht zu Fangcheng gehörten, ihre eigene Arbeit und hatten wenig bis keinen Kontakt zu Peter Xu und Enoch Wang. Ich selbst hatte gewisse Kontakte zu beiden Seiten – zu Peter und Enoch einerseits und den Netzwerken Tanghe und Anhui andererseits. Ich bekam mit, vor was für Herausforderungen jeder einzelne dieser Pastoren und ihre Gemeinden standen, aber sie konnten nicht über ihren Tellerrand hinausschauen.

Die Sinim-Gemeinschaft gab uns die Gelegenheit zu sehen, wie ähnlich unsere verschiedenen Kirchen waren. Und dennoch: Wenn wir uns trafen, meldeten sich sofort auch unsere Unterschiede zu Wort. Es war schwer, sie zu verbergen, aber wir bemühten uns, einander in unserer Verschiedenheit zu achten.

Nur ein Beispiel: Die eher charismatischen Prediger unter

uns waren schnell dabei, den Herrn mit dem Einsatz ihres ganzen Körpers zu preisen. Dies galt ganz besonders für Bruder Yun, der bei seinen Predigten geradezu hüpfte und sprang. Seine Hände und Arme standen keine Sekunde still und er betonte jedes Wort voller Begeisterung. Da waren Peter Xu und Enoch Wang ganz anders: Ihr Predigtstil war ernst, nüchtern und verhalten. Oft sprachen sie mit gefalteten Händen, fast so, als stünden sie in einem Rathaus oder vor einer Behörde. Wenn die anderen Pastoren beteten, liefen sie dabei hin und her und ihre Stimmen waren voller Leidenschaft; Peter und Enoch blieben stehen, wo sie waren, wenn sie China vor den Herrn brachten.

Aber auch wenn wir in unserem äußeren Verhalten unterschiedlich waren – unsere Ziele waren dieselben. Unsere Zusammenkünfte waren geheim, aber alle Hauskirchen durften daran teilnehmen, und obwohl wir Geschichte machten, ging es zwanglos zu, wenn wir zusammen waren.

Wir hatten beschlossen, uns als Sinim-Gemeinschaft nicht immer am gleichen Ort zu treffen, sondern dass jedes Mal ein anderes Netzwerk die Organisation übernehmen würde. Am 16. März 1997 erhielten wir eine Mitteilung von Peter Xu über das nächste Treffen. Es würde in einem von ihm gemieteten Haus stattfinden. Ich wusste: Wenn Peter dieses Treffen organisierte, würden wir so sicher sein wie in Abrahams Schoß.

Das Treffen war unter anderem deswegen einberufen worden, weil ein besonderer Gast dabei sein würde: Schwester Shu. Schwester Shu war eine ältere, sehr bekannte Dame, die bereits in den Ruhestand getreten war. Angeblich hatte sie sogar die Gunst des ehemaligen Vorsitzenden Deng Xiaoping genossen. Sie lebte in Amerika und würde jetzt für einen Besuch nach China kommen.

Ich wäre gerne zu diesem Treffen gekommen, aber Pastor

Shen Yiping und ich hatten bereits ein Geheimtreffen in Schanghai vereinbart. Alle anderen Netzwerkleiter fuhren zu dem Treffen mit Schwester Shu, das indessen nicht so verlief wie geplant. Nach dem, was mir später berichtet wurde, war Schwester Shu mit dem Ausmaß an Überwachung in China offenbar nicht vertraut. Im Lande angekommen, wusste sie nicht recht, wie sie zu dem vereinbarten Treffpunkt kommen sollte, sodass sie sich kurzerhand bei der Polizei nach dem Weg erkundigte! Der Rest ist schnell erzählt: Die Polizei sprengte das Treffen und verhaftete alle Anwesenden, darunter so „große Fische" wie Peter Xu, Enoch Wang und Bruder Yun. Die Sinim-Gemeinschaft war danach nie mehr dieselbe. Der Sturm der Verfolgung begann zu blasen und keiner von uns entging seiner Wucht. Die Vereinigung der Untergrundkirche in China unter einem Dach war das Letzte, was der Feind wollte, und als klar wurde, dass wir bereit waren, für das Reich Gottes unsere Unterschiede beiseitezulegen, griff er mit voller Wucht an.

Ich wusste, dass es nur eine Frage der Zeit wäre, bevor die Polizei auch mich erwischte, und so beriefen wir gleich ein weiteres Sinim-Treffen ein. Wir hatten ein festes Ziel vor Augen: die Abfassung eines schriftlichen Glaubensbekenntnisses, auf das wir uns alle einigen konnten und das die offizielle Basis der Einheit der Kirche in China sein würde. Im November 1998, als Peter Xu noch im Gefängnis saß, kamen etwa zwanzig von uns zusammen, um dieses Bekenntnis zu formulieren; ein Bruder namens Cannon Zhao schrieb es auf. Es waren keine Ausländer anwesend, denn uns war wichtig, dass dieses Glaubensbekenntnis der Untergrundkirche wirklich unser eigenes Bekenntnis war.

In den beiden Tagen, die wir brauchten, um das Bekenntnis zu Papier zu bringen, boten wir ein eigentümliches Bild.

Jeder von uns betete und blätterte hektisch in seiner Bibel, auf der Suche nach der richtigen Formulierung, um die Position „seiner" Untergrundkirche zum Ausdruck zu bringen, ohne dabei die anderen Netzwerke beiseitezuschieben. Ich beende dieses Kapitel mit einer gekürzten Übersetzung dieses Bekenntnisses:

Glaubensbekenntnis der nicht registrierten chinesischen Hauskirchen

Die Bibel

Wir glauben, dass alle 66 Bücher der Bibel durch Gottes Geist eingegeben sind, der durch Propheten und Apostel zu uns gesprochen hat.

Die Bibel enthält die vollständige, vollkommene Wahrheit. Sie hat die höchste Autorität und niemand darf sich unterstehen, ihr Worte hinzuzufügen oder Worte wegzunehmen.

Die Bibel offenbart klar und deutlich Gottes wunderbaren Plan zur Erlösung der Menschheit und formuliert die höchsten Prinzipien für unser Leben und unseren Dienst. Wir lehnen jede Lehre ab, die leugnet, dass die Bibel Gottes Wort ist, oder die davon ausgeht, dass die Bibel überholt ist oder Fehler hat oder dass man nur Teilen von ihr vertrauen kann. Wir haben die Bibel stets im Kontext zu lesen und dem Geist Gottes zu gehorchen, der uns zeigt, wie wir unseren Mitmenschen die Botschaft von Gottes Wahrheit in rechter Weise nahebringen können.

Im Zweifelsfalle steht die Bibel immer über unserer persönlichen Meinung und unserem persönlichen Denken.

Die Dreieinigkeit

Wir glauben an den einen wahren Gott. Er ist der „Ich bin, der ich bin" – der Heilige Vater, der Heilige Sohn und der Heilige Geist in einer Person. Der Vater, der Sohn und der Geist sind in ihrem Wesen gleich an Herrlichkeit und Ehre. Obwohl Gott Einer ist, hat jede Person der Dreieinigkeit ihre eigene Aufgabe: Der Vater plant unsere Erlösung, der Sohn vollbringt sie und der Heilige Geist offenbart sie. Doch dabei dürfen wir nie vergessen, dass der Vater, der Sohn und der Geist untrennbar sind. Der Heilige Sohn offenbart uns den Vater, und durch den Heiligen Geist erkennen und sehen wir den Sohn. Sie alle wollen von uns angebetet und gelobt werden. Wir beten zum Vater durch den Heiligen Geist, im Namen des Sohnes.

Wir glauben, dass Gott das Universum und alles, was in ihm ist, erschaffen hat, dazu den Menschen nach seinem Bilde. Mit seiner großen Macht erhält er das Universum und herrscht über die Geschichte der Menschheit. Der allmächtige Gott ist ein Gott der Gerechtigkeit, Heiligkeit, Treue und Güte, der allwissend und allgegenwärtig ist. Der Heilige Sohn und der Heilige Geist sind ewig. Der Vater hat den Sohn gezeugt, und der Vater und der Sohn senden den Heiligen Geist hinaus in die Welt.

Gott ist Geist und nur durch seinen Geist können Menschen ihn so anbeten, wie er wirklich ist. Er ist der einzige Gott, den Christen anbeten dürfen.

Christus

Wir glauben, dass Jesus Christus der einzige Sohn Gottes ist. Er wurde Fleisch und kam in die Welt. Er wurde als Mensch versucht, aber sündigte nicht. Er ließ sich bereitwillig kreuzigen, damit wir, die an ihn glauben, durch sein Blut frei würden von der Macht des Bösen und von unseren Sünden. Am dritten Tag wurde er vom Tod auferweckt und sitzt jetzt zur Rechten des Vaters, unseres Gottes. Nachdem er den Geist vom Vater empfangen hatte, sandte er ihn zu allen, die an ihn glauben. Am Jüngsten Tag wird Christus wiederkommen und die Welt richten. Alle Christen sind durch Jesus Gottes Kinder geworden, doch sie werden nie Gott gleich sein. Niemand weiß, *wann* Jesus wiederkommen wird, aber *dass* er wiederkommen wird, ist gewiss. Wir verwerfen die Ansicht, Christus sei bereits im Fleisch wiedergekommen, und wenn jemand behauptet, er selbst sei der zweite Christus, so ist er ein Sektierer.

Die Erlösung

Wir glauben, dass jeder wiedergeboren und errettet wird, der seine Sünde bekennt und bereut, Jesus als Gottes einzigen Sohn anerkennt, der zur Vergebung unserer Sünden für uns am Kreuz starb und drei Tage später auferstand, und den verheißenen Geist aufnimmt. Allein durch Gottes Gnade werden alle durch den Glauben mit Gott ins Reine gebracht. Durch den Glauben werden wir vor Gott für gerecht erklärt, empfangen wir den Heiligen Geist und werden wir Kinder Gottes genannt.

Wir glauben, dass Gott uns bis ans Ende in Jesus Christus bewahren wird und dass umgekehrt auch jeder Gläubige bis ans Ende an der Wahrheit Gottes festhalten muss.

Wir glauben, unser Erlöstsein zeigt sich darin, dass der Heilige Geist in uns wohnt. Dieser Geist beweist, zusammen mit dem Zeugnis unseres Herzens, dass wir Gottes Kinder sind.

Der Heilige Geist

Wir glauben, dass der Heilige Geist der Geist Gottes ist und der Geist Christi, voller Wahrheit und Heiligkeit. Der Heilige Geist erleuchtet das Herz, offenbart uns Gottes Wahrheit und zeigt uns, dass Jesus Christus der Erlöser ist. Er leitet die Heiligen auf dem Weg der Wahrheit und hilft ihnen, die Wahrheit zu verstehen. Wenn wir die Gebote Christi befolgen, werden wir viel Frucht bringen. Mit der Kraft des Heiligen Geistes kann jeder, der glaubt, Wunder tun. In Christus gibt Gott der irdischen Kirche verschiedene Geistesgaben, die der Offenbarung der Herrlichkeit Christi dienen. Durch den Glauben und ein verlangendes Herz können Christen die Ausgießung des Heiligen Geistes und das Erfülltsein mit ihm erfahren.

Wir wenden uns gegen die Auffassung, dass mit der Zeit der Apostel auch Zeichen, Wunder und Geistesgaben vergangen seien. Wir verbieten das Reden in Zungen nicht, wir zwingen aber auch niemanden dazu. Wir glauben nicht, dass das Reden in Zungen ein Beweis für das Erlöstsein ist.

Die Kirche

Wir glauben, dass die Kirche aus den von Gott berufenen und in Jesus Christus erwählten Menschen besteht. So wie Christus das Haupt der Kirche ist, ist diese der Leib und das Haus Gottes auf Erden und die Säule und das Fundament der Wahrheit. Vor Ort und in aller Welt besteht die Kirche aus den Gemeinden, die den Glauben rein und unverfälscht bewahrt haben, sowie aus den von Heiligen vergangener Generationen gegründeten Gemeinden.

Die Leitung und Verwaltung der Kirche hat nach biblischen Grundsätzen zu geschehen; ihre Arbeit darf nicht durch weltliche Regeln bestimmt sein, doch müssen die Gläubigen den Gesetzen des Landes, in dem sie leben, gehorchen. Die Geschwister in den Gemeinden müssen ihren eigenen Verpflichtungen nachkommen. Die Kirche muss durch den Geist eins sein in der Wahrheit und in Christus.

Die Kirche hat die Aufgaben, das Evangelium zu predigen, die Bibel zu lehren, die Gläubigen aufzubauen, Missionare auszusenden, den Irrenden nachzugehen und die Botschaft von der Wahrheit Gottes zu bewahren. Die Versammlungen dürfen nicht durch die Zahl der Anwesenden oder die Größe des Versammlungsortes begrenzt werden. Jeder Gläubige hat als Priester des allerhöchsten Gottes die Aufgabe und das Recht, das Evangelium bis an die Enden der Erde zu tragen.

Wir wenden uns gegen den Einsatz der Kirche als politische Kraft.

Wir missbilligen eine Kirche, die von politischer Unterstützung aus dem Ausland abhängig ist.

Wir missbilligen jegliche Aktivitäten, die die Einheit der Völker und Nationen zerstören können.

Der Jüngste Tag

Wir glauben, dass Christus wiederkommen wird, aber den Tag kennt allein der Vater. An jenem Tag wird Christus auf den Wolken und begleitet von mächtigen Engeln in Herrlichkeit wiederkommen. Die, die im Glauben an ihn gestorben sind, werden dann als Erste auferweckt werden; danach werden die noch Lebenden ebenfalls verwandelt werden, sodass sie ihm ähnlich werden, und in die Wolken entrückt werden, um dem Herrn zu begegnen.

Jeder, dessen Name nicht im Buch des Lebens steht, wird in den Feuersee geworfen werden. Himmel und Erde werden durch Feuer vernichtet werden. Auch der Tod und das Totenreich werden in den Feuersee geworfen werden. Doch die, deren Namen im Buch des Lebens geschrieben stehen, werden in den neuen Himmel und auf die neue Erde kommen und für immer bei Gott sein.

Während sie auf die Wiederkunft des Herrn warten, haben die Gläubigen in seinem Dienst zu bleiben. Wer dies tut, wird belohnt werden. Es gibt unterschiedliche Meinungen zu der Großen Trübsal, aber jeder Christ hat sich für das Kommen des Herrn bereit- und wachzuhalten.

Wir danken und preisen unseren himmlischen Vater, der uns geholfen hat, dieses Bekenntnis zu schreiben. Möge es auf allgemeine Zustimmung und Annahme stoßen. Es ist unsere Hoffnung, dass noch mehr Herzen gestärkt werden und bei noch mehr Menschen der Glaube größer wird. Wir freuen uns auf die großen Erweckungen, die noch vor uns liegen.

Der Herr segne die Kirche in China! Er segne das chinesische Volk! Preis und Herrlichkeit, Ehre und Macht sei dem Herrn, unserem Gott! Amen.

Feierlich bestätigt und unterzeichnet:

Für die China Gospel Fellowship: Yiping Shen
Für China Return to the Lord: Rongliang Zhang
Für die China Blessing Church: Xianqi Zheng
Weitere: Junlv Wang
26. November 1998

⊕ Taufe + Abendmahl nicht erwähnt
als größte Streitpunkte

25. Gemeinschaft der Leiden

Als wir unser Glaubensbekenntnis fertiggeschrieben hatten, stellten wir es ins Internet, wo es sofort international Aufmerksamkeit erregte. Wir unterschrieben es alle mit unseren echten Namen, bis auf Peter Xus Schwester, die für ihn eingesprungen war, weil er selbst nicht kommen konnte; sie benutzte ein Pseudonym. Die anderen und ich fanden, dass das Dokument nur dann Sinn machen würde, wenn wir unsere wirklichen Namen benutzten und für das Evangelium an die Öffentlichkeit gingen.

Kaum wurde das Glaubensbekenntnis bekannt, wurden wir alle zu Staatsfeinden Nr. 1, aber obwohl wir jetzt polizeilich gesucht wurden, war unsere Verbindung untereinander enger als je zuvor. Ich bekam einen Draht zu den Kirchen in Anhui und Wenzhou, wie es vorher so nicht möglich gewesen war, und bald schlossen sie sich trotz ihrer Bedenken der Sinim-Gemeinschaft an.

Gegen Ende des Sommers 1999 war die Polizei mir wieder näher auf die Pelle gerückt. Ich ließ bei jedem meiner Schritte die größtmögliche Vorsicht walten. Am 21. August erhielt ich eine Einladung zu einer Veranstaltung der China Gospel Fellowship in Tanghe. Zwei bekannte taiwanesische Pastoren, Yabo Xu und Guanqun Li, kamen nach China, um der Kirche dort mit Vorträgen über die Bibel zu dienen, und sollten in Tanghe zu Gast sein. Ich konnte es kaum erwarten, sie zu hören, wusste ich doch, dass ich von ihnen für mein Leben mit Christus einiges würde lernen können.

Am Morgen des 23. August schien alles normal zu sein. Wir hörten dem Vortrag der Pastoren zu. Doch als die Zeiger der Wanduhr auf die 12 zugingen und es bald Zeit für die

Mittagspause war, hörte ich von hinten ein lautes Geräusch. Sekunden später stürmten bewaffnete Polizisten in den Raum und stießen sofort alle Anwesenden zu Boden. Sämtliche Taschen, Geldbeutel, Rucksäcke und Mobiltelefone wurden konfisziert. Wir waren etwa fünfzig Personen in dem Raum, darunter die beiden Prediger aus Taiwan und Pastor Yiping, Jianguo, Shuqian und Xincai.

Wir wurden zur Polizeiwache abgeführt und verhört. Die Staatsanwaltschaft verlor keine Zeit; im Nu verurteilte ein Richter uns Pastoren zu je drei Jahren Zwangsarbeit im Gefängnis Tanghe. Ich kannte dieses Gefängnis nicht, aber dass ich dort mit meinen Brüdern im Herrn zusammen sein würde, war ein gewisser Trost. Die Bindungen zwischen den Hauskirchen in Fangcheng und Tanghe wurden jetzt noch enger. Das gemeinsame Leiden schweißte uns zusammen. Wir freuten uns darüber, dass wir das Vorrecht hatten, zusammen zu leiden.

Unsere Körper steckten hinter Gittern, eingesperrt in die vier Wände einer Betonzelle, aber unsere Seelen waren in Christus frei. Wir sangen und riefen Halleluja, wir konnten gar nicht anders. Wie ein Gefängnis von innen aussah, wussten wir alle. Wir waren nicht zum ersten Mal inhaftiert; wahrscheinlich wussten wir besser über das Leben in der Haft Bescheid als einige der Wärter. Was für eine Freude, für Jesus im Gefängnis zu sein! Dort im Gefängnis in Tanghe erinnerte Gott mich an ein Lied, in dem es heißt: „Nichts kann uns trennen vom Leib Christi. Wie schön du bist, du Leib Christi! Warte auf die Wiederkunft des Herrn, der uns zu sich in den Himmel holen wird."

Doch während ich im Gefängnis Lieder sang, war meine Familie der Willkür der Polizei ausgeliefert. Mitten in der Nacht kamen sie zu einer Hausdurchsuchung. Sie behandelten meine Frau und meine Kinder wie Verbrecher, während sie das Haus auf den Kopf stellten, Schubladen und Bettdecken inspizierten und alles durchwühlten. Als sie endlich fertig waren und wussten, dass meine Familie keine verbotenen religiösen Gegenstände im Haus hatte, nahmen sie alles mit, was sie für sich persönlich gebrauchen konnten. Es kam oft vor, dass Polizisten bei Razzien Radios, Schirme, Uhren und dergleichen mitgehen ließen.

Es war nicht die einzige Polizeirazzia, die meine beiden kleinen Jungen miterleben mussten. Jahrelang verfolgten diese Szenen sie bis in die Träume. Und meine Frau war ständig nervös und in Alarmbereitschaft; sie wusste nie, wann die nächsten Schikanen kommen würden. Die Menschen, die eigentlich den Auftrag hatten, meine Familie zu schützen und in unserem Land für Recht und Ordnung zu sorgen, verbreiteten stattdessen Angst und Schrecken.

Vor den Verfolgungen und Schikanen schien niemand sicher zu sein. Ich war ein Staatsfeind Nr. 1, aber auch meine Lieben mussten viel durchmachen. Meine Mutter wurde zweimal verhaftet und zu Zwangsarbeit verurteilt – in einem Alter, in dem man eigentlich an den Ruhestand denkt. Auch meine Frau wurde im Laufe der Jahre zweimal verhaftet. 1983, als ich untergetaucht war und die Polizei mich nicht finden konnte, ließ sie ihren Frust an meiner Frau aus. Sie kam ins Gefängnis, sodass meine beiden Söhne eine Zeit lang weder Vater noch Mutter hatten. Später, als sie erwachsen waren, selbst Familien hatten und in der Gemeindearbeit aktiv waren, wurden ihre Frauen verhaftet und inhaftiert. Dies waren mit die härtesten Prüfungen meines Lebens. Nicht zu wissen, ob die Kinder ein Dach über dem Kopf haben oder wie es der eigenen Frau im Gefängnis ergeht, ist eine der grausamsten Strafen, die es gibt.

Aber Gott hat mir eine Frau geschenkt, über die ich immer wieder nur staunen konnte. Sie ist mein größter Schatz und ich wüsste nicht, was ich ohne sie machen sollte. Sie hatte sich ja ihren christlichen Ehemann nicht ausgesucht, aber sie ist ähnlich verfolgt worden wie ich. Jahrzehnte hat sie gelitten, ohne einmal zu klagen. Sie klagte nicht, wenn sie ein Leben auf der Flucht vor der Polizei führen und wieder einmal im Schutz der Dunkelheit die Wohnung wechseln musste. Sie klagte nie darüber, dass wir so arm waren, und fantasierte nie davon, wie schön es wäre, reich zu sein. Immer hat sie mir zur Seite gestanden und mir Mut gemacht, den Willen Gottes zu tun.

1981 erhielt ich einen Brief von einer „Tante" (einer lieben Mutter im Glauben) in Guangzhou (Kanton) in Südchina, in der Nähe der Küste, in welchem sie mir mitteilte, dass gerade mehrere Bibeln angekommen waren und dass sie sie mir zukommen lassen wollte. Meine Frau stand damals kurz vor der Geburt unseres zweiten Sohnes, aber als sie hörte, dass ich hier eine einmalige Chance hatte, an Bibeln zu kommen, sagte sie zu mir: „Fahr nur da hin, ich schaffe das schon. Du hast mehr davon, wenn du die Bibeln holst, als wenn du bei der Geburt dabei bist."

Als ich mit den Bibeln zurückkam, war unser jüngerer Sohn schon auf die Welt gekommen. In den dunkelsten Stunden im Gefängnis waren es immer die Erinnerungen an meine Frau, die mich davor bewahrten, aufzugeben. Sie machte mir Mut und stärkte meinen Glauben. Soweit Besuche im Gefängnis erlaubt waren, kam sie treu und regelmäßig, wann immer sie konnte. Sie ließ keinen Besuchstag aus und vergaß keinen Feiertag oder Geburtstag. Sie sorgte immer dafür, dass ich extra Lebensmittel, Geld und Medikamente bekam.

Insgesamt bin ich fünfmal verhaftet worden und habe über

fünfzehn Jahre in Gefängnissen und Lagern verbracht. Wie kann ich meiner Frau diese Jahre wiedergeben? Sie hat ihre Jugend damit verbracht, mir in meinen dunkelsten Stunden zu helfen. Das Warten auf ihren nächsten Besuch machte meine Tage in der Haft heller, und wenn sie dann wieder gehen musste, riss dies ein tiefes Loch in meine Seele.

In den langen Jahren im Gefängnis hatte ich Zeit, darüber nachzudenken, wie viel meine Frau mir bedeutet. In meinem Besitz ist eine kleine Sammlung von Gedichten, die ich damals über sie verfasst habe. Hier sind ein paar Kostproben:

Du hast so viel verloren
auf deinem ruhelosen Weg.
Wir sind ihn zusammen gegangen, diesen Pfad des Leidens,
aber der Herr hat uns unter seinen Flügeln beschirmt.
Deine Liebe hat sich nie in Worten ausgedrückt, sondern durch deinen Dienst.
Du suchtest nur Frieden – und musstest Leid tragen.
Du hast das Leid nie abgelehnt,
sondern als Gabe des Herrn entgegengenommen.

Deine Arbeit auf den Feldern war nicht leicht, aber sie geschah in Liebe.
Die Pflanzen erkennen dich wieder,
die Blumen lächeln und winken dir zu,
die Morgenvögel sagen dir Ade,
das Korn schaut, wie du vorübergehst.
Sie alle wissen, dass du ihnen Leben bringst mit deiner lieben Arbeit.

Millionen Menschen sind durch dich gesegnet worden.
Ihre Seelen füllen die Erde von Nord nach Süd,

dank deiner Arbeit.
Ohne dich wäre ich im Gefängnis verloren gewesen.
Du bist die unzertrennliche Freundin Gottes.

Von der Jugend bis zum Alter hast du nicht aufgehört, für mich Opfer zu bringen.
Deine Beine sind schwächer geworden.
Deine Zähne sind weniger geworden.
Dein Augenlicht ist trüber geworden.
Erniedrigung, Spott und Lügen füllen die Erinnerungen an deine Jugend.
Nie hast du die Hoffnung auf die Zukunft aufgegeben,
weil du weißt: An der Ziellinie wartet Gott.

Nach wenigen Monaten wurde ich im Februar 2000 aus der Haft entlassen, weil ich ernsthaft erkrankt war und medizinische Behandlung brauchte.

26. Besuch in den USA

Das Jahr 2000 war ein schweres Jahr für die Sinim-Gemeinschaft. Pausenlose Verfolgungen schienen sie in eine Sackgasse zu führen. Ihre Leiter wurden entweder verhaftet und ins Gefängnis geworfen oder verließen China. Peter Xu saß in Xinxiang im Gefängnis, Shen Yiping in Luo Yang, Zhang Xianqi in Bengbu, Zheng Shuqian in Pingdingshan, Miao Zhitong in Wenzhou und Bruder Yun in Birma. Chen Xiao Fu und ich kamen ins Gefängnis Tanghe, wurden aber früher freigelassen als die anderen.

Das Regime hatte die Leitung der Sinim-Gemeinschaft im Würgegriff wie eine Python ein Kaninchen, aber wir waren alle Kinder der Verfolgung, und in den Verfolgungen hatten wir gelernt, dass Gottes Liebe zu uns eines der wenigen Dinge ist, die sich nicht ändern. Die Wanderdünen dieser Welt und die trügerische Hoffnung auf Sicherheit ändern sich ständig, aber Gottes Liebe nicht.

Ich schrie zu Gott, in dem Wissen, dass die Einheit der Kirche in Christus liegt und nicht in irgendwelchen irdischen Leitern. Waren auch die Leiter zu Boden und ins Gefängnis geworfen worden, ich wusste: Der Leib Christi ist unzerstörbar. Und ich begann, ein chinesisches Lied zu singen, in dem es heißt: „Ob Stürme oder rasendes Feuer, wie schlimm es auch kommt, das grüne Gras geht nicht unter. Das grüne Gras wird weiterwachsen, bis zu den Enden der Erde."

Wer in der Not auf den Herrn wartet, wird erquickt werden. Ich wusste es damals noch nicht, aber Gott war dabei, der Kirche in China zu einer noch größeren Einheit unter den Gläubigen zu verhelfen. Gruppen, die früher der Sinim-Gemeinschaft skeptisch gegenübergestanden hatten, legten ihre Bedenken beiseite. Wie im letzten Kapitel schon erwähnt, schlossen sich zwei große Netzwerke in Anhui sowie die Kirchen in Wenzhou uns an.

Die Einheit, die heute zwischen den Untergrundkirchen in China existiert, verdanken sie der Sinim-Gemeinschaft, ja ich zögere nicht, in den Freiheiten, die die Christen im heutigen China genießen, eine Frucht der Arbeit dieser Gemeinschaft zu sehen. Hätten sich nur 500 Christen den Maßnahmen der Regierung entgegengestellt, das Regime hätte sie alle mit Leichtigkeit wegfegen können. Wären es 5.000 gewesen, hätte man sie vielleicht alle inhaftiert. Aber als wir uns zusammenschlossen, waren wir mehrere Millionen, und das war ein harter Brocken für das Regime.

Wir kommen heute nicht mehr unbedingt unter dem Namen „Sinim-Gemeinschaft" zusammen, aber alle Leiter treffen sich ein-, zweimal im Jahr auf der Basis dessen, was wir in den 1990er-Jahren aufbauten. Wir haben einen turnusmäßigen Wechsel im Vorstand und auch die Veranstaltungsorte wechseln. Seit Peter Xu China verlassen hat, sind keine Vertreter seiner Gruppierung sowie der von Enoch Wang mehr zu unseren Treffen gekommen, aber wir Übrigen treffen uns weiterhin, machen einander Mut und planen die Zukunft der Kirche in China.

Im Jahre 2000 machte die Sinim-Gemeinschaft die Christen in aller Welt auf die Situation in China aufmerksam, und ich bekam Einladungen zu Vorträgen in Gemeinden im Ausland. Doch da ich in China als vorbestraft galt, weigerte die Regierung sich, mir einen Reisepass auszustellen. Ich weiß schon nicht mehr, wie oft ich einen beantragte, aber jeder Antrag wurde abgelehnt.

Doch 2000 war auch ein Jahr der Modernisierungsschübe in China und dies ermöglichte es mir, dann doch Reisen ins

Ausland zu machen. Mehrere chinesische Städte gingen auf Expansionskurs. Sie wollten Zugang zu den Modernisierungsbudgets, mit denen das Gesicht Chinas verändert wurde, und je mehr Fläche und je mehr Bevölkerung sie vorzuweisen hatten, umso mehr Einfluss und staatliche Gelder konnten sie erwarten. Die Vergrößerung der Fläche war für Städte wie Zhengzhou kein Problem, aber sie brauchten mehr Bewohner für die neuen Vororte. Um diese zu bekommen, starteten sie ein Regierungsprogramm, unter welchem man gegen Zahlung einer Gebühr neue Ausweispapiere bekam, die einen dazu berechtigten, legal in der Stadt zu leben und zu arbeiten.

Dieses Programm wurde derart gut angenommen, dass die Behörden eine Zeit lang den Überblick verloren. Mitglieder unserer Kirche hatten Beziehungen zu den Behörden, die die neuen Ausweise ausgaben, sodass ich unter einem anderen Namen solch einen Ausweis erwerben konnte. Er kostete nur ein paar Hundert Renminbi oder 25 bis 35 US-Dollar, und mit ihm konnte ich (ebenfalls unter dem anderen Namen) problemlos einen Reisepass beantragen.

Als ich in Ximi in der Provinz Henan meinen Pass beantragte, hatte ich keine Angst, dass jemand mich erkennen könnte. Die meisten Menschen hier waren Neuankömmlinge wie ich und standen Schlange für ihre Ausweise, die sie offiziell als Bewohner der Stadt auswiesen, wie das chinesische kommunistische System dies verlangt. Ohne solch einen Ausweis kann man nicht legal eine Wohnung mieten, die Kinder in der Schule anmelden oder einen Arbeitsplatz in einer anderen Gegend bekommen. Mit meinem Reisepass war ich nun über Nacht in der Lage, ins Ausland zu reisen. Ich verließ China elfmal und besuchte dabei die USA, Kanada, Australien, Thailand, die Philippinen, Ägypten und Jordanien.

Bevor ich zu meiner ersten Reise in die USA aufbrach, dachte ich darüber nach, was für Opfer die USA, aber auch England in der Vergangenheit für meine Landsleute gebracht hatten. Viele Nationen der Welt haben sich bemüht, das Evangelium nach China zu bringen, aber die USA und England ganz besonders, und ich bin diesen beiden Ländern unendlich dankbar. Irgendwie fühlte ich mich verpflichtet, die Christen in Amerika zu besuchen und ihnen für das, was sie für mein Volk getan hatten, zu danken. Als chinesischer Christ war ich ja ein Nutznießer der Opfer, die sie gebracht hatten, und es war meine Pflicht, sie zu besuchen. Ich wollte den Kirchen in Amerika auch berichten, wie die Lage in China sich seit der Kulturrevolution entwickelt hatte und was ihre Unterstützung, ihre Gebete und Opfer bewirkt hatten. Und ich konnte es nicht erwarten, ihnen von der gewaltigen Erweckung zu berichten, die wir gerade erleben durften.

Zusammen mit mir reisten Xiao Min (die Liederdichterin) und Schwester Ding. In den USA angekommen, staunten wir nur so über das, was wir sahen. Die Namen der Städte, in die wir reisten, waren mir alle unbekannt. Ich konnte weder die englischen Schilder lesen noch die Durchsagen in den Flughäfen verstehen, aber ich konnte es nicht erwarten, eine richtige amerikanische Kirche zu erleben. Ich staunte, wie viele Kirchengebäude man hier sah. Selbst auf dem platten Land sah man Kirchen, die unversehens aus den Feldern emporzuwachsen schienen.

Einer der großen Unterschiede zwischen dem amerikanischen und dem chinesischen Lebensstil schien mir das Verhältnis zur Natur zu sein. Da saßen die Amerikaner auf ihren Terrassen oder auf Parkbänken und aßen und um sie herum flatterten munter die Vögel, ja landeten ein, zwei Schritte entfernt von ihnen, um die Krumen aufzupicken. Diese Vögel schienen überhaupt keine Angst zu haben. Wer noch nie in China war, wird dies merkwürdig finden, aber ich konnte meinen Augen kaum trauen. In China hüten die Vögel sich, essenden Menschen zu nahe zu kommen, denn wenn sie nicht aufpassen, landen sie im Kochtopf.

Ich weiß noch gut, wie ich das erste Mal in eine amerikanische Kirche ging. Es war eine Pfingstgemeinde, die nur aus Weißen zu bestehen schien. Ich hatte immer gedacht, dass wir Chinesen temperamentvolle Gottesdienste hätten, aber gegen diese Kirche waren wir gar nichts! Der Gottesdienst war so laut, dass ich dachte: „Wenn das lange so weitergeht, wirst du taub und musst dir anschließend von Jesus die Ohren heilen lassen."

Als der Pastor mich der Gemeinde vorstellte, brach der ganze Saal in lautstarken Beifall aus. Diese Menschen waren richtig begeistert, mich zu sehen. Ein Bruder aus Taiwan trat nach vorne, um mich zu übersetzen. Würde er mit meinem Henan-Akzent zurechtkommen? Aber er hatte etliche Jahre in Südchina gelebt und verstand mich gut. Die Gemeinde hing mir und ihm förmlich an den Lippen. Wachte ich oder träumte ich? Jetzt predigte ich das Evangelium in Amerika! Ja, unerhörter noch: Ich stand offen auf einem Podium, ein Mikrofon in der Hand, und brauchte keine Angst davor zu haben, dass Passanten auf der Straße mich hörten.

Wie meine Worte oder ich selbst auf diese Christen wirkten? Ich weiß es nicht, außer dass sie, als ich fertig war, zu beten begannen. Ich staunte, was für eine Leidenschaft aus diesen Gebeten klang. Dieser Gemeinde schien China richtig am Herzen zu liegen! Nach dem Gebet trat der Pastor auf das Podium und hielt eine kleine Rede, in der es darum ging, dass die Kirchen in China Geld brauchten. Darauf kamen mehrere Männer nach vorne, die jeder eine Art Teller in der Hand hielten, und fingen an, die Teller durch die Reihen zu reichen. Was machten die da? Dann dämmerte es mir: Die sammelten Geld ein!

Eine solche Kollekte hatte ich zu Hause in China noch nie erlebt. Und so wie hier war es auch in allen anderen amerikanischen Gemeinden, die ich besuchte. Wenn ich gesprochen hatte, wurde eine Kollekte für China eingesammelt, und die Menschen legten ganz unbekümmert ihre Geldscheine oder Münzen auf die Kollektenteller. Es war ein völlig anderes System als in China, wo wir versuchen, uns an Matthäus 6,3-4 zu halten und beim Spenden die linke Hand nicht wissen zu lassen, was die rechte tut. Die meisten Gemeinden, mit denen ich arbeitete, waren auf dem Land, wo man, wenn die Erntezeit da war, seinen Zehnten gab, je nachdem, wie groß die Ernte war. Viele Gemeindeglieder spendeten vielleicht zweimal im Jahr und nicht jede Woche. Die meisten Leiter in den chinesischen Kirchen haben an die zwanzig führende Mitarbeiter unter sich, die für die verschiedenen Städte oder Provinzen stehen; unter diesen kommen die verschiedenen Bezirke und unter diesen wiederum die Dörfer. Der typische chinesische Christ gibt seine Spenden dem Kassenwart seiner Gemeinde, und das Geld wird „nach oben“ weitergeleitet.

Als ich das erste Mal eine amerikanische Kollekte erlebte, war ich, ehrlich gesagt, etwas befremdet. So offen spenden – war das biblisch? Doch nach meinem Amerikabesuch fing ich an, mich näher mit der amerikanischen Art der Kollekte zu beschäftigen, und kam schließlich zu dem Schluss, dass sie doch mit der Bibel übereinstimmt. Jesus sah, wie viel die arme Witwe in Markus 12,41-44 in den Opferkasten im Tempel einlegte. Geheimniskrämerei in der Gemeinde bietet dem Teufel leicht Gelegenheiten, Menschen, die Jesus nachfolgen, anzugreifen. Mein Besuch in den USA hat mich zu der Überzeugung gebracht, dass die Amerikaner deswegen so reich sind, weil sie so großzügig spenden.

Nach China zurückgekehrt, konnte ich es kaum erwarten, meine amerikanischen Brüder und Schwestern wiederzusehen. Doch die Zeit meiner Auslandsreisen sollte bald zu Ende sein.

27. Beschattet

Das Benutzen eines Decknamens wurde allmählich kompliziert. Die Postanschrift für meinen zweiten Namen war oft mit der für meinen richtigen Namen identisch. In unserer Gemeinde gab es einen lieben Bruder, der Regierungsbeamter war, und er benutzte oft seine Adresse für an mich gerichtete Briefe. Meine ganze Post lief über ihn. Dann kam eines Tages eine Einladung von einer Gemeinde in den USA, die wollte, dass ich zu ihr kam und ihr von den erstaunlichen Entwicklungen in China berichtete. Nun, der Brief wurde vom chinesischen Zoll geprüft; die Beamten konnten durch den Umschlag hindurch den Text lesen und sahen, dass es sich um eine Einladung von Christen in den USA handelte.

Die Zollbeamten wandten sich an die auf dem Brief angegebene Adresse, also den Bruder in der Gemeinde, und baten um Aufklärung. Der Bruder kannte meinen Decknamen nicht und als man ihn fragte, für wen er diese Post empfing, nannte er meinen richtigen Namen. Worauf die Behörden eins und eins zusammenzählten und zu dem Ergebnis kamen, dass ich mir mit einem erfundenen Namen einen Pass erschlichen hatte, mit dem ich jetzt um die Welt reiste.

Die Polizei begann sofort mit Ermittlungen. Sie wusste, dass sie es mit jemandem zu tun hatte, der seit vielen Jahren immer wieder Katz und Maus mit der Regierung spielte, und war entschlossen, mich zu kriegen. Aber ich war noch entschlossener, dass sie mich nicht kriegten. Seit meiner letzten Verhaftung hatte die Polizei ihre Taktik verändert, während ich meine Vorsichtsmaßnahmen verbessert hatte. Oft hielt ich mich in einer sicheren Wohnung auf, von der nur ganz wenige Menschen wussten. Es war eine Privatwohnung in einer ruhigen Ecke am Rande der Stadt Zhengzhou, die offiziell an jemand anderen vermietet war und von der aus man gut sehen konnte, ob irgendwelche Polizeiagenten im Anmarsch waren.

Ich hatte den Großteil meines Lebens auf der Fahndungsliste der Polizei gestanden, sodass die Liste meiner bekannten Komplizen kein Geheimnis war. Ein Glaubensbruder – ein lieber Kollege, dem ich vertraute – wusste zwar nicht, wo ich wohnte, aber dafür eine meiner Handy-Nummern. Es war eine Nummer, die ich nur meinen besten Freunden gab. Irgendwie nahm die Polizei ihn in die Mangel. Ich werfe ihm nichts vor und kann nur darüber spekulieren, wie es dazu kam, dass er ihr die Nummer gab. Er war gerade aus dem Gefängnis freigekommen, als er erneut verhaftet und meinetwegen verhört wurde. Vielleicht drohten sie ihm an, ihn zurück ins Gefängnis zu schicken, vielleicht wollte er sich auch mit den Behörden gutstellen. Wie auch immer – die Polizei erfuhr diese Handy-Nummer, die sie daraufhin erfolgreich benutzte, um mir auf die Spur zu kommen.

Es dauerte nicht lange und die Polizei wusste, wo ich war – und ich merkte, dass etwas nicht stimmte. Ich hatte das Gefühl, dass ich beschattet wurde. Als jemand, der einen Großteil seines Lebens auf der Flucht vor der Polizei war, habe ich oft ein Gespür dafür, ob eine Gefahr echt oder nur eingebildet ist. Als ich dieses komische Gefühl bekam, fing ich an, darauf zu achten, ob in der Nachbarschaft Menschen auftauchten, die nicht dorthin gehörten. Als ich auf der gegenüberliegenden Straßenseite verdächtig unverdächtig aussehende Männer sah, die zu meinem Fenster hinschauten, dämmerte mir, dass mein Aufenthaltsort bekannt geworden war. Dann kamen in regelmäßigen Abständen Männer in meinen Hof und schauten in mein Fenster hinein. Sie wechselten einander richtig ab. Ich wusste immer noch nicht, warum sie mich beobachteten, aber mir war klar, dass ich handeln musste, und das schnell.

Ich bat mehrere Freunde, denen ich vertraute, mir beim Umzug in eine andere Wohnung zu helfen. Wir luden meine Siebensachen in einen Lieferwagen und fuhren los. Ich merkte bald, dass ein Pkw uns folgte. Wir versuchten, uns ganz normal zu verhalten und uns nicht anmerken zu lassen, dass uns der Wagen aufgefallen war. Ich betete still darum, dass dieses Auto nur per Zufall den gleichen Weg fuhr wie wir.

Wir erreichten meine neue Wohnung und gingen hinein. Ich bat meine Helfer, das Haus in Zweiergruppen zu verlassen und besonders vorsichtig zu sein, da jemand uns gefolgt war. Als alle weg waren, kam der nächste Programmpunkt: das Haus zu verlassen, ohne dass meine Beschatter mir folgten. Es gab nur einen Eingang – nicht ganz das Ideale, um sich unbemerkt davonzuschleichen, aber ich hatte keine Wahl. Als ich die Wohnung verließ, hielt ich meinen Kopf gesenkt und versuchte, so unauffällig wie möglich zu sein. Ich kannte die Nachbarn nicht und sie kannten mich nicht. Ich hoffte, dass alle Menschen, denen ich begegnete, nichts weiter als Nachbarn waren, die ich noch nicht kannte.

Langsam ging ich in Richtung Straße. Aus dem einen Augenwinkel sah ich, wie ein Mann auf mich zukam. Er trug keine Uniform, sondern normale Kleidung, aber sein Schritt war fest und wurde zusehends schneller. Dann sah ich aus dem anderen Augenwinkel, wie noch ein Mann kam. Und noch einer. Ich wusste nicht, wer sie waren, aber sie schienen zu wissen, wer ich war.

Es wurden immer mehr. Jetzt hatten sie mich umzingelt. „Zhang Rongliang?“, fragte der, der mir am nächsten stand.

Noch bevor ich ihm fertig geantwortet hatte, stürzten sie sich laut fluchend auf mich. Sie waren alle in Zivil, warfen mich zu Boden und durchsuchten mich. Sie nahmen mir mein Handy ab, meine Brieftasche und was sonst noch in meinen Taschen war.

„Ich verbitte mir diese Ausdrücke, die Sie da benutzen", sagte ich, während sie mich durchsuchten. „Ich bin ein Christ. Ich glaube an Jesus Christus. Bitte gebrauchen Sie mir gegenüber nicht solche Worte." Ich staunte über mich selbst. Ich war nicht mehr der junge Mann, den die Polizei vor vielen Jahren das erste Mal verhaftet hatte. Und die Polizisten waren auch nicht dieselben. Dies waren eine andere Zeit und ein anderes China, in dem ich gewisse Rechte hatte. Der Leiter des Einsatzkommandos schrie mich nicht an, sondern entschuldigte sich, und die Flüche und Obszönitäten hörten schlagartig auf.

Einer der Beamten begann, die Nummern im Adressbuch meines Mobiltelefons durchzugehen. Noch bevor sie mich in ihren Wagen geschoben hatten, begann es zu klingeln. Es waren Anrufe von Freunden, die wissen wollten, ob ich in Sicherheit war. Sie ahnten nicht, dass sie mit ihren Anrufen uns alle in zusätzliche Gefahr brachten.

Man fuhr mich zum Polizeirevier, wo ich verhört wurde. Anders als früher, wurde ich nicht geschlagen, stattdessen gab es ein wahres Bombardement aus Fragen, Drohungen und Versprechen. Ich weiß nicht, ob die Zuckerbrot-und-Peitsche-Methode schon früher in China benutzt worden war; wenn ja, hatte ich immer die Peitsche abgekriegt. Jedes Mal, wenn mein Handy wieder klingelte oder die Beamten jemand Neues befragen konnten, hielten sie mir die neue Information vor die Nase und forderten mich auf, mich dazu zu äußern.

Während ich im Polizeirevier war, fuhr die Polizei zu meinem Haus, wo sie vier Geräte zum Kopieren von CDs und VCDs fand (Letzteres ein Videoformat, das damals in China populär war). Sie fand auch Speicherkarten. Mein älterer Sohn hatte in seinem Zimmer eine Speicherkarte liegen lassen, die zahlreiche finanzielle Informationen über unsere Kirche enthielt, darunter Angaben darüber, woher wir unser Geld bekamen und wozu wir es verwendeten.

Mein jüngerer Sohn flüchtete aus der Stadt. Zwei Tage später war er in Thailand, von wo aus er in die USA flog. Sobald ich wusste, dass er aus dem Land und in sicherer Entfernung war, fing ich an, ihn als den Hauptverantwortlichen zu bezeichnen.

Die Polizisten fragten mich: „Was ist die Rolle Ihres Sohnes in dieser Angelegenheit? Wir wissen, dass er eine Rolle spielt; wir haben diese Sachen in seinem Zimmer gefunden."

Ich erwiderte: „Mein ältester Sohn ist psychisch gestört. Bei ihm reicht es gerade zum Autofahren. Er ist geistig nicht in der Lage, etwas so Kompliziertes wie die Leitung eines Hauskirchennetzwerkes zu übernehmen."

Von den Verhören ermüdet, sagte ich den Beamten, dass sie besser meinen jüngsten Sohn befragten, der im Prinzip der Kopf hinter der ganzen Hauskirche war. Sie begannen darauf eine landesweite Fahndung nach meinem Jüngsten, aber es war schon zu spät. Er hatte das Land bereits verlassen, sie würden ihn nicht mehr kriegen. Alles, was sie hatten, war ich.

28. Der Prozess

In den ersten zwei Monaten meiner Haft wurde ich jeden Tag verhört, wobei es einzig und allein um die Strukturen der Gemeinden ging. Viele der jüngeren Verhörbeamten bekamen zum ersten Mal in ihrem Leben Einblick in die Hauskirchenbewegung, während die älteren sich schon recht gut auskannten.

Aber auch wenn sie viel wussten, konnten sie sich nicht vorstellen, warum denkende Menschen sich diesem „verrückten Aberglauben" anschlossen. Ständig suchten sie nach verdeckten Motiven. Und nach dem Geheimnis meiner „subversiven Verführungskräfte". Was war es nur an mir, das so viele Leute dazu brachte, sich einer illegalen Bewegung anzuschließen, ja Kopf und Kragen zu riskieren für diesen religiösen Unsinn? War es Geld? Oder Macht? Aber die Antworten, die sie suchten, bekamen sie nie.

Ich hielt die Augen offen nach einem Signal (und wenn es noch so klein wäre), dass sie mich freilassen würden. Aber sie machten weiter mit ihren Drohungen: „Wenn Sie uns nicht mehr Informationen geben, sorgen wir dafür, dass Sie im Gefängnis verschimmeln!" Worauf ich zum x-ten Male wiederholte, dass der Mann, den sie fragen müssten, mein jüngerer Sohn war.

Als die zwei Monate vorbei waren, bekam ich (was es früher nie gegeben hatte) einen Rechtsanwalt, der mich vor Gericht verteidigen sollte. Jetzt entdeckte ich, dass der Prozess gegen mich nichts mit meiner Rolle in der Untergrundkirche zu tun haben würde; es würde allein um die Erschleichung von Reisedokumenten gehen. Merkwürdig – die Verhörbeamten hatten bislang kein einziges Mal meinen Decknamen und den Pass angesprochen. Vor Gericht würde es also genau umgekehrt sein. Konkret gab es zwei Anklagepunkte: erstens gefälschte Angaben auf amtlichen Dokumenten, um in den Besitz eines Reisepasses zu kommen, und zweitens das heimliche Verlassen des Landes zu subversiven Zwecken.

Die nächsten sechs Monate arbeitete ich mit meinem Anwalt an meiner Verteidigung. Verwandte und Freunde beteten täglich für mich und aus der ganzen Welt kamen Briefe, die mich in Schutz nahmen und um meine sofortige Freilassung ersuchten.

Als der Gerichtstermin endlich kam, hatten mein Anwalt und ich alles Nötige vorbereitet, um die Klage zurückzuweisen. Bevor die Polizei mich in den Gerichtssaal führte, nahm sie mir meine Handschellen ab. Der Prozess fand nicht hinter verschlossenen Türen statt, war aber auch nicht gegenüber den Medien angekündigt worden. Weder Fernsehsender noch Zeitungsreporter hatten von meiner Verhandlung erfahren. Als ich den Gerichtssaal betrat, sah ich, dass viele Freunde aus der Gemeinde da waren, aber keiner von meinen Verwandten. Obwohl wir acht Monate auf den Gerichtstermin hatten warten müssen, war dieser nicht vorher bekannt gegeben worden, sodass meine Familie nicht wusste, wann sie anreisen musste. Die Obrigkeit wollte offensichtlich den Prozess durchführen, das Urteil sprechen und mich ins Gefängnis schicken, ohne in die Verlegenheit zu kommen, dass irgendwelche weinenden Verwandten das Gericht um Milde baten und dadurch andere Prozessbesucher womöglich Mitleid mit mir bekamen.

Ich nahm vor dem Richter Platz, bereit, das Plädoyer meines Verteidigers zu hören. „Zhang Rongliang", begann der Richter, „Sie sind in zwei Punkten angeklagt. Sie sind über beide Anklagepunkte informiert worden und haben einen

Rechtsbeistand bekommen. Bekennen Sie sich schuldig oder nicht schuldig?" Seine Stimme war emotionslos. Falls dies kein Routinefall für ihn war, ließ er es sich nicht anmerken. Er war ganz das hohe Gericht.

Die Zeiten hatten sich seit den 1970er- und 1980er-Jahren geändert. Das ganze Verfahren war geregelter als damals. Der Buchstabe des Gesetzes hatte mehr Inhalt und Gewicht, was sich zugunsten des Angeklagten auswirkte. Fast fünfzig Jahre lang hatte die Rechtsprechung in China praktisch in den Händen der Partei gelegen. Die Befehle, die die Funktionäre erhielten bzw. ausführten, standen in keinem Buch; sie waren nicht greifbar genug gewesen, um sich dagegen zu verteidigen. In einem Saal voller kommunistischer Ankläger konnte man sich auf keinen Paragrafen berufen, der geeignet gewesen wäre, jemanden zu retten. Heute ist China auf dem Weg in eine zivilisiertere Gesellschaft mit festen Gesetzen, in der die Menschen das gute Recht haben, sich gegen das Vorgehen der Obrigkeit zu verteidigen. Das wirkt sich natürlich nicht immer zugunsten der Christen aus, aber es gibt ihnen mehr Chancen als in der Vergangenheit.

„Ich erkläre mich für nicht schuldig."

Den Gesichtern im Saal nach zu urteilen waren die meisten Anwesenden von diesem einfachen Satz nicht überrascht. Als Nächstes trug der Anklagevertreter sein Plädoyer vor. Dann war mein Rechtsanwalt an der Reihe. Er hielt sich an die Verteidigungslinie, auf die wir uns geeinigt hatten. Er stellte klar, dass mein Reisepass keine Fälschung war. Ich hatte ihn ganz legal beantragt und bekommen. Der Name auf dem Pass war mein Deckname. Ich hatte das Recht, in andere Länder zu reisen. Ich hatte diese Reisen ganz offen vorgenommen und mir keinerlei subversive Aktivitäten zuschulden kommen lassen. Der Anwalt legte dem Gericht meinen Pass als Beweisstück vor und zeigte auf die Stempel, die zeigten, dass ich legal aus China aus- und wieder nach China eingereist war. Er führte aus, dass die Behörden mir zu Unrecht einen Pass verweigert hatten, als ich diesen viele Male unter meinem richtigen Namen beantragte.

Der Richter hörte sich alles an, dann verkündete er mit strenger Stimme und unveränderter Miene das Urteil: „Schuldig." Es klang ebenso absolut wie trocken – so völlig emotionslos, dass ich auf eine Fortsetzung wartete, irgendeine Erläuterung oder Erklärung. Überlegte der Richter vielleicht noch? Aber da kam nichts.

Ich war also schuldig gesprochen worden. Aber das Strafmaß hatte der Richter nicht genannt. Man führte mich zurück ins Gefängnis, um das genaue Urteil abzuwarten. Nach kurzer Zeit legte man mir ein Dokument vor. Ich nahm es in die Hand und las es. Unten auf dem Blatt starrte mir Chinas bekannter roter Stern mit dem Kreis entgegen; dies hier war also hochoffiziell. Den Großteil des Textes überflog ich nur. Wo stand das Urteil? Da unten, fast am Ende der Seite: „Für seine Vergehen wird Zhang Rongliang hiermit zu acht Jahren Gefängnis verurteilt."

Acht Jahre … Der Alltag hatte mich wieder: Rein ins Gefängnis, raus aus dem Gefängnis. Es war eine emotionale Achterbahn, für die ich allmählich zu alt war. Ich ging in die Berufung. Umsonst. Das Regime wollte mich hinter Gitter bringen. Mich rein wegen meiner religiösen Aktivitäten zu inhaftieren, wäre ein diplomatischer Albtraum gewesen, aber ich hatte dem Regime mit meinem Reisepass eine Steilvorlage gegeben. Jetzt konnten sie mich wegsperren, ohne sich mit der religiösen Sache auseinandersetzen zu müssen. In den Augen der Behörden war ich kein religiöser Fall mehr, sondern ein gewöhnlicher Verbrecher, der nachweislich im Besitz falscher Ausweispapiere gewesen war, die er illegal erworben hatte. Es war die perfekte Erklärung, falls je irgendwelche Menschenrechtler Fragen stellen sollten.

Man schickte mich ins Kaifeng-Gefängnis in der Provinz Henan. Als ich durch das Tor ging, musste ich an den chinesischen Politiker Liu Shaoqi denken, der dort gestorben war. Liu Shaoqi ist Chinas vergessener Präsident. Die meisten Menschen im Westen und selbst viele Chinesen glauben nichts anderes, als dass Mao Zedong der einzige Führer des frühen kommunistischen China war. Doch etwa zehn Jahre lang, von 1959 bis 1969, war Liu Shaoqi Chinas Präsident. Er hatte andere Vorstellungen von der Zukunft des Landes und machte sich so Mao Zedong zum Feind. 1969 kam er ins Kaifeng-Gefängnis, wo er wiederholt misshandelt wurde. Er bekam keine Medikamente für seinen Diabetes und wurde schließlich tot auf dem Boden seiner Zelle gefunden, in seinem eigenen Kot und Erbrochenen. Seine Leiche wurde verbrannt; seine Familie setzte man erst nach drei Jahren über seinen Tod in Kenntnis.

Werde ich auch hier sterben?, fragte ich mich. Es war durchaus möglich, ja sogar wahrscheinlich. Wie Liu Shaoqi kam auch ich als politischer Gefangener in dieses Gefängnis. Auch mit meiner Gesundheit stand es nicht zum Besten, und ich wusste nicht, ob ich die Zwangsarbeit überstehen würde. Ich hatte das bohrende Gefühl: *Hier kommst du nicht wieder lebendig raus.*

29. Politischer Gefangener

Man führte mich in meine Zelle, die ich, je nach Jahreszeit, mit zehn bis vierzehn Personen teilen würde. Ich versuchte, optimistisch zu bleiben, aber es gelang mir nicht, auch nur zu lächeln. Acht Jahre – es klang wie eine Todesstrafe und ich war sicher, dass ich die Welt vor den Gefängnismauern nie mehr sehen würde. Als ich dann erfuhr, was für Arbeiten ich in der Gefängnis-„Fabrik" würde tun müssen, sank mir das Herz noch mehr. Diese Schwerarbeit würde mein alt gewordener Körper nicht mehr schaffen. Selbst die starken jungen Männer hatten Mühe mit den Pressen in der Fabrik. Ich sah, was für schwere Materialbündel Insassen auf die Schultern geladen wurden, und ich war etwa dreimal so alt wie diese Gefangenen. Einige der Insassen mussten Möbelbezüge herstellen; die dazu erforderlichen Druck- und Zugbewegungen forderten den ganzen Körper. Andere stellten im Akkord Fußmatten für Autos her. Ich schüttelte den Kopf, als ich ihnen zuschaute.

Das schaffe ich nicht, dachte ich. *Unmöglich.* Ich war innerlich k. o., bevor ich den Kampf auch nur aufgenommen hatte. *Hier wirst du sterben, aus dieser Knochenmühle kommst du nicht mehr raus.*

Doch da hörte ich innerlich Gottes Stimme. Er sagte mir: *Nein, ich werde dich nicht verlassen. Ich werde bei dir sein. Ich werde dich hier herausführen.* Der wunderbare Klang der Stimme meines himmlischen Vaters erfüllte meine Seele. Es war die Stimme dessen, der mich durch die dunkelsten Stunden hindurchgetragen hatte, die ich je in einem Gefängnis erlebt hatte. Als sie mich fesselten und folterten, hatte seine Stimme mir neue Kraft gegeben. Als ich ausgehungert und ohne Decke auf dem nackten Zementfußboden lag, hatte seine Liebe mich gewärmt. Und jetzt brachten die Worte meines Vaters mir Hoffnung. Weil sie so voller Trost waren. Und weil ich seine Stimme kannte.

Die vertraute Stimme meines himmlischen Vaters, die mir all die Jahre Kraft gegeben hatte, war Nahrung für meine Seele. Plötzlich konnte ich wieder hoffen. Ich hatte schon Schlimmeres erlebt. Viel Schlimmeres. Auf einmal wusste ich: Ich würde das hier überleben, ich würde hier wieder herauskommen.

Aber dann wurde ich zwei Monate lang überhaupt nicht in die Gefängnis-Fabrik geschickt. Stattdessen steckte man mich in eine „Umerziehung". Die bestand darin, dass ich den ganzen Tag, von fünf Uhr morgens bis zehn Uhr abends, auf einem Hocker sitzen musste, den Rücken schön durchgestreckt. Nach einiger Zeit merkte ich, wie meine Beine taub wurden, und nach ein paar Stunden schrie mein Rücken förmlich nach Aufstehen, nach Bewegung, nach Hin- und Herlaufen, aber dergleichen war nicht erlaubt. Das war die „Umerziehung".

Ich versuchte, nicht mehr an die Schmerzen zu denken, sondern ins Gebet zu gehen. Diese einsamen Stunden benutzte ich dazu, die Nähe des Herrn zu suchen und über Dinge zu beten, über die ich nur selten betete. Als Pastor war ich oft jede Minute des Tages beschäftigt und eingespannt gewesen – jetzt hatte ich alle Zeit der Welt, mit meinem himmlischen Vater zu reden. Ich konnte ihm alles hinlegen, was ich auf dem Herzen hatte, darunter so manches, von dem ich gar nicht gewusst hatte, dass ich es auf dem Herzen hatte.

Nach den zwei Monaten „Umerziehung" schickte man mich in die Fabrik. Ich war dankbar für den Tapetenwechsel. Aber kaum war ich zur Arbeit angetreten, schickte man mich zurück in meine Zelle. Würde ich wieder in die „Umerziehung" kommen? Aber nichts dergleichen geschah. Ich saß in meiner Zelle und wartete. Nichts passierte. Alle Insassen in diesem Gefängnis waren den ganzen Tag lang in der Fabrik, nur ich nicht. Ich war allein in meiner Zelle, ja ich durfte sogar hinaus in den Garten gehen. Die Gefängnisleitung hatte zwei Wärter abgeordnet, die nichts anderes zu tun hatten, als den ganzen Tag in meiner Nähe zu sein. Genau genommen war es nur *ein* Wärter; der Zweite war ein Mithäftling, der zu meiner Bewachung abgeordnet war.

Es war eine eigenartige Situation, aber zuerst machte ich mir weiter keine Gedanken. Ein Nachteil für mich war: Dadurch, dass ich nicht in der Fabrik arbeitete, hatte ich keine Möglichkeit, mein Strafmaß zu reduzieren. Es gab eine Art Bonusprogramm, bei dem Häftlinge, die gute Arbeit leisteten, frühzeitig freikamen. Aber da ich nicht in der Fabrik war, kam ich für dieses Programm nicht infrage. Man sagte mir, dass ich meine ganzen acht Jahre würde absitzen müssen.

Ich nutzte einen Großteil meiner unverhofften Freizeit zum Beten. Ich bat Gott, mir eine Bibel zu schicken, damit ich sein Wort studieren konnte. Ich bat ihn auch um Brüder und Schwestern im Glauben, mit denen ich Gemeinschaft haben konnte. Und nicht zuletzt nutzte ich meine freie Zeit, um den Häftling, der mich zu bewachen hatte, näher kennenzulernen. Er war ein ehemaliger Polizist, aus dessen Waffe sich ein Schuss gelöst hatte; er hatte zwei Jahre dafür bekommen. Ich fragte ihn, warum ich nicht mit den anderen Gefangenen in der Fabrik arbeitete, und er eröffnete mir, dass der Gefängnisdirektor nicht wollte, dass ich zu viele Kontakte zu den anderen hatte. Er wusste, dass ich ihnen sonst regelmäßig das Evangelium predigen würde, und dazu wollte er mir möglichst keine Gelegenheit bieten. Aha, sie lernten, die Oberen.

Aber dafür hatte ich ganze Tage Zeit, mit dem ehemaligen Polizisten über Jesus zu reden, und er war der Erste, den ich im Kaifeng-Gefängnis zu Christus führen konnte.

Bald genoss ich die Ruhe, die ich jeden Tag in meiner Zelle hatte. Ich ging leise hin und her und betete und sang vor mich hin. Allmählich lernte ich meine Zellennachbarn besser kennen, sodass ich für jeden von ihnen einzeln beten konnte. Diese Männer kamen aus ganz unterschiedlichen Verhältnissen. Ich wollte natürlich wissen, warum sie ins Gefängnis gekommen waren, und sie wollten wissen, warum ich hier war. Sie waren alle um einiges jünger als ich und nannten mich „den Alten". Sie wussten: Ich war bereit, in der Fabrik zu arbeiten, aber die Gefängnisleitung erlaubte mir dies nicht. Also fragten sie sich, was für einer ich war, wenn die Oberen Angst davor hatten, dass ich mit ihnen zusammen war.

Nach einer Weile hatte ich mir einen festen Tagesablauf zurechtgebastelt, der mir half, nicht den Verstand zu verlieren. Morgens wachte ich gegen vier Uhr auf. Die eigentliche Aufstehzeit war sechs Uhr, aber ich wollte zwei Stunden eher wach sein, damit ich etwas joggen, beten und aufräumen konnte, bevor die anderen aufstanden. Wenn alle aufgestanden waren, traten wir um halb sieben alle zum Frühstück an, worauf die anderen in die Fabrik gingen. Wenn sie fort waren, ging ich im Gefängnishof spazieren und meditierte, betete und lobte Gott.

Um zwölf Uhr unterbrach ich mein Programm für das Mittagessen, danach ging es weiter bis zum Abendessen. Nach dem Abendessen kehrten die Häftlinge in ihre Zellen zurück, wo sie bis etwa einundzwanzig Uhr fernsahen und sich unterhielten. Meine Zellennachbarn begegneten mir nicht nur mit Neugier, sondern auch mit Argwohn, weil man ihnen eingeimpft hatte, dass ich psychisch gestört, ja wahnsinnig sei.

Wenn sie nicht aufpassten, würden sie selbst wahnsinnig, sprich: Christen werden. Ich hatte den Eindruck, dass diese Warnungen aber ihre Neugier eher noch verstärkten.

Wenn ich tatsächlich geistesgestört war, war ich hier in bester Gesellschaft. Unter meinen Mitgefangenen gab es zahlreiche Drogendealer, dazu einen Mörder, einen Räuber und einen Kidnapper. Ein anderer saß ein, weil er Gift in Mahlzeiten gemischt hatte. Ich war froh, dass er und ich meistens nicht am selben Tisch aßen.

Mit vielen Häftlingen konnte man gut auskommen, doch ein Mörder und ein Räuber waren beide von der gewalttätigen Sorte. Sie setzten oft Schläge oder Drohungen ein, wenn sie nicht ihren Willen bekamen. Nicht selten gab es heftige Schlägereien in unserer Zelle, besonders abends, wenn die Lichter gelöscht waren. Die Beleuchtung wurde um einundzwanzig Uhr ausgeschaltet, aber manche meiner Zellengenossen wollten sich weiter unterhalten. Oft wurden diese Gespräche so laut, dass die anderen, die schlafen wollten, sich gestört fühlten, und schon war die nächste Keilerei im Gang, dass das Blut auf den Fußboden spritzte. So etwas machte dieses Gefängnis anders als die, in denen ich früher gewesen war: Es waren nicht mehr die Wärter, die die Häftlinge blutig schlugen, sondern die Häftlinge selbst. Hatte ich mich früher vor allem vor den Wärtern hüten müssen, musste ich jetzt gegenüber meinen Zellengenossen vorsichtig sein.

Durch Gottes Gnade gelang es mir, zu jedem meiner Zellennachbarn eine Beziehung aufzubauen und ihm das Evangelium von Jesus Christus zu erklären. Was natürlich genau das war, was die Gefängnisleitung verhindern wollte, aber es gelang mir trotzdem. Schon nach kurzer Zeit konnte ich mit einem Mithäftling, der ein hoher Beamter in der chinesischen Regierung gewesen war, über Jesus sprechen. Als er krank und arbeitsunfähig wurde, sah ich dies als eine offene Tür, ihm das Evangelium zu bringen, und ich fing damit an.

Dieser junge Mann war so geschwächt, dass er nicht einmal von seiner Pritsche aufstehen konnte, aber sein Geist schien hellwach zu sein. Vorsichtig, aber voller Erwartung sprach ich ihn an. Ich hatte nicht viele Gelegenheiten, anderen Häftlingen in diesem Lager von meinem Glauben zu erzählen, und wenn eine kam, war ich richtig begeistert. Nun, als ich diesen Mann fragte, ob ich ihm von Jesus erzählen dürfe, nickte er. Schon bald nahm er Jesus als seinen Herrn und Erlöser an.

Er war sehr deprimiert darüber gewesen, wie tief er in seinem Leben gefallen war. Aber bevor der Tag vorbei war, strahlte er vor Freude. Er hatte sich seine Haft nicht ausgesucht, aber hier im Gefängnis lernte er Jesus Christus kennen und bekam das ewige Leben. Im Leben jenseits der Gefängnismauern waren Regierungsbeamte diejenigen gewesen, die mich jagten oder auf Schritt und Tritt überwachten; hier, in der Haft, konnte ich sie evangelisieren! Es war eine einzigartige Gelegenheit, wie ich sie sonst nirgends gehabt hätte.

Ein anderer Beamter, der in dem Gefängnis arbeitete, war mit einer Christin verheiratet und hatte durch sie von mir gehört. Auch ihm konnte ich das Evangelium bringen. Eines Abends, im Schutz der Dunkelheit, riskierte er seine Zukunft, indem er mir eine Bibel zuschob. (Bibeln galten in chinesischen Gefängnissen nach wie vor als illegales Schmuggelgut.) Diese Bibel wurde mein wertvollster Besitz; jetzt konnte ich die langen Tage damit verbringen, dass ich in ihr las und über ihre Worte meditierte.

Innerhalb kurzer Zeit konnte ich mehrere Häftlinge zu Christus führen, obwohl meine Kontakte so begrenzt waren. Bald bat ich meine Besucher (ich durfte hier Besuch empfangen), mir Äpfel mitzubringen sowie eine Schüssel, um sie zu waschen. In Wirklichkeit benutzte ich die Schüssel vor allem, um Mithäftlinge zu taufen; ich konnte mehrere solche Taufen durchführen.

Es war nicht leicht für mich, mich mit diesen neuen Christen zu treffen. Wir lösten das Problem schließlich, indem wir wegen irgendeiner erfundenen Krankheit („Grippe", „Magenschmerzen" oder was auch immer) zum Gefängnisarzt gingen. Es gab an die 5.000 Häftlinge in Kaifeng, sodass die Ambulanzen gut zu tun hatten, und im Warteraum hatten wir immer Gelegenheiten, uns Bibelverse oder Worte der Ermutigung zuzuflüstern. Am vollsten war es immer zu Weihnachten, weil dann alle Christen des Lagers kamen. Wir waren erfinderisch im Ausdenken von Symptomen, die einen Arztbesuch erforderlich machten und uns Gelegenheiten gaben, gemeinsam die Geburt unseres Heilands zu feiern.

Ich hatte mich eingelebt im Kaifeng-Gefängnis, aber schon bald sollte ich aus der Routine herausgerissen werden.

30. Schlaganfall!

Dafür, dass ich im Gefängnis saß, verlief mein Alltag recht angenehm. Ich hatte einen Rhythmus gefunden, der mir half, die Stunden und Tage zu verbringen. Aus den Tagen wurden Wochen, dann Monate. Das Wetter wurde wärmer und wieder kälter; die Jahreszeiten lösten einander in Zeitlupe ab.

Die Stunden, die ich draußen im Gefängnishof verbrachte, verschwimmen in der Erinnerung zu einem grauen Einerlei. Die pure Monotonie des Gefängnislebens war eine Entbehrung der eigenen Art. Ich vermisste meine Familie, meine Freunde und meine Gemeinden. Das Gefängnis stahl mir Lebensjahre, die ich nie zurückbekommen würde.

Am 1. Juli 2007 ging dieser graue Alltag abrupt zu Ende. Der Morgen hatte ganz normal begonnen, mit dem Aufstehen um vier Uhr. Nach dem Frühstück trat ich hinaus auf den Gefängnishof. Plötzlich hatte ich ein komisches Gefühl im rechten Fuß. Er kribbelte und gleichzeitig wurde er wie taub. Ich hob den Fuß hoch und trat vorsichtig wieder auf. Nein, er tat nicht weh, aber irgendetwas stimmte nicht. Bei meinen früheren Gefängnisaufenthalten waren meine Beine und Füße etliche Male taub geworden, weil sie in die unnatürlichsten Haltungen gezwungen wurden, aber dass ein Fuß beim Gehen taub wurde, war neu.

Das taube Gefühl wanderte nach oben und verbreitete sich über die ganze rechte Hälfte meines Körpers, bis ich nicht mehr gehen konnte. Mitten auf dem Hof sackte ich zusammen und war nicht in der Lage, wieder aufzustehen. Als ich zu Boden ging, musste ich zum x-ten Mal an Liu Shaoqi denken, der in eben diesem Gefängnis gestorben war, weil man ihm jede medizinische Hilfe verweigert hatte. Würde mich jetzt das gleiche Los treffen? Die anderen waren gerade alle in der Fabrik und das Gefängniskrankenhaus war bestenfalls mittelmäßig. Was sollte aus mir werden? Ich rief zu Gott, der allein mir helfen konnte.

Dann sah ich einen der Häftlinge, die mich im Auge behalten sollten. Es gelang mir, mich bemerkbar zu machen; ich rief ihm zu, dass ich nicht mehr gehen konnte und sofort einen Arzt brauchte. Der Wärter war nicht da, sodass der Mann ihn suchen ging. Inzwischen hatte ich in meiner ganzen rechten Körperseite kein Gefühl mehr. Es war eine makabre Wahrnehmung, dass mein halber Körper mir nicht mehr gehorchte. Ich konnte diese Hälfte zwar sehen, aber nicht mehr spüren. Meine rechte Körperhälfte war wie ein Fremdkörper, den jemand an mir angebracht hatte und der nicht mit mir in Verbindung stand. Kein Zweifel: Das war ein Schlaganfall. Praktisch alle Insassen, die in der Kaifeng-Strafanstalt einen Schlaganfall bekommen hatten, waren gestorben; meine Überlebenschancen waren also nicht sehr groß. Aber der Wärter kam und sie brachten mich in aller Eile ins Gefängniskrankenhaus, wo man mich in eines der sechs kleinen Zimmer für stationäre Patienten legte und sofort mit der Behandlung begann. Ich betete still zum Herrn um Hilfe.

Die nächsten beiden Monate bekam ich Physiotherapie und dazu die Medikamente, die die Klinik zu bieten hatte, aber in den ersten Wochen konnte ich mich nicht bewegen. Das medizinische Budget des Gefängnisses war schmal, sodass die Medikamente, die ich bekam, nicht besonders erfolgversprechend waren.

Anfangs war ich unfähig, ohne fremde Hilfe zu gehen oder auch nur zur Toilette zu gelangen. Die meisten glaubten, dass ich für den Rest meines Lebens körperbehindert sein würde, aber viele Menschen beteten für mich. Schließlich bekamen meine Verwandten aus dem Ausland die richtigen Medikamente; nachdem ich sie einen Monat lang eingenommen hatte, konnte ich wieder gehen.

Die Schwestern und Ärzte im Gefängniskrankenhaus nahmen großen Anteil an meinem Ergehen und beobachteten mich genau. Als ich eingeliefert wurde, hatten die meisten nichts anderes erwartet, als dass ich sterben würde, und jetzt war ich auf dem Weg zu einer wunderbaren Heilung! Einmal mehr war das Kaifeng-Gefängnis anders als die vier Gefängnisse, die ich früher erlebt hatte. Die medizinische Versorgung hatte sich deutlich verbessert und das Personal gab sich alle Mühe, mir so gut wie möglich zu helfen. 1976 war es den Wärtern egal gewesen, ob ich am Leben blieb oder nicht, ja wahrscheinlich hätten sie meinen Tod begrüßt. Heute sind die Wärter in den chinesischen Gefängnissen für das Wohlergehen der Häftlinge mitverantwortlich.

In den 1970er-Jahren hatte man als Häftling gehungert; jetzt, in Kaifeng, gab es drei Mahlzeiten pro Tag. Und waren früher die meisten meiner Mithäftlinge „politische" Fälle gewesen, so sind die Gefängnisse in China heute vor allem für echte Kriminelle wie Diebe, Räuber, Drogendealer oder Mörder da.

Bei meinen früheren Gefängnisaufenthalten hatte ich nicht einmal die allereinfachsten Dinge kaufen können, die man zum Leben braucht. Hier im Kaifeng-Gefängnis gab es sogar einen kleinen Laden für die Häftlinge. Sie konnten Spiele spielen, sich unterhalten und fernsehen. Das war natürlich nicht zu jeder beliebigen Zeit möglich, schließlich mussten sie ja auch arbeiten. Aber manches war eindeutig besser geworden, obwohl es auch Ausnahmen gibt.

Im Jahre 2006 (dem Jahr vor meinem Schlaganfall) hatte man mir Papier und Kugelschreiber in die Hand gedrückt und mich angewiesen, ein „Geständnis" zu schreiben, in welchem ich mich bezichtigte, der Führer einer Sekte zu sein. Es hieß, wenn ich diesen Brief schriebe, würde ich vorzeitig freikommen. Ohne groß nachzudenken, war ich fast ausfällig geworden und hatte den Wärtern gesagt, dass ich solch einen Brief nicht schreiben konnte. „Wo bin ich denn ein Sektenführer?", hatte ich gesagt. „Ich glaube das, was die meisten Christen in der Welt auch glauben. Die meisten Menschen in Amerika und Europa – sogar einige der Politiker dort – glauben das Gleiche wie ich." Früher hätte man mich auf eine solche Weigerung hin windelweich geschlagen, aber das Klima in China änderte sich tatsächlich. Die Wärter nahmen den Kugelschreiber und das Schreibpapier wieder an sich, gingen und ließen mich fortan mit solchen „Geständnis"-Ideen in Ruhe.

Nach dem Schlaganfall durften nur meine Frau und eine meiner Schwestern mich besuchen. Das Gemeindenetzwerk wurde jetzt von meinem ältesten Sohn geleitet, hinter dem die Polizei her war. Als ich schließlich aus dem Gefängniskrankenhaus entlassen wurde und wieder in meine Zelle kam, nahm ich mein altes Tagesprogramm aus Beten, Bibellesen und Evangelisieren wieder auf. Ich ahnte nicht, dass meine Tage in dem Gefängnis bald zu Ende sein würden.

31. „Wollen Sie nicht rausgehen?"

Von den etwa 5.000 Gefangenen war nur ein kleiner Prozentsatz Christen geworden. Ich hätte gerne mehr Zeit gehabt, um noch mehr Insassen die frohe Botschaft von Jesus Christus zu bringen, die sie verändern konnte, unabhängig davon, wie ihre Lage war. Ich wollte ihnen den Erlöser zeigen, der mich vor vielen Jahren frei gemacht hatte von den Ketten der Wut, der Verzweiflung und des Todes. Nicht allen gefiel meine Botschaft; manche machten sich über meinen Glauben lustig, aber ich gab ihn trotzdem an sie weiter.

Das Zentrum der kleinen christlichen Gemeinde, die im Gefängnis entstand, war meine Bibel. Es war solch ein Segen, für die Gottesdienste und anderen christlichen Feiern im Gefängnis eine Bibel zu haben. Jeder Insasse hatte ein kleines Schließfach für seine persönlichen Sachen; ich nutzte meines oft zur Aufbewahrung meiner Bibel. Manchmal befestigte ich sie auch mit Klebstreifen unter meiner Pritsche, damit die Wärter sie nicht fanden. Oder ich gab sie Freunden zur Aufbewahrung, wenn die nächste Zelleninspektion kam. Die Gefängnisleitung führte oft unangekündigte Zellendurchsuchungen durch, doch meine Bibel fanden sie nie. Sie blieb in meinem Besitz, bis ich das Gefängnis verließ.

Gegen Ende des Jahres 2010 rief ein Wärter meinen Namen auf und verkündete, dass ich neun Monate früher als geplant entlassen würde. Er erklärte mir, dass die Gefängnisleitung über meinen Fall beraten und meine vorzeitige Entlassung beschlossen hatte, wegen meines Gesundheitszustandes. Ich fing sofort an, die Runde durch das Lager zu machen und meine Brüder in Christus auf meinen bevorstehenden Weggang vorzubereiten. Ich setzte Leiter für die kleinen Zellengemeinden ein und führte sie in ihre Aufgaben ein. Dazu veranstaltete ich kleine Intensivkurse in Evangelisation, damit diese Brüder, wenn ich nicht mehr da war, in der Lage waren, das Evangelium weiter unter die Leute zu bringen. Ich schärfte ihnen ein, so viele Bibelverse wie möglich auswendig zu lernen, und zeigte ihnen, wie sie in der Bibel nach den Antworten suchen konnten, die sie brauchten.

Zum Schluss beteten wir zusammen. Ich schaute ihnen in die Gesichter, während ihre Augen geschlossen waren, und ich merkte: Es würde mir nicht leichtfallen, sie zu verlassen. Diese Brüder waren mir ans Herz gewachsen in den sieben Jahren im Kaifeng-Gefängnis. Jedes Jahr hatte ich das chinesische Neujahr zusammen mit ihnen gefeiert. Sie hatten mir in dem mühsamen Genesungsprozess nach meinem Schlaganfall zur Seite gestanden. Wir waren wie eine Familie geworden; es würde nicht einfach werden, ihnen Ade zu sagen. Viele dieser Männer würden das Kaifeng-Gefängnis nie mehr von außen sehen – aber sie würden das Paradies erleben und für immer bei unserem himmlischen Vater sein.

Ich nahm die Bibel in die Hand, die ich seit Jahren bei mir gehabt hatte, fuhr mit den Fingern die Seiten entlang und dachte an all die lieben Erinnerungen, die mit ihr verbunden waren. Ich dachte an die vielen Stunden zurück, die ich im Gefängnisgarten verbracht hatte, betend und in dieser Bibel lesend. Jedes Buch, das man liest, hinterlässt Spuren, aber wenn man Tag für Tag immer in demselben Buch liest, sind diese Spuren tief, und wenn dieses Buch das Wort Gottes ist, verwandelt es das Leben. Ich hatte eine richtige Beziehung zu dieser Bibel bekommen. Wenn ich die Augen schloss, sah ich, auf welcher Seite bestimmte Bibelverse standen und ob es die linke oder die rechte Spalte der Seite war. Es waren die Bibelverse, die mir in schweren Stunden Halt gegeben hatten.

Ja, sie hatte mich durch manche Prüfung hindurchgetragen, diese Bibel, aber sie sollte dieses Gefängnis nicht zusammen mit mir verlassen. Ich gab sie einem Mann, der eine der kleinen Zellengemeinden leitete. Ich hatte diese Bibel nie besessen. Ich hatte sie nur für kurze Zeit verwaltet, aber ihre Worte waren wie ein Segensstrom in mein Herz hineingeflossen, hatten mein Leben verändert und waren dann, wenn ich sie anderen weitersagte, weitergeflossen, hinein in das Leben anderer Menschen.

In meiner letzten Nacht in dem Gefängnis konnte ich nicht schlafen. Von Mitternacht an saß ich aufrecht auf meiner Pritsche und zählte die Minuten, bis es neun Uhr morgens war, denn um diese Zeit würde der Wärter kommen, der mir meine Entlassungspapiere brachte – mein Ticket in die Freiheit. Ich musste daran denken, wie es sein würde, zu Hause in meinem eigenen Bett zu schlafen und beim Aufwachen meine Frau zu sehen und nicht einen Raum voller Häftlinge.

Endlich war der Morgen da. Ich stand auf, duschte und tauschte meine blaue Häftlingsuniform gegen meine eigene Kleidung. Ich betete zu Gott, dass dies das letzte Mal sein möge, dass ich den blauen Overall mit den schwarzweiß gestreiften Taschen sah. Man händigte mir meine Papiere aus und dann führte mich ein Wärter, den ich gut kannte, zum Ausgang. Ich ging direkt hinter ihm, aber er hörte meine Schritte nicht. Als er sich zu mir umdrehte, fuhr er zusammen, weil ich so nah hinter ihm war. Er öffnete das Tor und bedeutete mir hindurchzugehen. Ich zögerte.

„Warum bleiben Sie stehen? Kommen Sie, hier geht's durch!" Er wiederholte seine Geste. „Was ist mit Ihnen?"

Ich reagierte nicht.

„Wollen Sie nicht rausgehen?"

„Nein." Ich staunte selbst, dass ich das sagte, aber es war

eine tiefe Wahrheit, die plötzlich in mir emporstieg und von der ich bisher nichts gewusst hatte. „Nein. Ich will nicht hier raus", wiederholte ich und staunte wieder.

Er senkte den Kopf, sah mich dann fest an und sagte mit ernster, fast schon väterlicher Stimme: „Bitte gehen Sie und kommen Sie nie wieder."

Ich drehte mich um und sah zu den Gebäuden hin. Aus den Fenstern winkten viele meiner Freunde mir zum Abschied zu. Einige winkten mit ihren Handtüchern, andere hatten sogar in aller Eile die Betttücher von ihren Pritschen abgezogen und benutzten sie als Fahnen. Ich spürte eine tiefe, mitfühlende Liebe zu diesen Männern, die ich jetzt verlassen würde. Und dann kam der Geist des Herrn über mich, und ich hörte förmlich, wie er mir sagte: *So wie du Männer und Frauen in die fernsten Provinzen Chinas und nach Asien und den Mittleren Osten geschickt hast, um das Evangelium zu predigen, so habe ich dich nach Kaifeng geschickt, um den Gefangenen das Evangelium zu bringen.*

Einen Augenblick blieb ich wie angewurzelt stehen, als ich diese Worte hörte. Für jene jungen Missionare, die in die Fremde gegangen waren, war es nicht einfacher gewesen, den Verlorenen das Evangelium zu predigen, als für mich hier in diesem Gefängnis. Und ich war nie allein gewesen. Auf Schritt und Tritt war Gott an meiner Seite gewesen, mit seinem Trost und seiner Kraft. Es war hier in Kaifeng nicht um mich gegangen, es war um Gott gegangen.

Ich bin mit Christus gekreuzigt, und damit lebe ich nicht mehr selber, sondern Christus lebt in mir (vgl. Galater 2,20). Ich hatte diesen Gefängnisaufenthalt die ganze Zeit als persönliche Prüfung gesehen, die mich stärker machen sollte; als Gottes Methode, mich näher zu ihm zu bringen. Jetzt, als ich da stand und sah, wie all diese begeisterten jungen Männer mir zuwinkten, wurde mir plötzlich bewusst, wie egoistisch diese Gedanken gewesen waren. Nein, es ging hier überhaupt nicht um mich, es ging um diese Männer und letztlich ging es um Gottes Herrlichkeit. Es ging darum, dass Gottes Liebe alle Menschen erreichte, auch diejenigen im Kaifeng-Gefängnis, und dies allein zu seiner Ehre.

Sie waren nicht einfach gewesen, die letzten sieben Jahre, aber ich möchte sie gegen nichts auf der Welt tauschen. Als Schadrach, Meschach und Abed-Nego in den Feuerofen geworfen wurden, verbrannten sie nicht, ja sie gingen frei und freudig mitten in den Flammen umher (siehe Daniel 3).

Mit diesen Gedanken drehte ich mich um und schritt durch das Gefängnistor nach draußen.

32. Die heutige Situation in China

Nach meinen sieben Jahren Haft erwartete ich, in eine Kirche zurückzukehren, in der nichts mehr lief. Doch das war nicht der Fall. Die Kirche von Jesus Christus lebt weiter, ob mit oder ohne uns. Es ist nicht so, dass Gott sich glücklich schätzen darf, wenn wir ihm dienen; das Glück ist ganz auf unserer Seite. Als ich ins Kaifeng-Gefängnis gekommen war, hatte mein ältester Sohn die Leitung der Gemeinden übernommen und sie waren sprunghaft gewachsen.

Die ganzen sieben Jahre lang hatte die Gemeinde unserer Familie treu zur Seite gestanden. Es verging kein Tag, ohne dass die Brüder und Schwestern sich um meine Frau kümmerten. Die lange Anreise von unserer Stadt nach Kaifeng war ihr immer schwerer gefallen, sodass sie nach Zhengzhou gezogen war, um dem Gefängnis näher zu sein. Da sie meine Frau war, hatte sie dort keine geregelte Arbeit finden können. Zu Hause hatten wir Hühner und Schweine gehabt, mit denen wir einen Teil unseres Lebensunterhalts bestritten. Meine Frau hatte unsere kleine Landwirtschaft gemanagt, die Produkte auf den Markt gebracht und dort an die Händler verkauft. In der Millionenstadt Zhengzhou war das nicht mehr möglich und sie war auf die Hilfe anderer angewiesen. Die Hilfe und Versorgung, die wir von so vielen Glaubensgeschwistern bekamen, war ein riesengroßer Segen, den ich nie werde vergelten können.

In der chinesischen Kultur ist es üblich, dass die Söhne der Familie sich finanziell um ihre Eltern kümmern, aber unser jüngster Sohn war nach Amerika geflüchtet und unser Ältester war ständig auf der Flucht vor der Polizei und nicht in der Lage, uns zu besuchen, anzurufen oder anderweitig mit uns zu kommunizieren. Unsere Brüder und Schwestern in aller Welt werden wohl erst im Himmel erfahren, wie sehr sie uns mit ihrer Unterstützung geholfen haben.

Finanziell kommen wir in China weiter über die Runden. Aber es ist schwer, in Worte zu fassen, was es für uns bedeutet, dass draußen in der großen weiten Welt drei schöne Enkelkinder von uns aufwachsen, die wir nie besuchen können. Unser jüngerer Sohn hat zwei Kinder (einen Sohn und eine Tochter), und der ältere hat einen kleinen Sohn. In den Ferien und an den Feiertagen ist unsere Sehnsucht nach diesen Enkeln wie ein Schrei, der zum Himmel steigt, und je älter wir werden, desto lauter und schmerzerfüllter wird er. Es gibt wenige Dinge, die einem das Älterwerden so versüßen wie Enkelkinder, und kaum etwas tut mehr weh, als wenn man sie nie sehen kann und weiß, dass sie ihre Großeltern nie kennenlernen werden.*

*****

Meine Geschichte ist nicht nur die Geschichte der Christen in China, sondern auch die des ganzen Landes. Mein Leben mit seiner Kindheit auf dem Dorf, der kurzen Karriere in der Kommunistischen Partei und dem Leiden für das Reich Gottes ist ein Spiegel der letzten siebzig Jahre der chinesischen Geschichte. China war nach dem Zweiten Weltkrieg ein Land von Bauern, die das Heil im Kommunismus suchten, und die letzten Jahrzehnte hat es damit verbracht, seine Seele zu suchen.

Ich bin, obwohl mir das wiederholt vorgeworfen wurde, nie ein Feind des chinesischen Volkes gewesen. Im Gegenteil:

---

* Nach Fertigstellung des Manuskripts erhielt Zhang eine Ausreisegenehmigung und konnte seine Enkelkinder besuchen.

Ich liebe mein Land und es ist immer meine große Sehnsucht gewesen, dass China mich genauso liebt. Jesus ist für die Menschen in China gestorben, und er hat mich und viele andere dazu berufen, es ihm nachzutun. Als Jesus am Kreuz hing, betete er: „Vater, vergib ihnen; denn sie wissen nicht, was sie tun!“ (Lukas 23,34) Man könnte das Gleiche über China sagen, das in der Blindheit der Sünde seine Christen grausam verfolgt hat.

Ich glaube, schon bald wird der Tag kommen, an dem die Lage der Christen in China anders sein wird. Das Land verändert sich mit atemberaubender Geschwindigkeit. Wenn ich heute einen Lagebericht über China verfassen würde, wäre er wahrscheinlich schon vor Erscheinen dieses Buches wieder überholt. Ich bin gespannt wie nie zuvor, was die Zukunft für China bringen wird. Wir erleben dort eine der größten Erweckungen in der Geschichte der Welt; täglich finden Tausende zu Christus. Viele der Neubekehrten sind Beamte in Regierung und Verwaltung, und dies hat gewaltige Folgen.

Als ich kürzlich wieder in einem Gottesdienst war, musste ich fast kichern, als ich die jungen Damen sah, die Stöckelschuhe trugen. Sie merkten natürlich nicht, dass ich ihre Schuhe musterte, und bestimmt wussten sie nicht, dass es noch vor zwanzig Jahren ein Ding der Unmöglichkeit gewesen war, in Stöckelschuhen zum Gottesdienst zu gehen. Denn wie sollte man in Stöckelschuhen entkommen, wenn plötzlich die Polizei in den Saal stürmte? Die Menschen in diesem Gottesdienst schienen kein bisschen Angst zu haben vor einer Polizeirazzia; keiner schaute sichernd über seine Schulter nach hinten. Alle sangen und beteten und waren guter Dinge.

Viele Menschen im Westen und im übrigen Ausland drängen die Untergrundkirche, sich doch endlich bei den Behörden registrieren zu lassen, wie andere „offizielle“ Kirchen auch (ja, sie beten sogar dafür). Doch dieser Tag ist noch nicht gekommen. Solch eine Registrierung ist nach wie vor unmöglich – wegen der Verfolgungsnarben der Vergangenheit und wegen der berechtigten Angst vor faulen Kompromissen. Doch die Hauskirchen in China arbeiten heute so offen wie noch nie zuvor. Dieser Trend dürfte sich fortsetzen und er ist ein Spiegel der allgemeinen Entwicklung in China, das sich der übrigen Welt immer mehr öffnet.

China wächst heute nicht nur ökonomisch, politisch und militärisch, es wächst auch geistlich. Ein ganzes Volk ist dabei, die Ketten des Atheismus abzuwerfen und ein Diener seines Schöpfers zu werden. In der Missionsbewegung „Back to Jerusalem" („Zurück nach Jerusalem") schlägt heute das Herz der chinesischen Kirche. Hier entfaltet sich ihre große Zukunftsvision: das Evangelium von Jesus Christus über die Grenzen Chinas hinauszutragen in die ärmsten, finstersten, gewalttätigsten Gebiete der Erde, bis der Missionsbefehl von Jesus erfüllt ist und alle Stämme, Sprachen und Nationen die frohe Botschaft gehört haben.

Als ich als junger Christ im Gefängnis gefoltert wurde, schrie unsere Gemeinde zu Jesus: „Herr, hilf uns, dass wir nicht untergehen!" Aber solch eine Bitte zeugt von Kleinglauben, ja von Ungehorsam. Christen sind nicht dazu berufen, mit Mühe und Not zu überleben. Als ich im Gefängnis Angst um mein Leben hatte, hatte Jesus keine Sekunde lang Angst, dass sein Reich untergehen würde. Er benutzte die Stolpersteine des Feindes als Trittsteine, ja als Sprungbretter für seine Diener. Die Kirche in China ist in der Verfolgung nicht zerbrochen, sondern gewachsen. Und sie ist nicht trotz der Verfolgung gewachsen, sondern wegen ihr. Gott musste bei seinen Plänen für China nicht den Notstand ausrufen, als Mao Zedong an die Macht kam, sondern er baute ihn in seine Pläne ein.

Heute kämpfen die Hauskirchen in China nicht mehr ums Überleben. Sie sind eins in der Vision „Back to Jerusalem“ und senden Missionare in muslimische, buddhistische, hinduistische und atheistische Länder in aller Welt aus. Unsere Kirche hat heute Missionare in Pakistan, Dubai, Indien und vielen anderen Ländern, die dem Evangelium feindlich gegenüberstehen. Und in China selbst ziehen unsere jungen Leute in großer Zahl in die Millionenstädte, aber nicht, um dort das große Geld zu verdienen, sondern um Gemeinden zu gründen, das Evangelium zu predigen, die Werbetrommel für die Auslandsmission zu rühren und neue, vom Eifer für Jesus brennende Missionare hinauszuschicken. Es gibt keinen Zweifel – China und die chinesische Kirche stehen vor einer großen Zukunft.

China ist meine Heimat. Hier bin ich geboren und ich habe nie versucht, ins Ausland zu fliehen. Seit meiner Haftentlassung bekomme ich regelmäßig Besuch von der Polizei. Sie will wissen, wo ich bin und was ich mache. Man mag es fast nicht glauben, aber viele dieser Polizisten sind zusammen mit mir älter geworden. Manche haben ihr ganzes Berufsleben unter anderem damit verbracht, mich zu jagen. Sie haben wieder und wieder erlebt, wie ich verhaftet wurde und ins Gefängnis kam. Sie werden nie erfahren, wie ich sie liebe und ihnen wünsche, dass sie das ewige Leben finden.

Während ich an diesem Buch arbeitete, lud mich einer der Polizeichefs von Zhengzhou zu einem Essen mit ihm und mehreren seiner Kollegen ein. Ich wusste, dass sie mein Telefon abhörten, und ich wusste auch, dass sie wussten, dass ich das wusste. Es war das unausgesprochene offene Geheimnis, als wir in dem Restaurant am Tisch saßen. Bevor wir anfingen, bat ich die anderen, mir kurz zuzuhören, während ich ein Tischgebet sprach, was sie auch taten. Unsere Jahre des

Katz-und-Maus-Spielens hatten mir diesen Respekt verschafft. Ich dankte Gott für das Essen und bat ihn, die Mahlzeit, China und jeden der Polizisten an diesem Tisch zu segnen. Die Beamten wussten es vielleicht nicht, aber diese Gebetsworte werden in ihren Herzen noch lange nachklingen und wirken. Ich glaube, dass unser himmlischer Vater sie in ihrem Berufsalltag mit seinem Schutz umgeben wird und dass sie diesen Schutz eines Tages auf so eindrucksvolle Weise erkennen werden, dass kein Zweifel mehr möglich ist.

Als ich fertig gebetet hatte, beugte der Polizeichef sich mit vielsagender Miene zu mir. „Zhang, wäre es nicht interessant, wenn Sie mal Ihre Memoiren schreiben würden?“ Er wusste natürlich, dass ich genau das gerade tat. „Was würden Sie in so einem Buch bringen? Sie werden ja nicht jünger ...“ Er machte eine effektvolle Pause. „... und es wäre eine Schande, wenn Sie wieder verhaftet würden.“

Ich weiß nicht, ob mein Buch je in China gedruckt werden wird, aber wenn ja, dann möchte ich die ersten Exemplare gerne meinen lieben alten Freunden bei der Polizei zukommen lassen.

Nachwort
Der Strom teilt sich

Ich bin in meinem Leben lange im Gefängnis gewesen, man hat mich halb totgeschlagen und viele Male wurde ich gefoltert. Ich habe tagelang gehungert, bis mein Magen sich vor Hungerkrämpfen umdrehen wollte, und ich habe Durst gelitten, bis meine Zunge sich wie Sand anfühlte. Ich weiß, wie es ist, arm zu sein; es gab Zeiten, wo ich keinen Cent in der Tasche hatte. Doch all diese Prüfungen - Gefängnis, Folter, Hunger, Durst und Armut – verblassen gegenüber der allergrößten Prüfung, die ich in meinem Leben durchmachen musste.

Für den Namen Jesus von der Welt abgelehnt zu werden, ist etwas, was die Bibel uns garantiert. Es kommt immer wieder vor und sollte uns nicht überraschen. Die Prüfungen, die ich hier habe durchmachen müssen, haben mich körperlich wie geistlich sehr gefordert, aber dabei fand ich Trost in dem Wissen, dass Jesus mich nie verlassen hat. Auch die Brüder und Schwestern, die er mir in diesen Prüfungen schickte, gaben mir Kraft.

Doch die Prüfung, die mich am meisten mitgenommen hat, ging nicht von meinen Feinden aus, sondern von meinen Brüdern in Christus. Im Laufe des Jahres 2003 entwickelten sich zwischen meinen Mitarbeitern und mir viele Probleme. Sie waren die Leiter des Gemeindenetzwerks, für die verschiedenen geografischen Regionen zuständig. Sie waren meine engsten Kollegen und ich war ihr Pastor. Es ist schwer zu sagen, was die Ursache der Differenzen war; ganz verschiedene Dinge kamen zusammen. Nach all den Jahren, in denen wir auf der Flucht vor der Polizei gewesen waren, waren die Spannungen manchmal groß, in der Kommunikation untereinander klemmte es oft, ja es kam sogar vor, dass einer dem anderen falsche Absichten unterstellte.

Ich konnte da meine Hände nicht in Unschuld waschen. Keines der Probleme, die uns plagten, war wirklich angegangen worden. Unter der Oberfläche rumorten sie weiter und in den Gottesdiensten wurden sie immer häufiger spürbar. Manchmal war die Uneinigkeit geradezu greifbar, wie ein beißender, erstickender Qualm. Der Weihrauch des Gotteslobes wurde überlagert vom hässlichen Gestank der Konflikte. Meine Beziehung zu meinen Kollegen war dabei kaputtzugehen.

Als Pastor dachte ich, dass ich doch wohl in der Lage sein sollte, den anderen Einigkeit zu befehlen: „Stellt euch nicht so an! Löst eure Probleme, es gibt noch viel zu tun!“ Aber so einfach war es offenbar nicht. Es frustrierte mich immer mehr, dass ich die Lage nicht im Griff hatte. Es dauerte nicht lange und ich wurde reizbar, ja manchmal fast jähzornig. Was die Lage natürlich nur noch schlimmer machte und die Kluft zwischen meinen Kollegen und mir vertiefte.

In den harten Verfolgungsjahren hatten wir keine Zeit gehabt für Zwietracht und Differenzen. Wir kämpften gemeinsam an der Front und waren ein Herz und eine Seele. Gemeinsam wurden wir verhaftet und gefoltert. Wir waren in denselben Gefängniszellen und erachteten es als Freude, für Jesus leiden zu dürfen. Aber als die Lage sich entspannte und auch die finanzielle Situation der Kirche besser wurde, erhob ein Dämon sein Haupt, den wir bis dahin nicht gekannt hatten: Plötzlich ging es um Buchhaltungsprobleme, Zuständigkeiten, Pflichten, wer was zu sagen hatte und wem Weisungen erteilen konnte. Aber ich war doch der Pastor! Reichte das denn nicht? Was ich sagte, hatte doch wohl zu geschehen – Ende der Diskussion. Oder?

Jedes dieser Probleme begann in unseren verletzten Herzen

zu eitern. Wir versuchten tapfer, sie zu ignorieren, und hielten das für die christliche Lösung, aber sie ließen sich nicht ignorieren. Ihre Stiche wurden langsam, aber sicher immer häufiger und immer tiefer, bis sie zu einem veritablen Drachen geworden waren, der sich nicht töten ließ.

Aber ich wollte mich immer noch nicht geschlagen geben. Ich klammerte mich an die Hoffnung, dass der Wind der Unzufriedenheit sich bald wieder legen würde. Vielleicht würden wir ja auch bald wieder verhaftet und ins Gefängnis geworfen werden, und dann wären die Probleme keine Probleme mehr. Aber die Polizei kam nicht und es gab keine Gefängniszelle, die unsere müden Seelen aufnahm.

Als das chinesische Neujahr 2003 kam, war die Revolte in der Führung des Fangcheng-Netzwerks voll entbrannt. Unsere Probleme waren eskaliert, und fünf der Kollegen, denen ich so vertraut hatte, waren drauf und dran, das Undenkbare zu tun und sich von der Fangcheng-Kirche abzuspalten. Ich als ihr Freund und Bruder – und Pastor – fühlte mich verraten. Ich war völlig verzweifelt. Lieber an einen Stuhl geschnallt sein und von einem muskulösen Gefängniswärter zusammengeschlagen werden als die Spaltung „meiner" Kirche erleben. Ich wusste mir keinen Rat mehr. In dieser Situation rief ich Bruder Ren an.

Bruder Ren ist ein alter Freund von mir aus Skandinavien. Jahrelang hatte er uns in den Dörfern besucht und uns das Evangelium gepredigt und die Leiter der Untergrundkirche systematisch geschult. Alle führenden Christen in China achteten und bewunderten ihn. Ich wusste: Wenn meine Brüder auch nicht mehr bereit waren, mit mir zu sprechen, Bruder Ren würden sie zuhören.

Das Neujahrsfest stand also vor der Tür und ich wusste, dass alle nach Hause fahren wollten, um das Fest mit ihren

Familien zu feiern, aber ich hatte keine Zeit zu verlieren, und so arrangierte ich für uns ein Treffen mit Bruder Ren. Meine Kollegen waren mir wie eine Familie geworden; wie konnte ich Neujahr feiern, wenn sie nicht mehr den gleichen Weg gingen wie ich? Bruder Ren ist ein geborener Vermittler. Wenn er in einen Raum tritt, strahlt er durch seine bloße Gegenwart Ruhe und Frieden aus. Er begrüßte jeden von uns mit einer langen Umarmung, einem warmen Lächeln und einem Blick, der sagte: *Es wird alles gut; unser Herr sitzt im Regiment.*

Ich war bereit, alles zu tun, um eine Spaltung unserer Kirche zu verhindern. Gleich würde Bruder Ren eine Art magische Decke über uns ausbreiten und alles würde wieder gut werden. Ich stellte mir vor, wie wir uns am Ende der Gespräche alle umarmen, weinen und um Vergebung bitten würden, um anschließend entschlossen weiterzuarbeiten. Ich sah in Bruder Ren so etwas wie einen geistlichen Automechaniker, der den Fehler finden und das Auto reparieren würde, worauf wir unsere Fahrt fortsetzen könnten.

Nun, als Erstes traf Bruder Ren sich mit mir. Wir unterhielten uns in großer Offenheit über die Probleme in der Kirche, wie ich auf die jüngeren Kollegen zugehen und wie eine Lösung aussehen könnte. Danach sprach Bruder Ren mit den Kollegen, aber sie stimmten der Lösung, die er vorschlug, nicht zu. Sie hatten ihre Entscheidung getroffen und waren nicht bereit, davon abzugehen. Als Bruder Ren zu mir zurückkam und versuchte, mir die Sache zu erklären, war ich wütend. Das konnte, nein, das durfte nicht wahr sein! Was hatten wir nicht alles zusammen durchgemacht und unser Herr hatte uns durchgetragen und Kraft gegeben! Was hatte unser Hauskirchennetzwerk nicht alles an Verfolgungen erlebt, aber es war der ganzen Kommunistischen Partei Chinas nicht gelungen, uns kaputt zu kriegen oder zu spalten. Und jetzt waren wir drauf und dran, uns selbst zu spalten!

Es war alles so unwirklich, so, als ob sich alles zu drehen begann. Sollte all das, was ich (wie ich meinte) in den Jahren der Verfolgung gelernt hatte, auf einmal nicht mehr gelten? Ich war zornig, auf alle. Meine liebe Kirche war dabei auseinanderzubrechen!

Es sollte noch etwas dauern, bis ich begriff, dass es ja gar nicht *meine* Kirche war, sondern Gottes Kirche. „Meine" Kirche – der Gedanke war eigentlich gotteslästerlich.

Ein Mann, der mir mit seiner Weisheit durch diese schwierige Phase hindurchhalf, war Bruder Yun, der „Heavenly Man". Er hatte Geduld, als meine zu Ende war. Er blickte durch, als ich nur noch „Bahnhof" verstand. Gott benutzte Bruder Yun mit seiner Liebe und Demut, um mir durch diese schwere Zeit hindurchzuhelfen. Ich werde seine Treue in diesen Jahren nie vergessen.

Als der Sturm sich gelegt hatte, kam mir eines Tages ein Vers aus dem 46. Psalm in den Sinn, der mein Herz froh machte. Da steht: „Des Stromes Läufe erfreuen die Stadt Gottes, die heiligste der Wohnungen des Höchsten" (Psalm 46,5). Wenn ein Fluss sich in mehrere Arme teilt, kann der Mutterstrom den Nebenarmen, die sich von ihm trennen, nicht befehlen, in welche Richtung sie zu fließen haben. Man kann diese Aufteilung in mehrere Flussarme bedauern, aber sie ist nötig, damit auch die trockenen Gebiete, die weiter vom Strom entfernt liegen, Wasser bekommen.

Ich hatte unbedingt gewollt, dass wir alle in demselben Gemeindenetzwerk blieben, aber nicht ich bekam meinen Willen, sondern Gott. Dadurch sind heute in China Menschen in der Gemeinde Jesu Christi, die früher nie zu ihm gefunden hätten, weil der „Strom" zu weit entfernt von ihnen gewesen wäre. Die Kirche im heutigen China ist Gottes Werk! Seine Wege sind höher als unsere Wege und aus jeder Verlegenheit macht er eine Gelegenheit.

China ist ein riesiges Land, in dem über 1,4 Milliarden Menschen wohnen. Die alten fünf Hauskirchennetzwerke hätten selbst alle zusammen nicht ausgereicht für die Arbeit, die getan werden musste. Einst wollte ich unter allen Umständen, dass diese fünf Netzwerke so blieben, wie ich sie kannte. Heute bete ich zu Gott, er möge eine Million neue Netzwerke schaffen, um die Arbeit seines Reiches zu tun. Alle Ehre gebührt allein ihm!

Über die Autoren

Zhang Rongliang, geboren 1951 in Fangcheng, Provinz Henan, verheiratet mit Chen, zwei erwachsene Söhne, war dreißig Jahre lang einer der Leiter der Fangcheng-Hauskirche (auch „China for Christ Church"/Kirche „China für Christus" genannt). Er wurde verfolgt und gefoltert und verbrachte fast ein Viertel seines bisherigen Lebens im Gefängnis. Noch heute ist er im Bezirk Fangcheng als Gemeindeleiter, Lehrer und Seelsorger aktiv.

Eugene Bach ist ein Pseudonym für ein Mitglied der chinesischen Untergrundkirche, das seine Identität geheim halten möchte. Seit über fünfzehn Jahren ist er in chinesischen Hauskirchen tätig und hilft beim Aufbau von Missionsstützpunkten in verschiedenen Ländern, die für das Evangelium verschlossen sind. Eugene ist der Leiter der chinesischen Missionsbewegung „Back to Jerusalem" („Zurück nach Jerusalem"), die chinesische Missionare in Afrika, Asien und dem Nahen Osten unterstützt. Er hat mehrere Bücher über die Untergrundkirchen in China, Nordkorea und im Iran geschrieben.

Dank

Bruder Stone: Mehr als zwei Jahre lang nahm Bruder Stone viele Stunden an Glaubensberichten und Erfahrungen auf Video auf, in denen Pastor Zhang in den tiefsten Tiefen seines Gedächtnisses grub. Die Aufnahmen ermöglichten es, Pastor Zhangs Worte wieder und wieder abzuspielen, sodass keine Fehldeutungen möglich waren. Ohne Bruder Stone wäre dieses Buch nicht möglich geworden. Er baute eine vertrauensvolle Beziehung zu Pastor Zhang auf, die es diesem ermöglichte, der Welt die persönlichsten Details aus seinem Leben zu erzählen.

Bruder Zhu: Während er an seiner Dissertation arbeitete, nahm er sich die Zeit, nach China zu fliegen, um sich mit dem Lebenslauf von Pastor Zhang vertraut zu machen. Er nutzte seine Forschungserfahrungen für das Manuskript, sodass es die Ereignisse in Pastor Zhangs Leben treu wiedergibt.

Back to Jerusalem, Inc.: Die Missionsbewegung Back to Jerusalem hat durch ihr finanzielles Engagement die Veröffentlichung dieser Geschichte möglich gemacht. Ohne dieses Engagement wären die zahllosen Reisen, Flugtickets, Hotelzimmer etc. nicht möglich gewesen. Back to Jerusalem hat in dieses Buch investiert, um das Lebenswerk von Pastor Zhang zu segnen. Die Tantiemen dieses Buches gehen in voller Höhe an Pastor Zhang.

Bob Whitaker: Er hat sich persönlich für die Kirche in China engagiert. Nach einem kurzen Treffen mit mir in einem Restaurant stellte er alle Ressourcen des Verlages Whitaker House zur Verfügung, um die Vision der Hauskirche in China zu verwirklichen und Pastor Zhangs Glaubenszeugnis zu veröffentlichen. Wir sind dankbar für die Professionalität und Medienerfahrung seines Teams. Bob Whitaker ist mehr als ein Partner – ein lieber Freund der verfolgten Kirche in China.

Lois Puglisi: Die Menschen, die meine Texte redigieren müssen, haben es nicht leicht. Lois hat das überaus freundlich, geduldig und engagiert getan. In den vergangenen beiden Jahren habe ich sie als eine Frau schätzen gelernt, die es versteht, aus einer ins Unreine geschriebenen Geschichte einen Juwel zu machen. Sie hat die Gabe, holprige Sätze und unausgegorene Formulierungen so zu überarbeiten, dass sie die Leser nicht nur informieren, sondern begeistern.

Eugene Bach

Der Dienst von Open Doors

Weit über 100 Millionen Christen leiden heute unter Benachteiligung und Verfolgung, weil sie sich zu Jesus bekennen. Einigen wird verboten, Gottesdienste zu besuchen oder sich zum Gebet zu versammeln. Andere werden wegen ihres Glaubens inhaftiert, gefoltert oder sogar ermordet. Open Doors setzt sich als überkonfessionelles christliches Hilfswerk seit über 60 Jahren weltweit für verfolgte Christen ein.

Wie es begann

1955 schmuggelte Anne van der Bijl auf die Bitte verfolgter Christen hin zum ersten Mal Bibeln hinter den Eisernen Vorhang. Über seine abenteuerlichen Reisen von Polen bis China berichtet der als „Der Schmuggler Gottes“ bekannt gewordene Holländer in seiner gleichnamigen Autobiografie. Heute steht Open Doors verfolgten Christen in rund 60 Ländern zur Seite, vor allem in Asien und Afrika sowie dem Nahen und Mittleren Osten.

Schwerpunktbereiche unseres Dienstes

- Verteilung von Bibeln und christlichem Schulungsmaterial
- Ausbildung und Schulung geistlicher Leiter und Mitarbeiter der Untergrundgemeinden
- Gefangenenhilfe und Unterstützung von Familien ermordeter Christen
- Bereitstellung von Zufluchtsstätten für ehemalige Muslime, die Christen geworden sind
- Soziale Hilfsprojekte für mittellose Christen in der Verfolgung (Hilfe zur Selbsthilfe)
- Nothilfe in Kriegs-, Krisen- und Katastrophengebieten
- Öffentlichkeitsarbeit in Medien und Politik. Bitte um Gebet und Unterstützung an Christen in der freien Welt

So können Sie helfen

Bitte beten Sie für Ihre verfolgten Brüder und Schwestern im Glauben. Das ist das Erste, worum verfolgte Christen bitten. Bleiben Sie mit ihnen in Verbindung und zeigen Sie ihnen dadurch, dass sie nicht vergessen wurden. Gerne schicken wir Ihnen hierfür unser kostenloses Monatsmagazin zu, mit konkreten Berichten, Glaubenszeugnissen und Unterstützungsmöglichkeiten sowie einem Gebetskalender mit konkreten Gebetsanliegen für jeden Tag. Auf unserer Website finden Sie unter: www.opendoors.de/mediathek bewegende Kurzfilme aus der Reihe „Gesichter der Verfolgung", in denen verfolgte Christen ihre Geschichte erzählen.

Bitte setzen Sie sich für verfolgte Christen ein. Sie können einen Referenten von Open Doors zu einem Vortrag oder einer Predigt in Ihre Gemeinde einladen, uns schreiben oder anrufen:

Open Doors Deutschland e. V.
Postfach 1142, 65761 Kelkheim
Telefon +49 (0)6195-6767 0
Telefax +49 (0)6195-6767 20
Internet: www.opendoors.de
E-Mail: info@opendoors.de
Postbank Karlsruhe,
IBAN DE 67 6601 0075 0315 1857 50
BIC PBNKDEFF

www.facebook.com/opendoorsDE

Nik Ripken/Gregg Lewis

Gottes unfassbare Wege

Wie mein Glaube
durch verfolgte Christen
radikal erneuert wurde

336 Seiten, Taschenbuch
ISBN 978-3-7655-4204-6

Als Jugendlicher erfährt Nik Ripken Gott auf ungewöhnliche Weise. Er nimmt seinen Ruf an und geht 1992 nach Somalia. Fassungslos erlebt er die Not und Dunkelheit in dem Bürgerkriegsland. Dort gewinnt er das Vertrauen vieler Menschen und erfährt tiefe Menschlichkeit und Hilfsbereitschaft. Doch die Verhältnisse in Somalia erschüttern sein Vertrauen auf Gott: Wirkt Jesus als Auferstandener heute überhaupt noch? Oder ist das mit Gott alles bloß noch Geschichte? Erst als Ripken Christen kennenlernt, die Verfolgung im Glauben durchgestanden haben, findet er neue Hoffnung: In der ehemaligen Sowjetunion, in China und islamisch geprägten Staaten verschwinden seine tiefen Zweifel an einen lebendigen Gott. In mehreren muslimischen Ländern erlebt er staunend, dass Jesus wie in der Apostelgeschichte in Träumen und Visionen wirkt. Durch die Begegnungen mit verfolgten Christen wird Ripkens Glaube radikal verwandelt und erneuert. Dies ist sein spannender und aufwühlender Bericht.

BRUNNEN VERLAG GIESSEN
www.brunnen-verlag.de

Bruder Andrew/Al Janssen

Verräter ihres Glaubens

Das gefährliche Leben von Muslimen,
die Christen wurden

416 Seiten, Taschenbuch
ISBN 978-3-7655-4019-6

Ahmed war von Jesus so fasziniert, dass er in der Moschee öffentlich eine sehr gefährliche Frage stellte. Den anschließenden Schlägen und Misshandlungen seiner Familie konnte er nach einigen Tagen entkommen. Doch wohin jetzt? Er musste untertauchen. Bald trifft er Mustafa. Dieser gehört zur örtlichen Muslimbruderschaft. Ahmed traut seinen Ohren nicht, als Mustafa ihm von seiner Sehnsucht erzählt, die die Evangelien in ihm ausgelöst haben. Im Auftrag seiner islamistischen Gruppe sollte Mustafa eine Streitschrift schreiben, welche die Fehler des Neuen Testaments darstellt und die Gültigkeit des Korans betont. Das konnte er nicht tun, ohne die Evangelien vorher zu lesen, meinte Mustafa. Noch mehr junge Männer und Frauen stoßen in kurzer Zeit zu ihnen – sie alle müssen untertauchen, brauchen eine Bleibe, etwas zu essen und Arbeit. Vorsichtig suchen sie nach einem Ausweg. Doch er könnte sie das Leben kosten …

Dies ist ihre atemberaubende Geschichte, die sie ihrem Freund Bruder Andrew erzählt haben.

BRUNNEN VERLAG GIESSEN
www.brunnen-verlag.de

Bruder Andrew/S. deVore Williams

Gott versetzt Berge, wenn wir ihn bitten

Erfahrungen des „Schmuggler Gottes“
mit der Macht des Gebets

160 Seiten, Taschenbuch
ISBN 978-3-7655-3897-1

Aufrüttelnde Einsichten eines Menschen, der immer wieder alles auf die „Karte Gottes“ gesetzt hat. Aber darf man wirklich Gott bitten, seine Pläne zu ändern? Sollten Christen nicht immer beten: „Dein Wille geschehe?“ Der „Schmuggler Gottes“ stellt infrage, was er christlichen Fatalismus nennt. Er belegt mit aufregenden Einblicken in seine eigenen Gebetserfahrungen: Gott versetzt sogar „Berge“, wenn wir ihn bitten ...

„Lassen Sie sich anstecken von dem, was er in diesem Buch über das Gebet schreibt.“ Friedhold Vogel

„Dieses Buch fordert heraus, ein echter Bündnispartner Gottes zu werden.“ Maria Prean

BRUNNEN VERLAG GIESSEN
www.brunnen-verlag.de

Je suis une vieille coco !

DU MÊME AUTEUR

Le Paradis des poules. Faux roman de rumeurs et de mystères, Jacqueline Chambon, 2005.

Ouvrage traduit avec le concours
de l'Institut culturel roumain, Bucarest

Titre original :
Sînt o babă comunistă !

ISBN 978-2-7427-7277-3

Dan Lungu

Je suis une vieille coco !

roman traduit du roumain
par Laure Hinckel

Éditions **Jacqueline Chambon**

Chapitre 1

Une semaine… Depuis une semaine je n'ai plus la paix, bon sang ! Depuis le dernier coup de fil d'Alice… Alice – un joli prénom, n'est-ce pas ? C'est moi qui l'ai choisi. Normal, il s'agit de ma fille. Ce que je veux dire par là, c'est que mon mari voulait l'appeler autrement. Cristina, il me semble. Ou peut-être Maria, je ne sais plus. En tout cas, il voulait lui donner un de ces prénoms que tout le monde porte. Du moins chez nous, en ville. Des prénoms de coiffeuse ou de comptable. "Non, chéri, nous, on l'appellera Alice, c'est un nom de princesse", j'avais bien insisté là-dessus. C'était ce que je me disais : quand on porte un joli prénom, on a forcément la vie qui va avec. Alice n'est pas devenue princesse, elle est devenue ingénieur. J'y tenais, à ce qu'elle devienne ingénieur. Dans l'idée qu'elle se ferait engager dans l'usine où je travaillais à l'époque et que tout le monde dirait : "Vous savez… Emilia Apostoae ? Eh bien, l'ingénieur Alice, c'est sa fille." Mais le communisme a flanché et la fabrique où je travaillais, périclité bien avant qu'elle soit en âge de se faire engager.

Une si grosse usine, et quelques années après un champ de ruines et de mauvaises herbes. Refuge des chiens errants. Les fenêtres, chapardées. Les prises de courant, arrachées. Quand il m'arrive de passer devant, je tourne la tête. Ma parole, j'en ai le cœur tout écorché. J'ai l'impression de voir, derrière ces murs, dans l'atelier, nos squelettes, fidèles au poste, prêts à reprendre le travail. Comme si nous ne vivions qu'une énième panne de courant. Une très longue panne de courant. Je le sais, c'est une énormité, c'est plus fort que moi, le passé ne revient pas, mais c'est la sensation que j'ai. On entend dire que Coca-Cola a tout racheté et qu'on va ouvrir une chaîne d'embouteillage. Certains – je ne comprends pas pourquoi – sont contents. Moi, en tout cas, je ne donnerais pas un sou pour ce genre de poison. Les autres n'ont qu'à en acheter, eux ! Moi, chaque année, je me concocte une boisson de sureau qu'aucun Américain n'aura jamais l'occasion de boire. “Peuvent bien remonter l'arbre jusqu'au singe, personne chez eux n'a jamais rien fait de meilleur”, comme dirait le Mitu*. Je vous parlerai de lui aussi. Un sacré personnage.

Et puis un jour, Alice est montée dans un avion – direction le Canada. Paraît que les Canadiens se démènent pour trouver des gens capables. Ils ne sont pas plus bêtes que les autres, mais ils ne sont qu'une poignée de gens dans une immensité de pays, à ce qu'il paraît. S'ils voulaient occuper tout l'espace, il leur faudrait des

* Retrouvez le personnage haut en couleur de Mitu dans le précédent roman de Dan Lungu, *Le Paradis des poules. Faux roman de rumeurs et de mystères.*

jumelles pour se voir les uns les autres. Alors ils attirent les esprits éclairés de tous les continents et leur offrent le toit, le couvert et l'emploi. Ils veulent devenir la nation de la matière grise et ne faire qu'une bouchée de leurs voisins américains. Je ne répète que ce que j'ai entendu dire… Si ça n'avait tenu qu'à moi, elle ne serait pas partie, Alice. Je l'aurais gardée près de moi, pour lui élever ses rejetons et lui préparer tous les samedis des tartes au fromage blanc, comme elle aime. Mais je ne pouvais pas non plus l'empêcher de s'en aller. Qu'est-ce que je lui aurais dit ? Reste ici, ma fille, dans ce pays qui part à vau-l'eau ? Reste ici pour te crever à travailler et te faire payer en monnaie de singe ? Alors je n'ai rien dit. Elle ne m'a pas non plus vraiment demandé. Elle était si contente de se carapater qu'elle en aurait presque oublié qu'elle avait des parents. Mais ça ne m'étonne pas. J'ai fait la même chose, quand j'ai quitté le trou perdu où je suis née. Je crois bien qu'à l'époque j'ai fait un choix encore plus radical.

Peu de temps après son départ, Alice nous a téléphoné pour nous dire qu'elle voulait se marier. Avec un certain Alain.

— Alain Delon ?

— Ma-man ! Arrête ? Tu me parles d'un vieux !

— D'accord, mais au moins, lui, il est connu, par ici…

— Et puis il est français, maman.

— Hi hi, tu veux dire que c'est la porte à côté !

Je plaisantais.

Elle nous a aussi annoncé ce jour-là qu'elle viendrait dans le courant de l'été pour nous le présenter. Que nous fassions la connaissance du jouvenceau, non ? Je ne sais pas comment les gens procèdent, par chez eux, mais ici c'est comme ça que ça se passe, aujourd'hui encore. Il fallait bien se rendre compte de ce qu'il valait, savoir s'il méritait notre fille.

— Qu'on voie au moins s'il a ses deux oreilles, a dit mon mari, puisque de toute façon on ne comprendra pas un mot de ce qu'il dira.

C'était il y a peut-être bien deux ou trois ans. Quelques jours avant nous avions parlé des détails de leur arrivée.

— Ne paniquez pas, c'est vraiment un type bien, avait lâché Alice avant de raccrocher.

Seigneur, qu'est-ce que j'ai pu briquer la maison ! On aurait pu manger par terre. J'avais acheté des rideaux neufs. Il y avait des marmites sur tous les feux. Ça mijotait là-dedans comme au bon vieux temps. *Borş* de poulet, *sarmale* et côtes de porcelet. Tourtes et gâteaux. Une voisine était venue m'aider. Comme ça, pour Alice. Sans parler du fait qu'elle n'avait jamais vu un Canadien de sa vie et qu'elle ne voulait pas rater l'occasion. Tzucu, mon mari, avait chaulé tout l'étage, pour que le Canadien n'ait pas l'impression de tomber dans l'antre d'hommes préhistoriques. Il aurait bien voulu badigeonner toute la cage d'escalier, tant qu'il y était, mais personne n'avait voulu mettre la main au porte-monnaie pour entreprendre une rénovation générale. Ils arrivaient à peine à payer les charges. Un voisin du deuxième s'était même payé la tête de Tzucu : s'il demandait maintenant des sous pour chauler, la prochaine fois il lui en faudrait pour payer le billet d'avion ! Quel âne bâté ! Mais mon mari aussi, quel fanfaron ! Incapable de tenir sa langue, comme toujours. Moi, à sa place, j'aurais balancé à cette andouille que les fiancés arrivaient à la nage, que c'était moins cher. Ça lui aurait cloué le bec.

La veille de leur arrivée, je suis allée chez le coiffeur. Ça faisait une éternité. Les coiffeuses avaient changé entre-temps, je n'en ai pas reconnu une seule. Je ne sais pas pourquoi, ça m'a fait pleurer. Enfin si, je sais. Parce que, avant la révolution, j'y allais au moins une fois par mois. Pour me faire belle.

Au retour, j'ai regardé plus attentivement le bâtiment où nous vivons. De quoi ils ont l'air, les immeubles, au Canada ? Est-ce qu'on n'était pas ridicules avec les nôtres ? Il n'était déjà plus tout neuf. Rien à voir avec l'endroit où nous nous étions installés, fous de bonheur. Plus de trente ans avaient passé et la façade n'avait jamais vu la couleur du moindre coup de pinceau. Il fallait bien le reconnaître, elle était déjà bien écaillée, la pluie avait abîmé les pignons. Et, au premier étage, il y avait cette grosse trace de fumée sur le mur, audessus d'une fenêtre. Les gens qui y habitaient avaient sans doute un poêle à bois en hiver et ils avaient sorti le conduit par la fenêtre. Les marches de l'entrée se craquelaient et les balustrades tordues et descellées penchaient dès qu'on les touchait. Un gamin maigrichon et renfrogné jouait tout seul. Il lançait un bonnet contre le crépi de la façade. Quand il parvenait à le faire tenir quelques secondes, collé contre le mur, il poussait de petits cris de joie. Puis il recommençait. Ce jour-là, j'ai paniqué... Voilà donc le château de ma princesse Alice ?

Puis je me suis reprise. Non, non, son château, c'était seulement un des appartements.

Nous étions sur les rotules. Je ne sentais plus mes mains, et je ne parle pas de mes jambes. Je me suis mis un oreiller sous la nuque, pour ne pas défaire mon brushing. On était allongés et on bavardait avant de dormir. Tzucu me taquinait.

— Jamais tu n'aurais imaginé que tu aurais un jour un gendre canadien...

— Comme si, toi, tu y avais pensé !

— Non, mais je ne suis pas non plus en train de crâner comme toi... Qui c'est qui est allé chez le coiffeur aujourd'hui ? Tu aurais mieux fait de te prendre une perruque blonde avec des grosses boucles, il aurait été conquis, c'est sûr !

— C'est à Alice de le conquérir, pas à moi !

— Alice l'a déjà fait. Du premier coup, et poc ! Pour qu'il vienne jusqu'ici, en Roumanie, tu te rends compte...

— Mais notre immeuble a vraiment une sale tête !

— D'ici à demain, on n'arrivera pas à en construire un autre.

— J'arrête pas d'y penser...

— Et s'il lui manque une oreille, qu'est-ce qu'on fait ?

— Quelle oreille ?

— A notre petit gendre, c'est de lui que je parle. S'il n'a qu'une oreille au lieu de deux ?

— Tu dis des bêtises. Comment tu veux qu'il n'ait qu'une oreille ?

— Et s'il est noir ?

— …

— Tu lui as demandé de quelle couleur il était ? Et s'il est noir ?

— …

— Et s'il a des lèvres de trompettiste ?

— On ferait mieux de dormir.

J'étais sur des charbons ardents, à cause de Tzucu et de ses plaisanteries à deux sous. “Ne paniquez pas, c'est vraiment un type bien.” Je l'entendais d'ici. Pourquoi ne devait-on pas paniquer ? Qu'est-ce qui aurait pu nous inquiéter ? Pourquoi elle avait insisté en disant que c'était un type bien ? C'était un type bien, ça compensait quel défaut ? Tzucu ronflait en sifflant et moi je me rongeais les sangs. J'avais perdu toute envie de dormir. Dans notre ville, un Noir est plus exotique qu'un extraterrestre. Vous imaginez dans le quartier… Dans l'immeuble, c'était inimaginable. Dans notre famille… Je préférais ne pas y songer sérieusement. Au bout du compte, ce n'était qu'une plaisanterie, je me suis dit pour me rassurer. Il n'y avait rien de sûr. Je me suis levée, tout doucement, et je suis allée dans l'ancienne chambre d'Alice. Le globe terrestre était à sa place, sur le bureau. J'ai mis mes lunettes et je l'ai regardé de près. Non, le Canada n'était pas en Afrique.

Tôt le matin, je suis allée dans la première quincaillerie ouverte et j'ai acheté un ventilateur. Chez nous, au quatrième, il faisait affreusement chaud. Tout le soleil de la journée s'accumulait dans le toit et, la nuit, on cuisait à petit feu. J'ai utilisé les sous de l'enterrement. Le fonds "amitié", comme disait gentiment Tzucu. A partir d'un certain âge, la mort fait partie de la famille. On en parle à table ou le soir avant de se coucher, on fait des calculs. Tzucu a essayé le ventilo. Il fonctionnait parfaitement. On s'est un peu disputés pour savoir où le placer. Avant de trouver un terrain d'entente. On s'est dit qu'on le déplacerait où il faudrait, selon les besoins. Vers midi, Alice a téléphoné. Ils étaient déjà installés à l'hôtel et ils nous invitaient à venir manger au restaurant. Mon sang n'a fait qu'un tour.

— Pourquoi tu ne veux pas comprendre, maman ; c'est l'habitude, chez eux.

— Mais on est chez nous, pas chez eux. J'ai même fait de la tourte au fromage blanc… j'ai dit pour l'attendrir.

— On aura tout le temps de manger la tourte plus tard, maman. Miam-miam, j'en ai l'eau à la bouche.

— Tu as honte de l'amener chez nous.

— C'est un comble ! Pourquoi voudrais-tu que j'aie honte ?

— J'ai tout lavé du sol au plafond. Ton père a chaulé tout l'étage…

— Oh là là, maman, on dirait que tu es bouchée. Chez eux, c'est une question d'habitude : on se reçoit au restaurant.

— Alors tu me promets que vous viendrez dormir à la maison ?

— Alain a déjà réglé la chambre d'hôtel.

— Alors tant mieux pour vous ! Picorez tout seuls, comme deux tourtereaux que vous êtes !

— Pourquoi tu t'emportes si vite ?

— Tu demandes pourquoi ? Tu viens pour nous voir et tu dors à l'hôtel ? Tu trouves ça normal ? Alice, nous sommes tes parents… Tu sais encore ce que ça veut dire ? Ça veut dire que c'est nous qui t'avons faite, nous qui t'avons élevée.

— Oui, mais…

— Pas de "mais" s'il te plaît !

— OK, je vais en parler avec Alain, pour voir ce que…

— Tu peux lui en parler tout de suite ?

Finalement nous nous sommes préparés pour aller au restaurant.

Exactement ce que je n'avais pas prévu. Je me suis mise à fouiller dans les armoires. Avant la révolution, quand on avait de l'argent à ne plus savoir qu'en faire, on allait souvent dans des fêtes. Impossible qu'on ne trouve pas quelque chose à se mettre sur le dos. C'est que nous en avons fait, des mariages et des baptêmes, comme parrains. C'était une sorte de mode. Personne ne savait comment dépenser son argent. Des filleuls, de baptême ou de mariage, ça, c'était utile. Si on avait des ennuis et qu'on avait besoin d'un piston auprès de la police ou d'un médecin, on faisait passer le mot dans la famille et on finissait par trouver la personne qui pouvait aider. Finalement, ces filleuls formaient ma famille de la ville ; parce que ma famille, la vraie, était toute restée au village.

Pour Tzucu, j'ai trouvé un costume bleu marine à fines rayures blanches, vieux comme Mathusalem. Et pour moi, une robe à pois un peu plus récente. Mais pas neuve quand même. On était superbes, tous les deux : on aurait dit qu'on nous avait empaillés. C'est le problème avec ces vêtements habillés, si on ne les met pas pendant un moment, on oublie comment les porter, on se sent pas à l'aise dedans. Du moins, je parle de ces vêtements qui une fois dans leur vie de vêtement ont eu une certaine élégance. Des chapeaux, je n'en ai jamais porté. Je me revendique citadine, mais pas bourgeoise pour autant.

Chapitre 2

C'est le matin, très tôt. Dehors, on s'agite. Tout le monde court dans tous les sens. Pas le temps de s'arrêter. A intervalles réguliers, chaque fois qu'elle passe, maman me crie de me réveiller. Il y a beaucoup à faire et mon lait va refroidir. Moi je dis "oui, oui" et je me rendors aussi sec.

Aujourd'hui, c'est jour de *tezic*.

Tous les gens, par chez nous et dans les villages environnants, font du *tezic* pendant l'été. Moi, j'aime pas du tout ça. J'ai dix ans, peut-être un peu plus. Ma sœur, plus petite, a le droit de dormir plus longtemps. C'est pas juste ! Je me le répète à voix basse. J'entends la voix de mon cousin Costica. On dirait qu'il se gargarise quand il parle. Costica, c'est un diminutif mais, lui, c'est un grand et gros gaillard et c'est pour ça que son prénom lui va si mal. Il est venu nous donner un coup de main. J'entends le puits grincer. On commence déjà à transporter l'eau. Les coqs n'arrêtent pas. On croirait qu'ils sont de mèche avec maman. J'entends des pas lourds, je sais que ce ne sont pas ceux de maman. Je respire lentement, pour faire semblant de dormir profondément. C'est bizarre, je suis presque en train de dormir et pourtant je fais semblant de dormir. Je suis persuadée que les gens qui dorment tellement bien, on les laisse dormir. On a pitié. Comme je fais, avec les chats.

Je sursaute violemment, je me retourne d'un seul coup.

Une grande giclée d'eau froide. Je suis comme électrocutée.

Costica a déjà tourné les talons. Il rit mais on dirait qu'il grouine.

— Imbécile !

Je suis accablée mais je trouve la force de le lui dire quand même.

Il s'éloigne, la tasse vide se balançant à son doigt. Sonnée, je m'habille. Dehors, on rit. Costica a dû raconter son exploit. L'idiot ! Aucune autre insulte ne me vient en tête, il est trop tôt. "C'est un imbécile !" je répète, en retournant les manches de ma veste de survêtement, le vieux, pas le neuf. Le matin, il fait drôlement frisquet.

Les yeux encore tout collés de sommeil, je bois mon lait. Je tire sur la crème en imaginant que c'est du chewing-gum. Il n'y a que la tante Lucrecia qui m'en donne. L'odeur du fumier retourné à la fourche arrive jusqu'à moi. Ça me coupe l'appétit ; déjà que je ne mange pas grand-chose. Je laisse la moitié de mon lait. Je pose mes mains sur mes genoux et je me laisse aller. Deux minutes de sommeil en plus, c'est toujours ça de pris. Costica passe à côté de moi, les reins cassés par deux grands seaux d'eau. Tout en soufflant comme un bœuf, il me fait signe que si je traîne il revient me faire la même chose. Je lui tire la langue.

— Fais attention, me dit-il, courbé sous le poids des seaux.

Finalement, je me lève et je me dirige, complètement hébétée, vers l'arrière de la grange, du côté du jardin. Costica transvase l'eau dans un gros tonneau de plastique bleu. Essoufflé, papa tire avec la fourche de gros morceaux de fumier du tas accumulé dans l'année. Le fumier s'est tassé et a durci ; il faut en faire, des efforts. Il lance les morceaux dans un grand rectangle délimité au sol par des bâtons. C'est dans ce périmètre qu'aura lieu le *foulage*. Il m'aperçoit et me dit :

— Bonjour, mademoiselle !

Ça veut dire que je suis plutôt en retard.

— Qu'est-ce que tu attends là, à regarder ? Prends donc un seau !

— Allez, Emilia, sinon, on n'en viendra jamais à bout, insiste maman.

Costica arrive déjà avec une deuxième série de seaux pleins à ras bord. Je le regarde, mais il me tire la langue. Maman a très mal dans le dos, elle ne peut rien transporter. Avec une bêche, elle émiette les mottes de fumier et en retire ce qui n'a rien à faire dans le *tezic* – les tiges de tournesol ou de maïs. Je traîne les pieds pour trouver un seau. Papa m'en trouve un qu'il me désigne du regard, là, pendu sous l'avant-toit de la grange. Je n'ai pas le choix, je dois aller au puits. Avec un seul seau parce que je suis trop petite pour deux. Le puits est devant la maison, de l'autre côté de la barrière, sur un talus. Pendant que je tire l'eau, je regarde la maison. Elle est toute petite, comme dans les contes. Si elle ne nous donnait pas tant de travail, je la trouverais jolie. Elle a trois pièces, elle est couverte de tuiles et les murs sont en argile. La façade est truffée de morceaux de briques, un peu comme des raisins dans un gâteau. La brique a été ramenée de la ville et papa en est très fier. Il dit que nous avons une maison particulière, qu'au village il n'y en a pas beaucoup, des comme ça.

Quand je serai grande, j'habiterai dans un immeuble. Comme tata Lucrecia et tonton Andrei. Tonton Andrei est le frère aîné de papa et il travaille à la gare. C'est une sorte de chef. Pas un très grand, mais c'est tout de même chef, qu'il est. Tata Lucrecia est téléphoniste et elle ne sort pas sans avoir fait sa mise en plis, s'être maquillée, parfumée. Elle est née en ville. Qu'est-ce qu'elle a de la chance ! Elle, quand elle voit du crottin, elle se pince le nez. Elle a les ongles faits. Elle ne vient pas souvent chez nous, à la campagne, mais parfois, pendant les vacances, maman m'envoie chez elle. Ça me rend folle de joie.

Une fois, j'ai mis mon nez dans le petit panier qu'elle a dans la salle de bains et j'ai été émerveillée car elle n'avait pas qu'une petite bouteille de vernis, mais une vingtaine, peut-être même plus. Peut-être cent ? Maman la trouve un peu bourgeoise et dit qu'elle ne sait pas ce que c'est qu'empoigner une bêche. Moi, je trouve pas que ce soit un défaut, mais je dis rien. Ce n'est pas la peine d'insister, maman a du mal à l'encadrer. Costica arrive, alors je soulève le seau et je me dépêche d'aller voir ailleurs. Je le porte à deux mains. C'est drôlement lourd, cette saleté ! Evidemment, sur le trajet, je m'éclabousse les pieds. Tata Lucrecia, elle marche jamais pieds nus. Même à la maison. Elle a des sortes de mules avec des pompons, très duveteux. C'est pour ça qu'elle a pas les talons fendillés. Elle adore les choses moelleuses et duveteuses. Ou alors, douces comme le velours. A mi-chemin, au coin de la maison, je m'arrête pour souffler un peu. Je tire juste un peu sur le coin d'une brique prise dans le mur. Elle tient à peine, de toute façon. On dirait une dent sur le point de tomber. Voilà qu'elle est partie. Si papa me voit, il va me manger toute crue. Je la jette bien vite dans la cour du voisin. Les briques d'angle, c'est pas comme les dents, ça repousse pas. La maison reste édentée. Mais elle en a tellement des dents que ça ne se voit pas. Notre maison est un animal avec beaucoup de dents. J'ai envie de rire. Costica a de nouveau rempli les seaux et retourne dans la cour. J'empoigne le mien, moi aussi, et marche vers la cour. Je veux arriver avant lui. On fait la course, mais sans qu'il soit au courant. Il fait des grands pas d'ogre. Je me dis que peut-être lui aussi fait la course et que je ne le sais pas. Je vais aussi vite que possible mais c'est lourd, nom d'un chien ! J'ai les pieds tout mouillés, mais on est arrivés en même temps. Papa lance des jurons. Quelque chose ne lui plaît pas. Maman se tient les reins. Je regarde dans le tonneau pour voir combien il y a d'eau. A peine la moitié. Et il faut qu'il soit plein ?

— Allez vous autres, on n'aura jamais terminé à ce rythme-là ! dit maman pour nous pousser un peu.

Je repars vers le puits. Dès que j'ai passé le coin de la maison, je me mets le seau sur la tête pour me faire un casque d'Allemand. On pourrait en mettre quatre, des comme moi. Un filet d'eau me coule dans le cou. Brrr !

J'ai vu il y a longtemps un film avec des Allemands. Chez tata Lucrecia bien sûr. Nous, on n'a même pas l'électricité. Je crie dans le seau : "Je veux habiter en viiiiiille !" Je crie mais je suis la seule à m'entendre. Le soir, on s'éclaire à la lampe à pétrole. Le verre s'enfume, surtout quand la flamme est basse et le lampant de mauvaise qualité. Mon travail consiste à essuyer le verre. En faisant attention, pour ne pas le casser. Quand j'ai demandé à tata Lucrecia qui c'est qui essuie les ampoules, chez elle, elle a éclaté de rire. Paraît que les ampoules ne noircissent jamais. C'est bien, les ampoules. Même plus la peine de faire la queue au pétrole lampant. Et je crie dans le puits : "Je veux habiter en viiiille !" Je prends une gorgée d'eau. Quelle saleté, elle est drôlement froide ! Nous portons l'eau jusqu'à ce que papa dise que ça suffit. Puis on passe à l'étape que j'aime pas. Mais alors pas du tout. Le foulage. Papa, maman et moi, on retrousse nos bas de pantalon et on se met à fouler. Costica verse de l'eau. On mélange le fumier avec les pieds. C'est comme une danse. On fait quatre ou cinq foulages par été. Costica fait exprès de me mouiller. Quand il est le seul à me voir, je lui tire la langue. Maman et papa discutent de ce qui les intéresse : le porc, la vache, les moutons, le pré, le temps, le litre de lait, le pétrole. On doit fouler pour obtenir une pâte de fumier. Ça me barbe. C'est que l'eau est sacrément froide ! On a beau être en été, je sens mes pieds gelés. Je me suis rentré une cochonnerie de bâton dans le mollet. Je racle le fumier de ma jambe pour voir l'écorchure. Maman dit qu'on a beau faire attention en triant, il reste toujours une tige de tournesol. Papa me crie de me remettre au travail, que je vais pas en crever. Sanda, ma sœur, est arrivée. Elle est en chemise de nuit. Elle nous regarde sans rien dire, comme un fantôme. Petit et inoffensif. Un bébé fantôme. Maman l'envoie se débarbouiller et boire son lait.

— Je crois que c'est prêt, dit papa. On peut rajouter la paille.

Costica crève un ballot puis disperse de la paille un peu partout sur la pâte de crottin. Il faut l'enfoncer avec le pied. Bien mélanger. Moi, mes pensées sont pour le mûrier au fond du jardin. J'y ai un appartement secret. J'ai piqué à maman un rouleau de lirette qui me fait un tapis persan. Si elle m'attrape, je vais passer un mauvais quart d'heure. Avec des trognons d'épis de maïs, je me suis fait des flacons de vernis. Je n'ai pas beaucoup de choix dans les couleurs, vu que le maïs, ce n'est pas très coloré non plus. Je me suis fait des bigoudis avec des petits morceaux de bois. J'ai trouvé un bout de miroir triangulaire. Une terrine en terre est mon lavabo. C'est très joli. Je me dis que je n'y ai pas fait le ménage depuis longtemps. Je devrais ramasser les effilochures qui traînent par terre et passer le tapis au vinaigre. Essuyer la glace. Du boulot. De mon appartement, en hauteur, je peux aussi voir si les Allemands arrivent dans le village. Je peux sonner l'alarme. Je peux prévenir le chef de poste et recevoir une décoration. Je peux devenir un enfant-héros. Papa nous annonce qu'on peut passer au *moulage*. Il a préparé le terrain, quelque part sur le côté de la maison.

— Si c'est nécessaire, on peut aussi en mettre le long de la clôture, dit-il.

On prend des boulettes de fumier et de paille, ni trop petites, ni trop grosses, et on en fait des sortes de pâtés. On les pose au soleil, bien alignés, comme des soldats. Des Allemands ou des Soviétiques, ça compte pas. On pose le pâté et on le tapote bien gentiment. Un peu comme on fait sur les joues des gens qu'on aime bien. Le soleil brûle déjà. J'ai la tête en feu, j'ai mal dans le dos. Je me plains à voix haute.

— Mais qui c'est qui aura bien chaud, cet hiver ? dit papa.

Sanda nous a rejoints au *tapotage*. Elle fait des pâtés plus petits. Quand on les met à brûler l'hiver, dans le poêle, on reconnaît les miens de ceux qu'elle a faits. Parfois on reconnaît aussi ceux qui ont été moulés par papa. Ils sont lourds et on voit les empreintes de ses doigts dessus. Papa ne se fatigue pas comme maman à les lisser. Je trouve qu'ils ressemblent aux bouses de vache trouvées sur les chemins. Je le leur dis et je leur demande pourquoi on ne les prend pas directement sur le chemin, tout faits.

— Tu n'auras qu'à essayer, mais quand tu seras chez toi, d'accord ? riposte papa.

— Moi, je n'aurai pas besoin de *tezic*, j'habiterai en ville, je lance impétueusement.

Après une journée pareille, nous dormons comme des loirs.

Une semaine plus tard, nous devons les retourner, pour sécher l'autre face au soleil.

Chapitre 3

L'atelier. Voilà un mois que j'ai ce nouveau travail et je suis convaincue d'avoir décroché le gros lot. Quand on sait comme j'ai trimé jusqu'à présent, ici, c'est du gâteau et le salaire est le double. Vive tonton Andrei ! Il savait ce qu'il faisait, en se démenant pour obtenir mon transfert ici. Je me suis déjà habituée. Je sais ce que j'ai à faire et j'ai appris les règles. Dès le premier jour, le chef m'a dit :

— Celui qui ferme sa gueule, il est comme un coq en pâte ; celui qui l'ouvre, c'est des coups de pied au cul. Rien de ce qu'on fait ici ne doit filtrer au-delà de ces murs…

Le chef est un petit bonhomme tout sec, qui parle vite et ne tient pas en place. Il s'agite toute la journée, une vraie toupie. Il mène et ramène, il fait et défait. On a de la matière première, donc on reçoit des commandes, donc on a notre salaire. Il connaît toutes les grosses légumes de la ville et il a des pistons dans toutes les usines du pays. Quand le combinat de Galaţi est au bord de la syncope, en rupture de tôle, lui, il débarque ici avec un camion plein à ras bord. Personne ne sait comment il y arrive.

C'est la pause déjeuner et je suis sortie sur le banc, au soleil. Devant l'atelier, il y a une treille. Pas très fournie, parce qu'elle est jeune. Paraît que c'est le père Culidiuc qui a planté les ceps. Les raisins sont presque mûrs. Toute la matinée, on a foncé : huit cents cosys prêts pour le Meuble, alors après la pause, on va se rouler les pouces. C'est plus ou moins la même chose chaque jour, quand il n'y a aucune urgence. Sorin s'assoit lui aussi sur le banc. On a à peu près le même âge, sauf que lui est là depuis un an. De fil en aiguille, j'en viens à faire l'éloge du chef. Il fait un signe de tête pour dire qu'il est d'accord. Puis il me raconte ce qui lui est arrivé avec son ancien contremaître.

Avant d'arriver ici, il était à la peinture. L'atmosphère était totalement irrespirable. Pas tant à cause du solvant qui mettait la tête à l'envers au point qu'en sortant vous voyiez pas double mais triple et que ça ne servait à rien d'essayer de convaincre votre femme que vous n'aviez rien bu, qu'à cause du *collectif*. Ça payait mal et les gens étaient méchants, ils se débinaient les uns les autres. Le contremaître était un vrai chien, il voulait être au courant de tout, aussi il encourageait les uns à venir baver sur le compte des autres. En plus, il aimait bien les petites attentions…

Devant nous passe le père Pancu, ses bras interminables et raides le long du corps, comme s'il portait deux grands seaux d'eau.

Celui qui ne lui apportait pas son lot de petits présents pouvait faire une croix sur ses congés de Pâques ou de Noël. Sorin, lui, tenait bon. Il ne lui avait pas cédé le moindre bout de ficelle et n'avait pas non plus cassé du sucre sur le dos des autres. Un beau jour, on lui dit que le contremaître l'attendait dans son bureau. Sorin y va. Il était dans ses petits souliers. Le contremaître en grillait une.

— Comment tu vas, Sorin, la vie est belle ?

— Je bosse, cam'rade, que voulez-vous. Comme tout le monde…

— Dis voir, mon garçon, j'ai un peu mal dans le dos, je tiens à peine debout, je voulais te demander quelque chose…

— Dites, cam'rade.

— Passe à l'épicerie et prends-moi cent grammes de salami, un feuilleté et un pain. Et trouve-moi une bouteille de vin, plutôt du bon… dit le contremaître en avançant sur le bureau une pièce de cinq *bani*.

Avec cinq *bani*, on ne pouvait même pas acheter une boîte d'allumettes. Sorin serra les dents et alla acheter tout ce que demandait cette bourrique. Quand il lui balança sur son bureau le salami et tout le reste, le contremaître dit :

— Ben alors, et la monnaie, Sorin ? On t'a pas rendu la monnaie ?

C'était trop fort, Sorin sortit en claquant la porte.

Sauf que l'histoire ne s'arrêta pas là. Trois jours plus tard, il l'appela de nouveau, pour la même chose. Mais il ne s'y laissa pas prendre cette fois, il ne toucha pas à l'argent. Il se retint de lui dire des grossièretés et il s'en alla. Le contremaître lui fit ensuite savoir qu'il avait deux semaines pour se trouver du travail et que de toute façon il trouverait bien quelque chose à lui reprocher pour le faire mettre dehors.

Il ne pouvait se plaindre à personne, qui aurait cru une telle histoire ? Alors il a fait jouer tous les pistons possibles et il est arrivé ici.

— Aujourd'hui, j'ai presque envie de lui dire merci, à cet idiot. Sans cette affaire, j'aurais jamais pensé à prendre mes cliques et mes claques, dit Sorin en riant.

Nous rangeons les restes du déjeuner et nous rentrons dans l'atelier. La récréation a déjà commencé. Pour passer le temps, les uns jouent au *septic*, les autres au trictrac ou à *moara*. Seul le père Plugaru soude, dans un coin, ce qui semble être une jardinière. A peine Sorin est-il entré que le père Ariton l'apostrophe :

— Allez, mon p'tit gars, ils pleurent après toi, les dés. Tous des mollassons, pas un qui veut jouer avec moi.

Sorin fait chorus :

— Père Ariton, je vois que vous, vous avez envie d'une bonne défaite…

Ils s'assoient à califourchon sur le banc et posent le plateau et les pièces entre eux deux. Le père Pancu et Costel apportent leur chaise, tout prêts à lancer des paris.

— Regarde-moi ça, dit le père Ariton, ils sont comme des vautours… Pour jouer, il n'y a personne, mais pour bayer devant, alors là, ils sont champions !

— Les gars, faut tout de même démarrer une machine, y vont croire qu'on est payés à rien faire ! crie Radu, de l'autre extrémité de l'atelier.

Comme je me trouve plus près, je mets en marche une fraiseuse, une polisseuse, une perceuse et un tour. Ensuite, je vais pousser le verrou de la porte.

Le père Hondrila, un pince-sans-rire qui en a fait voir de belles à pas mal de monde, est plongé dans des mots croisés. Il est le seul à se casser la tête avec des choses pareilles, d'où sa réputation de type intelligent. Tous ses crayons sont mangés au bout, presque déchiquetés. Il mord dedans comme dans du pain.

— Ecoutez bien ici, il crie ; celui qui trouve cette définition, je lui offre une bouteille de champagne !

— Vas-y, dis-nous ! répond quelqu'un.

— C'est comme une devinette. Costel, tu écoutes ?

— Vas-y, on t'écoute.

— Citoyen tourmenté / petit et jambes arquées…

Je réfléchis, mais rien ne me vient. A part que cela ressemble à “rayures / au-dessus de la mer”, qui signifie arc-en-ciel.

— Alors ? Ce sera pour qui, le champagne ?

— En combien de lettres, père Hondrila ?

— Bonne question : en six.

— Tzigane !

— Mais non ! Et puis ça fait sept lettres !

— Donne voir les trois quarts de la bouteille, pas une entière.

— Allez, je vous mets sur la piste. C'est un prénom…

— C'est dans le calendrier ?

— Bien sûr que oui ! C'est pas loin de nous…

— Jambes arquées, tu dis ? Petit et tourmenté ? Et en six lettres… Ça serait pas notre Costel à nous, ça ? dit Aurelia.

— N'importe quoi, toi ! proteste Costel.

— Bravooo ! les gars, c'est une femme qui vous a soufflé le champagne sous le nez !

Il est vrai que les jambes de Costel font de belles parenthèses. En plus, il est plutôt noiraud. Je regrette que ça me soit pas passé par la tête. Costel est fâché. Il se lève de sa chaise et va regarder la grille de mots croisés.

— Fais voir, père Hondrila, montre-moi, où c'est écrit Costel ? Où c'est qu'on parle de moi ?

— Costel, ça ne sert à rien de se mettre en boule, ils t'ont mis dans les mots croisés, c'est tout ! s'esclaffe Radu.

— Regarde, lui montre le père Hondrila, petite case après petite case : C-O-S-T-E-L…

— Non, le truc avec "citoyen tourmenté et arqué" ?

— Regarde : diminutif de Constantin. Le truc du citoyen tourmenté, c'est une petite fioriture qui m'appartient…

— Ben tu vois bien, père Hondrila, dit Costel satisfait, tu vois bien qu'y a rien sur moi ? J'ai peut-être les jambes arquées, mais je ne suis pas plus bête qu'un autre…

Autour du jeu de trictrac, l'ambiance est surchauffée. Le père Ariton écume, et Sorin fait le singe. Autour, on rit bruyamment. Je me dépêche, je n'ai pas envie de rater le spectacle.

— Attention, voilà comment il faut faire, père Ariton, prenez-en de la graine, dit Sorin en agitant les dés dans le creux de ses deux mains réunies, un coup à l'oreille droite, un coup à l'oreille gauche puis il décrit un cercle au-dessus de sa tête, marmonne quelque chose comme s'il jetait un sort et lance les dés sur le plateau. Quatre quatre ! Qu'est-ce que tu veux de plus ? Tu as compris comment on fait, non ?

— Extraordinaire ! s'exclame le père Ariton. Mais t'es né le cul verni, c'est pas possible autrement !

Le père Pancu se mêle de la discussion mais sans parvenir à déconcentrer le père Ariton :

— Ça peut encore s'arranger, pour ceux dont c'est pas le cas !

D'après mes observations, le père Ariton est en mauvaise posture. Il a besoin de faire un bon coup pour sortir du jan de Sorin, sinon, il risque bien de se retrouver trictrac. Il agite les dés sans rien annoncer et il les lance. Deux un. Il se prend la tête entre les mains, désespéré.

— Pourtant, je t'ai bien montré comment faire, bon sang ! Sorin en rajoute, avec le père Ariton.

— Moi j'dis qu'il te reste plus qu'à changer d'métier, mon p'tit Ariton. Tu vas gentiment te rendre à la Commission nationale des joueurs de trictrac et poser sur la table ta démission, signée, cachetée, pliée.

— Te voilà bien attentionné, Pancu ! Suffit que tu sois dans les parages pour que tu me portes la poisse...

— Et tu sais pourquoi ? J'ai un petit chat noir dans la poche, là, et je dis dans ma tête, treize, treize, treize…

— T'es bien malin sur les bords, toi. Mais à l'époque, quand je t'écrasais, tu faisais moins le mariolle, t'avais le nez dans les bottes…

— A l'époque c'était à l'époque. Maintenant c'est maintenant.

— Hééé, avec un lancer pareil, faut être bête pour pas gagner, ma parole ! se console le père Ariton. Au pays des aveugles, les borgnes sont rois.

— Qu'en dis-tu, je te remets une petite raclée ? demande Sorin en roulant les épaules pour se délasser.

— Je te laisse Pancu, fiche-lui une raclée. Qu'il en bave des ronds de chapeau, d'accord ?

— Qu'est-ce que vous z'en dites, père Pancu ?

— Moi, je dis que tu joues avec le feu, mon garçon ! fait le père Pancu en se levant de sa chaise avant de venir se poser à califourchon sur le banc métallique.

Chapitre 4

De loin, Alice nous a fait un signe de la main. Elle a couru à notre rencontre. J'étais sur le point de pleurer. Quand je l'ai serrée dans mes bras, j'ai senti sa petite chair bien ferme sous mes doigts. Ainsi donc, elle allait bien. Finalement, c'était le plus important. Alain ne m'a pas fait le baisemain. Je ne dis pas qu'il aurait dû le faire à son beau-papa, vu que même chez nous ça ne se fait plus. Nous sommes de la dernière génération à avoir baisé la main des parents.

Je dois l'avouer, ça m'a enlevé un poids, de voir que mon gendre n'était pas noir. Le globe terrestre avait raison, le Canada, ce n'est pas en Afrique. Dieu merci, il avait aussi ses deux oreilles. Il était un peu pâlichon, les cils et les sourcils presque blancs. Un poil plus grand qu'Alice et peu de cheveux, signe qu'il sera vite chauve. Il nous a dit *bună zuia*, et cela m'a plu. Il avait plutôt l'air fragile. Délicat. Tzucu lui a pris la main et l'a tellement secouée que j'ai cru qu'il allait la lui décrocher. Je le grondais en pensée : “Fais attention, tu vas lui casser quelque chose !” Le pauvre garçon, ne sachant rien dire, souriait tout le temps. Il avait de belles dents, bien alignées. On voyait que ses parents s'étaient occupés de sa dentition. Qu'ils l'avaient bourré de calcium et forcé à se laver les dents deux fois par jour. "Il vient sans doute d'une bonne famille", je me suis dit. Il n'était pas costaud, mais pas maigre non plus. Le foie, ça semblait aller et le verre de vin, c'est tout juste s'il y portait les lèvres. Je reconnais que je le regardais comme le maquignon observe un étalon à la foire. C'était un instinct qui s'était réveillé en moi, celui de l'animal qui veut être sûr que son petit tombe sur quelqu'un de bien. Je crois que c'est surtout l'apanage des mères, parce que Tzucu, si je lui avais demandé le lendemain ce qu'il avait observé de son futur gendre, il m'aurait répondu qu'effectivement il avait ses deux oreilles. Je voulais qu'Alice fonde une belle famille. Si elle démarrait d'entrée avec un mari maladif et plein de vices, c'était une vie de soucis qui l'attendait. L'un dans l'autre, Alain m'a fait bonne impression. Il était très tendre avec elle. Il la couvait du regard et lui passait toutes ses envies. Il se comportait avec elle comme avec une princesse. Ce n'est pas pour rien que je lui ai donné ce prénom ! Mais, au-delà de la tendresse, je pense que la vigueur de l'organisme est très importante. Un mari qui passe sa vie d'un hôpital à l'autre, il a beau être tendre, il ne vaut rien du tout. Moi j'arrive pas à imaginer un mari qui soit pas capable de prendre son enfant sur ses épaules.

Comme points négatifs, je mettrais aussi l'habillement. Notre Alain arrivait fagoté comme pour aller en discothèque. Il portait des jeans et une chemise à manches courtes. Aux pieds, des tennis. Je ne sais pas comment c'est, chez eux, mais, chez nous, on s'accoutre pas comme ça quand on va demander la main de sa future femme. Est-ce que c'était ce qu'il avait de mieux ? Tzucu suait à grosses gouttes dans son costume à petites rayures, et, moi, les pois me sortaient par les yeux parce qu'une couture me démangeait. C'est la vie, la vieille souffre pour être belle !

Alice était fraîche comme une fleur et tout sourire. Elle avait un petit menton. On voyait qu'elle ne manquait de rien. Et elle était habillée comme il faut, avec une légère robe en lin, et aux pieds de jolies sandales. Ce n'est pas pour me vanter, mais, question goût, elle tient de moi. Tzucu, on peut lui mettre un sac sur le dos et le lâcher en ville, pour lui, c'est du pareil au même.

Pour ce qui est du repas, je préfère ne plus y penser. Alain avait pris une salade et deux méchants poissons avec une rondelle de citron, si bien que j'ai eu peur qu'il ne soit au régime. J'ai cru un instant que je m'étais trompée sur son foie. Mais non, il paraît que c'est comme ça qu'ils se nourrissent là-bas, avec trois fois rien. Frugal et diététique. Aussi ils vivent jusqu'à quatre-vingt-dix ans et, quand leurs enfants partent en retraite, ils en sont encore à attendre leur part d'héritage. Eux, quand ils ont fini de travailler, ils sont comme neufs, ils partent voir le monde. Eux et les Japonais. Tzucu a pris une soupe de tripes et une échine de porc grillée avec des frites. Moi je n'avais pas la tête à manger, alors j'ai pris cinq *mici* avec de la moutarde. Alice, la pauvrette, elle avait à peine le temps de respirer, elle a passé son déjeuner à faire l'interprète, une fois pour nous, une fois pour lui. Elle avait commandé du poisson, elle aussi. Pour faire pareil que lui, je crois.

Ce jour-là, j'ai constaté pour la première fois qu'on n'a pas grand-chose à dire à un étranger. Il a sa vie, nous, on a la nôtre. Ça l'intéresse pas, nos retraites de misère, et, nous, on n'imagine même pas comment c'est chez eux. Je ne peux pas le cacher, ça a été un peu difficile. Alain a dit qu'il y avait beaucoup de choses à faire en Roumanie mais que c'était un beau pays. On le savait déjà. Il a demandé comment c'était, le communisme. Quand je lui ai dit qu'aujourd'hui ma vie était pire qu'avant la révolution, il a ouvert de grands yeux et il a demandé : "Pourquoi ça ?" Mon cher époux me donnait des coups de pied sous la table. Comment lui expliquer ? Il aurait fallu parler jusqu'au lendemain matin pour lui faire comprendre. Il aurait fallu que je lui raconte toute ma vie. Ensuite, il a dit qu'il était content que Ceauşescu soit tombé, parce que sans ça il n'aurait jamais connu Alice. Il a ri. De ce côté, il avait raison.

Le soir, nous nous sommes tous retrouvés à la maison. Les fenêtres étaient grandes ouvertes mais il faisait chaud comme dans un four. J'ai mis en marche le nouveau ventilateur et je me suis félicitée d'avoir eu cette idée. Ma soupe et mon rôti, seul Tzucu y avait touché. Alice a avalé deux tourtes et Alain grappillé les miettes qu'elle laissait. La *tsuica*, il n'a même pas voulu en entendre parler. A sa demande, je lui ai fait une menthe glacée. Je ne peux pas dire que cela ait été un bon moment, mais on était en famille. Ils sont partis se coucher tôt et, nous, nous sommes restés un moment devant la télé.

— Tu sais à quoi je pense ?

— Hum ?

— Ce garçon, Alin…

— Alain !

— Moi j'lui dis Alin, fiche-moi la paix !

— Oui, quoi ?

— Ben, ce garçon, si tu lui mettais une brouette de mortier entre les mains, il tomberait raide au bout de dix mètres.

— Et alors ?

— Moi ce que j'en dis…

— Et pourquoi il soulèverait du mortier ? Il travaille dans une banque.

— Mouais, tu dois avoir raison.

Puis on s'est endormis tous les deux.

Le lendemain, les enfants sont allés visiter les monastères de Bucovine. Alain a été malade pendant tout le trajet. C'est à cause du changement d'eau, moi j'dis.

Ensuite, ils sont repartis au Canada. A la réflexion, Alain ne nous a toujours pas demandé la main de notre fille. On dirait qu'ils sont venus pour le plaisir, pour se promener. Ou peut-être que les traditions ne sont pas les mêmes chez eux. Mais là, c'est la faute d'Alice. C'était à elle de lui expliquer que chez lui il faisait comme chez lui, mais que chez nous il devait faire comme chez nous. Puis ils se sont mariés. Ils ont voulu nous payer les billets d'avion pour que nous venions, mais, moi, j'ai le mal de mer dès que je monte sur une bicyclette, alors pour ce qui est de voler… Tzucu, bête comme il est, il y serait allé. Vas-y donc, puisque tu as tellement envie de voir comme on est bien au chaud dans l'estomac d'un requin ! De toute façon, il n'aurait pas pu y aller, parce qu'il devait s'occuper des bestiaux.

Qu'est-ce qu'on s'est disputés à cause de ça, aussi ! Après la révolution, son usine a fermé, comme tant d'autres. Si bien qu'il s'est réveillé un beau matin sur la touche. Il a bien essayé de trouver ailleurs, mais bernique. Pour aller poser du carrelage en Italie, il était déjà trop vieux. Comme ses parents sont morts avant 1989, c'est une de ses sœurs, Catrina, qui a repris l'exploitation familiale. Alors, quelle idée il a eue, mon Tzucu ? Retourner à la campagne et se mettre à l'agriculture, élever des poules et un cochon… Surtout que c'est près de la ville, à vingt kilomètres, et que le car passe toutes les heures. Je dois dire que j'ai sauté au plafond. Je lui ai dit les choses clairement :

— Je préfère être au pain sec en ville que retourner au cul des vaches !

On a passé des moments difficiles. On n'a fait que se disputer pendant deux bons mois. L'argent, on en avait un jour sur deux, la vie était de plus en plus chère, alors on a trouvé un terrain d'entente : il irait là-bas quelques jours par semaine et moi je resterais dans l'appartement. Les choses se sont à peu près arrangées, même si, chaque fois qu'il rentre, l'odeur de fumier me saute au nez. Ses vêtements en sont tout imprégnés. Retourner à la campagne, c'était comme si j'avais vécu toutes ces années pour rien. Je revenais à la case départ. Comme si je m'étais enfuie pour rien, comme si je rentrais, longtemps après, la tête basse. Cette seule pensée réveillait en moi une ancienne colère, la colère de l'enfant qui ne veut pas être traitée d'idiote du village.

Aujourd'hui, après tant d'années de mariage, je peux bien le reconnaître, j'ai eu du mal à me faire à l'idée que je devrais me marier. Le pauvre Tzucu me tournait autour depuis des mois et c'est tout juste si je le remarquais. Il me plaisait, parce qu'il était élégant, pour l'époque, il était soigné, il sentait le parfum, il avait le sens de l'humour et il parlait des films qui passaient au cinéma, mais il avait un gros handicap : il était de la campagne. Moi je voulais un citadin. Un homme qui n'avait jamais marché pieds nus. Même s'il se comportait comme les jeunes de la ville – un village à vingt kilomètres, ce n'est pas comme un trou perdu à soixante-dix kilomètres –, je savais qu'il était de la campagne, mes collègues de chambre me l'avaient dit. Il habitait à l'époque dans un foyer pour célibataires. Il faisait des tas d'efforts pour me conquérir et il ne comprenait pas pourquoi je restais de glace. Quand il venait nous voir, au foyer, c'était la fête. Il apportait des sodas, de la glace et des gâteaux pour tout le monde. Il faisait celui qui ne venait pas pour moi mais plutôt pour voir ce que devenaient les filles, car il en connaissait certaines depuis longtemps, ils avaient été à l'école ensemble. Mais bien sûr elles savaient que l'objectif réel, c'était moi. Il avait tellement de talent pour raconter des blagues, que les filles se roulaient par terre. J'étais la seule à me contenter de sourire, même si, après son départ, j'éclatais de rire en me les rappelant. Ce qui l'étonnait le plus, c'était que je ne sortais avec personne d'autre – dans ce cas, il aurait compris que c'était inutile d'insister. Il s'était renseigné auprès des filles pour savoir si j'avais un amoureux, elles lui avaient dit que non, et tout de suite m'avaient mise au courant de ses questions. Elles étaient contentes de nous raconter des choses l'un sur l'autre. C'était comme une sorte de correspondance avec intermédiaire. Si je voulais lui transmettre quelque chose, je n'avais qu'à me confier à une collègue ou à lancer l'information à la cantonade, quand nous discutions entre nous. Un jour, sans préméditation aucune, j'ai dit que j'adorais les abricots. Le lendemain, Tzucu, en plus des sodas et des gâteaux, en apporta un plein cabas. Le courrier fonctionnait à merveille. Je crois qu'elles aussi étaient curieuses de voir combien de temps je résisterais et, surtout, pourquoi. Je ne leur ai jamais avoué la vraie raison. Je me contentais seulement de dire que je n'étais pas prête à convoler, même si à mon âge il était plus que temps d'y penser. "Tu attends peut-être un prince sur son beau cheval blanc", me taquinaient-elles.

Je me souviens que le jour de mon anniversaire approchait. Je ne m'en réjouissais guère, vu que d'ordinaire il ne se passait pas grand-chose : je sortais avec les filles de ma chambre, on s'asseyait à une terrasse, je leur offrais à boire. J'étais peu félicitée, parce que je n'étais pas du genre à claironner partout : "C'est mon anniversaire !" D'une certaine façon, j'étais assez secrète. Mais cette année-là, à peine sortie de la chambre, tout le monde s'est mis à me souhaiter un bon anniversaire, d'un air amusé ! J'étais étonnée, je me disais que les filles avaient dû bavarder. Même le concierge, à l'entrée, m'a complimentée. Ce cochon de Tzucu s'était entendu avec je ne sais quel ami à lui – une sorte de peintre – et celui-ci avait placardé des affiches dans tout le foyer. Il avait dessiné ma tête, avec *Wanted* écrit au-dessus, comme dans les films de cow-boys, quand le shérif recherche un bandit ; et il avait complété par : "Si vous croisez cette personne, souhaitez-lui «Joyeux anniversaire», c'est aujourd'hui !" Or à l'époque, il n'y avait pas de photocopieuses comme aujourd'hui, toutes ces affiches avaient été faites à la main. Mon portrait était assez ressemblant, je crois qu'il avait été fait d'après une photo. Je n'ai jamais su qui était la traîtresse qui l'avait fournie. J'avais été à la fois agacée et amusée.

La semaine d'après, j'ai accepté de sortir avec lui, en ville, juste pour savoir qui avait comploté.

Mais Tzucu a toujours su tenir sa langue. En revanche, j'avais appris que dans son village on ne faisait pas de *tezic.* Soudain, il me devenait plus sympathique. Nous avons continué à sortir de temps en temps mais je ne faisais aucun projet. Je continuais à traquer chez lui ses défauts, c'est-à-dire les comportements de paysan. Mais la récolte était plutôt mauvaise. J'étudiais jusqu'à sa façon d'éternuer. J'avais remarqué que les vrais citadins ne font pas de bruit en éternuant pour qu'on les entende par-delà monts et vallées, comme si c'était le signe d'une bonne santé, mais qu'au contraire ils étouffaient le bruit entre leurs mains. Eh bien Tzucu éternuait comme un citadin. J'ai dû finir par reconnaître que c'était pas sa faute s'il était né à la campagne. Et puis, ce n'était qu'à vingt kilomètres de la ville…

Alors on s'est mariés. Il ne s'est découvert des talents de paysan que récemment. De toute façon, comme je le lui ai dit d'entrée : moi, quand il me verra à la campagne, ce sera comme invitée.

Alice et Alain nous ont envoyé des photos de leur mariage. Elles n'ont même pas l'air de photos prises au Canada. Des chaises comme chez nous, des tables comme chez nous, des gens avec deux pieds et deux jambes. C'est seulement aux deux méchants poissons dans l'assiette qu'on voit bien que ce ne sont pas des noces roumaines à cent pour cent. Si on leur avait mis dans l'assiette de beaux *sarmale*, alors là, ils n'en auraient fait qu'une bouchée.

Mais ce qui m'a plu c'est que chez eux aussi la mariée est habillée en mariée. Et Alice avait l'air d'un lys.

La semaine dernière, Catrina, la sœur de Tzucu, est passée chez nous et nous les lui avons montrées à elle aussi. Elle a regardé sans rien dire et puis à la fin elle s'est mise à pleurer. "Qu'est-ce qui t'arrive ?" je lui ai demandé. Elle a fait signe de la main pour dire que ce n'était rien. Seulement, après un quart d'heure passé à raconter autre chose, elle m'a avoué qu'elle avait pleuré en voyant comme Alice était belle habillée en blanc. Elle n'a qu'un garçon et a toujours souhaité avoir une fille. Au plus profond de son cœur, elle a adopté Alice. Elle avait économisé pour ses noces et, cet argent, elle l'a encore. Elle aurait tellement aimé la voir en mariée.

Quand je lui ai dit qu'entre-temps Alice attendait un bébé, elle a carrément fondu en larmes.

Ensuite, elle a parlé de mes noces, à moi et à Tzucu, réveillant toutes sortes de souvenirs.

Avant de me marier, je m'étais déjà réconciliée avec mes parents, mais, eux, ils espéraient toujours me voir revenir au village. En fait, je crois que c'était une des raisons de notre réconciliation. S'ils restaient éternellement fâchés contre moi, ils n'avaient aucune chance de me voir revenir. En me tendant la main, ils pouvaient espérer me convaincre. Je crois que c'est tonton Andrei qui le leur avait conseillé mais je suis sûre que derrière mon oncle il y avait ma tante Lucrecia. Ils s'étaient réconciliés avec moi, mais ils ne m'avaient pas pardonné. Je le sentais parfaitement. Quand ils ont su que je voulais me marier en ville, ils ont compris que je ne rentrerais jamais. Si bien que les noces qui se préparaient ne les enthousiasmaient pas vraiment. J'avais bien fait la leçon à Tzucu avant d'aller le leur présenter, mais il ne m'a pas écoutée et il s'est beaucoup mieux débrouillé qu'en obéissant à mes conseils. Nous sommes restés trois jours. Le premier, il leur a montré combien il était élégant et éduqué, sans faire pour autant le citadin difficile. Le deuxième jour, il est allé avec papa et maman visiter tous les recoins de la maison et des terres, il a fait l'éloge des poules et du cochon, il a câliné la vache et s'est montré très intéressé par la technique de fabrication du *tezic*, ce bon à rien. Et le troisième jour il a demandé qu'on lui prête de vieux vêtements et, faisant le sourd à leurs protestations émises pour la forme, il a mis la main à la pâte et il les a aidés. Quand ça a été le moment de partir, leur seul regret fut que Tzucu ne soit pas un gars du village. Je crois même qu'ils auraient préféré l'avoir pour fils, à ma place. Au mariage, ils ne se sont pas montrés très expansifs. Mais au moins ils étaient présents.

Catrina était terriblement fâchée contre Tzucu. Elle disait que depuis son arrivée le potager et la basse-cour de leurs parents étaient sens dessus dessous. Il ne semait rien à temps, il n'arrosait pas, il n'arrachait pas les mauvaises herbes et ne cueillait pas à temps. Il faisait celui qui savait tout mais il se mélangeait les pinceaux. La moitié des poules étaient mortes et celles qui restaient, il fallait les prier à genoux pour qu'elles fassent un œuf. L'été, il n'avait pas ébourgeonné les tomates, aussi il y en avait des touffes et les fruits poussaient gros comme des cerises. Les carottes étaient serrées et minuscules. Les mauvaises herbes, hautes comme le maïs. Les pruniers, remplis de chenilles. Les pommes, à peine des noix.

Le verdict de Catrina était sans appel :

— Ça sert à rien de faire le paysan, si c'est pour devenir la risée du village !

Pour ainsi dire, dans ma jeunesse, j'ai eu raison de le choisir.

Chapitre 5

Je suis à la ville. Je suis à la vi-i-lle ! Chez tante Lucrecia et tonton Andrei. Ils partent au travail, le matin, et j'ai la maison pour moi toute seule. Le matin, je suis chez moi. Ils ne me demandent pas grand-chose. Je dois aérer les chambres et faire les lits. Laver la vaisselle et passer le balai si besoin. Passer le chiffon sur les meubles. Et sur les bibelots. Ils ont des tas de bibelots. Mon préféré, c'est une cigogne toute prête à s'envoler. On la dirait vraiment prête à partir. Voilà, elle se libère et elle fonce sur le plafond. Elle tombe, et moi je la soigne. Je fais une bonne action. Quand je serai aux abois, elle m'aidera à son tour. S'il m'arrivait un jour de me retrouver sur une île déserte sans aucun secours, la cigogne m'emporterait sur son dos et me mènerait à la ville la plus proche.

Je ramasse les petits fils qui traînent par terre et je passe le tapis au vinaigre. Je détends le linge mis à sécher sur le balcon. Je récure le lavabo. J'essuie le miroir. Je frotte le carrelage. Quelle différence entre leur salle de bains et nos *closet* au fond du jardin ! Chez nous, il y a des courants d'air entre les planches. L'hiver, la neige entre à l'intérieur. Je lave tous les souliers et les passe au cirage. Qu'est-ce qu'il a comme chaussures, tonton Andrei ! Qu'est-ce qu'elle a comme sandales, tante Lucrecia ! Ils y ont mis des tas de sous. Chez nous, à la campagne, des sous, il y en a si peu que maman les range dans un mouchoir. Maman porte des sandales en caoutchouc et papa des savates. Maman dit toujours, l'argent est cher. Il file dans le lampant, le sel, le sucre, l'huile et les cahiers pour l'école. Est-ce que l'argent est moins cher en ville ? Parfois, on achète du pain. Mais seulement quand maman ne se sent pas bien et qu'elle ne peut pas en faire. En ville, les gens ont des sous pour acheter des desserts. C'est-à-dire du sucré. Parfois ils prennent aussi des fruits. Nous, à la campagne, nous prenons les fruits dans les arbres, on ne dépense pas de l'argent pour en acheter. C'est déjà ça ! Aaah ! Je dois aussi donner à manger à Coussinette. Tante Lucrecia m'a laissé une petite soupe pour elle, et un petit morceau de viande aussi. Coussinette est une vraie boule de coton. D'où le nom qu'on lui a donné. C'est pas une bâtarde, elle est de race noble. Je crois qu'elle descend d'une famille de prince et ses ancêtres ont vécu dans un château. C'est pour ça qu'elle est très propre et très difficile. Comme tante Lucrecia. On dirait deux sœurs. Chez nous, au village, les gens sont négligés. Quand ils sortent de chez eux, ils ne laissent pas derrière eux un sillage parfumé. Je crois que le parfum coûte de l'argent. Ils ont toujours les pieds sales et la chemise trempée, comme s'ils venaient de porter sur le dos un bloc de glace. L'homme le plus propre, chez nous, au village, c'est le camarade professeur Sebastian Protopopescu. Il sort en costume-cravate et il a des souliers cirés. Mais il n'est pas né chez nous, au village, il est venu après. Avec lui, on fait mathématique. Il est très intelligent, il trouve les solutions de tête. Même le camarade directeur n'est pas aussi propre que lui. Il lui reste toujours un peu de foin sur la veste. Un jour il est même arrivé avec sa braguette ouverte. Nous, les enfants, on le voit, après l'école, travailler autour de sa maison, dans sa basse-cour. Il abreuve les bestiaux ou il décharge du foin. Le camarade Sebastian Protopopescu ne fait pas cela. Tout au plus, on le voit fumer. Il paraît que s'il est si intelligent c'est parce que dans le temps il a enseigné aux étudiants. Avant de venir chez nous au village. Normal. J'ai même été étonnée qu'il vienne dans notre école, alors j'ai demandé à papa. Papa non plus ne savait pas bien, mais il a dit qu'il devait être un ennemi du peuple. Ça voulait dire qu'il n'était pas avec les communistes. Ou bien qu'il avait fait partie de la clique royale, ou qu'il avait été légionnaire, ou qu'il lui était arrivé quelque chose. Moi, il ne m'a pas semblé trop hostile. Il nous parlait gentiment et il était tout le temps bien rasé.

— Et pourquoi on l'a envoyé chez nous au village ?

— Pour le punir.

— Parce que chez nous au village vivent des gens punis ? – C'est comme une prison ?

— J'sais pas, va d'mander à ta mère !

Moi je ne veux pas être punie, je veux aller en ville ! Moi je ne suis pas une ennemie du peuple ! Mais tout de même, comment un ennemi du peuple peut-il être si intelligent ? Mais c'est quoi être ennemi du peuple ? Je me suis imaginé qu'il y avait d'un côté le camarade Sebastian Protopopescu et de l'autre le peuple. Le premier en veut au second. Il ne l'aime pas. Le peuple est comme un homme avec plein de têtes, plein de bras et plein de jambes. S'ils devaient se battre, le camarade professeur Sebastian Protopopescu n'aurait aucune chance, tout intelligent qu'il est. Mais le camarade professeur n'a pas une tête d'ennemi. Peut-être que, la nuit, il se transforme. Il lui pousse des cornes, et des griffes comme des sabres. Peut-être même des défenses comme aux éléphants. Et alors, oui, il peut se battre contre le peuple. Mais la nuit, seulement la nuit.

Dans la salle de bains, je tombe de nouveau sur les flacons de vernis. Dans le petit panier. Les petites bouteilles sont comme des châteaux pour des farfadets. Une fois, tante Lucrecia m'a fait les ongles. Elle riait en me demandant si ça me plaisait. Quand on s'est mis à table, j'ai passé mon temps à me regarder les ongles. Elle a dit qu'elle allait faire de moi une citadine, parce que j'en avais l'étoffe. Mais elle n'a pas vraiment tenu parole. Au bout d'une semaine, elle m'a ramenée à la campagne. Mais, la fois où je suis allée avec elle en ville, elle m'a acheté un petit chapeau, que j'ai ensuite oublié dans le wagon de blé. Elle m'achète de la glace et des sodas. Et du chocolat. Elle dépense un tas de sous. On pourrait drôlement en avoir, du lampant et du sel, pour cet argent-là !

Nous n'utilisons pas tellement de sel, mais les moutons, oui. Tout l'hiver, ils lèchent des blocs de sel. On dirait qu'ils s'aiguisent la langue. Ils s'en régalent. Et je crois que les chèvres s'en régalent aussi. C'est pour ça que la maman chèvre apporte sur son dos un bloc de sel aux trois chevreaux.

Les serviettes de bain sont moelleuses. J'aime les presser contre ma joue. C'est bien de faire le ménage, en ville. Ça fait penser à des tas de choses. Et puis c'est pas du tout fatigant. L'eau coule du robinet, on n'a pas à la porter dans des seaux. On peut tirer un verre, un seau ou un tonneau, tant qu'on veut. On peut remplir une baignoire et prendre un bain. Nous, nous nous lavons dans un baquet en bois. L'été, on le laisse rempli au soleil, pour que l'eau se réchauffe. L'hiver, c'est difficile. C'est beaucoup de dérangement, de faire chauffer de l'eau sur le poêle. Bien que les gens de la ville soient plus propres, ils se lavent plus souvent. Ça, j'ai du mal à comprendre. Dans la baignoire, on peut prendre ses aises, et même nager. Dans le baquet, on se tient à croupetons ou à genoux. Pas question de gesticuler.

Une fois, tante Lucrecia m'a prise avec elle à son travail. Ça a été extraordinaire. Elle, et deux ou trois collègues avaient des casques sur les oreilles et enfonçaient des fiches dans des trous. Il y en avait des tas, des fiches comme ça, et tante Lucrecia savait d'où venait chacun des fils. Elle les changeait entre eux. “En fonction de la commande”, elle m'a expliqué. Elle n'arrêtait pas de parler. “Les Marais ? Les Marais, vous m'entendez ? Vous avez la liaison. Vive le combat pour la paix !” “Allô, Les Coteaux ? Vous m'entendez ? Vous avez les Fossés. Vive la République populaire roumaine” ou “Vive le peuple roumain des travailleurs !”. Elle ne disait que ça. Mais tout était très propre et elle avait les ongles rouges rouges. Parfois, elle parlait en dormant. Même que j'en ai été effrayée. Avec une voix métallique, comme au travail. Je l'ai entendue dans la pièce d'à côté. Elle établissait les liaisons et elle souhaitait aux gens au bout du fil quelque chose comme la fraternité entre les peuples. Elle connaissait des tas de gens, tante Lucrecia. A la sortie de son travail, elle m'a offert un soda et un gâteau au salon de thé des Trois Oursons. Une autre fois, je suis allée avec tonton Andrei. A la gare. Pas là où l'on vend les billets, mais dans un endroit qu'ils appelaient la "rampe". Tout le monde le saluait. Surtout les ouvriers qui chargeaient les wagons. Tonton Andrei avait un petit carnet et il notait toujours quelque chose. Un homme est arrivé, il parlait dans une langue étrangère. En russe. Je me suis toujours demandé pourquoi les Soviétiques parlent le russe et pas la langue soviétique. L'homme s'appelait Volodea. Le camarade Volodea. Le camarade Volodea appelait tonton Andrei Vasea. Tonton Andrei parlait parfois en russe, parfois en roumain. Jamais je n'avais su que tonton Andrei avait deux prénoms, c'est-à-dire Andrei et Vasea. Les ouvriers chargeaient du blé. Seigneur, ce qu'il y en avait du blé !

— Qu'est-ce que tu fais avec tant de blé ? je lui ai demandé.

Tonton Andrei a ri et m'a ébouriffé les cheveux. Il m'a expliqué patiemment, en regardant le camarade Volodea qui souriait. J'ai compris que chez nous on ne faisait pas du très bon blé. Il a le grain petit et il s'abîme vite. Mais en Union soviétique les hommes de science ont inventé un blé bien meilleur. C'est pourquoi les

Soviétiques, comme des grands frères, ont décidé de nous aider. Nous leur donnons cinq wagons de mauvais blé et, eux, ils nous donnent un wagon de bon blé, pour semer. Mais en fait le bon blé vaut bien plus cher, parce qu'on ne le trouve pas ailleurs dans le monde. On aura la possibilité, dans quelques années, d'avoir nous aussi un blé aussi bon que le leur. C'est comme ça, entre frères : le plus grand aide le plus petit. Le camarade Volodea a fait un signe de tête, oui, c'était ça. Après le départ du camarade Volodea, tonton Andrei m'a permis de monter dans le wagon de blé pour jouer. Je suis entrée dans le blé jusqu'à ma culotte. Puis j'ai nagé. J'ai joué tant que j'en ai eu envie. Finalement, j'ai beaucoup regretté de m'être fourrée là-dedans, parce que j'ai oublié mon petit chapeau à l'intérieur. J'ai pleuré toute la soirée. J'ai expliqué à tonton Andrei que je me souvenais parfaitement bien où je l'avais laissé. Dans le wagon, accroché à un boulon. Parce que j'avais peur de le salir. Mais tonton Andrei m'a dit qu'il n'y avait plus rien à faire. Que les wagons étaient scellés, prêts à partir. Peut-être même qu'ils étaient déjà partis…

J'ai encore la cuisinière à laver et ça sera tout ! Si on reste trop longtemps la joue contre une serviette toute moelleuse, on peut même s'endormir.

Chapitre 6

Trois coups de sonnette, deux longs et un court : c'est un des nôtres à la porte. On se dérange à peine ; on se demande seulement qui c'est. Quelqu'un tire le verrou et c'est le chef qui entre, une caisse de bière dans les bras.

— C'est fini, les enfants, allez, on a du boulot ! Il y a dehors un camion avec cinquante lits à décharger.

Pas le moindre commentaire. On range les plateaux de jeu en s'encourageant. Je comprends qu'il s'agit des lits d'un internat de lycée. Ils les préparent en vue de la nouvelle année scolaire. C'est à nous de les réparer et de les repeindre. Et le plus vite possible. On restera ce soir le temps qu'il faudra pour qu'ils sèchent pendant la nuit et qu'on puisse les rendre demain. Le déchargement se fait en un tournemain. Ce sont des lits en fer, aux pieds rabattables, si bien qu'il est facile de les manœuvrer. Un des concierges, le plus jeune, nous donne un coup de main. Notre usine a trois entrées, une principale et deux secondaires. Notre atelier se trouve tout près d'une des issues latérales, qui sert d'ordinaire au passage des plus gros camions. Pour ne pas nous rallonger, le matin, nous passons tous par là et c'est pour cette raison que le concierge nous connaît bien.

— Sont bien sages, ces gamins de lycée, dit le chef en souriant. On ne peut pas dire qu'ils les ont surmenés, leurs lits...

— Eh eh, à l'époque où j'ai fait le lycée... dit le père Ariton.

— C'est nouveau, ça ! Quand c'est que tu as fait le lycée, toi ? Je croyais que tu avais tout juste deux classes de plus que le train ! le chambre Pancu.

— J'ai même fait deux lycées, si tu veux savoir. Celui des Vignes et celui de la Nationale...

— Regardez-moi où va se loger le génie !

— Une brique après l'autre, et ça en fait, crois-moi... Je travaillais dans le bâtiment, à cette époque-là.

On sépare les lits en bon état de ceux qui ont besoin de réparations et on se répartit en deux équipes. On a du mal à se décider, parce que personne ne se rue sur la peinture. Cela demande de la précision et c'est plutôt inconfortable. En plus, il y a l'odeur de solvant, qui te fait la tête comme une citrouille. Comme nous, les filles, c'est-à-dire Aurelia et moi, sommes censées être plus patientes, nous nous retrouvons d'office au pinceau. Le père Hondrila est volontaire. Sorin ne veut pas en entendre parler. Il en a jusque-là, de la peinture. Finalement, c'est Radu qui cède, en échange d'un supplément de bière. Nous voyant organisés, le chef disparaît avec l'homme de l'internat – probablement l'administrateur. Le père Hondrila nous prend à part et nous explique qu'il a un plan. Aurelia et Radu sont enthousiastes et je suis la seule à avoir des réticences.

— Si on te suit, il nous faudra une sacrée quantité de peinture.

— C'est ça, ton souci ? Tu trouves qu'on n'a pas assez de peinture ? Le père Hondrila me rit au nez.

Aussitôt dit, aussitôt fait. Nous bricolons une cuve à partir de morceaux de tôle, juste un peu plus longue et plus large qu'un lit et d'environ quarante centimètres de profondeur. Facile de chez facile. Un fût de peinture et voici la cuve pleine aux trois quarts. Puis on se met à baptiser les lits. C'est possible, à deux. Muni chacun d'une paire de crochets, on prend le lit, pieds repliés, par les coins, et on le plonge dans le bain. On les suspend les uns après les autres au rail de la grue roulante. C'est une grue de petites dimensions que nous utilisons pour le déchargement des rouleaux de tôle. Cinq lits pour le père Hondrila et Aurelia, cinq pour Radu et moi et ainsi de suite. Sous les lits, on étend les journaux pour que la peinture s'écoule dessus. Du papier journal, on ne sait plus quoi en faire, vu que nous sommes tous abonnés à *Scînteia*. C'est un abonnement obligatoire, on nous le prélève sur notre paie. Il s'en trouve toujours un ou deux pour les feuilleter, mais la plupart des exemplaires ne sont même pas ouverts. J'en rapporte à la campagne, pour allumer le feu.

La peinture coule à flots, sous les lits, mais nous avançons à toute vitesse. Au rythme où nous les baptisons, ceux qui les réparent, à l'intérieur, ont du mal à suivre.

— Pauses longues et nombreuses, la clé des grands succès, dit Aurelia.

Le père Hondrila se remet à ses mots croisés et Radu fait un tour à l'intérieur, histoire de chambrer un peu ceux qui ne voulaient pas s'atteler à la peinture.

Je rappelle à Aurelia qu'elle m'avait promis un kilo d'oranges. Son mari travaille comme gestionnaire dans un complexe alimentaire, si bien qu'il se débrouille pour obtenir toutes sortes de bonnes choses. Elle me raconte ce qui vient de lui arriver, à son mari.

Ils avaient reçu pas mal de marchandise, et même des oranges. Pour ne pas se retrouver avec les vitrines enfoncées par la foule, les vendeurs ont décidé alors de tout faire passer par la porte de derrière. Une de ces files ! Quelque chose d'effrayant. Ce n'était pas l'affluence, c'était la ruée. Beaucoup de vieux avec leurs petits-enfants. Il était évident qu'il n'y en aurait pas pour tout le monde, alors ils ont fait passer le mot aux derniers : qu'ils n'attendent pas pour rien. Mais personne ne bougeait. Pour ne pas faire de peine aux enfants, probablement. On lui dit de ne plus vendre un kilo par personne mais seulement une livre. Une livre d'oranges, non seulement ce n'est pas facile à peser, mais ceux de devant commençaient à râler, ils étaient là depuis un bail et ils ne voulaient pas repartir les mains à moitié vides. La situation était plutôt tendue. Bien entendu, les vendeurs s'étaient mis de côté trois caisses de fruits, pour les partager entre eux, à la fin de leur journée. Pendant qu'il essayait de calmer les esprits, de ménager la chèvre et le chou, un gros bonnet de la *Securitate* qui passait par là demanda au chef du magasin de lui en mettre une caisse de côté, pour lui aussi. Comme si le boss n'avait pas pu s'en procurer à la cantine du Parti ou même ailleurs ! Mais non, ça le prenait, là, tout de suite. Le chef n'avait pas le choix, il la lui a donnée. Le gros bonnet, fier de se pavaner, au lieu de glisser la caisse dans le coffre de sa voiture, pardevant, la fit porter jusqu'au parking, par son chauffeur. Bien sûr, les gens s'en sont aperçus, et se sont mis à vociférer. Le gros bonnet a détalé, et c'est eux qui ont payé les pots cassés. Cinq quidams qui faisaient la queue sont entrés de force dans le magasin comme une sorte de délégation pour voir la marchandise. Coups et menaces de part et d'autre. Ils étaient si excédés, les citoyens, qu'il s'en était fallu de peu que les gestionnaires soient littéralement passés à tabac. Finalement, les types ont trouvé les deux caisses, ce qui ne changeait pas grand-chose à la situation : il n'y en avait pas pour tout le monde. Les gens qui faisaient la queue se sont consultés, furieux, et finalement ils ont exigé que les oranges soient vendues à l'unité, en priorité à ceux qui avaient des enfants. Si bien que son pauvre mari a passé quelques bonnes heures à vendre des oranges à la pièce sous les regards haineux des acheteurs. Les pires étaient les enfants, auxquels on avait dit que le monsieur qui vendait, là-bas, était un voleur d'oranges, et que c'était pour ça qu'il n'en restait pas pour eux…

Voilà pourquoi elle ne m'avait pas apporté les oranges promises.

Je fais signe que je comprends et elle me dit que la semaine prochaine peut-être…

— Et des bananes ? je demande.

— Oh là là ! alors ça, ça porte des bottes rouges.

Plus tard, revoici le chef, dans une Aro, avec l'administrateur. La voiture se gare contre la porte de l'atelier et il fait signe à deux gars de décharger. Puis le chef et l'administrateur viennent inspecter notre travail. Le type du lycée hoche la tête d'un air satisfait, puis il dit :

— C'était pas la peine de peindre aussi la partie où reposent les matelas.

— Laissez, sont plus beaux comme ça… et puis ça leur évite de rouiller, dit le chef en nous faisant un clin d'œil.

Ils parlent encore entre eux, mettent les choses au point pour le lendemain et celui que je crois être l'administrateur remonte dans son Aro et disparaît. Le chef nous appelle tous à l'intérieur. Sur le plan de travail, des sacs de plastique, et sur les sacs, le père Culidiuc commence à trancher un deuxième porc.

— Sont nourris avec les restes de la cantine. Regardez-moi ça le bon petit lard qu'il a sur le dos ! dit-il.

Il s'y connaît : il habite une maison. Nous comptons combien nous sommes et on se répartit la viande. Les plus gros morceaux sont d'office mis de côté pour le chef. Le père Culidiuc recueille le sang du cochon dans une étamine et le filtre au-dessus d'un seau. Il demande une bière.

— N'oubliez pas les concierges, les deux, dit le chef.

On refait le compte. Il y en a pour tout le monde. Je regarde, tout étonnée. Pour les autres, c'est quelque chose d'ordinaire. Il y a eu les fromages, le fût d'huile ou le sac de cigarettes, partagés en d'autres occasions.

Je rentre à la maison, toute joyeuse, avec plus de dix kilos de viande.

Quand il voit ce que je sors de mon cabas, Tzucu siffle, admiratif :

— Eh bien, t'as cambriolé une boucherie !?

Chapitre 7

Après le départ de Catrina, j'avais l'esprit au passé. Je circulais d'une pièce à l'autre en marmonnant toute seule. Quand on est vieux, on apprécie d'avoir ce genre d'aptitude. On règle son compte à qui on veut, on trouve la répartie qui faisait défaut, on sourit aux bons souvenirs, on repasse le film des événements autant de fois qu'on veut, pour comprendre pourquoi les choses se sont passées comme cela et pas autrement. Toute notre vie est là, avec soi, entre ces quatre murs. Les projets appartiennent plus au passé qu'à l'avenir. On réarrange toujours les mêmes morceaux du puzzle sans se lasser un seul instant. Comme les enfants – et Alice n'a pas fait exception – qui aiment entendre d'innombrables fois la même histoire. On ne trouve plus intéressantes que les discussions de ceux qui ont le même âge que nous, parce qu'elles seules apportent de nouvelles pièces à l'ensemble – et il en manque de moins en moins. Et si le passé a été un beau passé alors que le présent est un désastre, alors c'est inévitable, on ne peut s'empêcher de bougonner.

Quand le téléphone a sonné, je m'en prenais vertement à Tzucu parce qu'il avait laissé traîner une paire de chaussettes – même si Tzucu n'était pas là pour m'entendre. A cette heure, ce ne pouvait être qu'Alice. Depuis qu'elle était enceinte, elle appelait plus souvent qu'avant. C'était bien elle. Elle avait une voix espiègle : elle allait donc bien.

— Comment tu vas maman ? Tu n'es pas couchée ?

— Je passais un savon à ton père…

— Ah oui ? Je voudrais lui parler…

— Pourquoi, toi aussi, tu veux l'engueuler ?

— Non, pas la peine, pour ça je te fais confiance. C'est juste pour savoir comment il va.

— Mais ton père est avec ses bêtes. Je râlais après lui parce qu'il a laissé traîner ses chaussettes…

— Ah, j'ai compris… Juste histoire de te maintenir en pétard jusqu'à son retour.

— Dis-moi plutôt comment se porte le petit Canadien.

— Il n'arrête pas de bouger… Hier j'ai senti un coup de talon.

— Pense à bien manger.

— Je mange, je mange… mais il m'épuise. Il raffole du calcium, surtout celui de mes dents. C'est certainement meilleur.

— Tu as des problèmes de dents ?

— J'ai une molaire qui a cassé…

— Prends soin de toi !

— Dis voir, maman : pour qui vas-tu voter dimanche ? C'est aussi pour cela que je t'appelle.

— C'est ce qui vous empêche de dormir, au Canada ? De ne pas savoir pour qui je vais voter ?

— Ça ne fait pas encore les gros titres, hi ! hi ! Mais je voudrais savoir… allez, dis !

— Mais, toi, tu votes ?

— Bien sûr, à l'ambassade… Allez, dis !

— Euh… jusqu'à dimanche, j'ai tout le temps… j'ai le temps d'y penser et de changer d'avis au moins une centaine de fois…

— Oooh, tu me mènes en bateau. Attends que je t'explique. Je fais partie d'une association roumaine… Et on a comme but de faire quelque chose pour les élections en Roumanie… alors chacun doit en discuter avec une, deux, trois personnes, qu'on connaît, pour les convaincre de voter pour la démocratie…

— Cela veut dire que vous faites campagne, non ?

— Eh bien, pas vraiment… L'idée n'est pas de dire aux gens de voter pour tel ou tel parti, mais de ne pas voter pour les ex-communistes.

— Ah bon ? Alors il faut voter pour qui, pour le pape ?

— Maman ! Je parle sérieusement…

— Et moi, tu crois que je plaisante ? Pour moi, les choses sont simples : avant la révolution, ça allait beaucoup beaucoup mieux pour moi qu'aujourd'hui. Toi, pour qui tu voterais à ma place ?

— Je crois que tu exagères en disant beaucoup beaucoup mieux, maman. Tu te souviens de la queue pour la viande ? La file faisait le tour de l'immeuble…

— C'est vrai, on faisait la queue, à l'époque, mais maintenant on entre dans le magasin, on admire les côtelettes, on ravale sa salive et on prend gentiment le chemin de la sortie, parce qu'on n'a pas de quoi s'en acheter. Eventuellement, on peut encore admirer un nouveau riche en train d'acheter deux kilos de steak. Non vraiment, je ne sais pas, quand c'était mieux… J'ai vu à la télévision des gens mourir de faim, des familles avec enfants qui dorment dans la rue… Au temps du communisme, ces choses-là n'arrivaient pas.

— Ça va se régler… Pour l'instant, nous sommes dans une transition… Mais je suis optimiste.

— Bien sûr, c'est facile d'être optimiste quand tu vis au Canada, en France ou en Amérique… C'est autre chose de se coltiner la réalité… J'aimerais t'y voir ! L'optimisme ! L'optimisme !

— Voyons, maman, je sais parfaitement quelle est la situation…

— Ben voyons ! Moi aussi je connais la situation du patron qui a fait main basse sous couvert de privatisation sur telle ou telle usine, sauf qu'on n'a pas tous les deux la même chose dans l'assiette.

— Mais la liberté, maman ? C'est incomparable. A l'époque on avait peur même de notre ombre… Le fait que maintenant on puisse dire ce qu'on veut et écrire ce qui nous passe par la tête, voyager et crier "A bas le gouvernement !"…

— Tu sais quoi, tous ceux qui voyagent, ce sont ceux qui se sont enrichis sur notre dos, ceux qui ont volé le fruit de notre travail. Et pour ce qui est de crier, maintenant on peut crier tant qu'on veut, de toute façon personne ne nous écoute… Si cela ne tenait qu'à moi, c'est demain que je voudrais le retour du communisme.

— Maman ! Et moi qui disais que tu faisais semblant, mais tu es plus communiste que je ne croyais !

— Tu vois, j'ai tombé le masque. Je suis une vieille coco, si tu ne savais pas. C'est bien ce que je suis.

— Et si dimanche Ceauşescu était candidat, tu voterais pour lui ?

— Ça, je n'y ai pas pensé. Mais si mon ancien chef se portait candidat, je voterais pour qu'il soit président. Il savait comment remplir un carnet de commandes… Il savait comment se comporter avec les gens… Il prenait soin de chacun… A sa façon de conduire une équipe, on voyait qu'il pouvait conduire un pays.

— Bien, j'ai compris… Mais qu'est-ce qu'il a fait de si extraordinaire pour toi, le communisme, maman, pour que tu y tiennes tant ? A part le mensonge, la terreur, les queues, la peur… Il a autre chose à son actif ?

— Moi je parle de ma vie, Alice, pas de celle des autres. En tout premier lieu, le communisme a fait de moi une citadine.

— S'il n'a pas…

— Laisse-moi terminer. Si on n'avait pas fait des usines, des routes, des appartements… Mais surtout des usines, toutes les deux, Emilia et Alice, à cette heure, on serait en train de fouler le *tezic*, dans un hameau perdu au milieu de la gadoue.

— Alors là, je ne suis pas d'accord. S'il y avait eu le capitalisme, on aurait même fait davantage…

— L'un dans l'autre, c'est le communisme qui l'a fait. Si le capitalisme avait fait tout ça, je serais de son côté… En plus d'un travail, le communisme m'a donné un appartement et une bouteille de gaz… Gratuitement, je souligne.

— Une boîte d'allumettes, maman, pas un appartement.

— Comme tu veux, ma fille. Mais cela a tout de même suffi pour élever une belle enfant intelligente qui s'est mariée au Canada.

— Tu me prends par les sentiments, maintenant ?!

— Comme une vieille coco que je suis, je m'y connais en propagande. J'étais même sur le point d'entrer à l'école du Parti.

— Ecoute, maman, tu parles de ton expérience et je peux moi aussi te dire une chose : je n'ai aucune raison de regretter le communisme. Sans la révolution, je serais un pauvre ingénieur dans une usine crasseuse, dans une ville lamentable, j'aurais vécu dans des cages à lapin avec vue sur le cimetière ou les champs… Ah, mais j'oubliais ! J'aurais eu une bouteille de gaz ! Et dire que j'aurais raté ça !

— Mouais. Je crois que tu t'en serais pas mal sortie, à l'école du Parti. Sauf que, vois-tu, parmi les jeunes d'aujourd'hui, certains même qui vivent dans notre bâtiment, eh bien, nombreux sont ceux qui s'en seraient bien contentés…

— Je t'ai dit, je parle pour moi. Et peut-être aussi au nom d'autres jeunes qui ont quitté la Roumanie…

— Eh bien pas mal d'entre eux feraient mieux de lui dire merci, à Ceauşescu… S'il n'avait pas fait sa loi contre l'avortement, ils ne seraient pas là aujourd'hui pour cracher sur sa tombe…

— C'est horrible, ce que tu dis là, maman !

— C'est la vérité, qu'est-ce que tu veux ! Ce n'est pas ton cas, tu es une enfant désirée…

— Si Ceauşescu avait tenu encore dix ans, tous ces enfants dont tu parles n'auraient plus eu que la peau sur les os…

— Fais attention, c'est toi qui paies. Tu vas avoir une de ces notes…

— Ne te fais pas de souci, tu sais bien que chez ces Occidentaux gâtés pourris le téléphone n'est pas cher… Dis-moi plutôt finalement ce qu'il en sera de ton bulletin de vote.

— Ben, comment veux-tu…

— Qu'est-ce que je leur dis, à l'association ?

— Tu leur dis simplement… C'était un dialogue de sourds, ma mère est une vieille coco… Et basta !

— Réfléchis bien, c'est ce que je vais leur dire !

— Dieu t'en garde !

— Bon, maman, moi je pense que tu devrais encore réfléchir… Pas au présent, puisqu'il n'est pas très heureux… Mais à l'avenir.

— Mon avenir est sur la colline, au cimetière. J'y pense avec tendresse, à cet avenir-là.

— Je vois que tu cultives l'humour noir, aujourd'hui…

— Bof, que veux-tu, Alice, si pour moi les seules choses agréables sont liées au passé ?

— Bien, je te laisse, je dois y aller. Je crois que je dois te dire bonne nuit, n'est-ce pas ?

— Bien, au revoir. Et prends bien soin du petit… et de tes dents…

Ainsi, j'étais plus communiste que ma fille ne l'avait cru.

Et même plus que je ne le croyais moi-même.

Je m'assis devant la télévision mais je ne tenais pas en place. Avant cette conversation avec Alice, je n'avais jamais pensé à moi comme à une communiste. Je m'étais souvent prise à rêver à cette belle période de ma vie quand j'étais jeune et que je travaillais avec entrain, quand je préparais de grandes tablées en famille, des plats abondants et que je partais en congé, mais jamais il ne m'était venu à l'esprit que cela voulait dire être communiste. Je regrettais cette époque, les gens qui m'entouraient, la gaieté, la solidarité, mais je ne savais pas pourquoi, cette nostalgie-là n'allait pas du tout avec ce mot : "communiste". En fait, il est possible que je sache pourquoi. Peut-être parce qu'à l'époque, pour nous, les "communistes" étaient ces gens qui tenaient des discours enthousiastes, lors de réunions ennuyeuses et interminables. Ces gens qui suivaient la ligne du Parti sans regarder à droite ni à gauche, sans le moindre intérêt pour les gens, incapables qu'ils étaient de comprendre les situations personnelles. Pour nous, ce n'étaient pas les membres du Parti qui étaient communistes, mais les *polytrucs* et les béni-oui-oui. Eux, on ne les regrettait pas. A présent, les communistes étaient ceux qui avaient menti, qui avaient dirigé d'une main de fer, qui avaient jeté des gens en prison, torturé et fait bien d'autres choses. Je ne me comptais ni parmi les uns ni parmi les autres.

Quelle sorte de communiste j'étais ? Si ces gens-là étaient communistes, alors cela voulait dire que je souhaitais un communisme sans communistes ? Mais était-ce possible, un communisme sans ces communistes-là ? Si ce n'était pas possible, voulais-je toujours du communisme ? Si ces gens-là étaient communistes, moi je ne voulais plus être communiste. Je ne voulais plus, mais je l'étais. Pouvait-on l'être sans le vouloir ?

Finalement, je me suis endormie devant le téléviseur.

En pleine nuit, je me suis réveillée complètement abasourdie. J'ai éteint le téléviseur, j'ai bu un verre d'eau et je suis allée dans la chambre à coucher. Je ne me suis même pas déshabillée.

Le lendemain matin, lundi, je me suis réveillée anormalement tard. Quand j'ai ouvert les yeux, j'ai entendu un enfant crier dehors :

— Allez, s'te plaît, fais pas l'communiste, laisse-moi faire un tour de vélo !

J'ai souri. Mais jaune.

Chapitre 8

C'est l'après-midi. Maman fait cuire la nourriture pour les cochons, sur le poêle : des pommes de terre, des morceaux de courge, du son et de l'eau. Plus une poignée de sel. Les graines de la courge, humides et bordées de franges orange foncé, sèchent au soleil, sur une page de journal. Je suis accroupie sur un petit tabouret, et je boude. Un poussin a encore disparu hier et maman a demandé au père Coulitza de nous débarrasser de Pouki. Pouki, c'est notre vieux matou. Même maman ne sait plus depuis combien de temps on l'a. Je l'ai toujours connu vieux. Avec un œil qui pleure et une oreille toute découpée. Pouki a bien rempli son rôle tant qu'il a pu, dit maman, mais depuis qu'il a vieilli, il a pris goût aux poussins. Ses pattes n'ont plus la force nécessaire pour courir après les souris ou les moineaux. Quand il était encore en pleine forme, il terrassait même des rats.

Ils ont tenté de se débarrasser une première fois de Pouki il y a trois ans. Ils ont alors ramené à la maison Tarcatel, le jeune matou. Aussitôt dit, aussitôt fait, papa avait fourré Pouki dans un vieux sac, avait cousu l'ouverture avec du fil de fer et était allé jusqu'à l'étang pour le jeter dedans. Au milieu des roseaux. Puis il était allé discuter avec le forestier. Puis il était passé au magasin pour y prendre des charnières. Puis il était rentré à la maison dans la soirée. Pouki était dans la cour, couché sous la clôture. A peine papa avait-il passé le portail que Pouki avait rappliqué entre ses jambes. Papa était si surpris qu'il s'était fait le signe de croix et il avait dit que ce chat, c'était le diable, pas autre chose.

Pendant un moment, il n'y a plus eu de disparition de poussins. A croire que Pouki avait compris.

La deuxième fois, un an et demi après, Pouki en a vu encore de plus belles. Il a été confié au père Andrei pour être emmené en ville et abandonné quelque part, près de la gare… Aussitôt dit, aussitôt fait. J'ai pleuré toutes les larmes de mon corps. Le père Andrei nous a raconté comment il l'a enfermé dans un wagon de marchandises et lui a dit : "Adieu, espèce de crapule !"

Pouki est réapparu au bout de deux mois.

Maigre, terrorisé, boiteux. Et la fourrure toute râpée. Papa a marmonné qu'il y avait quelque chose de pas net là-derrière, mais il l'a laissé en paix. Je l'ai nourri en cachette et je lui ai répété mille fois de ne pas s'en prendre aux petits poussins s'il ne voulait plus avoir d'ennuis. Je le lui ai bien fait entrer dans sa petite tête de chat. Il se méfie de tous, sauf de moi. Sanda a toujours préféré Tarcatel. Moi je ne le supporte pas et je lui envoie un coup de pied dans le derrière dès que j'en ai l'occasion.

Un torchon à la main, maman soulève le faitout et le pose par terre pour qu'il refroidisse. La nourriture à cochon sent tellement bon. C'est tentant.

Ils viennent juste de repasser Pouki au père Coulitza.

— Si on ne le voit pas revenir dans deux mois, je te donnerai un demi-litre de *rakiu*, lui a promis maman.

— Deux mois ? Même pas dans cent ans, j'te dis ! a-t-il répondu en rigolant.

— On verra ça…

— Tu peux me donner ma bibine tout de suite.

— Non non non ! Je t'ai dit, dans deux mois.

— Je mourrai de soif avant.

— Deux mois.

Je fais la tête et je me demande si Pouki va s'en sortir, cette fois-ci. J'espère que c'est un matou enchanté, qui fait trois tours sur lui-même et se change en tout ce qu'il veut. Le père Coulitza a une réputation de faible d'esprit. Ça ne va pas être facile pour le pauvre matou. S'il se transforme en bouteille de *rakiu*, il sera bu instantanément. Il vaudrait mieux choisir le grain de maïs. Mais si les poules le picorent ? Alors, mieux vaut un grain de pavot…

Les poules tournent autour du faitout. Une, plus intrépide que les autres, attrape un morceau de pomme de terre mais le lâche aussitôt. Ça brûle. Ça me donne faim, à moi aussi. Autour de la première poule, d'autres se pressent, attirées par l'odeur. Elles se chamaillent. Parfois ces ornies sont d'une insolence incroyable. Elles vont jusqu'à entrer dans la soue du cochon pour lui piquer son repas. Elles sont drôlement malignes !

— Allez, tu viens ? m'appelle Sanda.

— Où ça ?

— Bâfrer des pommes de terre.

Sanda est déjà munie d'un bâton. Elle met les poules en fuite et commence à farfouiller dans le faitout : des pommes de terre entières, dans leur peau. On racle le son puis on les épluche. Humm ! Ce qu'elles sont bonnes ! Si Costicoutza était là, il goûterait à la courge. Berk ! Ça nous dégoûte, rien que de le voir. Il dit que c'est très bon, mais je ne le crois jamais. Il peut bien se tenir sur la tête, je ne le croirai jamais. Il veut passer pour je ne sais qui à nos yeux. Je le sais parfaitement.

— Déguerpissez-moi de là, bande d'oiseaux ! Vous allez me l'affamer, mon cochon ! crie maman.

Elle s'adresse à nous, pas aux poules.

Une voiture déboule au tournant du chemin. La poussière s'élève comme avant l'orage. Les oies agitent leurs ailes et se pressent contre la clôture. Jabot devant. Maman se fait une visière de sa main droite.

— C'est la voiture d'Andrei, ce coquin !

En effet, elle s'arrête devant notre maison, près du puits. En descendant de voiture, tonton Andrei nous fait signe de la main. Il est drôlement content, quand il vient chez nous. Tante Lucrecia passe la tête par la portière. Elle a des lunettes de soleil et beaucoup beaucoup de rouge à lèvres.

— Il y a aussi tante Lucrecia, ça alors ! Cours vite prévenir ton père, dis qu'Andrei est là, me lance maman brusquement.

— Mais Sanda peut y aller, pourquoi moi ?

Pour rien au monde je ne raterais l'émotion des retrouvailles et surtout l'occasion de me retrouver dans les bras de tante Lucrecia. Elle sent si bon !

— Ma petite Sanda, sois gentille et vas-y. Ta grande chèvre de sœur, on la croirait attachée à un piquet.

Mais ce n'est plus la peine, voilà papa qui arrive au coin de la maison. Il a sans doute entendu le vrombissement de l'auto. Comme il ne passe que deux autos par semaine devant chez nous, il est venu voir de quoi il retournait. Maman s'essuie les mains sur son tablier. Signe qu'elle met un terme à son ménage pour s'occuper des visiteurs. Quand arrive tonton Andrei, on laisse tout tomber. Alors quand tante Lucrecia vient aussi ! Une journée ordinaire se transforme en une sorte de fête. Nous sommes les plus heureux, nous, les enfants. On échappe au travail de la maison. Quelle chance, quand arrive quelqu'un de la ville ! Tonton Andrei tire du porte-bagages des pains, du sucre, de l'huile. Tante Lucrecia tire de son sac à main deux grosses tablettes de chocolat. Maman nous les confisque sur-le-champ en nous promettant de nous les rendre après manger. Je jette un regard quémandeur à tante Lucrecia, pour qu'elle intervienne, mais elle est occupée à se tamponner le front avec un mouchoir.

Tout le monde s'installe à l'ombre. A part maman.

— Tords donc le cou à un poulet, que ces gens-là se rendent un peu compte du goût des bonnes choses, chez nous !

Les grandes personnes discutent entre elles. Moi, je me suis assise près de tante Lucrecia et je la renifle. Comme un petit chien. Je lorgne sur son sac à main, pour voir si j'y trouve les petits flacons de vernis. Je lui demande de me prêter un peu ses lunettes de soleil. Le soleil est bleu. Ma main est bleue. Tout est bleu. Même les fourmis sont bleues. Je suis émerveillée.

— Mais vous avez peut-être quelque chose à faire... On peut rester seuls, aussi, dit tonton Andrei.

— Eh eh eh... Il y a toujours quelque chose à faire. Tu meurs et il te reste encore quelque chose à faire, répond papa.

Sanda s'en est retournée au faitout. Elle farfouille en fronçant les sourcils. Elle laisse tomber le bâton et y va avec ses petites mains.

— Je vois que vous avez fait une belle quantité de *tezic*, cette année, constate tonton Andrei.

— C'est fait.

— J'arriverai peut-être à vous envoyer du charbon...

— Tu verras bien. Si c'est possible...

Sanda arrive avec deux pommes de terre. Ce qu'elle a trouvé de meilleur. Une pour tonton Andrei, l'autre pour tante Lucrecia.

— Mais qu'est-ce qu'il y a dessus ? demande tante Lucrecia.

— Du son, dit tonton Andrei.

— Du son ?

— Oui, tu l'as sortie de la nourriture à cochon, n'est-ce pas, Sanda ?

Sanda montre le faitout du doigt. Tante Lucrecia fait une moue dégoûtée et pose la pomme de terre sur la table. Elle essuie le bout de ses doigts dans un mouchoir tiré de son sac à main. Avec le coin, elle passe sous ses ongles.

— C'est bon, qu'est-ce que ça peut avoir de mauvais ? C'est pourtant sain… C'est très bon ! dit tonton Andrei en mangeant avec appétit. Vous n'auriez pas un peu de sel dans le coin ?

Je regarde la pomme de terre sur la table et je ravale ma salive. Mais je ne la prendrais pour rien au monde.

C'est finalement papa qui la mange.

— Si le porc n'a plus à manger, vous allez entendre parler du pays, croyez-moi !

Tonton Andrei se flanque soudain la main sur le front :

— Et moi qui allais oublier !

— Quoi, Andrei, de quoi tu parles ? demande tante Lucrecia.

Tonton Andrei va à la voiture. Il attrape quelque chose sur la banquette arrière. C'est un petit chapeau.

Je hurle, à croire qu'on m'a piquée :

— Mon chapeau !

Et je cours à sa rencontre.

— Il est exactement comme celui que j'ai oublié dans le wagon !

— Exactement le même, sourit tante Lucrecia.

— Sauf que l'autre avait le bord un peu défait, dis-je. Celui-là est tout neuf !

— Regarde un peu mieux !

— Celui-là aussi est un peu défait… je dis, totalement déconcertée. C'est lui ?

— Lui-même ! éclate de rire tante Lucrecia.

— Mais… Mais… comment c'est possible ?

— Je l'ai trouvé dans le wagon de céréales, dit tonton Andrei en levant le voile sur le mystère.

— Les Russes l'ont renvoyé ? demande papa.

— Non, ils n'ont même pas ouvert le wagon, ces sales porcs. Ils ont seulement changé les scellés.

— Allez, les enfants, ça suffit, allez jouer ! nous dit papa en faisant mine de nous courir après.

Et je cours à perdre haleine montrer mon petit chapeau à maman.

Les grands boivent de la bière pendant que je joue avec Sanda. Maman se lève de temps en temps pour surveiller les casseroles sur le feu. La grande natte de roseaux sous le prunier est la maison. Elle est partagée en deux pièces. C'est une maison de la campagne, elle n'a pas de salle de bains. Ça veut dire que les toilettes sont dans le jardin. Sanda veut qu'on joue à la maman et au bébé. Le bébé fait des bêtises et la maman passe son temps à le gronder. Le bébé doit pleurer. Sanda veut toujours être la maman. Pour me gronder, même si je suis la plus grande. Moi je dois pleurer tant que je peux. Mais je préfère arranger la maison. Une grosse pierre plate est la table et les petits cailloux sont les sièges. Avec un bout de fil de fer, on fait une icône et on l'accroche au tronc du prunier. Ça veut dire que là, c'est le coin de la maison. On n'a pas de miroir, mais je ne veux pas non plus apporter celui de mon appartement secret. Et puis, si c'est une maison de la campagne, on n'a pas vraiment besoin de miroir. Sanda tient à tout prix à faire entrer Tarcatel, pour qu'on ait un chat dans la maison, mais je veux pas. Je fais un chat avec des brindilles. Comme ça, comme s'il avait posé son museau sur ses pattes de devant. C'est un chat endormi. Pour les meubles, on a besoin de trognons de maïs. Je vais jusqu'au poêle pour en choisir quelques-uns. On s'en sert pour alimenter le feu. Ils doivent être bien droits et bien beaux. J'ai beau chercher, je ne trouve pas ce que je veux. Maman et tante Lucrecia parlent entre elles. Maman goûte un plat et rajoute du sel.

— Mica, elle a été drôlement travailleuse, c'est une petite fille très serviable, dit tante Lucrecia.

Je dresse l'oreille. Mica c'est moi.

— Moui…

— Combien de jours elle est restée chez nous ? Dix, je crois, non ?

— Est-ce que je sais ? Je me rappelle plus…

— …

— Tiens, regarde, ça suffit ?

— Ça suffit, ça suffit… De toute façon, il ne fallait pas…

Je fonds en larmes. Je prends les trognons et je m'en vais en courant.

Quand elle me voit arriver, Sanda me reproche :

— Tu es énervante, comme bébé ! Je n'ai même pas le temps de te gronder que tu pleures déjà !

C'est la tombée du jour. La table est installée derrière la maison. Nous mangeons toujours très tard. Quand il ne fait plus jour, quand on ne peut plus rien faire dehors. La lampe est suspendue à un clou au mur, mais la lune nous éclaire davantage. Il se met à faire frais, alors tante Lucrecia pose un châle sur ses épaules.

On a du poulet à la crème.

— Pour qui le désire, il y a aussi des fromages frais, plus ou moins salés, plus ou moins égouttés, selon les goûts, annonce maman.

Tarcatel se frotte contre les pieds de la table, des chaises, des gens.

J'attends de pouvoir lui ficher un coup de pied au derrière.

Tonton Andrei donne un coup de main en mettant les assiettes, à condition qu'on le laisse s'occuper du chaudron où maman a fait cuire la *mamaliga* : il veut se régaler avec la croûte toute croquante. Puisqu'il est question de caprices, Sanda et moi on se met à demander qu'on nous fasse un ours dans l'assiette.

— Un ours ! Un ours ! scandons-nous à l'unisson.

— Après le poulet à la crème, nous avertit maman.

On retourne la *mamaliga* sur la planche à découper. Une superbe *mamaliga*. Maman sort le fil et la taille en gros morceaux. Elle refroidit mieux comme ça. On entend des grillons. Tarcatel se trouve à ma portée et poc ! je le rate pas.

Nous mangeons.

— On est parfois bien, à la campagne, dit tout d'un coup tante Lucrecia.

— Sauf qu'il y a tant à faire… dit maman d'une voix éteinte.

On entend un bruit étranger. Quelqu'un ébranle le portail. Et crie :

— Catiiiiinca ! Catiiiinca !

— Va voir ce que c'est, demande maman à papa.

— C'est après toi qu'on crie comme ça, pas après moi !

— Allez, vas-y, pas de blague…

Papa se lève et disparaît au coin de la maison. Des chuchotements. Il revient avec le père Coulitza.

— Il dit qu'il a je sais pas quelle affaire à régler avec toi…

— Bon appétit ! Ex-excusez moi. Je suis, je suis venu chercher mon… *rakiu*, hic !

— Je t'ai pourtant dit, père Coulitza, dans deux mois.

— Euh euh… Y r'viendra pas même dans cent mille ans… J'lui ai fait sa fête, dit le père Coulitza dans un rire gras, tout content qu'il est de son exploit.

— Deux…

Mais le père Coulitza a déjà levé à hauteur de nos yeux, à la lumière de la lampe, son poing tenant la tête ensanglantée de Pouki. Tante Lucrecia crie, terrorisée. Sanda et moi nous mettons à pleurer en poussant des hurlements.

Chapitre 9

“Paraît qu'un jour, les gars, Le-bien-aimé-fils-du-peuple s'ennuyait à mourir. Il en avait par-dessus la tête des réunions, des interminables parties de *septic*. Les inspections de chantier ne lui disaient plus rien... Quant aux visites officielles à l'étranger, ça ne le tentait plus : ses hôtes ne pensaient qu'à le traîner dans les musées ou au pied des monuments aux morts. Ils lui donnaient à manger des escargots, de la pieuvre et d'autres cochonneries et en plus, comme cela avait été le cas en Italie, ils le menaient à l'opéra, où des camarades plus que robustes, au lieu de s'occuper de leur ménage, criaient à pleins poumons – à lui en percer les tympans. Rajoutez à ça qu'il lui fallait parler *estranger*... Il en avait des crampes dans les mains, à force de toutes ces conversations.

Et depuis la honte qu'il avait eue en Espagne, vraiment, il ne voulait plus avoir affaire à ces arrogants d'Occidentaux. Plutôt aller en Afrique, il s'y sentait mieux. Les danses, au moins, avaient un petit air de ressemblance avec nos rondes à nous et les noix de coco pouvaient passer pour des citrouilles qui pousseraient dans les arbres. Y avait rien à dire, là-bas, il se sentait chez lui !

En fait, le responsable de tous ses embarras en Espagne, c'était Bobu et sa tête d'ampoule… Elle était de lui, la malheureuse idée. Il avait vraiment un filament de grillé. Il lui avait conseillé de noter ce qu'il avait à dire sur le revers de sa cravate, pour tout avoir à portée de main en cas de trou de mémoire. Aussi il était parti en Espagne tout tranquille, sûr de lui. Il était descendu de l'avion et, à un moment donné, toute la garde l'avait salué :

— *Buenos días, presidente !*

— *Buenos días…* (Il avait retourné sa cravate.) *Polyester !*

Il ne voulait plus entendre parler de pointer son nez où que ce soit à l'étranger.

De toute façon, il s'était bien vengé de Bobu en le battant à plate couture à la bataille. Il lui avait donné un sacré gage : il avait dû crier «cocorico» trois fois debout sur la table du Conseil des ministres, boire coup sur coup trois grands verres d'eau juste avant un entretien officiel avec François Mitterrand, danser avec sa chaise sur un chant révolutionnaire, bref il lui en avait fait voir des vertes et des pas mûres. Ce qui lui aurait vraiment plu, ç'aurait été de voir Bobu gravir les escaliers de la tour Eiffel à cloche-pied, mais il n'avait pas dit son dernier mot.

Seigneur, qu'est-ce qu'il s'ennuyait !

Quand il était petit et qu'il pleurait en trépignant «j'sais pas quoi faire !», son père lui disait toujours d'essayer de se prendre par la peau des fesses et de se faire dribbler. A l'époque, il n'avait pas essayé. Mais à présent ça lui donnait des idées. Qu'est-ce qu'on peut bien ressentir quand on se prend par la peau des fesses ? Ça fait du bien ? Est-ce que ça fait passer l'ennui ? S'il ne s'était pas trouvé dans son bureau du Comité central du PCR et s'il avait eu moins de ventre, il aurait probablement essayé, mais avec sa forme actuelle…

Et, tandis qu'il tournait en rond en s'ennuyant, Le-bien-aimé-fils-du-peuple eut une idée géniale : aller à la pêche.

Il n'avait plus fait ça depuis l'époque où il était un pauvre gamin, quand il y allait avec les garçons du village qui ne le laissaient pas trop s'approcher de la canne à pêche sauf pour accrocher les appâts à l'hameçon. Il ne pêchait pas, il n'avait rien pour, parce qu'ils étaient sans le sou, à la maison. Mais il pouvait dire quand même qu'il était allé à la pêche. Il savait au moins comment on s'y prenait, non ?

Ni une ni deux, il devait bien y avoir une canne à pêche dans le Comité central, il en trouve une, il se fourre dans une vieille Dacia et c'est parti, mon kiki.

Il s'arrête au premier trou d'eau. Il accroche un ver à son hameçon – ça, il connaît –, il lance sa ligne et le bouchon s'enfonce. Regardez-moi cette chance ! qu'il se dit. En fait, il sort de l'eau un brodequin soviétique. Eh, flûte et zut ! Il le pose à ses côtés et il relance sa ligne. Cette fois, il ramène un de ces panneaux qui couvraient les contrées de notre cher pays depuis qu'il avait lancé sa campagne d'alimentation rationnelle : «Pas un repas sans poisson !» Ça ne lui dit rien qui vaille, mais il n'a pas le choix, il essaie une troisième fois. Rien. Le calme plat. Le bouchon, immobile. Et soudain, hop, tout au fond de l'eau. Il tire de toutes ses forces et, vous allez pas me croire ! au bout de l'hameçon, tellement brillant que t'en avais mal aux yeux, le Poisson d'Or. Il frétillait et criait :

— Ne m'ôte pas la vie, je t'en prie ! Ne m'ôte pas la vie, Bien-aimé-fils-du-peuple et Génie des Carpates ! Si tu ne me tues pas, j'exaucerai le vœu que tu formuleras !

Le Nicu* en reste bouche bée. Il avait déjà entendu l'histoire du Poisson d'Or et toute sa vie il avait cru que c'étaient des blagues. Une histoire pour endormir les petits enfants. Et voilà qu'il le voyait se débattre dans l'herbe à ses pieds.

Il se reprend et il dit :

— Co-comment ça, malheureux poisson de mes deux ! Un seul vœu ? Le plus i-idiot sait bien qu'y faut faire trois vœux…

— Oui, je sais, Bien-aimé-fils-du-peuple, mais chez nous aussi on doit gérer l'austérité. Il faut être compréhensif. L'inflation… Le chômage… Les réductions de personnel… On veut aussi réduire le poids de la dette… Ne plus dépendre autant des capitalistes…

* On a vu, dans *Le Paradis des poules*, que Nicolae Ceauşescu était un type fort peu imbu de sa personne : il avait demandé au même Mitu qui nous raconte aujourd'hui cette nouvelle histoire, de l'appeler simplement le "Nicu". *(N.d.T.)*

La vie est dure, qu'est-ce que tu veux ! On traverse une époque d'austérité.

Le Génie des Carpates prend une minute pour réfléchir… Et il réfléchit… Il réfléchit… Au point d'en avoir le sang qui lui bat dans les tempes… Que pouvait-il demander ? Etre riche ? Mais il avait tout un pays à sa disposition… Etre beau ? Il l'était déjà… Etre plus intelligent ? C'était possible, une chose pareille ? Que le pays parvienne au communisme ? Ce n'était plus la peine, la Roumanie était sur le bon chemin. Apprendre les vraies raisons de la mort de Dej* ? A quoi cela lui servirait-il ? Finalement, il se décide : il aimerait bien savoir ce que les gens pensent de lui. Savoir comment on vit dans ce pays. Mais pour de vrai, pas les contes à dormir debout que les services secrets lui présentent tous les matins.

Alors le Poisson d'Or lui donne un élixir enchanté qui transforme en mouche celui qui le boit. En précisant qu'à la tombée du jour le charme se brisera et qu'il reprendra sa forme humaine.

Et maintenant, les gars, vous patientez une minute, que j'avale une gorgée de bière, parce que j'ai la gorge toute desséchée."

Quel personnage, ce Mitu !

* Prédécesseur de Nicolae Ceauşescu.

Chapitre 10

Seigneur, qu'est-ce que je vivais bien au temps du communisme !

Si j'avais ne serait-ce que la moitié de ce que j'avais alors, je serais bien contente. Que dis-je, la moitié. Le quart, et je dirais encore merci. J'ai eu tout ce que je voulais. C'est vrai qu'on demandait pas grand-chose. Je crois qu'on ne savait pas comme aujourd'hui qu'on pouvait faire tant de choses avec de l'argent. Mais, pour l'époque, j'ai eu tout ce qui pouvait me passer par la tête. Je ne buvais pas autre chose que du vrai café... Avant, c'était une véritable rareté, mais chez moi on en trouvait toujours. J'ai eu des jeans quand ils coûtaient huit cents lei la paire. Huit cents lei, ça en faisait de l'argent ! Et on ne trouvait pas non plus de jeans à chaque coin de rue... Eh bien moi, j'en avais ! Quand je sortais en jeans, tout le monde dans le quartier se retournait sur moi. Des Kent et des BT pour les médecins : j'en avais toujours quelques paquets à la maison au cas où, que Dieu me garde ! je serais tombée malade. Ou bien pour obtenir un arrêt maladie. Je fumais même de temps en temps une de ces bonnes cigarettes, au temps où je crânais encore – vu que je n'avalais jamais la fumée.

Qu'est-ce que je n'ai pas pu avoir !?

Du Pepsi, le chef nous en rapportait des caisses entières du restaurant du Parti. Les figurines en chocolat pour le sapin de Noël, pareil. Pas une année je n'ai passé les fêtes sans figurines en chocolat et sans oranges. De la viande, des œufs ou du fromage frais, ha ha, si j'avais mangé tout ce que j'arrivais à dénicher ! Quand le chef n'apportait rien, je faisais le tour des vendeuses que je connaissais et je ne repartais jamais les mains vides. Parfois elles me téléphonaient de passer au magasin, parce qu'elles m'avaient mis de côté quelque chose de bon : elles savaient que je ne me moquerais pas d'elles. Non seulement je leur laissais toujours un bakchich mais si elles avaient besoin d'un coup de piston quelque part, elles savaient parfaitement que je pouvais leur arranger ça. Pour être tout à fait honnête, je n'avais pas toujours besoin de ce qu'elles gardaient pour moi, mais je passais quand même. J'en faisais profiter à la campagne, à l'usine ou bien je rendais service à Rozalia, notre couturière, dans l'immeuble.

A l'époque, j'avais de quoi donner aux autres. Pas comme aujourd'hui quand j'en ai même plus assez pour moi. Et Alice qui s'étonne que je veuille voter pour les anciens communistes…

J'ai eu tout ce qui me faisait envie.

S'il me prenait une envie de boire un alcool, je ne m'empoisonnais pas avec n'importe quelle piquette. Je prenais un cognac des plus fins, un Vasconi ou un

Unirea, ou de la vodka de Russie, de celle qui vaut vingt-cinq lei la bouteille. Je m'achetais que des chaussures de la marque Guban, en cuir bien souple qui ne faisait jamais mal aux orteils, même si on marchait cent kilomètres. Je me lavais avec des savons Fa ou Rexona, trouvés chez les Polonais qui venaient les vendre dans leurs petites voitures pareilles à des jouets.

Sans parler de Tzucu qui avait ses relations à lui. Il connaissait un certain Fané, capable de lui décrocher la lune si on lui en passait commande. Je ne l'aimais pas beaucoup. Je le trouvais un peu spéculateur. Je veux dire qu'il nous apportait ce qu'on voulait mais que le porte-monnaie le sentait passer. Il y avait aussi un autre type, un certain Mourarou, qui nous apportait des fraises ou des tomates par cagettes entières, et à moitié ou même au quart du prix, selon qu'il était plus ou moins pressé de se pointer au bar du coin. Il travaillait dans une coopérative socialiste, quelque part dans les environs de la ville et il ne laissait rien passer : il vendait tout ce qui lui tombait sous la main. Je me demande quand il trouvait le temps de travailler. Il était toujours en vadrouille au volant de sa voiture, chez l'un ou chez l'autre. Les concombres, les oignons, l'ail, les poivrons, on en avait grâce à lui. Je faisais mes conserves de légumes au prix de l'eau minérale.

Un autre, m'sieur Pardon, conduisait un des camions de la coopérative de lait. Plus précisément, il transportait tous les jours le lait collecté dans les communes environnantes.

On en a eu une drôle d'histoire avec lui ! Mon mari et moi, on l'appelait comme ça parce qu'il truffait ses phrases de “pardon”. Deux ou trois mots et un “pardon”. Il ne pouvait pas dire comme tout le monde “Hier j’ai mangé des cerises”. Mais “Hier j’ai mangé, pardon, des cerises”, comme s’il avait fait quelque chose de mal. C’est à lui qu’on achetait du beurre. Il nous apportait un de ces beurres jaunes et gras introuvable dans tout le commerce socialiste ! Sauf qu’il n’était pas vendu empaqueté mais livré en vrac, dans un sac en plastique. D’où pouvait-il bien tirer un tel beurre ? nous demandions-nous, mon mari et moi. C’est peut-être pour l’exportation, on pensait. On l’avait fait goûter autour de nous et nous n’étions pas fous, personne n’avait jamais touché à quelque chose d’aussi bon. Incroyable, tout de même…

On a bien essayé de lui tirer les vers du nez à plusieurs reprises, mais il était rôdé, m’sieur Pardon. On ne pouvait rien en sortir. Il ne faisait pas partie de ceux qui se déballonnent en moins de deux. On le travaillait avec subtilité, on le fatiguait, comme un gros poisson qu’on tire jusqu’au rivage mais, au moment de le ferrer, il nous lançait toujours : “Secret professionnel, pardon !”

Jusqu’au jour où notre m’sieur Pardon est arrivé un peu rond. On le fait entrer dans la cuisine, qu’il ne reste pas debout. Et on lui sert un peu de ceci, un peu de cela. Je me souviens que nous lui avons même offert un whisky. Je ne sais plus qui nous l’avait donné, mais il a ouvert des yeux comme des soucoupes : “Eh bien ! Vous savez vous traiter comme il faut, vous deux, pardon !” A force de parler de tout et de rien, m’sieur Pardon, au moment où on s’y attendait le moins, s’est mis à nous raconter ce qu'on essayait de lui faire dire depuis au moins deux ans.

— Un beurre pareil, même notre directeur n'en met pas dans son assiette, dit-il, en nous faisant signe de remplir son verre.

Et que faisait-il, notre chauffeur ? Quand sa citerne était pleine de lait à la sortie d'un village retiré, il tirait de sa cabine trois ou quatre belles balles de tennis et il les jetait dedans. A force de s'agiter, sur cinquante ou soixante kilomètres, mieux que dans une centrifugeuse, le lait se transformait en beurre et se figeait sur les balles. Rien que la crème de la crème. Si le village était moins éloigné, il rajoutait plus de balles de tennis. A l'arrivée, il lui suffisait de sortir les pavés de beurre, d'où il extrayait les balles avant de les laver à l'eau chaude…

Du jour où nous avons découvert le pot aux roses, nous n'avons plus voulu de son beurre. A dire vrai, j'étais écœurée. Je préférais désormais le beurre du Magasin d'alimentation.

Ce que je vivais bien au temps du communisme !

Vous croyez qu'Alice mâchouillait de la mauvaise gomme farineuse, de celle qu'on trouvait sous forme de cigarettes ? Pas le moins du monde. Rien que du chewing-gum hongrois. Du bon, à plusieurs parfums et qui faisait même des bulles. Le chocolat – à discrétion. Surtout le chocolat chinois de la cantine du Parti. Des biscuits et des bonbons – des tonnes ! On a mangé des oranges autant qu'on en voulait… Et des dattes… Et des citrons… Et des figues… Et des ban… Non, je veux pas mentir. J'ai jamais mangé de bananes. C'était difficile à trouver. Je crois que c'était réservé aux gros bonnets. En revanche, j'ai eu du dentifrice à la banane. Alors j'en connaissais le goût.

J'ai manqué de rien…

Pas un dimanche sans aller au restaurant. Une grillade coûtait dix lei, je m'en souviens parfaitement. Elle était bonne et c'était si copieux qu'on pouvait la manger à deux. Une bière, c'était trois lei. Ou cinq pour une très bonne. Un Pepsi, c'était aussi trois lei. Le mousseux en coûtait dix-huit. Quand on pense qu'acheté au Magasin d'alimentation, en comptant la consigne, ça coûtait vingt et un lei… Un paquet de Kent, dix-huit. Je sais encore tous les prix. C'était le temps où je vivais vraiment bien. Avec un billet de cent, Seigneur, quel repas on pouvait s'offrir au restaurant ! Dessert compris. Je gagnais à l'époque quatre ou cinq mille lei en fonction des résultats du mois. Seigneur, ça en faisait des sous ! Aujourd'hui, avec l'inflation, cinq mille lei, c'est le prix d'un billet de tram. Le prix de la grillade – je préfère ne pas y penser ! Je sais, les salaires sont plus élevés. Mais ça ne se compare pas. Quand je vois les prix d'aujourd'hui, je n'en reviens pas. J'ai l'impression de venir d'une autre planète. Les étiquettes sont pleines de zéros, comme des locos avec des tas et des tas de wagons derrière. A l'époque du communisme, un zéro, cela valait quelque chose. Maintenant, plus rien. Quatre zéros d'aujourd'hui ne valent même pas un zéro de Ceauşescu.

Je me suis acheté une gazinière dès qu'on a eu notre logement. Pour deux mille lei. La machine à laver est arrivée plus tard, parce que j'ai toujours aimé laver à la main. Le linge frotté à l'huile de coude, je sais qu'il est propre. Je l'ai achetée surtout pour faire taire Tzucu mais, une fois que je l'ai eue, j'ai bien vu que c'était utile. On n'a manqué de rien. On a eu aussi un téléviseur. Nous nous sommes inscrits sur la liste d'attente au magasin et au bout de six mois ça a été notre tour. Simple comme bonjour. On l'a réglé en quelques échéances. Une TV noir et blanc qui a tenu vingt ans. Les communistes fabriquaient du solide, pas comme aujourd'hui. Je dis ça parce que je me suis acheté une paire de chaussures sur le marché et qu'au bout de trois jours la semelle s'est décollée.

Au bout de dix ans, on a transformé la télé noir et blanc en couleur, parce que c'était à la mode. On a vu ça chez les autres. Il fallait se procurer un rectangle de verre coloré dans un cadre de bois et on le fixait devant l'écran. Nous, on a eu du vert et tout apparaissait dans les différentes nuances de vert. Ensuite Alice a vu chez une copine – je crois qu'elle avait une dizaine d'années – du verre bleu et elle ne nous a pas lâchés tant qu'on n'a pas trouvé nous aussi du verre bleu. On les changeait, un jour bleu, un jour vert, comme on en avait envie. Les télés couleur couleur ont fait leur apparition plus tard et c'étaient des télés russes. On s'en est pris une, avant même la révolution. On a attendu un an. Et encore, parce qu'on a eu un coup de piston de quelqu'un qui nous a donné un numéro d'ordre plus haut dans la liste. Que voulez-vous que je vous dise d'autre ! C'était chouette…

Et qu'est-ce que j'ai pu voyager !

J'ai visité tout le pays… Quand on avait des congés, on allait à la mer, à la montagne et on est même allés aussi dans le delta du Danube. Puis on passait voir les parrains et marraines et quelques cousins. Parce qu'on ne pouvait pas aller à l'étranger... Il faut dire aussi : où aurions-nous trouvé le temps ? Une fois qu'on avait fait la mer, la montagne et la famille, finis les congés. Plus le temps d'aller ailleurs ! Et pourtant, on est arrivés à aller en Bulgarie. A Varna. Ça ressemblait à chez nous. A quoi cela sert, d'aller à l'étranger, si c'est pour voir ce qu'on peut admirer chez soi ? Vu que, là-bas, la montagne, c'est toujours la montagne, le sable, c'est du sable et la mer, c'est toujours de l'eau. C'est peut-être même moins joli que chez nous et en plus on gaspille de l'argent pour rien. Juste pour dire qu'on est allés à l'étranger. Rares sont les gens qui ont un pays aussi beau que le nôtre. J'ai un sac plein de photos de vacances. On retrouve tout le pays, là-dedans. Aujourd'hui, j'ai même pas de quoi me payer un photomaton.

Pas un dimanche sans une sortie à la campagne, sans une partie de volley ou sans visiter les monastères de Bucovine. C'était pas toujours facile, avec les rationnements d'essence. Mais on se débrouillait. Puis il y a eu cette période difficile, quand, pour faire des économies, les voitures circulaient un dimanche sur deux selon qu'elles avaient un numéro d'immatriculation pair ou impair. Même comme ça, on allait à droite et à gauche. Une semaine avec notre voiture, l'autre avec celle des voisins ou des collègues de travail. En route pour se distraire. On était jeunes et c'était chouette.

Deux ans après la révolution, on a été obligés de vendre la voiture, vu qu'elle ne servait plus qu'à décorer. L'essence avait augmenté et on n'arrivait plus à joindre les deux bouts. Aujourd'hui, pour ainsi dire, je n'aurais même pas de quoi m'offrir une trottinette.

Si j'avais ne serait-ce que la moitié de ce que j'avais au temps du communisme, je serais bien contente. Que dis-je la moitié ? Le quart, et je dirais encore merci.

Tout ça, j'aurais peut-être dû le raconter à Alice… Mais elle, à l'époque, elle passait son temps à étudier. Et maintenant… Comment lui exprimer tout ce que je viens de dire, et encore beaucoup d'autres choses, au téléphone ?

Chapitre 11

C'est un souvenir très vif. Je suis chez ma tante Lucrecia et tonton Andrei et je me sens épuisée. Au moment où je m'y attendais le moins, le mal est réapparu. De nouveau les douleurs, de nouveau le sang, de nouveau les vertiges. J'avais tellement espéré que ça reviendrait pas. J'ai du mal à me tenir debout et je lave la vaisselle. Je me redresse autant que je peux pour pouvoir respirer. J'ai l'impression de suffoquer. Je fais mon possible pour avoir l'air normale.

Je lave la vaisselle et j'en veux au Seigneur. Je suis fâchée contre lui.

Pourquoi juste maintenant ? Pourquoi moi ?

Qu'il me laisse au moins profiter de ces quelques jours que je passe en ville.

Il faudra tout de même que j'aille voir le médecin.

Je me promets de le faire, mais je ne sais pas comment m'y prendre.

Je me le suis déjà promis mais je n'ai pas tenu parole.

J'entends des pas… Qui se rapprochent de la cuisine !

Je prends un air dégagé…

— Il y a beaucoup de vaisselle, n'est-ce pas ? me demande tante Lucrecia.

— J'y suis habituée, tata ! A la maison, c'est à moi de laver les gros chaudrons…

— Mais qu'est-ce que tu as là ? Regarde cette tache… Je crois que tu as tes affaires…

Je suis pétrifiée. Je me retiens des deux mains au bord de l'évier et je me mets à pleurer en me retenant.

— Qu'est-ce que tu as, Mica ? On s'en moque, de la jupe ! Si ça ne part pas, je la jetterai. De toute façon, elle avait largement fait son temps…

— Ta… taaa… Je dois te dire… J'ai une… mala… die graaave, tataaaa…

Tata me donne un Algocalmin et m'explique, pleine de tact, ce qui arrive au corps des filles quand elles grandissent.

— Le coton, Mica, ça ne sert pas qu'à lustrer le verre des lampes ! Allez, ça suffit pour aujourd'hui ! Mets-toi au lit si tu ne te sens pas bien !

Chapitre 12

“Donc voilà notre Nicu à nous transformé en grosse mouche avec des reflets verts et des yeux comme des boutons, se posant où le portent ses ailes. Au terme de son premier vol, il tombe dans une salle de classe. Il se pose sur son portrait au-dessus du bureau et se met à écouter. Cours d'histoire. Un élève à l'air benêt est au tableau.

— Voyons, maintenant, Pandélé, cite-moi un événement important pour notre pays en 1918, demande le professeur.

— En 1918 s'est produite la Grande Union de 1918, camarade professeur !

— Pas mal, Pandélé, mais j'attends autre chose encore... Fais-moi le plaisir de te concentrer. Qu'est-il arrivé d'autre ? Quelque chose d'important...

— 1918, c'est aussi l'année de naissance à Scornicești, du camarade Nicolae Ceaușescu, secrétaire général du PCR et président de la RSR.

— Eh ben voilà, Pandélé ! Bravo ! Une seule question encore puis tu pourras reprendre ta place... Dis-moi quel événement important a eu lieu en 1848.

Pandélé semble perdu. Ça se voit sur sa figure. Il se tord les doigts. Allez, c'est simple ! fait la mouche en se frottant les ailes, pour l'encourager. Finalement, l'élève se décide et ouvre la bouche :

— Ben… en 1848… on a fêté… heu… les soixante-dix ans d'avant la naissance du camarade Nicolae Ceauşescu, secrétaire général du PCR et président de la RSR.

Il avait beau passer ses journées à se faire cirer les pompes, le Nicu ne s'attendait pas à ça. «Il a l'étoffe d'un grand chef de la propagande, le benêt», se dit-il, bien décidé à ne pas perdre sa trace. Finalement, il avait raison, cet enfant : l'histoire se déroulait bien conformément à la nécessité historique de sa naissance et de son arrivée à la tête de l'Etat, non ? Ce gamin était un visionnaire… Mais un visionnaire né trop tard.

Il bourdonne et bourdonne encore et entre dans la classe d'à côté. Nous sommes en cours de sciences sociales et politiques. L'heure touche à sa fin.

— A présent, quelqu'un a-t-il une question, une explication à demander ? s'intéresse le professeur. Je vois déjà une main levée. Nous t'écoutons, Viorel.

— Euh, vous disiez que dans le communisme l'argent allait disparaître. Alors comment les gens feront pour s'acheter de quoi vivre, s'il n'y a plus d'argent ?

— Bravo, Viorel, bonne question, sourit le professeur. Je vais vous donner un exemple, pour vous faire mieux comprendre. Disons, Viorel, que tes parents aient besoin de farine de maïs. Ils n'iront plus en chercher au magasin, mais dans un immense dépôt où chacun pourra se servir selon ses besoins, sans payer. Puis ils iront au marché central et là ils trouveront un très très gros tas de pommes de terre sur lequel ils pourront se servir également, selon leurs besoins, en fonction du nombre de membres de la famille. Et cela sans un sou. Maintenant tu as compris ?

— J'ai compris, camarade. Sauf que, nous, on n'aime pas trop, ni les pommes de terre ni la farine de maïs…

— Vous finirez par aimer, mon petit Viorel, vous finirez par aimer ! Je te prie de me croire !

Le Nicu sort de la classe en battant nerveusement des ailes. Dans le hall, deux professeurs discutent en fumant une cigarette.

— Moi, je dis que la démocratie socialiste est née au paradis, dit le premier, le type de l'intello à lunettes.

— Comment ça ? s'émerveille l'autre, le type de l'intello à barbe.

— Ben oui, au moment même où Dieu a fait Eve, il l'a montrée à Adam en lui disant : «Maint'nant, mon gars, tu prends, et tu choisis !»

— Ah ah ah ! elle est bonne !

Il ne supportait déjà pas les intellectuels, mais cette fois il était décidé à prendre des mesures de rétorsion. Elle avait bien raison, Elena, quand elle disait que les types à lunettes et les barbus étaient les masques des ennemis du peuple. Qu'il serait bon de les envoyer faire un peu de sport dans l'agriculture. Histoire de déterrer les betteraves avec les dents et les patates à la petite cuillère – et avec une exigence de rendement, s'il vous plaît. Elle ne pouvait pas les voir en peinture depuis ses années de jeunesse quand elle était une communiste dans l'ombre et qu'elle vendait des graines de tournesol à la gare. Ils snobaient sa merveilleuse marchandise. Ils achetaient des sucettes aux enfants, au lieu d'encourager la production autochtone de fleurs de tournesol.

Puis, planant au-dessus de la ville comme un épervier en miniature, il aperçoit dans l'arrière-cour d'un Magasin d'alimentation une impressionnante file d'attente qui fait des tours et des détours. Déconcerté, il descend voir de quoi il est question. Il se pose sur l'épaule du dernier arrivé. C'est un ouvrier en bleu de travail, couvert de graisse et la clé de quatorze dans la poche. Ça saute aux yeux : il fait la queue sur son temps de travail.

— Qu'est-ce qu'on donne, ici ? demande l'ouvrier à la camarade de devant.

— J'sais pas, je viens juste d'arriver, dit-elle. Mais, quoi que ce soit, j'en ai besoin.

Il interroge encore deux ou trois personnes, mais il n'y a rien à en tirer. L'ouvrier, à force de remonter la queue pour essayer d'apprendre quelque chose, se retrouve au premier rang. Le premier arrivé est un petit vieux tout pâle, les yeux enfoncés dans les orbites, les mains violettes et tremblantes posées sur sa canne.

— Dis voir, pépé, qu'est-ce qu'ils ont rentré comme marchandise ?

— Rien pour l'instant, mon petit.

— Mais vous êtes là depuis longtemps ?

— Ah ah, depuis ce matin. Je marchais tout doucement dans la rue quand soudain je me suis senti un peu mal… Alors je me suis appuyé contre la porte le temps de me reprendre… Je suis peut-être resté là un quart d'heure ou peut-être plus… Quand j'ai repris mes esprits, il y avait déjà la queue derrière moi…

— Et s'ils ne rentrent rien au Magasin d'alimentation pépé ? On attend pour rien ?

— Mais p'têtre que l'bon Dieu fera qu'ils livrent quelque chose… Et puis tu vois mon garçon, j'ai même plus tellement envie de rentrer à la maison, pour une fois que je suis le premier dans une queue…

Il aurait vraiment voulu leur faire une surprise, le Nicu : livrer de la viande de première qualité ou des bananes comme ils n'en avaient jamais rêvées, mais il se rend compte aussitôt que dans son corps de mouche ses possibilités se trouvent restreintes. Il se résigne alors et va se poser sur le cabas d'une femme qui entre justement dans le magasin d'en face.

— Excusez-moi, vous avez du poisson ? dit la femme.

— Non, ici nous n'avons pas de viande, à côté ils n'ont pas de poisson, répond aimablement la vendeuse.

C'est bien ça, marmonne la mouche.

Et à lui, on lui disait chaque matin au rapport que les magasins croulent sous la marchandise, que les étagères courbent sous le poids de la viande et du lait, que le peuple babille de plaisir comme un nourrisson bien nourri, que les épis de maïs sont gros comme des matraques de milicien et que les pommes de terre ont la grosseur d'un ballon de football, que tout le monde rit, danse et travaille avec entrain. Il ne perd rien pour attendre, l'Avramescu ! se dit-il avant de s'envoler un peu plus loin.

Le voilà dans un parc, où il est attiré par des éclats de rire juvéniles. «Voilà enfin des gens heureux dans ce pays», se réjouit le Nicu. Il fonce et trouve un groupe de lycéens agglutinés autour d'un banc. Ils fument et se passent une bouteille d'alcool.

— Allez, je vais vous en raconter une bonne... Un beau jour, voilà-t-y pas que Vladimir Ilitch Lénine passe l'arme à gauche. Il ne se démonte pas et frappe à la porte du paradis. Saint Pierre, en le voyant, frôle l'infarctus. Qu'est-ce que tu viens chercher ici, le Chauve ? Allez, casse-toi, ta place est auprès des cornus. Fâché tout rouge, Lénine se barre. Au bout d'un moment, saint Pierre croise Aguioutza, un type qui fourrait les bûches sous le grand chaudron de goudron... Comment ça va, Aguioutza ? lui demande saint Pierre. D'abord je suis le camarade Aguioutza, lui dit l'autre d'un air irascible, et puis sachez que Dieu n'existe pas et faites bien attention, la révolution prolétaire est en marche !

— Ah ! ah ! ah !

— Mais vous savez de quoi le camarade Andropov est mort ?

— Nooon, crient les autres en chœur.

— Moi non plus, mais il paraît qu'à l'autopsie il n'arrêtait pas de bouger, le pauvre !

— Et vous savez pourquoi le camarade Khrouchtchev a tué son chat ?

— Noon !

— Parce que les derniers temps au lieu de dire *miaou* il disait *mao* !

— Ah ! ah ! ah !

— Elle est géniale ! Mais attendez, j'en ai une du même tonneau. C'est un type qui demande à la radio : Excusez-moi, est-il possible qu'une femme accouche à trois ou quatre reprises la même année ? L'animatrice répond : Non, camarade Nicolae Ceauşescu, pour sûr, non.

— Ah ! ah ! ah !

— Attendez, moi aussi j'en ai une…

— Vas-y, accouche !

— Savez qui a inventé le *step* ? Un prolétaire, Stepan Stepanov Stepanovici, qui avait dix gosses et un seul pot de chambre !

— C'est mou du genou, mon gars !

— A peine la moyenne !

— J'en ai une qui mérite un vingt sur vingt ! C'est le Camarade et la Camarade qui sont en visite diplomatique en France. Au terme de toutes les rencontres officielles, sur l'insistance de la Camarade, ils vont visiter le Louvre. Devant un tableau, Elena s'enthousiasme à haute voix : «Pfutt… ça c'est un beau Vinci !» Discrètement le guide lui glisse avec tact : «Cela ressemble un peu à un Vinci mais c'est un Rembrandt, madame.» La Camarade fait quelques pas et, de nouveau : «Quel merveilleux Utrillo !» Le guide intervient encore : «Je vous prie de me permettre une petite rectification, madame, c'est un Vinci.» Elle passe dans la salle voisine et s'exclame : «Ça, je sais, c'est la *Tzigane* de Grigorescu.» Le guide sourit dans sa barbe : «Je suis désolé de vous décevoir, madame, mais ce n'est qu'un miroir.»

Des rires et encore des rires.

— Mais les sept merveilles du communisme, vous les connaissez ?

Les autres répondent, toujours en chœur :

— Nooon !

— Un : en Roumanie tout le monde a un emploi. Deux : alors que tout le monde a un emploi, personne ne travaille. Trois : alors que personne ne travaille, le Plan est réalisé et même dépassé. Quatre : alors qu'on remplit et qu'on dépasse le Plan, les magasins sont vides. Cinq : alors que les magasins sont vides, tout le monde a de quoi manger. Six : alors que tout le monde a de quoi manger, personne n'est content. Sept : alors que personne n'est content, tout le monde applaudit !

Furieux, le Nicu s'envole de toute la force de ses petites ailes de mouche. Il ne veut plus rien entendre.

Rien que des ingrats ! Il leur a fait des maternelles et des écoles, il leur donne des heures d'enseignement politique et des chantiers de jeunesse, que veulent-ils de plus ? Il les a fait faucons de la patrie et pionniers, il les a laissés chanter librement des chants patriotiques, il ne les a jamais empêchés de défiler pour le 23 août, il leur a servi deux heures de télé par jour, que veulent-ils de plus ? Il leur a permis d'aller visiter la Bulgarie et l'Union soviétique, de participer au festival Chantons la Roumanie, que veulent-ils de plus ? Et même, il leur avait permis de faire son portrait.

Rien que des ingrats.

Contrarié, épuisé, il se pose – que voulez-vous, habitude de mouches – sur un étron. Peu de temps après il entend des voix. Il regarde autour de lui, rien, personne. Toutefois, curieux, il tend l'oreille.

— Papa, c'est vrai qu'on peut habiter dans une prune ?

— C'est vrai, mon fils.

— Mais dans une pomme ?

— Et dans une pomme, oui.

— Ne me dis pas qu'on peut aussi habiter, miam-miam, dans une banane.

— Mais si, bien sûr mon fils, pourquoi pas ?

— Et alors, papa, pourquoi nous on habite sur cet étron qui pue ?

— Parce que, mon fils, que faire ? C'est not' pays. Et on doit être fier de son pays, mon garçon !

Terrifié, Le-bien-aimé-fils-du-peuple s'enfuit à tire-d'ailes vers le Comité central. Nulle part ailleurs il ne se sent plus en sécurité que là-bas. Et, s'il lui arrivait de se trouver de nouveau en face d'un Poisson d'Or, plutôt que de revivre l'épreuve qu'il venait d'endurer, se dit-il, eh bien il ferait mieux de le fondre gentiment, le Poisson d'Or, et de s'en faire des robinets de salle de bains pour la Maison du peuple !"

Sacré personnage, ce Mitu !

Chapitre 13

Comme je disais, lundi, je me suis réveillée anormalement tard et je n'étais pas dans mon assiette. J'ai tourné dans la maison sans faire grand-chose. Un peu de ménage et une soupe. Quand je suis seule, je mange très peu. A un moment donné, j'ai eu envie d'aller à l'église, pour allumer un cierge et pour prier, mais je me sentais trop fatiguée. Vers midi, un filleul m'a téléphoné pour me demander un service. Un de ses amis, journaliste, voulait faire un reportage sur la nostalgie du communisme et lui, Catalin, il s'était dit que je pourrais lui venir en aide.

— Comment ça, Catalin, tu veux me faire passer dans le journal ? T'as pas trouvé quelqu'un d'autre ?

— Allez, marraine, c'est un ami.

— Mais est-ce que je suis bien la personne appropriée ?

— Ben, papa m'a dit que tu regrettes Ceaușescu, que tu as été membre du Parti et que tu menais grand train, alors je me suis dit que…

Ainsi donc, Alice n'était pas la seule à me prendre pour une communiste.

Je lui ai dit de venir mercredi matin.

J'en conviens, j'avais pris ma carte du Parti. Ça ne m'a pas empêchée de crier "A bas Ceauşescu" en décembre 1989 ni d'être pendue jour et nuit devant la télévision pour suivre la révolution et l'exécution des Ceauşescu. Ça ne m'a pas empêchée non plus de déplorer qu'ils les aient exécutés le jour de Noël sans les laisser se défendre. Ça ne m'a pas empêchée de regretter la vie que j'ai vécue sans pour autant aller déposer des fleurs sur leur tombe.

On m'a donné la carte du Parti moins d'un an avant la chute du régime. Je ne dis pas "j'ai pris" mais "on m'a donné" parce que je n'ai absolument rien fait pour ça. Un beau jour, le secrétaire du Parti de l'usine a constaté que trop peu de membres du Parti étaient des femmes. On se trouvait sous je ne sais quel pourcentage. C'était signé Elena Ceauşescu. Elle se battait pour l'augmentation du nombre de femmes dans le Parti et dans les fonctions de direction et elle avait établi des quotas. Dans notre usine, étant donné que nous travaillions durement, sur de la tôle et du fer rouillé, que nous utilisions des tours, des polissoirs et des perceuses, les camarades filles étaient peu nombreuses. Si bien que le secrétaire du Parti écumait les ateliers à la recherche de clientes ; il était capable de vous inviter au cinéma, pour que vous acceptiez. Ce n'était pas que le destin du Parti l'empêchât de dormir mais il tenait à son poste.

Et c'est peu dire : il s'y accrochait de toutes ses forces. Parce que ces gens, quand ils quittaient une fonction de direction, ils ne savaient plus rien faire. Ce qu'ils avaient appris autrefois – le peu qui avait pu leur entrer dans le crâne –, ils l'avaient complètement oublié. Ils ne connaissaient même plus le diamètre d'un boulon de huit. Si bien que notre homme arpentait les allées pour améliorer le pourcentage, parce qu'il savait bien qu'il risquait de sauter. Ce n'était plus le moment de plaisanter. Nous étions peu de femmes à l'usine mais pour devenir membre du Parti ce n'était pas suffisant, il fallait remplir certaines conditions. Vous ne deviez pas avoir eu de manquement à la discipline, personne dans la famille ne devait avoir d'antécédent pénal et d'autres choses de ce genre. Les origines saines, c'est-à-dire être d'une famille d'ouvriers ou d'agriculteurs, cela ne comptait plus. Ils ne faisaient plus les difficiles. Même les enfants dont les parents exerçaient des professions intellectuelles étaient bons pour le Parti. Ce qui comptait, c'était le chiffre. Je remplissais toutes les conditions, si bien que je me suis retrouvée devant mon poste de travail avec le secrétaire du Parti tout content, qui m'invitait à déposer mon dossier. Attention ! Il ne m'avait pas convoquée dans son bureau. Il s'était gentiment pris par la main pour venir me voir, lui qui ne passait par ici que durant ses inspections… Bien sûr, de tout cela je ne me suis rendu compte que plus tard, quand j'ai été plus ou moins au courant de la politique interne du Parti. Sur le moment, j'étais seulement étonnée qu'un gros bonnet cherche à me voir. Tout sourire – camarade par-ci, camarade par-là –, il m'a expliqué que c'était un honneur, une preuve de confiance et blablabla. Moi je n'étais pas contre mais pas tellement fière non plus, si bien que je ne lui ai pas donné une réponse claire. Ça ne me bottait pas vraiment, le grand nombre de réunions auxquelles j'avais vu les autres obligés de se rendre. Quand on rentrait à la maison, eux, hop ! en réunion de Parti. Je ne m'imaginais pas du tout ce qu'on dit aujourd'hui, que le Parti était un parti criminel, qui mettait les gens en prison et affamait la population. Je ne sais pas pourquoi, mais ça ne m'était jamais venu à l'esprit. Peut-être parce qu'il n'y avait pas eu d'arrestation dans ma famille, peut-être parce que j'étais malgré tout satisfaite de la vie que je menais. Je dis "malgré tout" parce que, c'est certain, il y avait aussi des désagréments. Je suis maintenant bien plus satisfaite de la vie que j'ai eue que je ne l'étais sur le moment. Parce que maintenant je peux comparer. Il est pas sûr que si nous vivons des temps plus difficiles encore je ne regretterai pas le moment présent…

Peu de temps après, le chef est venu me parler. Il m'a dit d'accepter, que je n'avais rien à perdre. Que si je voulais suivre l'école de la maîtrise – ce qui me travaillait depuis un moment – il était pratiquement obligatoire d'être membre du Parti. Je n'ai pas suivi l'école de la maîtrise, mais pour ce qui est de m'inscrire, je me suis inscrite. Je ne pouvais pas refuser ça à mon chef. Il avait une manière de se comporter avec nous, c'était difficile de lui dire non. J'ai donc déposé mon dossier et me suis retrouvée avec le carnet rouge dans la main. J'ai commencé à me rendre aux réunions et à payer la cotisation. Ce n'est que plus tard que je me suis rendu compte des avantages, car il y en avait. Quand il était question de prendre des congés, j'avais la priorité pour choisir mes dates : "La camarade est membre du Parti !" Ça comptait. Les meilleures stations thermales avec les meilleurs hôtels aux meilleurs prix étaient pour nous. Parfois, ils étaient même gratuits. Pour l'avancement aussi, ça comptait. J'avais déjà la bouteille de gaz et l'appartement, mais pour ça aussi le statut politique comptait. En fait, j'avais remarqué, à l'époque où je suivais les cours du soir au lycée, que les professeurs avaient des attentions plus marquées, qu'ils étaient plus indulgents avec les membres du Parti. Bien sûr, il n'était écrit nulle part que les professeurs devaient se conduire ainsi, mais c'était ce qui se passait. Ils pensaient probablement qu'un de ceux qu'ils avaient sous les yeux occuperait un jour un poste bien placé et qu'ils viendraient alors leur demander des comptes. Ou bien, ils se disaient que c'étaient de possibles pistons. Ce que j'essaie de dire, c'est qu'en plus des avantages officiels il y avait beaucoup de situations où vous aviez tout à gagner à être membre du Parti. Même les miliciens, le soir dans la rue, quand ils vous demandaient vos papiers, eh bien ils vous regardaient d'un autre œil quand vous sortiez le carnet rouge en plus de votre carte d'identité. C'était pas une question de respect mais de frousse : vous étiez peut-être une huile capable de lui faire perdre son gagne-pain. Alors que si vous n'étiez pas membre du Parti, vous ne pouviez pas occuper la moindre fonction, et il vous traitait comme une moins que rien. Finalement, je n'ai pas regretté de m'être inscrite, même si je n'ai pas fait une carrière mirobolante. Dans le village, il y en avait un, passé par l'école comme entre les gouttes, qui avait fait l'école du Parti, poussé par un de ses oncles qui savait comment ça fonctionnait. Et il était maire. A la suite d'élections bien sûr. Des élections à candidat unique, nommé par le Parti. J'aurais pu faire pareil, suivre son exemple, mais ça me tentait pas. Pas besoin d'avoir inventé le fil à couper le beurre pour devenir activiste. Il suffisait d'avoir de saines références et de savoir répéter vive ceci ou vive cela.

A dire vrai, à la révolution, mon carnet rouge m'a donné des sueurs froides. Aujourd'hui, ça fait sourire, mais à l'époque j'étais vraiment dans mes petits souliers. Au bout de quelques jours d'euphorie, quand les gens mettaient le feu à leur carnet et le brandissaient au-dessus de la tête comme des torches, j'ai commencé à me poser des questions. Et si le communisme revenait ? C'était ma peur première. Les Soviétiques sont tout près, combien de temps ça leur prendrait de monter dans les tanks et de venir demander des comptes ? Ici, chez nous, dans le Nord du pays, la peur des Russes a toujours été plus grande qu'ailleurs. Ils seraient arrivés et auraient demandé le carnet rouge au poste de contrôle, qu'est-ce que j'aurais fait ? Alors je ne l'ai pas brûlé. Mais si ceux qui arrivaient au pouvoir se mettaient à chasser les communistes ? C'était ma deuxième peur. Si je brûlais le carnet, ce n'était pas bien, si je le gardais, ce n'était pas bien non plus. J'étais toute déroutée. Finalement, je me dis que le mieux serait de le cacher. Ce serait comme si je ne l'avais jamais eu mais en cas de besoin je pourrais toujours le ressortir. Aussitôt dit, aussitôt fait. Le meilleur endroit, l'endroit qu'on n'aurait pas soupçonné, je me dis, c'est au dos de l'icône. Je ne l'ai plus cherché depuis, mais je crois qu'il s'y trouve encore.

Toute la journée de lundi, j'ai été comme en transe.

La conversation avec Alice et le coup de fil de Catalin ont ranimé toutes sortes de souvenirs. J'ai essayé de m'arracher au reflux, de ne pas me laisser entraîner, de ramener mes esprits à cet appartement au quatrième étage, mais cela n'est pas facile du tout. J'ai essayé la dérision, pour me tirer de cet état-là, je me suis moquée de moi-même. Allez, la communiste ! regarde donc un film à la télé, puisque tu es libre, à présent ! Et passe donc l'aspirateur, sinon tu vas te retrouver avec des rats sous le tapis !

Je fais ce que je fais et mes pensées reviennent en arrière, me présentent ma vie sous toutes ses facettes. Les parents, le village, le *tezic*, tante Lucrecia et tonton Andrei, le foyer, Tzucu, l'usine. Des faits épars. Des mots et des visages. Alice. Mais rien ne se présente dans l'ordre, une chose après l'autre, en rang et sages comme des images : tout arrive en avalanche. Tous les souvenirs exigent la même attention. Comme si ma vie était une carte de géographie pleine de petites ampoules qui s'allument simultanément, ou une classe d'élèves travailleurs qui lèvent tous la main en même temps pour répondre aux questions. C'est le même courant qui allume toutes les ampoules et c'est à la même question que les élèves veulent tous répondre : Emilia Apostoae a-t-elle été réellement heureuse ou est-ce seulement une impression ? Finalement, est-elle folle ?

“Oui, à ta façon, tu as été heureuse !”, tous mes souvenirs me le disent.

Mais cette réponse sort d’une véritable matriochka. Et d’autres matriochkas en sortent, révélant d’autres questions : comment as-tu pu être heureuse quand tant de gens étaient malheureux ? Qu’as-tu fait pour le bonheur de tes semblables ? Combien de personnes heureuses aurait-il fallu autour de toi pour que tu aies le droit de te déclarer heureuse à ton tour ?

La nuit a été belle, les étoiles claires.

Chapitre 14

Je suis dans le car. Je n'en mène pas large. Je me suis enfuie de la maison. J'ai laissé un mot à Sanda pour dire que je suis partie à la ville, qu'elle ne s'inquiète pas. Je n'ai que ce que j'ai sur le dos, mes papiers et un peu d'argent, très peu. Je place tous mes espoirs en tonton Andrei et en tante Lucrecia. J'ai dix-sept ans et j'ai fait dix années à l'école du village. Si je veux poursuivre au lycée, je dois partir à la ville. Cela fait deux ans que je tâte le terrain mais papa et maman ne veulent même pas en entendre parler. Au lieu de me répondre, ils me demandent qui va rester à la maison et qui va prendre soin d'eux quand ils seront vieux. La plupart des filles de mon âge sont déjà parties, elles viennent seulement pour les vacances. Je ne veux pas rester comme l'idiote du village. Les garçons de mon âge aussi sont presque tous partis aux quatre coins du pays : Bucarest, Timişoara, Braşov, Constanţa… Tous les jeunes fuient comme des lapins. JE NE SUIS PAS L'IDIOTE DU VILLAGE. J'ai envie de pleurer. Je pose mon front contre le siège de devant et je me retiens. Il y a dans le car des gens du village. Je n'ai pas l'argent pour aller au lycée, mais je ferai une école professionnelle. Je m'encourage en me disant que si tant de miséreux ont pu se débrouiller, j'en serai capable aussi. J'aurai mes sous et j'aurai ma vie. Je m'essuie le nez avec le bas de ma robe. Je ne relève pas la tête, je me dis que j'ai les yeux rouges. Je ne veux pas qu'on vienne me demander ce que j'ai. J'aurais aimé ne pas partir contre la volonté de mes parents, ils m'auraient accompagnée au car. C'est comme ça qu'on fait. Mais papa et maman ne veulent pas en discuter. Ils n'écoutent même pas. ILS VONT LE REGRETTER. Tante Lucrecia a un bébé de deux ans, Tudor. Je me dis que je pourrais m'occuper de lui. Je ne veux pas rester chez eux gratuitement. Ou alors je trouverai un foyer, quelque chose. Elle ne travaille plus au Téléphone, elle fait des papiers dans un dépôt. "Ils l'ont virée", comme a dit tonton Andrei, tout fâché. Par fatigue, tante Lucrecia avait oublié de dire "Vive la lutte pour la paix" ou quelque chose de ce genre. A l'autre bout du fil il y avait quelqu'un de haut placé dans le Parti et dès le lendemain elle a dû se chercher une autre place. C'est ainsi qu'elle est arrivée au dépôt d'une fabrique du secteur du textile. "Encore heureux qu'ils ne l'aient pas exclue du Parti", a dit papa. Tonton Andrei a fait un signe de tête pour dire que oui, c'est vrai.

Le car se traîne comme un escargot. La tôle est surchauffée et l'odeur de peinture se mélange à celle du gazole. Je commence à avoir envie de vomir. On est sur une mauvaise portion de route et j'ai l'estomac qui fait le yoyo. La poussière me dessèche la gorge et les narines. Je demanderais bien au chauffeur de s'arrêter pour que je descende prendre l'air mais tous les regards se braqueraient sur moi. Que personne ne me voie, que personne ne me parle, voilà ce que je veux. Moins on me remarquera, mieux ce sera. Je me concentre sur le bout de mes pieds. Je porte une paire de sandales blanches, découpées au bout. Je découvre mes ongles sales et je me dis que j'ai été vraiment gentille avec mes parents. Je ne suis pas partie n'importe quand, je suis restée pour terminer le *tezic* de cette année. Je ne les ai pas laissés tomber. De nouveau je fonds en larmes. Ça me fait oublier que j'ai l'estomac tout retourné. Je me sens un peu mieux.

Le car s'arrête. C'est la sortie d'un village. Je cherche l'arrêt du regard, mais il n'y a aucun panneau indicateur nulle part. Le chauffeur descend alertement. Il a beau être en nage, il siffle gaiement. Une mélodie populaire. Il passe le portail de la maison qui se trouve au niveau du car. Une vieille dame vient à sa rencontre. Ils parlent de quelque chose entre eux puis le chauffeur nous lance :

— Vous pouvez descendre pour vous dégourdir les jambes. Il y a un puits là-bas.

Pour l'instant, personne ne bouge, personne ne semble avoir entendu. Comme si tous voulaient montrer qu'ils souhaitent arriver le plus vite possible à destination. Le chauffeur et la vieille dame commencent à cueillir des prunes. Deux hommes descendent et allument une cigarette. Un enfant descend aussi du car et se met à arracher des brins d'herbe sur le bord du fossé.

— On n'a pas fait la moitié du chemin, dit quelqu'un.

Peu à peu, le car se vide.

Si je reste dedans, tous les yeux se braqueront sur moi, je me dis.

Le chauffeur nettoie quelques prunes avec le pan de sa chemise et commence à les manger. Il s'amuse à cracher les noyaux en l'air. La vieille dame est seule à cueillir et à déposer les fruits dans un sac transparent.

Je vais au puits et je me rince la figure.

Les gens se sont un peu réveillés, ils se mettent à parler entre eux.

Je suis sur mes gardes, tout le temps.

Finalement, le chauffeur remonte avec deux bouteilles de lait et un sac de prunes. Il fait chauffer le moteur. Une fumée noire sort du tuyau d'échappement et forme comme des nuages d'orage. On se presse tous à la porte du car.

— Celui qui n'est pas prêt, tant pis pour lui ! nous lance le chauffeur, toujours aussi gai. Le trajet semble interminable. Les soixante-dix kilomètres se dilatent, se dilatent, en deviennent mille. Plus on se rapproche de la ville, plus j'ai peur. L'idée que tante Lucrecia et tonton Andrei pourraient ne pas être chez eux m'épouvante. Je n'ai pas pensé à ça. Et s'ils étaient en congé ? Et s'ils étaient à la maison mais qu'ils me renvoient le lendemain par le même chemin ? Ce serait un coup à vouloir entrer dans un trou de souris ! La honte !

D'un autre côté, J'EN AI MARRE DU FUMIER.

Vaut mieux encore dormir sur un banc que se remettre au *tezic*.

Assez de la gadoue. Je ne veux pas me marier avec quelqu'un comme le Coulitza.

Non, non, non, je ne veux pas ! Non, non, non ! Je ne suis pas l'idiote du village ! Non !

Quand tante Lucrecia ouvre la porte, elle me trouve en train de pleurer à chaudes larmes.

— Me… me… me renvoie pas, tata, me renvoie pas…

— Chtt, le bébé dort !

— Me… me… ren… renvoie… pas.

— Qu'est-ce qui t'arrive ma fille ? Entre. M'est-il jamais arrivé de te renvoyer ?

Je tombe dans ses bras.

— Que t'arrive-t-il Mica ?

— Je… je… je me suis… enfuie de la mai… son… tata !

— Ils t'ont jetée dehors ?

— Non… non, c'est moi… je me suis… en… fuie…

Nous sommes assises dans le canapé et je lui raconte tout entre deux sanglots. Elle me serre dans ses bras.

— Allez, maintenant, assez pleuré ! Tudor m'a assez fait la vie avant de s'endormir ! Tu veux manger quelque chose ?

— Non.

— Dans ce cas, au lit ! Si tu es sage, demain, nous nous ferons les ongles.

La porte de ma chambre est ouverte. Depuis ce matin, j'entends des gens parler dans la cuisine. Seraient-ils venus me chercher ? Non, c'est la voix de tonton Andrei. Il est rentré de déplacement.

— Je ne sais pas, Lucrecia chérie, je ne sais pas quoi dire… C'est délicat. De quel droit je me mêlerais de leurs affaires ?

— Si elle veut apprendre quelque chose, c'est dommage qu'elle reste dans ce trou perdu.

Je fais un signe de tête approbateur.

— C'est mon frère, Lucrecia, tu comprends ?

— Tu crois que tu serais devenu ce que tu es si tu y étais resté ?

— Ça c'est vrai…

— Tu sais quoi ? tu n'as qu'à mettre ça sur mon dos. Tu dis que je ne sais pas ce que je fais, de cette manière, tu ne te retrouveras pas au milieu à en faire les frais… Qu'est-ce que tu en penses ?

— Pfff…

— Et puis Mica pourrait aussi passer du temps avec Tudor. Elle s'y connaît avec les enfants… Elle sait déjà s'y prendre pour ce qui est du ménage…

— Tu viens avec moi pour leur parler, alors… ?

Je l'aime, ma tante Lucrecia.

Nous sommes dans la salle à manger. Tudor pousse un petit tracteur. Le téléphone se trouve à côté de l'assiette de gâteaux. Les tasses à thé, vides, sont empilées les unes dans les autres. Je regarde le bout de papier avec les numéros de téléphone que m'a tendu tante Lucrecia. J'ai les mains qui tremblent.

— Qu'est-ce que tu attends ? Tu ne téléphones pas ? me demande-t-elle.

Je n'ai jamais parlé au téléphone et je n'ai pas vraiment envie d'essayer maintenant.

— Tu ne veux pas téléphoner, toi, tata ?

— Pfff, on croirait entendre ton oncle Andrei ! Il me fait toujours parler à sa place. Vous alors, vous êtes vraiment de la campagne… Comme s'il allait vous manger, le téléphone !

Je ravale ma salive à deux ou trois reprises.

Tante Lucrecia se débrouille très bien. Elle a une voix de professeur. Je me rapproche pour entendre ce qui se dit à l'autre bout du fil.

— Oui, dans le secteur du textile, c'est ce qui nous intéresserait.

— On ne prend plus d'inscriptions, camarade. Il est un peu tard…

— Pas du tout du tout ? S'il vous plaît, vérifiez encore… Nous vous revaudrons ça.

— J'en suis absolument certain. Si vous aviez appelé il y a ne serait-ce que deux jours, on aurait trouvé une solution. Mais là, j'ai déjà envoyé les dossiers.

— Et ailleurs ?

— Il n'y aurait encore des places qu'en confection métallique… Oui, les inscriptions sont closes depuis hier seulement. Si vous pouvez venir demain matin, on essaiera de faire quelque chose…

— C'est quoi, la confection métallique ? On fait des pantalons et des chemises en tôle ?

— Non, camarade… Ils travaillent la tôle, mais pas pour des chemises… ils font diverses pièces techniques.

— Moi, camarade, je cherche quelque chose qui conviendrait à une jeune fille mignonne et intelligente.

Elle me fait un clin d'œil. Je deviens toute rouge.

— Est-ce que je sais... pour une jeune fille... De la poussière, de la rouille, vous savez comment c'est...

— Mais ils ne touchent pas au fumier, non ?

— Non, camarade, pas trace de fumier. Ça, c'est en section de zootechnie.

— Ah oui !

— Nous avons aussi des filles en confection métallique, vous savez !

— Mais il n'y aurait rien d'autre ?

— Rien d'autre. Il est très tard, je vous l'ai dit.

Tante Lucrecia me fait des signes pour me demander si j'accepte et je confirme d'un mouvement de tête énergique.

— Bien, alors ce sera en confection métallique, camarade ! dit tante Lucrecia.

— Vous me donnez le nom de la candidate ?

— Mica Burac.

— Emilia ! je lui souffle.

— Pardon, Emilia ! Emilia Burac.

— D'accord, c'est noté. Mon nom est Constantin Gospodaru. Vous me demandez demain matin et on résoudra ça. Constantin Gospodaru, n'oubliez pas !

Quand elle pose le récepteur sur la fourche, j'ai envie de l'embrasser. Pour la je ne sais combientième fois en quelques jours.

— Je vais essayer de trouver Andrei, qu'il nous déniche quelque chose de bon pour demain, tu ne peux pas y aller les mains vides, marmonne la tante Lucrecia.

Chapitre 15

La pause est finie et chacun s'occupe de ses propres affaires. Je confectionne pour ma voisine, Rozalia, une boîte métallique, de dimensions moyennes et avec plein de compartiments. Ce qu'il faut pour une couturière. Sanda me donne un coup de main. Ça fait déjà plus d'un an qu'elle est engagée elle aussi, à l'atelier. Moi seule sais combien j'ai dû me battre, combien j'ai dû mendier auprès du chef pour qu'il la prenne elle aussi. Je lui ai dit : Elle est travailleuse, elle reste à sa place, elle ferme sa bouche, bref, tout le tintouin. Je l'ai tellement bassiné que finalement il a été d'accord. Jusqu'à présent, je ne regrette pas et le chef n'a rien à me reprocher. Quant à Sanda, elle est au septième ciel. Avec tout ce qu'elle gagne, c'est sûr.

Le portier le plus jeune entre soudain dans l'atelier, tenant Alice par la main. La petite pleure en hoquetant. Je laisse tout tomber et je me précipite pour voir ce qui lui arrive. Le portier me dit que la p'tite mignonne est arrivée en geignant, disant qu'elle veut parler à sa maman. Je l'ai déjà amenée à deux ou trois reprises au travail, quand elle n'avait pas école et que je n'avais personne à qui la laisser et voilà qu'elle a retrouvé le chemin. De toute façon, elle n'aurait pas dû venir toute seule, mais je réserve la réprimande pour plus tard.

Elle m'avoue, entre deux soupirs, qu'elle a eu un 8 sur 10 en calligraphie.

Heureusement que ce n'est pas plus grave, je me dis en pensée.

— Mais comment tu as fait pour n'avoir qu'un 8 sur 10 ?

— Je… Je… ne sais pas, mais… Mais… ce n'est pas juste…

Elle a les joues en feu et le nez comme une chandelle. Elle est si rigolote que je me retiens de rire.

Elle sort son cahier et me montre ce qu'elle a fait, que je voie comme elle a bien écrit. Je lui explique qu'à moi ça me plaît mais que si la camarade ne lui a mis que 8, elle doit savoir pourquoi.

Moi aussi je sais pourquoi, mais je me tais.

— Et… et Laura a écrit plus mal que moi et… et elle a eu un 10.

Les enfants se rendent compte.

Laura est la fille de la représentante du comité des parents. Le comité s'occupe, principalement, de l'organisation des excursions et de la collecte des fonds pour diverses fêtes, mais surtout pour le 8 mars, pour le dernier jour de l'année scolaire et pour l'anniversaire de la maîtresse. Au cours de la dernière réunion, le ton est monté entre nous. J'ai signalé que plus les années passent plus les cadeaux pour l'enseignante deviennent chers, ce qui ne me semble pas normal. La maman de

Laura a riposté, soi-disant que la camarade le mérite, parce qu'elle travaille vraiment beaucoup avec les enfants, qu'elle se donne toute la peine du monde, et patati et patata. D'où la dispute. Tzucu l'appelle Mme Bijou. Parce qu'elle les adore, en or bien sûr. Et les plus lourds qui existent. Donc, les cadeaux faits par les élèves sont des chaînes, des boucles d'oreilles, des bagues. La dernière fois, la maman de Laura a proposé un bracelet. Mais il est évident que c'est une suggestion de la camarade, pour ne pas dire une commande. C'est pour ça que la moutarde m'est montée au nez. Je vois d'ici comment ça se passe : la maman de Laura, tout sourire, se rend auprès de la camarade et lui dit, d'une voix mielleuse, que nous, le collectif de la classe 3, nous la remercions pour les efforts consentis et que nous voudrions lui offrir un modeste témoignage de notre satisfaction mais que nous ne parvenons pas à nous décider, il y a beaucoup d'idées et nous ne savons pas laquelle choisir. La maîtresse lève les yeux au ciel, fait sa modeste, dit qu'elle ne fait que son devoir, que ce n'est pas nécessaire, mais que si nous insistons il se trouve qu'elle doit se rendre à un mariage et un modeste bracelet serait un cadeau approprié. En aucun cas elle ne dit "en or". La maman de Laura la remercie du fond du cœur, de nous avoir sortis d'embarras et la voilà à la réunion du comité proposant comme par hasard aux parents : "Nous pourrions nous cotiser et acheter, par exemple, un bracelet, parce que les bagues et les chaînes, on lui en a déjà offert et elle en a peut-être assez, la pauvre."

Je mouche Alice et je la débarbouille. J'essaie de la calmer. D'une certaine manière, si elle pleure, c'est aussi ma faute. Je n'arrête pas de lui dire qu'elle ne s'avise pas de rentrer à la maison avec des mauvaises notes. Que si elle a des mauvaises notes, elle finira comme maman, à s'échiner sur des bouts de fer dans une usine. Ou même pire, comme femme de ménage ou dame pipi dans les toilettes publiques.

Mais à présent je la console et je lui explique que la camarade n'a rien contre elle et qu'elle doit seulement s'efforcer d'écrire mieux ; être sage et obéissante.

Que lui dire d'autre ?

Dans les autres classes, j'ai entendu dire que les enseignantes sont plus raisonnables. Une boîte de bonbons, un bouquet de fleurs et un joli bibelot ou un service à café sont suffisants. Mais la nôtre est comme ça, avide. Je n'ai trouvé de place que dans sa classe, quand j'ai inscrit Alice à la grande école, parce qu'une place dans une classe avec une bonne enseignante, ça aussi, ça se négocie au début de l'année scolaire, grâce aux relations. Bien entendu, Mme Bijou ne refuse pas non plus les petites attentions qu'on peut avoir pour elle, sans occasion particulière. Juste pour être certain qu'elle n'oublie pas votre enfant en classe. Et à ce niveau, j'ai des lacunes. Depuis le début du trimestre, je n'ai pas encore vu la couleur de ses beaux yeux. Pfff !

Sanda me propose de s'occuper d'Alice, pour que je puisse terminer la boîte.

Elle la prend par sa petite main et elles disparaissent par la porte de l'atelier.

Je travaille et je me dis que c'est un avantage dans la vie d'avoir une belle écriture comme la mienne. On a tout à y gagner. Quel que soit l'endroit où l'on travaille, il y a toujours besoin de quelqu'un pour tenir le cahier de communiqués politiques, pour faire le tableau de service et d'autres paperasses. Personne ne vient les lire, mais il est important que les tableaux soient clairs, rédigés en deux ou trois couleurs et que l'écriture soit calligraphiée. Quand on est chargé de ces papiers, on devient le bras droit du chef. C'est un avantage dans la vie d'avoir une belle écriture, c'est moi qui vous le dis !

Quand je termine, je vais prendre l'air.

C'est le printemps et il fait doux ; la vigne donne ses premières feuilles.

J'entends de grands éclats de rire sur le côté de l'atelier et je vais voir ce qui se passe. Sanda, Alice, le Mitu et Sorin sont accroupis sur un muret et rient d'un rire contagieux. J'ai envie de rire aussi, sans même savoir pourquoi. Alice montre du doigt dans la direction du chien mais je ne vois rien d'amusant. Sanda m'explique entre deux hoquets de rire.

— On fait les andouilles.

Nous avons trois chiens qui se tiennent d'habitude près de la grande porte. Pour décorer plus que pour autre chose, car ils ne mordent pas. Il suffit de leur donner quelque chose à manger pour devenir leur meilleur ami. Ils leur ont lancé des morceaux de *mamaliga* mélangés à du sel et enrobés de saindoux – pour faire passer. Les clébards se sont mis à avoir soif, ce n'était pas de la rigolade. Ils leur ont apporté de l'eau dans deux boîtes de conserve de poisson, mais pas de l'eau ordinaire, de l'eau bien gazeuse. Maintenant, ils sont là à regarder les pauvres bêtes tenter d'étancher leur soif.

Ça, c'est une idée sortie tout droit de la tête du Mitu.

Je m'assois avec eux. Maintenant que je sais de quoi il est question, je pouffe de rire. Il y a deux boîtes et trois chiens. Bébé, le plus jeune, à l'épaisse fourrure cendrée, trempe de nouveau le bout de sa langue et fait un bond en arrière. Il glisse des regards perplexes aux deux autres, Angelaké et Titic, qui flairent prudemment. Une bulle éclate à la surface et pique la truffe de Titic. Il secoue violemment la tête. Ils ne comprennent pas ce qui se passe mais la soif les pousse à retenter leur chance. Bébé, sans doute le plus glouton et le plus assoiffé des trois, prend deux rapides lampées et se met à couiner – il en a les yeux qui pleurent. Angelaké et Titic le regardent curieusement puis s'approchent et le reniflent. Au terme de cette étude, les voilà tous trois de retour au-dessus des boîtes de conserve. Alice se tord de rire et elle laissse même échapper un petit prout. Angelaké regarde la boîte de travers, plein de méfiance, et, du bout de sa patte, la repousse, pour voir si elle n'est pas vivante, si elle ne bouge pas, par hasard. Cela agite l'eau gazeuse, si bien qu'au moment où il s'approche tout lentement, une goutte invisible lui atterrit entre les deux yeux. Il s'écarte en clignant des yeux mais sans faire de mouvements brusques et en gardant les yeux sur la proie. Bébé est le plus impatient. Il tente une nouvelle lampée avant de s'enfuir comme s'il avait volé quelque chose. Titic est trop fier, il reste la tête bien droite et les oreilles relevées mais avec une langue jusqu'à terre.

Je me lève et je leur apporte une gamelle pleine d'eau plate.

Nous prenons notre bataclan et nous rentrons à la maison. Alice fait la moue parce que j'ai joué les trouble-fêtes. Je lui donne des caramels pour lui changer les idées.

Les caramels sont durs comme la pierre.

— Laisse donc, quand on arrivera à la maison, on les mettra à ramollir dans l'eau tiède, je lui dis.

Alice s'est endormie. Tzucu et moi nous tenons conseil, pour savoir quelle attitude adopter, comment réagir. Je suis d'avis d'aller voir la directrice de l'école et de lui parler, mais Tzucu est plus pacifiste, il dit que ce n'est pas la peine de se bagarrer avec la folle, puisqu'il ne reste plus qu'une année avant que notre fille entre au secondaire. Et de toute façon, rien n'est plus difficile à prouver que la mauvaise foi, la persécution, etc. Il vaut mieux, pense-t-il, se montrer gentils et éventuellement lui amener un sac de quelque chose.

— Les choses se résoudront mieux comme ça… dit Tzucu.

— Alors tu iras toi-même, je réplique.

— J'irai.

Dans les questions délicates, il a toujours beaucoup plus de tact que moi.

— Maman, regarde, j'ai eu un 10 en calligraphie !

— Bravo ! Tu vois que la camarade n'a rien contre toi ?

— Tu avais raison, maman ! dit-elle, en venant contre moi se faire cajoler comme un petit chat.

Chapitre 16

Tzucu est rentré de la campagne mardi après-midi. Il n'était pas rasé et il transpirait. Je l'ai fait se déshabiller dans l'entrée et j'ai porté ses vêtements directement sur le balcon.

— On croirait que tu viens de rentrer à la maison avec ta vache, je lui ai dit.

Il n'a pas riposté. Il a porté ses cabas dans la cuisine et a étalé ses trophées sur la table. J'étais contente qu'il soit rentré, au moins je ne discourais plus toute seule. J'avais quelqu'un avec qui plaisanter. Je ne lui ai pas parlé d'Alice, ni de notre discussion au sujet des élections. Je pense que ça ne l'aurait pas beaucoup intéressé. Depuis qu'il a la ferme, il n'a plus tellement envie de parler d'autre chose. Dans l'entrée, une odeur d'étable persistait, alors j'ai ouvert mes narines et j'ai commencé à faire la détective. Il n'a pas été difficile de découvrir que ses souliers avaient rapporté, logés dans le creux de leur semelle, de petits souvenirs de l'étable de Catrina. En fait, la ferme de Catrina est mitoyenne de celle des parents et les deux communiquent. Du jardin, il faut vraiment être de la maison pour savoir qui a quoi. L'étable, elle aussi, est commune mais en ce moment Catrina n'a pas de vache.

— Tu sais quoi ? Tzucu m'interpelle la bouche pleine, de la cuisine.

J'étais dans la salle de bains, je grattais le dessous de ses chaussures avec une vieille lame de couteau.

— Oui, je t'entends !

— Mais qu'est-ce que tu fabriques ?

— Je soumets tes chaussures à la torture…

— J'ai rapporté de la bergerie un de ces fromages…

— Du fromage de nos brebis ?

— Tu n'es pas croyable ! De quelles brebis ? Nous avons bien une bête, mais elle aboie, elle ne donne pas de lait…

— Comment tu as fait pour prendre le bus avec des galoches pareilles ?

— Laisse tomber les galoches, tu sais à quoi je pensais ? Qu'est-ce que tu dirais d'envoyer à Alin…

— Alain !

— … à notre Alin à nous du bon fromage que j'ai rapporté ? Je crois que les Canadiens n'ont jamais rien goûté d'aussi bon. C'est pour lui faire une surprise que je disais ça.

— T'oublieras pas de rajouter du beurre de m'sieur Pardon !… Ça va pas la tête ? Tu crois que le fromage tiendrait jusqu'au Canada ?

— Mais on le fait saler, tiens !

— Envoyer du fromage par avion, c'est bien la seule chose que j'ai encore jamais faite sur cette terre…

— Ça serait bon pour Alice ; le fromage, c'est très sain pour les femmes enceintes.

— Alice prend des vitamines, elle a d'autres moyens…

— Pour ce que j'en disais, moi…

— Alors ne dis rien.

— Viens au moins le goûter ! On s'en ferait crever la panse…

La table de la cuisine était pleine. De grosses et jolies pommes, un sac de concombres, un de prunes, un d'oignons, une bonne vingtaine d'œufs, des bouquets d'herbes fraîches…

— Qu'est-ce qui te prend de tout m'étaler comme ça, tu ne sais pas où ça se range ? je lui ai demandé pour le taquiner.

— Ben, c'est pour que tu voies toi aussi…

— Je vois. Des pommes, des concombres, des prunes…

— Pour que tu sois convaincue que cela vaut la peine d'investir dans un ticket de car.

— Et moi qui pensais que tu étais passé par le marché avant de rentrer…

— Mauvaise langue !

— Je vois qu'il y a de sacrés concombres.

— N'est-ce pas qu'ils sont beaux ?

— Les œufs viennent aussi de la campagne ou tu es passé par l'Avicola ?

— Tout vient de la campagne, tout ce que tu vois ici.

— Pfff ! les jolies pommes ! C'est toi qui as fait pousser des pommes pareilles ?

— Puisque je te dis que tout vient de la campagne…

— Moi je pensais que ça pouvait venir de chez les voisins, parce que, chez toi, elles ne sont pas plus grosses que des noix…

— Catrina ! Catrina est passée ici ! Je vais lui tordre le cou à celle-là, si elle continue à déblatérer sur mon compte !

Tzucu tordait un bout de fil de fer. Quelque chose n'allait pas. Il marmonnait d'un air mécontent. Moi, je pensais à Alice.

— Qu'est-ce que tu fabriques ? je lui ai demandé.

— Je lui fais faire sa gym, au fil de fer…

— Tu sais que dimanche c'est les élections ?

— La nouvelle est arrivée jusqu'au fond des campagnes… Ceux de Bolohan distribuaient de la bière, gratuitement, sur le pré communal. Ils avaient un camion.

— Et ?

— J'en ai pris une moi aussi…

— Ah ! Et tu vas voter pour qui ?

— Mais pourquoi on irait voter ?

— Ben, tu lui as bu sa bière pour rien ?

— Tu sais, les libéraux, ils distribuaient des stylos et j'en ai pris un aussi…

— Que je ne te voie pas avec à la maison.

— Sois tranquille, je l'ai déjà perdu… L'amusant c'est que, quoi que je fasse, il y en aura toujours un qui me l'aura donné pour rien, que ce soit la bière ou le stylo…

— Moi je te parle sérieusement et toi…

— Pfff, je n'ai pas du tout envie de parler sérieusement… regarde-moi ça ce satané fil de fer !

— Allez, dis-moi, pour qui tu votes ?

— Ben… peut-être pour les écologistes…

— C'est lesquels ceux-là ?

— La nature, l'air pur…

— Et eux, ils promettent quoi ?

— Ben… va au diable, fil de fer de mes deux !… Ben, qu'ils vont interdire les voitures sur les routes, parce que ça pollue ; et sur les légumes, eux, ils mettent que des engrais naturels, adieu les produits chimiques…

— Et comment tu peux voter pour eux ? Tu ne vas vraiment pas bien !

— Ben, j'irai à la campagne avec le cheval, clop clop, sur la chaussée, c'est pas joli ça ? Pas de voitures, pas de cars… De l'air pur… Le sport et la santé !

— N'importe quoi ! Tu n'es bon qu'à plaisanter. Moi, je parlais sérieusement.

— Ah ! regarde, j'y suis arrivé, à le casser ! Sérieusement ? Alors, si c'est du sérieux, peu importe qui est élu, sont tous des voleurs. Que ce soit les uns ou les autres qui se servent dans notre poche, pour moi, c'est du pareil au même.

— Vraiment, tous des voleurs ?

— Normal. Si c'étaient des gens honnêtes, ils resteraient chez eux, ils n'entreraient pas en politique… Mais qu'est-ce que je vois, tu n'as même pas goûté à ce fromage…

— Mais si !
— Et alors, il est comment ?
— Il est un peu acide ou c'est une impression ?
— Tire-toi de là ! Acide toi-même !

J'étais en train d'éplucher un oignon quand une idée lumineuse m'a traversé l'esprit : plutôt que soupirer et me plaindre, mieux valait faire quelque chose pour ressusciter le passé. Peut-être pas exactement le même, mais quelque chose d'approchant. Une usine, c'était difficile à mettre sur pied, mais un atelier comme le nôtre, cela ne me semblait pas impossible. Mon esprit s'est mis à tourner à toute vitesse. J'étais tellement émue que j'en transpirais. On est vieux, mais on pouvait encore travailler. Moi je me sentais même en forme. On pouvait aussi appeler à la rescousse quelques jeunes, on leur aurait appris le métier. Le chef aurait rapporté des commandes. Mais, oui, c'est sûr, il se serait débrouillé pour ça. On pourrait travailler pour l'exportation. Qu'on ne vienne pas me dire que, dans ce vaste monde, on n'a plus besoin de boîtes à outils ? Et de profilés ? La confection métallique n'a pas dit son dernier mot. On pouvait travailler pour ces rouquins d'Anglais, comme dans le temps, pourquoi pas ? Ou alors pour le Canada. Les Canadiens eux aussi utilisent sans doute des trucs en métal. C'est évident ! Alain pouvait nous aider. Et si l'affaire marchait bien, il pourrait laisser tomber cette banque de malheur et s'occuper de nos produits. Alice pourrait également s'occuper des comptes. On mettrait sur pied un super atelier, on rirait et on s'amuserait comme dans le temps. On aurait de nouveau des congés et on s'offrirait tout ce qu'on voudrait. J'étais de plus en plus enthousiaste, je ne tenais plus en place. Une usine n'était pas forcément nécessaire pour créer notre atelier ; une arrière-cour, quelconque, c'était suffisant. Pourquoi pas chez Sanda, elle avait emménagé dans une maison. Sanda n'avait aucune raison de s'y opposer, elle devrait même en être fière. On pouvait aussi faire venir le Mitu, même si probablement il ne travaillait plus comme avant, mais il pourrait au moins réchauffer l'atmosphère. On travaille autrement quand on est de bonne humeur. Sauf Dragos, cet idiot de Dragos, lui, je ne l'aurais pas rappelé. Qu'il crève d'envie !

On pouvait même résoudre le problème des machines. On pouvait trouver des vieilles machines, à la casse, qu'un bon mécanicien remettrait en marche. Surtout que souvent à la casse on jetait de l'outillage encore bon, je le savais. Dans l'arrière-cour, chez Sanda, on construirait un hangar. Au début, un hangar modeste, mais après la première commande pour l'exportation on pouvait l'agrandir. Oui, il y avait assez d'espace, on pouvait faire un dépôt pour les produits finis. Les choses s'imbriquaient et j'étais de plus en plus excitée. Aurelia, le père Ariton, le père Culidiuc, Sorin et tous les autres seraient rentrés à la maison, ils n'auraient plus besoin de travailler à l'étranger. A la maison, à l'atelier. Bien sûr le chef restait chef, même si l'idée était de moi. Par respect pour tout ce qu'il avait fait avant. Mais aussi parce qu'il savait où se procurer de la tôle à Galaţi et obtenir des commandes. Peut-être qu'au début les salaires ne seraient pas très élevés, je me disais, mais après ils augmenteraient. Cela méritait un effort. Cela méritait même qu'on travaille d'abord gratis, si besoin, car on pourrait par la suite récupérer au centuple. On pouvait inonder le marché mondial de boîtes à outils et de cosys, de Russie au Zimbabwe, de Bulgarie en Chine ou aux Etats-Unis. Pour ça, le chef, et seulement le chef était capable de se débrouiller.

Dans mon élan, j'ai téléphoné à Sanda. Il était assez tard mais elle n'était pas couchée. J'ai décidé de ne pas lui révéler mes plans, mon vaste plan de "ressuscitation" du passé et de lui dire seulement que j'allais venir la voir. Elle m'a demandé s'il était arrivé quelque chose et je l'ai rassurée. Elle a probablement détecté quelque chose dans ma voix. Je lui ai demandé d'appeler aussi Aurelia si possible, pour que nous passions un moment, comme ça, entre filles, à papoter. Comme dans le temps. On a décidé de se voir vendredi après-midi.

Chapitre 17

Tudor s'est endormi dans sa chambre. Avec sa petite lèvre du bas chevauchant celle du haut, il a un air comique, de petit homme mécontent. Il respire régulièrement, les bras écartés, et un petit pied repose sur la tête d'un singe en peluche. Tous les enfants du village réunis n'ont pas autant de jouets que lui. Dans une des coupes du lustre à quatre branches recourbées vers le plafond repose une girafe, la tête penchée vers l'intérieur. Elle boit de l'eau. Un crocodile en plastique est tombé sur le dos, il ne peut pas se retourner et il va mourir de soif. Un petit tracteur a perdu une jambe, comme dit Tudor, et il faut l'amener chez le docteur. Un nain fait la sieste dans un faitout. Parfois, les affaires des grands sont bien plus attrayantes que les joujoux, alors Tudor les transporte en cachette dans sa chambre. Une louche qui avait disparu depuis une semaine a été retrouvée sous son lit. Une autre fois, il a mis à l'abri sous son matelas deux grandes cuillères. Je suis immobile et je le regarde, je l'aime beaucoup. C'est lui que je regretterai le plus. Quelques rayons entrent par le coin de la fenêtre. Je m'amuse, pensive, avec un camion de pompiers. Comme ça aurait été bien s'il avait eu des poupées ! Même sans ça, on a souvent joué ensemble.

La maison est calme. J'habite depuis presque un an chez tonton Andrei et tante Lucrecia. Je connais tout par cœur. J'ai fait tous les efforts pour me rendre utile. Ils m'ont sauvée et je leur en suis reconnaissante.

Je soupire.

Je me donne du courage. Allez, vas-y, je me dis.

Je me lève et je sors de la chambre d'enfant sur la pointe des pieds. Ils sont au travail. Je commence à sortir mes affaires de l'armoire. Elles ne sont ni nombreuses ni extraordinaires, mais ce sont les seules que j'ai. Pour certaines, c'est tante Lucrecia qui me les a données. Elles ne lui allaient plus ou ne lui plaisaient plus. Ce sont mes plus beaux vêtements. Est-ce que je dois les prendre ? Deux jupes, deux robes, une paire de sandales et une de souliers, trois chemises… Je les sors, les plie avec soin et met le tout dans un sac en raphia. Ça va certainement se chiffonner. La blouse en dentelle, le pull-over, la jupe et la ceinture large sont de tante Lucrecia. Je les mets tantôt dans le sac, tantôt je les remets dans l'armoire. Dans la salle de bains, la brosse à dents et le dentifrice. Ici, chez eux, j'en ai pris l'habitude. Je n'ai pas une grande et moelleuse serviette de bain, seulement une petite. Puis je fais le tour des pièces. Ce n'est pas que je cherche mes affaires éparpillées dans l'appartement, je dis au revoir. Les canapés veloutés, les tapis moelleux, que j'ai si souvent nettoyés, la gazinière quatre feux, le lambris dans l'entrée… Je sens que tout cela va me manquer. Comme le tapage de Tudor et les heures de tranquillité, si agréables dans un appartement grand et bien aéré. J'aimerais bien rester ! Mais comment me retrouver tous les jours nez à nez avec tonton Andrei ? Comment soutenir encore le regard de tante Lucrecia ? Dans des moments de faiblesse, je suis toute prête à replacer mes vêtements dans le placard, mais je sais très bien que, de honte, dans quelques jours, je repart de zéro.

Non, je ne peux pas laisser Tudor endormi et m'en aller. Je pose mon sac devant la porte et j'attends. Je suis décidée. Je peux rester chez Corina, ma collègue, pendant quelques semaines, puis trouver une place dans un foyer. Sinon, une chambre chez quelqu'un. Puisque je n'ai rien d'autre à faire, je range les vêtements sur le portemanteau de l'entrée. Puis je redresse un coin de rideau et je mets la vaisselle sèche dans le petit placard. J'entends la clé dans la serrure. Mon cœur fait un bond. Il est encore temps de renoncer. Il me reste une seconde. Non, je dois partir ! Qui est-ce ? Tante Lucrecia. Je la reconnais à sa manière d'ouvrir la porte. Avec précaution, car Tudor est peut-être endormi. Tonton Andrei n'y pense jamais. Je me dirige vers l'entrée. La porte a fait basculer le cabas et mes vêtements se sont renversés. J'ai le visage en feu. Je ne la laisse rien dire, je commence la première.

— C'est mes affaires, tata. Je pars.

Tante Lucrecia est habillée d'une manière coquette. Même depuis qu'elle travaille au dépôt, elle continue de prendre soin d'elle-même. Ses ongles sont peut-être un peu plus courts et son vernis un peu écaillé.

— Où vas-tu ma fille, à la blanchisserie ?

— Non, je pars.

— J'ai compris, mais où, en traînant toutes ces vieilleries ?

— Chez Corina, une collègue…

— Vas-y ma fille, il faut vous distraire, vous aussi… et quand reviens-tu ?

— Je ne reviens pas…

— Comment ça ? Il s'est passé quelque chose ?

— Non, mais je ne reviens pas…

— Tu ne peux pas partir comme ça, tout à trac, il y a bien quelque chose…

— Je ne veux plus vous déranger.

— Qu'est-ce que tu vas chercher ma fille, tu ne déranges personne !

— Je vous ai déjà trop dérangés…

— Qu'est-ce qui te prend ? Andrei t'a grondée ?

— Non, non ! Mais j'y pense, voilà tout…

— Allez, assez de manières. Remets tes nippes à leur place… Si tu veux partir en visite, c'est autre chose.

Je m'assois, gênée, sur un coin du canapé, la sacoche dans les bras.

Tante Lucrecia s'approche de moi, protectrice.

Comment lui dire que je l'ai vue embrasser un étranger et que je ne peux plus rester dans cette maison ?

Chapitre 18

“On dit qu’un jour Ceauşescu, le Grand Homme, s’est réveillé très courroucé. Mais salement courroucé, les gars. Il était assis, tout fâché, et il marmonnait en bégayant. Il avait un peu mal aux reins et il avait fait de mauvais rêves. Leana, les cheveux ébouriffés et en chemise de nuit, mangeait des graines de tournesol et crachait élégamment les écales dans son poing. A la radio, la camarade parlait du rôle du sens civique pour le développement de la démocratie socialiste dans la société socialiste multilatéralement développée et pour le progrès de la Roumanie vers de nouveaux sommets de culture et de civilisation sur le chemin lumineux du communisme.

— Qu’est-ce qui t’arrive Nicu, qu’est-ce que tu as ? Qu’est-ce que c’est que cette tronche de réunion du Parti ? demande Leana, camarade de travail et de vie du Grand Homme.

— Bof, comme tout le monde… il répond en se grattant le bas-ventre.

Que les dames me pardonnent, mais ça arrive aussi aux Grands Hommes, pas qu'aux sans-le-sou comme nous.

— Soucis d'Etat ? dit Leana en baissant la radio.

— !

— Cet enfoiré de Gorbatchev ?

— !

— C'est le petit qui t'a contrarié ? Je vais lui tirer les oreilles…

— C'est pas ça non plus.

— Allez, dis, ne me laisse pas sur des charbons ardents ! dit la Savante en crachant d'impatience les restes des graines par terre.

— Si tu me donnes des graines de tournesol, je te le dis !

— Regardez-moi ça, tout de suite après mes graines à moi ! Pourquoi tu ne t'en prends pas ? Ça c'est les miennes.

— Allez, ma p'tite Leana, sois pas radine !

— Y a pas de p'tite Leana !

— P'tit lapiiiin…

— Pas de p'tit lapin !

— Ma p'tite Tzigane à moi…

— Bon, tu sais quoi, tu n'as aucun savoir-vivre. Pas dégauchi pour deux sous, ma parole, s'exclame Leana, atteinte dans ses origines.

— Alleeeez, ma p'tite Leana, tu ne sais plus plaisanter ? dit Ceausca pour l'amadouer.

— Aaah, j'ai oublié ! elle dit en se frappant le front si fort qu'elle en fait danser les verres à pied dans la vitrine. Je savais bien que j'étais déjà fâchée contre toi depuis deux jours…

— Comment ça, camarade ?

— Eh ben oui ! Parce que tu me mènes par le bout du nez. Tu m'as promis des bottes en crocodile depuis un bail et je vois rien venir !

— Comme tu fais bien d'en parler, se souvient le Grand Guide tout d'un coup. Cet après-midi on va faire un tour en Egypte et on s'occupe de ça, pas de problème.

— Parole ?

— Ma parole de pionnier !

— Non non non, t'es malin ! Quel pionnier ?

— Sur la tête de ma mère !

— Bon d'accord ! Quelles graines veut monsieur, de courge ou de tournesol ? Au choix, camarade. C'est une bonne année pour la production, grâce à Dieu !

On entend frapper à la porte et le Grand Homme enfile vite un froc. De la bonne étoffe, anglaise, pas du bleu de travail comme les nôtres, les sans-le-sou. Ils s'étaient pris au jeu de la discussion et le temps avait passé. Leana cache bien vite les graines sous la couverture et passe ses doigts écartés dans ses cheveux. Belle à faire fuir.

— Qui est là, c'est toi Bobu ? il crie.

— Non, camarade président. C'est moi, le général Avramescu, répond le type derrière la porte.

— Et qu'est-ce qui urge ?

— Nous vous attendons pour la réunion du Conseil de stratégie à moyen et à court terme, camarade commandant suprême des forces armées.

— Eh bien attendez, c'est pas pour rien que vous êtes aussi grassement payés !

— J'ai compris, à vos ordres !

— Bien fait de lui rabattre son clapet ! fait Leana en haussant le son de la radio.

C'était le moment qu'elle préférait, quand les auditeurs intervenaient en direct pour raconter quels actes de civisme ils avaient commis dernièrement. Leana est tout ouïe, les oreilles comme des couvercles. Au téléphone, une camarade se confesse :

— Je suis une travailleuse et j'habite à Craiova…

— Ecoute ça, Nicu, une d'Olténie, de par chez toi ! Voyons ce qu'elle dit, chéri, crie Leana.

— Il y a quelques jours je me trouvais à Bucarest pour résoudre un problème personnel. Dans le périmètre de l'hôtel *Intercontinental*, j'ai trouvé un portefeuille…

— Oui, et ? demande la camarade de la radio.

— Bien sûr, je l'ai ramassé et j'ai regardé dedans. Il y avait la somme de cinq mille lei et deux mille dollars…

— Quel pot elle a ! s'exclame Leana. Moi y m'est jamais arrivé de trouver ne serait-ce qu'un bout de fil.

— Il résulte des papiers d'identité que le propriétaire se nomme Anton Carasel et qu'il habite à Bucarest rue des Sources, numéro 46, bâtiment A6, escalier C, appartement 3, rez-de-chaussée…

— Oui, et puis ? Que souhaiteriez-vous faire dans ce cas ?

— Ben, ben je voudrais beaucoup dédicacer une jolie mélodie au camarade Carasel…

— Tu entends, Nicu ? Jamais tu ne m'as dédicacé une mélodie… elle dit, toute triste.

Mais le père Nicu avait autre chose à faire, ils l'attendaient, les généraux. Alors il pousse Leana à se jeter quelque chose sur les épaules, qu'elle se promène pas comme un épouvantail. Quand il est sur le point de sortir, il tombe sur le général Avramescu. Comme quoi, après la réunion le camarade commandant suprême doit parler avec un journaliste occidental qui fait le pied de grue depuis plus d'une semaine. Mais avant que le Grand Homme ait le temps de dire quelque chose, sa camarade de travail et de vie cloue le bec aux épaulettes :

— Camarade général, un problème d'importance maximale nous appelle en Egypte. Gardez les positions et attendez jusqu'à nouvel ordre.

Le général sort la queue entre les jambes, Leana dit, l'air boudeur :

— Dis voir Nicu, jusqu'à la dernière des putes qui a des bottes en crocodile, et moi non. Qu'est-ce que tu dis de ça !

Que pouvait dire le Grand Homme ? Ils se jettent dans un avion et filent en Egypte. En chemin, Leana se déride. Elle sort de son sac à main une poignée de graines de tournesol et se met à grignoter avec enthousiasme. Elle arrache deux pages du *Capital* de Marx qui se trouvait là, à portée de main, comme lecture d'agrément, et c'est pile poil pour rouler deux cornets de papier.

— Regarde, c'est comme ça qu'on fait les cornets, camarade, du grand art. C'est comme la bicyclette, ça ne s'oublie pas !

Dans un, elle verse des graines de courge et, dans l'autre, des graines de tournesol et les lui tend :

— Prends-en donc, ça va pas durer !

Mais le grand homme n'a pas envie de grignoter. Il reste pensif. Son rêve de la nuit dernière le perturbe. Un rêve stupide et justement pour ça, inquiétant. Alors il raconte à la Savante. Il était dans les montagnes de la patrie, à la chasse. Du soleil, il faisait beau, mais pas de gibier… rien. Et alors qu'il avançait comme un boyard, dans l'ombre fraîche des sapins, apparaît un barbu entouré d'une troupe de crasseux. Ils puaient tellement qu'on ne trouvait pas trace de moustique à trois mètres à la ronde. Ils le ficellent comme un saucisson et le transportent dans une grotte éclairée à la torche comme il en avait vu dans un film. Là, ils se mettent à avaler de la bidoche grillée et ils boivent du vin et, à lui, ils ne jettent que les os. Ils s'en mettent jusque-là et l'un d'eux le détache avant de le pousser en face du barbu. Qui lui dit :

— Burebista c'est moi, et toi qui es-tu étranger ?

— Je suis Ceauşescu. Nicolae Ceauşescu.

Les crasseux se mettent à rire comme des porcs.

— Toi, étranger, tu es celui qu'on dit être le Génie des Carpates ?

— C'est moi, Burebista !

Les crasseux se tiennent les côtes de rire. Ils se roulent par terre à force de rire.

— Sûr ?

— Sûr.

— Alors si toi tu es le Génie des Carpates, moi je suis le Petit Chaperon rouge ! dit le barbu.

Puis tout sombre dans les rires des crasseux.

Ce qui le contrariait le plus, c'était le truc du Petit Chaperon rouge. Au moins s'il lui avait dit «je ne te crois pas» ou «battons-nous en duel», il aurait compris, mais là…

— Moi j'dis qu'on t'a jeté un mauvais sort, dit la Savante. Je vais t'amener chez une vieille femme pour qu'elle te donne des braises éteintes dans de l'eau vierge et tu dormiras comme un bébé. Tu ne rêveras que de roses…

— Et c'est bon aussi pour les reins.

— Pour les amygdales aussi, si tu veux…

— Mais toi, Leana, comme ça, entre nous… t'es pas ma femme pour rien… Qu'est-ce que tu en penses ? Je suis le Génie des Carpates ou non ?

— Ben…

— Mais sincèrement, hein ? Je t'en prie…

— Ben, pourquoi pas, mon Nicu ? Quel défaut tu as ? Tu n'es pas plus bête qu'un autre…

Et ils s'endorment tout heureux.

Quand ils se réveillent, Leana, en regardant par le hublot, s'émerveille :

— Waouh, Nicu, regarde quelles belles rivières a notre patrie…

— C'est des routes.

— Des rivières !

— Des routes !

— Des rivières !

— Des routes !

— Des rivières !

— Des routes !

— Moi je dis qu'on va demander au pilote, dit Leana. Camarade capitaine, c'est quoi ces *rudans onbulés* qu'on voit en bas ?

— Permettez-moi de venir au rapport, ce sont les files d'attente pour l'alimentation, camarade !

— Tu vois, tu avais tort ! se réjouit le père Nicu.

— Mais toi aussi !

— Alors on est quittes !

A peine arrivés en Egypte, ils se mettent à chercher des bottes en crocodile. Passent un jour, deux, trois. Et toujours rien. Les généraux avec leurs décorations aussi grosses que les cloches des moutons de chez nous attendaient et attendaient dans la salle de réunion. Avramescu ne tient plus et appelle le pilote :

— Camarade capitaine, que se passe-t-il là-bas ?

— Camarade général, permettez-moi de venir au rapport. Tout est sous contrôle, mais je ne peux pas dire quand nous rentrons. Chaque jour le Camarade et la Camarade vont au bord d'une rivière qui s'appelle Nil-Nicolae, Ion, Liviu. Le Camarade se met en slip et entre dans l'eau pendant que la Camarade reste sur le bord en toute sécurité. Le Camarade attrape des crocodiles, les soulève au-dessus de sa tête et demande : «Leana, il en a, celui-là ? – Non, il en a pas !» répond la Camarade. Et c'est comme ça depuis trois jours.

— Bien camarade capitaine ! Vous allez faire la chose suivante. Vous allez chez le premier maroquinier, vous achetez une paire de bottes en peau de crocodile pointure 39, que vous laissez sur la rive là où se rendent les Camarades. N'oubliez pas d'inscrire sur un billet : «De la part du peuple égyptien ami.» Compris ?

— J'ai compris, à vos ordres !

Le quatrième jour, Leana et Nicu rentrent tout heureux. Un vrai coup de bol ! Ils ne s'attendaient pas à être aussi bien reçus par le peuple égyptien. Ils pensent même à organiser une visite officielle de remerciements. Toutefois, le Grand Homme n'est pas totalement serein. Le fameux rêve stupide le poursuit. Alors il appelle Avramescu et lui dit :

— Camarade général, ce bureau… mon bureau à moi est plutôt vide. J'aimerais mettre un tableau ici… Cherchez-moi un bon peintre… de confiance. J'aimerais qu'il me fasse quelque chose de spécial… De particulier… Je pense… je pense à un Burebista déguisé en Chaperon rouge…

Et voilà, les gars !

J'ai sauté sur ma selle et j'suis venu vous en raconter d'belles. Qui n'croit pas n'écoute pas."

Quel personnage, ce Mitu !

Chapitre 19

A dix heures pile, le journaliste se trouvait derrière la porte. L'ami de Catalin. Il ressemblait à un gosse, je ne crois pas qu'il avait plus de vingt ans. Avec des cheveux longs, coiffés en queue de cheval, on aurait dit une fille. Aux genoux, le jean était coupé et les bords effilochés. A une oreille, il portait un anneau. Alors c'est avec des gens comme ça que se promène Catalin, je me suis dit. Au temps de Ceauşescu, ils lui auraient coupé les cheveux en deux temps trois mouvements, qu'il ait l'air comme tout le monde. Maintenant, on ne sait plus qui est une fille et qui est un garçon.

Je l'ai invité à entrer dans la salle à manger. J'avais préparé un café.

— Je suppose que tu es venu voir une vieille coco… Qui sait quelles horreurs mon filleul t'aura racontées…

Il a ri. Il a sorti un carnet, un stylo et un appareil à enregistrer.

— Un jour, on va m'empailler et m'emmener dans un musée…

Il travaille pour un hebdomadaire et veut savoir pour quelles raisons des gens regrettent le communisme. Il m'a priée d'exposer mon cas.

— Les "boyards", c'est ainsi que tout le monde nous appelait, j'ai commencé à dire en parlant de la vie à l'atelier, mon deuxième emploi, celui que j'ai toujours regretté.

Au début, ça a été difficile, parce que l'appareil dans lequel tournait la cassette me donnait le vertige. Puis j'ai regardé ailleurs et c'est allé mieux. Finalement, j'ai oublié l'appareil et je lui ai raconté, en soupirant, toutes sortes de souvenirs. Je lui ai beaucoup parlé de la vie de notre atelier, du chef, des salaires, de l'équipe et de la joie. Je lui ai montré aussi des photographies. Une, où je me tiens avec une main sur la presse et l'autre sur la hanche, il l'a prise pour le journal. Je l'ai menacé que s'il ne me la rapporte pas je fais un scandale auprès de son chef jusqu'à ce qu'il le tonde à zéro. Il a ri. Tzucu a passé la tête dans l'encadrement de la porte, lui a proposé du *caş* et des tomates, mais il a fait signe qu'il n'en voulait pas. Il n'était pas très bavard. Je croyais que les journalistes étaient des moulins à paroles. Il m'a demandé quel genre de musique j'écoutais à l'époque. Je lui ai dit, principalement de la musique populaire, mais qu'on n'était pas des gens coincés et qu'on écoutait aussi Marius Teicu, Angela Similea ou Corina Chiriac. Il a souri et m'a questionnée sur des chanteurs ou des groupes étrangers. Sur ça, j'étais pas très calée. Pourtant, je me suis creusé la cervelle et j'ai trouvé deux noms, Toto Cutugno et Julio Iglesias, même si, sincèrement, j'en raffolais pas. Ah, et il m'a demandé qui étaient

Bobu et Postelnicu. J'ai même été étonnée qu'il ne le sache pas.

En partant, je n'ai pas pu m'empêcher de lui demander quel âge il avait.

— Ben, à la révolution, j'avais dix ans !

Trop jeune pour les manuels scolaires avec la photographie de Ceauşescu sur la première page. La fameuse photo sur laquelle on ne lui voit qu'une oreille.

L'après-midi, je ne sais pas ce qui m'a pris, j'ai eu l'idée de rendre visite à Mme Rozalia. Je lui ai téléphoné et elle m'a dit qu'elle pouvait me recevoir. Elle est bizarre, Mme Rozalia. On ne peut pas aller chez elle comme chez n'importe quel autre voisin, sonner et parler de tout ce qu'on a en tête. Non, il faut toujours donner un coup de fil avant. Si on est en panne de poivre et qu'on pense qu'elle pourrait nous en prêter, d'abord, on discute au téléphone. Bien que nous habitions depuis plus de vingt ans le même escalier, on se dit toujours "vous". Elle se comporte comme ça avec tout le monde, pas seulement avec moi, que je n'aille pas faire croire qu'elle ne me porte pas dans son cœur. Elle est couturière de métier et dans le temps, quand l'argent n'était pas un problème, je me faisais souvent faire des robes chez elle. Aujourd'hui elle est âgée et elle s'y reprend à cinq fois avant de trouver le chas de l'aiguille. Elle n'accepte plus que des petits travaux, faire un ourlet ou raccourcir une jupe. Je crois qu'elle a sept ou huit ans de plus que moi. Elle a aussi été professeur de dessin pendant un temps, remplaçante dans un village près d'ici. Elle a abandonné à cause du trajet. Son mari était agronome mais il faisait surtout du travail de bureau et ils avaient du mal à se débrouiller pour l'approvisionnement. C'est pour ça que je lui apportais ceci ou cela. Je me suis souvent demandé pourquoi elle, une couturière qui s'y connaissait et avait aussi des idées sans compter une clientèle incroyable, elle avait tant de mal à se procurer des provisions. De l'argent, c'est sûr, elle en avait, mais pourquoi elle ne savait pas se débrouiller ? Des femmes de premier secrétaire aux femmes docteurs en passant par les vendeuses au magasin central, elles venaient toutes chez elle, et pourtant elle n'avait pas une plaquette de beurre dans le frigidaire. Tzucu disait que c'était par délicatesse. Parce qu'elle avait trop honte d'amener la conversation sur la nourriture. C'est possible. La vérité est qu'elle a toujours eu un air… je ne sais pas comment dire… très spécial. Quand je lui apportais deux morceaux de salami ou un paquet de vrai café, au lieu de se réjouir, elle me regardait d'un air gêné. Je savais qu'elle en avait besoin, parce que ça se voyait. Et pourtant elle me payait ou, ma foi, me cousait quelque chose en compensation, je ne lui faisais pas l'aumône. Je m'étais rendu compte qu'elle n'était pas à l'aise, alors je ne les lui donnais plus en main, je les laissais dans un cabas à côté du canapé. Dès la première fois où je l'ai vue, je me suis dit que Mme Rozalia était une citadine d'une autre sorte que tante Lucrecia. Elle souriait différemment, on aurait dit plus doux. Elle marchait aussi légèrement qu'une chatte, on n'entendait jamais ses talons faire tac tac. Elle portait un chignon tout petit. J'avais regardé, bien sûr, ses ongles. Elle utilisait un vernis pâle. Jamais rouge. Elle me plaisait, même si nous ne parlions jamais d'autre chose que de coloris, de coupes et de plis. Si, que je ne mente pas, on parlait aussi d'Alice. Elle demandait toujours comment elle allait. Quand elle est entrée à la faculté, elle m'a félicitée, avec un sourire très chaleureux. Quand je voulais me faire coudre quelque chose chez elle, il fallait un bout de temps pour choisir le modèle. Elle n'était pas comme les autres couturières qui vous faisaient ce que vous vouliez. Non, avec elle on devait discuter, feuilleter des revues allemandes ou françaises, dire exactement pour quelle occasion on se préparait, lui donner tous les détails. Souvent je partais en commandant autre chose que ce que je m'étais proposée au départ. Mais elle ne vous forçait pas. Elle vous souriait doucement et elle vous parlait presque en chuchotant, comme si quelqu'un dormait dans la chambre d'à côté. Et je peux dire que jamais je n'ai été déçue.

Son appartement n'a pas beaucoup changé. Je n'y avais plus mis les pieds depuis des années mais c'était la même propreté, la même simplicité. Elle n'avait pas décroché les deux peintures de l'entrée qu'elle avait faites, comme elle m'avait dit, quand elle était adolescente. Au passage, j'ai jeté un œil dans la pièce qui servait d'atelier. La machine à coudre avait son couvercle mis et les morceaux de tissus qui autrefois étaient éparpillés avaient disparu. A présent la pièce ressemblait à toutes les autres. Dans le temps, elle était étrange, la différence entre l'ordre du reste de la maison et le désordre de l'atelier. Dans la salle à manger, le même rideau de fil en deux parties. Sur le meuble, quelques bougeoirs de cuivre et une horloge en bois, ancienne. Pas trace de bibelots. Ce qui faisait ma fierté et celle de mes collègues de travail, les bibelots de toutes les tailles, en quelque sorte signes de richesse, n'avaient jamais trouvé place dans la maison de Mme Rozalia. Pas qu'elle n'ait pas eu d'argent. Je lui ai moi-même fait cadeau un jour d'un Chinois, un vieillard qui s'appuyait sur son bâton et que je n'ai jamais vu posé nulle part. Je ne me suis pas vexée. Je savais qu'on ne pouvait jamais savoir comment réagirait Mme Rozalia. Pour moi, elle a toujours été imprévisible.

Sur la petite table entre les fauteuils se trouvait un plateau avec deux coupelles de confiture et deux verres d'eau froide. Le même plateau, les mêmes coupelles, les mêmes cuillères qu'autrefois, comme si le temps s'était arrêté. Mme Rozalia était en pull-over et pantalon, les cheveux bien serrés en chignon. Elle souriait tranquillement. Au téléphone elle m'avait avertie qu'elle ne travaillait plus, aussi elle devait se demander quel était le but de ma visite. Même pour moi ce n'était pas très clair. La discussion traînait. J'aurais bien voulu savoir ce qu'elle pensait du communisme, comment elle voyait les choses. Peut-être que si tante Lucrecia avait été en vie, j'aurais senti le besoin de parler avec elle, mais, aujourd'hui ; Mme Rozalia était celle qui lui ressemblait le plus. Même si elles étaient très différentes.

Tante Lucrecia s'est éteinte quelques années avant la révolution. Je suis peut-être venue la voir parce que Mme Rozalia tenait tellement – à sa manière distante – à Alice ? Alors je me suis mise à lui parler d'elle. En apprenant que la petite fille allait avoir un enfant, Mme Rozalia a rougi.

— Seigneur, comme le temps passe… elle a murmuré.

L'atmosphère s'est un peu détendue. C'était très agréable, sa manière d'écouter patiemment et de répondre d'une voix étouffée. Finalement, je lui ai avoué quelle discussion j'avais eue avec Alice, l'incompréhension entre nous. Mme Rozalia était tout ouïe et ne me quittait pas des yeux. Elle a souri un peu gênée et elle m'a dit d'une manière bien plus directe que ce à quoi je m'attendais :

— Chère madame je suis désolée, je crois que la petite a raison.

Alors je lui ai demandé tout aussi directement :

— Madame Rozalia, si ça ne vous dérange pas de me le dire, pour qui vous allez voter ?

— Ça ne me dérange pas du tout, pour les libéraux !

J'ai sursauté. Bien plus visiblement que ce que j'aurais voulu. Elle m'avait prise au dépourvu. Pour moi, les libéraux étaient ce qui se faisait de pire. Ils voulaient prendre toutes les fabriques d'Etat et les mettre entre les mains des particuliers, c'est-à-dire les subtiliser. Ils laissaient même entendre que les vieilles usines pourraient être vendues pour un dollar à des étrangers qui soi-disant devaient y investir pour qu'elles deviennent rentables. Je les voyais d'ici, les commissions des étrangers remplir les poches des libéraux.

— Comment ça ? j'ai articulé péniblement.

Mme Rozalia a eu un sourire rassurant.

— Je sais que… enfin… vous avez d'autres opinions… Mais si vous avez la patience de m'écouter, je vais vous raconter quelque chose, moi aussi.

Chapitre 20

C'est vendredi et j'attends Sanda à l'arrêt de bus. Elle m'a fait dire dès la semaine dernière, par quelqu'un du village, qu'elle vient me voir. Elle a sans doute tanné les parents jusqu'à ce qu'ils la laissent partir. Qui sait ce qu'elle leur aura promis en échange ! Les autocars sont rares et c'est tout un va-et-vient dans la gare routière. Tous les bancs sont occupés, alors je fais les cent pas. Les gens attendent, le sac entre les jambes, comme s'ils avaient sans arrêt peur des voleurs. Je baye aux corneilles devant les horaires des autocars et je suis émerveillée de voir tant de localités. Je me dis qu'il y a des centaines de villages en ce monde, pas seulement le nôtre. Mais tant qu'on n'a pas vu une liste avec tous les noms, on ne s'en rend pas compte. On peut rester chez soi au village toute sa vie sans jamais connaître ce qu'il y a autour. A quoi j'ai la tête ! L'autocar surgit dans un nuage de poussière. C'est une guimbarde qui grince de tous ses écrous et sent le gazole. Une drôle d'idée me passe par la tête. Je me cache derrière le coin et je regarde comment les passagers descendent, en sueur et chargés de cabas. La tête de Sanda apparaît à la portière. Elle arbore un foulard blanc à pois bleus. Comment elle ne meurt pas de chaud ? Elle reste devant l'autocar, immobile, un cabas à la main. Mais pose-le donc par terre ! Les gens se dispersent peu à peu. Un gamin du village passe à côté de moi et me dit :

— Il y a ta sœur, là-bas !

— Je sais, lui dis-je en me retenant de rire.

Sanda demande l'heure à un monsieur âgé. Elle lève les yeux et scrute les environs. Le chauffeur s'essuie les mains avec un chiffon et lui dit quelque chose en riant, mais ça ne semble pas l'amuser. Elle passe le cabas d'une main dans l'autre, mais il ne lui viendrait pas à l'idée de le poser. Elle a rougi. Elle demande l'heure de nouveau. Elle tend le cou. L'autocar recule un peu, fait demi-tour et enveloppe Sanda d'un nuage de fumée noire. Elle s'éloigne de deux pas, mais pas trop, comme si elle avait peur de se perdre. Si je me souviens bien, elle n'est venue en ville qu'à deux reprises : une fois à l'hôpital, en ambulance, une fois avec papa, chez l'oncle Andrei et la tante Lucrecia. On dirait une poule effarouchée. Je me montre avant qu'elle se mette à pleurer. Elle me voit. Je lis la joie dans ses yeux.

— Seigneur, ce que j'ai eu peur ! Je croyais que Sandu ne t'avait rien dit… ou que tu avais oublié…

Nous nous tombons dans les bras.

— Si, il est venu… et je lui ai dit que je t'attendrais au coin…

Je me mets à rire.

— Menteuse ! dit-elle, prête à se mettre en pétard.

— Tu vois ce que c'est, la ville… C'était en guise de baptême !

Nous prenons le chemin du foyer, dans la zone industrielle. Sanda boude encore, ma plaisanterie a du mal à passer. Il paraît que je fais ma citadine. Le foyer n'est pas loin de l'usine où je travaille. Je suis employée depuis un an. Pour la première fois, j'ai mon propre argent et j'en suis très fière. Je me suis même acheté des vêtements. Les vieux ont fini par me sembler trop vieux. Ça se construit, partout, si bien que le trajet est plutôt malaisé. On a toujours un fossé à passer, des tuyaux à enjamber, des câbles à éviter. On construit des immeubles de quatre étages pour les ouvriers des environs. Quand il pleut, c'est un désastre. Je ne peux éviter la boue qu'en faisant un détour par la voie rapide. Je partage la chambre avec trois autres filles. Adriana s'en va voir ses parents à la fin de la semaine, aussi Sanda pourra dormir dans son lit. Pour cette nuit, on se serrera toutes les deux dans le même lit. Ce n'est pas encore comme chez la tante Lucrecia, mais ça va.

— On a deux jours à nous pour faire les cent coups en ville, je lui dis. Réfléchis à ce que tu as envie…

— Je veux que tu m'emmènes voir le train.

— Tu verras que de chez moi on l'entend… Mais on ira pour que tu poses la main dessus.

Dans la chambre, Adriana s'occupe de Livia. Comme elle s'y connaît un peu en coiffure, de temps en temps, elle nous assoit sur un tabouret, nous enroule une serviette autour du cou et coupe ici et là. Histoire qu'elle ne perde pas la main et que nous ne dépensions pas de l'argent pour rien. Maria leur montre des photos d'acteurs. Il paraît qu'elles sont en vente au kiosque à journaux. Moi, je ne dépenserai pas mes sous pour ça.

— Regarde-moi ça quelle coiffure il a ! s'écrie Maria.

Adriana jette un coup d'œil d'experte, l'examine sous plusieurs angles.

— Mmm, moi aussi je pourrais coiffer comme ça…

— Fais voir, et Livia tend la main. Laisse tomber la coiffure, regarde plutôt comme il est mignon ! Je crois que je vais en rêver cette nuit.

— Qu'est-ce que tu veux, c'est pour ça qu'il est acteur ! commente Maria.

— Je rêverai de lui dans tous les films que je veux, rit Livia.

Les filles parlent de qui a joué dans quoi.

Nous prenons les photos nous aussi. Je ne reconnais personne. Sanda non plus. Mais c'est vrai, ils sont mignons. Dans notre village, le courant électrique n'arrive que depuis quelques années. Ici, je ne suis allée que deux fois au cinéma. Après manger, je demande à Sanda si elle veut regarder la télévision. Elle est ravie. Je l'emmène au rez-de-chaussée, dans la salle d'activités où nous devons nous rendre lors des séances plénières ou des congrès, pour écouter. Il y a ici quelques autres filles. J'écris le numéro de la chambre sur le dos de la main de Sanda pour qu'elle ne l'oublie pas, et je remonte. Je me mets à repasser quelques vêtements.

Sanda revient tard, et déçue.

— Toi alors, tu es sûre que ceux des photos sont des acteurs ? Parce que je suis restée longtemps et je n'en ai vu aucun.

— Mais oui, bien sûr ! Tu regarderas demain aussi, tu auras peut-être plus de chance.

Le matin, je lui demande ce qu'elle préfère : aller dans un salon de thé, regarder les vitrines, visiter le parc ou aller voir un film ? Mais Sanda veut avant tout que je l'amène voir le train. Nous partons vers la gare par des chemins défoncés. Depuis le foyer, la zone de triage est plus proche que la gare proprement dite. En chemin j'achète des bretzels chauds dans un kiosque, à l'entrée de la fabrique de pain. Sanda adore ça. Elle veut en prendre quelques-uns pour la campagne, mais je l'avertis que, dès qu'ils sont rassis, ils deviennent durs comme la pierre.

— Mais, toi, tu es déjà montée dans le train ? elle me demande.

— Bien sûr !

On était allées chez une collègue de travail à la campagne. Je m'étais même étonnée qu'ils aient le train, dans son village. Mais ce n'était pas si simple. On avait roulé pendant vingt kilomètres et on s'était ensuite arrêtées à une halte, qui n'était pas une gare, et on avait fait sept kilomètres à pied à travers champs. Mais on pouvait dire que j'avais pris le train, non ?

— Et c'est comment ? s'intéressait Sanda.

— Bien, comment veux-tu que ce soit…

Nous arrivons au chemin de fer que nous longeons.

Quelque part, près des silos, on aperçoit un train à l'arrêt. J'explique à Sanda que les wagons circulent sur ces rails de métal. Elle se penche et pose sa main dessus :

— Ouille ! ce que c'est froid !

— C'est du fer, qu'est-ce que tu veux.

On arrive près des wagons. De l'eau s'en écoule. Je lui explique qu'on vient probablement de les laver. Sanda recule de deux pas et compte les wagons. Quatorze. On entend un coup de sifflet. Un train de marchandises passe à ce moment, quelques lignes plus loin. Ma sœur ne le quitte pas des yeux tant qu'il n'a pas disparu.

— Il fait un de ces bruits ! elle crie en se bouchant les oreilles.

— Du fer sur du fer, qu'est-ce que tu veux !

— Regarde, il y a une porte ouverte ! elle crie de nouveau, surprise.

— Tu ne veux tout de même pas qu'ils les ferment à clé comme les appartements… Tu veux qu'on monte ?

Elle fait oui de la tête. Les marches sont hautes, alors je lui pousse le derrière. Une fois arrivée en haut, elle me tend la main. On fait quelques pas dans le couloir. A une fenêtre, Sanda fait des signes dans le vide :

— Au revoir ! Je m'en vais à Bucareeeest…

— On va nous voir et nous demander notre billet, je lui dis.

Sanda rentre la tête aussitôt. Quelques gouttes lui atterrissent directement dans le cou. On entre dans un compartiment. Sanda se laisse rebondir sur la banquette, comme si elle essayait un lit avant de l'acheter. Elle passe son doigt sur le vinyle. Elle lit les inscriptions. Elle regarde les photos placées sous une vitre et maintenues par des rivets en nickel : un paysage de montagne et plusieurs instantanés pris au bord de la mer.

— Mais il ne va qu'à la montagne et à la mer ? elle demande.

— Je n'en sais rien… je crois qu'il y va plus souvent qu'ailleurs, c'est pour ça…

— C'est quoi, ça, ici, le signal d'alarme ?

— Ben, c'est comme ça : si par hasard tu te sens mal… il faut que tu puisses donner l'alarme.

— Et qu'est-ce qui arrive alors ?

— Ben, je crois qu'un docteur arrive… quelqu'un qui vient te donner les premiers secours…

Sanda est satisfaite de mes explications et nous poursuivons. Nous découvrons qu'on peut passer d'un wagon à l'autre.

— Eh, regarde, ils ont aussi des W.-C. ! je m'étonne.

— Tu disais que tu étais déjà montée dans le train, toi !

— Bien sûr que j'y suis montée, mais je n'ai pas eu besoin d'aller aux toilettes.

Sanda est émerveillée, comme une enfant. Elle saute de joie. Dans le wagon où nous arrivons c'est bien plus propre et, au lieu des banquettes, il y a des fauteuils tapissés de peluche. Même moi je n'ai jamais vu ça. Nous nous jetons de tout notre poids dans les fauteuils pour en éprouver le moelleux. Sanda ferme les yeux de plaisir. Je me dis que je suis comme chez tante Lucrecia.

— Je te le dis, ici, ça doit être réservé aux membres du Parti, elle dit.

— Je dis la même chose…

Un sursaut nous tire de notre rêverie. Le wagon a bougé. Nous nous retrouvons immédiatement sur nos pieds, effrayées. Nous filons vers la porte la plus proche. Nous sautons en bas d'un bond, comme quand nous étions petites et que nous nous jetions du haut d'un arbre. Nous nous calmons et nous rions toutes les deux.

— On était sur le point d'arriver à Bucarest, elle dit.

Le train ne bouge pas.

Chapitre 21

Il est neuf heures du matin et nous travaillons comme des fous. On s'active, pour, après la pause, jouer les nababs. La sonnerie, rauque et puissante comme une sirène, nous prévient qu'il y a quelqu'un à la porte, un étranger. On tire le verrou et le chef apparaît, avec une tête d'enterrement. A côté de lui, un homme élégant, une cigarette à la main, pas vraiment joyeux lui non plus. Aurelia me glisse à l'oreille que c'est le nouveau directeur. J'avais entendu que depuis quelques mois le directeur avait changé, mais je n'avais pas eu l'occasion de voir sa tronche. Rasé de super près, le brushing impeccable, mais à première vue antipathique. Je me dis que le chef s'est fourré dans une mauvaise affaire ou que l'un de nous a fait un pataquès, une énorme gaffe, pour que le directeur daigne promener son costume élégant au milieu de nos salopettes tachées de gras. Le camarade Costume porte ses mains à ses oreilles et fronce les sourcils ; le chef nous fait signe d'arrêter les machines. Dès qu'on peut s'entendre, le chef nous dit de nous approcher parce que le camarade directeur général a une annonce à nous faire.

Nous faisons cercle autour de lui. Le camarade Costume écrase son mégot du bout de son soulier à quatre cent vingt lei la paire, joint les mains et y va, solennel :

— Chers camarades, j'ai une bonne nouvelle pour nous tous. Votre atelier étant depuis des années en tête de la "compétition socialiste", les camarades de la départementale du Parti nous ont chargés d'une haute et honorable mission.

Là c'est sûr, y a un lézard, je me dis. Ils veulent probablement augmenter les cadences.

— Une mission dont nous devons être fiers. Celle de montrer au plus haut niveau possible, au camarade Nicolae Ceauşescu…

Blablabla. On reste figés. Dans trois jours, Ceauşescu doit visiter notre atelier, pour *impulsionner* la production destinée à l'exportation.

— Je vous prie de commencer dès maintenant à préparer cet exaltant moment ! conclut le directeur.

Ça, ça veut dire grand ménage, on le sait tous.

Le Mitu a l'air pasteurisé, comme il dit. Ou bien il est un peu gris, ou bien la dose d'eau bénite du matin a été trop forte.

Le chef essaie d'obtenir auprès du directeur un délai d'une journée pour se mettre au grand nettoyage, car on a justement une commande à finir, pour la Thaïlande. Tout retard, c'est des pénalités.

— Cam'rade, c'est Ceauşescu qui vient, pigé ? C'est pas les chiffres de l'exportation qui vont nous empêcher de dormir ! lui répète le directeur en allumant une nouvelle cigarette.

Ils sortent tous les deux et nous restons pensifs.

— J'vous jure, j'laisse pas tomber tant que j'ai pas ma photo avec Ceauşescu ici, d'vant l'tour, dit le Mitu en avalant les mots.

— Hé Mitu, si jamais Ceauşescu te serre la main, tu t'laves plus les mains de toute ta vie, le provoque le père Pancu.

— Nooon, moi c'est de l'Elena que j'veux un bisou. J'm'habille en pionnier et je lui tends des fleurs, juste pour qu'elle me donne un bisou sur la joue.

Nous rions mais le cœur n'y est pas.

Le chef revient illico. Il lit dans le Mitu comme dans un livre ouvert et l'envoie dormir une heure. Il n'a pas réussi à convaincre le directeur de remettre à plus tard, donc on se prépare à tout briquer. Il nous avertit que si on n'arrive pas à s'en sortir on va être dans la mouise. Le directeur, surtout parce qu'il est nouveau, tremble dans son froc, alors les jours qui viennent, il va nous tenir à l'œil sans arrêt. Tout ce qui n'a pas été réparé et nettoyé ces vingt dernières années, on doit le faire en trois jours et trois nuits. S'il le faut, nous ferons les trois-huit. Nous ne serons pas seuls, toute l'entreprise est sur le pont. Notre atelier est visé mais on ne sait jamais où Ceauşescu a envie de fourrer son nez. Je n'ai jamais vu le chef aussi nerveux. Il parle et se promène entre nous. Il pense à voix haute. Il donne des ordres pour aujourd'hui et pour les jours suivants.

Il se ravise. Il se contredit. Il bredouille.

Il est paniqué !

Finalement, nous parvenons peu ou prou à nous organiser. Nous décidons de commencer par le chaulage, c'est ce qui fait le plus de saletés. Puis nous passons à la peinture de tout ce qui n'a pas vu la couleur d'un pinceau depuis des années ; au nettoyage des vitres ; au lustrage des outillages et puis ensuite nous verrons.

C'est le début du va-et-vient. Nous nous emmêlons un peu les pinceaux mais peu à peu chacun trouve ses marques. Où l'on passe à la chaux, Aurelia et moi nettoyons les traces et faisons les vitres. Sanda a bien de la chance, elle est en congé de maternité.

Déjà l'après-midi, les choses avancent plutôt bien mais nous sommes loin d'avoir terminé. Nous n'avons eu qu'un quart d'heure de pause. J'ai mal au dos et j'ai les mains qui brûlent. Au début, Aurelia et moi nous discutions de choses et d'autres, mais à présent nous travaillons en silence. On n'entend que le fschhh de la brosse et le couinement des fenêtres.

Du dépôt, deux femmes font leur apparition, chargées de tas de salopettes et de toutes sortes d'articles de protection. Nous recevons un nouvel équipement. Nous devrons, le jour de la visite, être la photo des livres tout crachée, comme dit le chef. Avec le casque et les lunettes de protection, avec les gants et les tabliers de cuir selon le cas.

A cette occasion, le chef décrète la pause. Il envoie quelqu'un chercher à manger pour tout le monde. Plus de l'eau gazeuse, en dépit des murmures de protestation. Le café, il en rapporte de son bureau.

Chacun doit recevoir l'équipement en échange d'une signature. Pour la première fois, ceux du dépôt sont assez patients pour nous laisser l'essayer. Jusqu'à présent, ils nous le donnaient un point c'est tout. Quand c'était trop petit ou trop grand, vous deviez les supplier pendant une semaine pour qu'ils vous le changent. Nous installons une table commune pendant que l'un ou l'autre disparaît avant de revenir avec ses effets sous le bras. Nous mastiquons en silence, en pensant à nos affaires.

Le Mitu fait son apparition, avec le casque sur la tête, les lunettes de protection, le tablier et les gants épais, en cuir de porc. Il marche en se balançant, les mains écartées du corps, comme s'il voulait se battre avec quelqu'un.

— Mon nom est Dumitru Prunariu, il dit, le premier Roumain à être allé dans l'espace. En cet instant solennel, je veux vous transmettre les salutations de nos amis martiens.

Je profite de ce moment de détente et je vais au portail passer un coup de fil à Tzucu pour lui dire que je ne sais pas quand je rentrerai. Il vient d'arriver, juste après Alice, et il réchauffe son repas. Je lui explique de quoi il s'agit et il me dit qu'il est au courant de la visite de Ceauşescu, eux aussi sont mobilisés, il me racontera à la maison. Aujourd'hui ils ont terminé plus tôt mais demain s'annonce difficile. Je lui demande d'emmener Alice chez Sanda pour un jour ou deux, le temps que l'orage s'éloigne. Ce n'est pas la première fois qu'elle va coucher chez sa tante, elles s'entendent à merveille.

Dans la rue aussi, c'est la cohue. Des tonneaux de goudron chauffent et des camions à bascule transportent du bitume. En contrebas, les compresseurs sont déjà au boulot. On voit enfin la couleur de l'asphalte, jusqu'à présent, en voiture, il fallait faire du slalom entre les trous. Du côté du portail du haut, les grands sapins poussiéreux sont lavés au jet d'eau. Le long de notre clôture, du côté de la rue, on décharge des seaux de terre noire. Le gravillon et l'herbe sèche disparaissent et à la place on plante des massifs de fleurs. Les gardiens repeignent la grande porte par où entrent les camions.

Les autres sections ne chôment pas non plus. Tout le monde est en branle. A l'intérieur, ils sont déjà passés à la peinture. En premier, le bandeau tout autour de l'atelier, puis on passe aux parties métalliques, les piliers et tout le reste. Le tout, en vert. On a beau avoir ouvert les fenêtres en grand, l'odeur nous étourdit.

Il est dix heures du soir et comme dans toute la ville le courant électrique a été interrompu.

Nous allumons quelques lampes de poche, mais on ne voit pas grand-chose. Le chef est désespéré. De son bureau, il téléphone. Il rugit.

— Ceauşescu arrive, vous pigez ? Vous remettez le courant, sinon, ça vous retombera dessus.

Nous attendons. On est brisés. Le chef n'arrête pas de téléphoner. Même le Mitu n'a plus envie de plaisanter.

Le courant revient enfin et, avec difficulté, nous nous remettons au travail. Sans trop de cœur à l'ouvrage. Il nous garde encore une heure puis il nous renvoie chez nous. Quand j'arrive, Tzucu est endormi. Je ne le réveille pas. Je m'endors comme une bûche.

Nous voilà le lendemain, à la première heure. Parmi nous, deux inconnus, en salopettes neuves. Le chef fait les présentations d'un air morose :

— Voici vos nouveaux collègues. Ils s'appellent Andrei et Maria. Ils seront les représentants des ouvriers dans la délégation officielle qui accompagnera le camarade président. Ils vont maintenant nous donner un coup de main et s'habituer au poste de travail.

Andrei est athlétique, les cheveux courts. D'après ses maxillaires, je le verrais mieux avec un short et des gants de boxe qu'en salopette. Maria est très jolie, parfaite pour offrir les fleurs.

Le plan de la journée est le suivant : le matin, nous terminons de peindre à l'intérieur et nous faisons reluire les machines, on les fait briller, pas de blagues, et cet après-midi nous passerons à l'extérieur. Je fais de nouveau équipe avec Aurelia. Nous sommes sur l'outillage. Nous tirons des recoins tout le cambouis imbibé de poussière, nous frottons à l'émeri, nous lustrons au tampon de feutre. Le chef transmet de l'un à l'autre qu'on fasse attention à ce qu'on dit devant les deux autres. Le plus compliqué, ce sera avec Mitu qui a la langue bien pendue.

Je guette du coin de l'œil nos nouveaux collègues. Andrei regarde le tour comme il regarderait une girafe et, Maria, on dirait qu'elle tient un hérisson dans la main, pas un chiffon.

— Pas facile de changer de métier d'un jour à l'autre, je chuchote à Aurelia.

Elle rit sous cape.

Le camarade Costume passe voir comment les choses avancent et nous encourage.

A un moment donné, Maria s'approche de nous. Elle nous demande un pansement parce qu'elle a une ampoule, à cause de l'émeri. Elle a les mains fines, mais ses ongles ne sont pas vernis. Je sors de la trousse de premier secours un rouleau de sparadrap, pour qu'elle en coupe autant qu'elle désirera. Elle nous demande si d'habitude on travaille autant.

— Pas vraiment à ce rythme, mais on travaille, dit Aurelia, prudente.

Maria reste près de nous. Elle commence à s'habituer, elle frotte vigoureusement. Elle nous dit qu'elle a un enfant en quatrième et que c'est difficile, pour les leçons, il a des tas de matières. Moi je dis que c'est bien, de s'habituer petit à petit à la vie dure. Après je regrette ce que j'ai dit, qui sait comment elle l'interprétera.

On frotte et on se tait.

Le chef me prend à part et me dit que c'est à mon tour de parler avec le *securiste* de l'entreprise. Il m'explique dans quel bureau je dois aller. J'ai pas à avoir peur, il n'y a rien de grave, tous doivent y passer.

Chapitre 22

Les “boyards”, tout le monde nous appelait comme ça. Notre atelier travaillait pour l’exportation et nous faisions rentrer des devises. A cette époque-là, Ceauşescu tenait à rembourser la dette extérieure, pour que les Occidentaux cessent de nous gonfler avec toutes sortes d’intérêts ; de sorte que les devises étaient précieuses. On gardait pour l’exportation ce qu’il y avait de meilleur. Aussi, quand une série de chaussures faites pour l’Occident était refusée, et qu’elles étaient vendues en magasin, c’était la cohue. Une poule n’y aurait pas retrouvé ses petits. On usinait toutes sortes de produits de métal, sur commande, de sorte que, si on nous les refusait, tout partait à la casse. Et il fallait voir le scandale. Le vacarme. Les pénalités. Nous devions être très attentifs, mais nous gagnions bien notre vie. On touchait le double par rapport aux autres. Les jours de paie, quand la comptable arrivait avec l’argent, nous nous enfermions dans l’atelier pour le toucher pour que le reste de l’entreprise ne soit pas au courant. Profil bas, nous disait le chef. Mais on a bossé pour ça, on protestait bien fort, on l'a pas volé. On disait ça, pour rouler les mécaniques, mais on savait bien que le chef avait raison.

Dans notre atelier, on se serait crus sur une autre planète. Quelque part derrière, dans une sorte de dépôt, on avait une baignoire où de l'eau froide coulait en permanence. On y mettait les bières et les sodas. Quand on en avait envie, slourp ! une bière. Bien évidemment, l'alcool était interdit dans la fabrique. On avait même fixé au-dessus de la baignoire une pancarte avec l'article 400 qui réprimait la consommation d'alcool sur les lieux de travail, histoire de bien rigoler. A l'entrée, les gardiens nous fouillaient les sacs, des fois qu'on aurait caché des bouteilles. Et le combustible, il est où ? ils nous demandaient. Les hommes, ils les perquisitionnaient à fond. Tout juste s'ils leur vérifiaient pas les plombages. Personne n'avait rien à l'entrée, mais à la sortie tout le monde avait le nez rouge ! La vérité est que, la boisson, ça y allait. Mais le travail aussi ! Chez nous, le Mitu ne s'asseyait pas à sa machine avant d'avoir à portée de main une bouteille d'alcool fort. Il ne s'acoquinait pas avec les liqueurs pour dames, comme il disait volontiers. La bière n'est même pas bonne pour les gargarismes, il plaisantait. Mais quand il s'installait à son poste, les pièces déboulaient à la chaîne, on aurait dit un robot. La bière, c'est le chef qui nous l'apportait, par casiers entiers. Qui aurait osé fouiller le coffre de sa voiture ? Il faisait rentrer des devises, lui. C'est à lui qu'on devait d'être toujours les premiers de la "compétition socialiste". Les gardiens le saluaient plus encore que le directeur. Ils étaient payés par chaque section à tour de rôle. Quand venait leur tour d'être payés, ils n'en croyaient pas leurs yeux de voir combien ils touchaient. Prenez-les en photo, leur disait le chef, allez savoir si vous aurez encore l'occasion d'en voir la couleur. Qui était bon gars – ça voulait dire celui qui nous prévenait avant les contrôles et ne nous mettait pas de bâtons dans les roues – recevait plus souvent qu'à son tour sa paie de chez nous ; celui qui n'en faisait qu'à sa tête, il pouvait attendre que les poules aient des dents. Ceux des autres sections, je ne sais pas comment ils se débrouillaient pour boire, mais ils ne séchaient pas sur pied. J'en voyais certains sauter par-dessus la clôture – là-bas, près de chez nous, parce qu'on se trouvait dans un coin plutôt à l'abri – et cavaler jusqu'à l'*alimentara.* D'autres, j'ai entendu dire, apportaient de l'eau-de-vie dans un bocal. Ils prenaient des fruits au sirop tout ce qu'il y a de plus commun, on va dire des griottes, ils ouvraient avec soin le couvercle, ils égouttaient le jus et envoyaient la goutte. Ils laissaient les fruits dedans. Replaçaient bien gentiment le couvercle et les gardiens pouvaient toujours leur fouiller le sac plus de cent fois. Débrouillard, le Roumain de chez nous !

Qu'est-ce qu'on a eu la belle vie !

Tiens, nous, à la pause déjeuner, on avait déjà terminé notre journée de travail ! C'était vers les onze heures, onze heures et demie. On embauchait le matin à six heures. Après la pause, programme libre. On laissait les machines marcher dans le vide, que tout le monde puisse les entendre et dire qu'on travaille – et chacun se mettait à ses petites affaires. Qui voulait faire son marché n'avait pas à se gêner. Mais la plupart, après une douche, s'attelaient à toutes sortes de jeux. Je les vois comme s'ils étaient là, le père Ariton et Sorin : eux, ils jouaient tout le temps au trictrac. C'était leur truc. Parfois ils se réunissaient à plusieurs et organisaient des championnats. Taquineries et rigolades à n'en plus finir. Costel, Radu, le père Pancu et le père Aldea jouaient au *septic.* Bière au pied, comme le soldat avec son arme. Je ne sais plus qui jouait à *moara.* Une feuille de papier et un crayon, des grains de maïs et de haricots et le jeu était prêt. On aurait dit un vrai casino, je vous donne ma parole. En cas de contrôle du Parti, les gardiens nous le faisaient immédiatement savoir et nous étions tous en position, sur notre machine, travaillant avec amour et vigueur. De toute façon, la porte de chez nous était fermée à clé, qui voulait entrer devait sonner. Si c'était quelqu'un de chez nous, il donnait deux longs coups de sonnette et un court, qu'on ne se dérange pas avec toute la mise en scène pour les étrangers. Le père Culidiuc, c'était le plus calme. Il partait quelque part dans un coin et il piquait un petit somme. Il vivait dans une maison, il avait un petit bout de jardin qu'il devait travailler, et à la sortie du travail il se devait d'être *fresh.* Celui qui en avait envie pouvait aussi bricoler, histoire de toucher un petit quelque chose en plus. Le chef n'était pas tellement d'accord avec ça, il disait qu'on gagnait assez pour ne pas avoir à faire cette bêtise-là. Si l'un d'entre nous s'était fait prendre en ville par la milice avec le sac pleins de profilés pour fermer les balcons, on en aurait tous souffert par la suite, parce qu'ils nous auraient eus à l'œil. Mais il ne nous interdisait rien non plus, surtout s'il s'agissait de fabriquer quelque chose pour la famille. Il y en avait un, c'était le père Plugaru, on le voyait tout le temps à percer, à souder quelque chose, toujours à tordre le fer…

— Qu'est-ce que tu fiches là, père Plugaru ? lui demandait le chef.

— Voyez, chef, j'fais des supports à jardinière, pour un n'veu.

— Eh ben, mais t'en as combien des neveux ? Parce que ça fait dix ans que t'arrêtes pas de bricoler des trucs pour eux.

— Beaucoup, chef, c'est que j'suis de la campagne et j'ai onze frères.

— Pfuuuuu, et tous leurs gosses sont venus ici, en ville ?

— Tous, chef, pas un qu'est resté à biner.

— Et tous, tu te rends compte, adorent drôlement les fleurs ! riait le chef.

Dans les sections où on crevait de faim, ils pensaient qu'à ça, à arrondir leurs fins de mois. C'est que, la poule, elle se nourrit de là où elle passe sa vie à gratter, voilà ce qui se disait.

Des cadres pour fermer les balcons, il en est sorti assez pour tout un quartier de gratte-ciel. Les grilles pour entourer les tombes – pareil, de quoi suffire à tous les morts de la Seconde Guerre mondiale. Il faut dire qu'il y avait de quoi. Aujourd'hui, on cherche en vain un bout de tuyau dans les entreprises roumaines. Tout est foutu.

Nous étions seulement trois filles : moi, ma sœur et Aurelia. On n'était pas tellement attirées par les jeux. Une partie de *moara*, de temps en temps. Il nous arrivait aussi de tricoter, ou de faire des courses. D'autres fois, on confectionnait des mallettes en tôle, pas très grandes, pour ranger les aiguilles, les boutons et d'autres bricoles. On en faisait cadeau ou bien on les vendait à dix lei la pièce. Parfois, on monnayait aussi des boîtes à outils, des grandes. C'était vingt-cinq lei. De toute façon, on comptait sur notre salaire pour vivre, car on gagnait bien, c'étaient pas des blagues. On s'amusait tellement à l'atelier qu'à la fin de la journée on regrettait de rentrer à la maison.

Et quelles fêtes on organisait ! Pour chaque occasion un peu spéciale, en avant les réjouissances. A l'arrière, dans le dépôt. On apportait de tout : du salami, du fromage, des tomates, des tartines de pâté et parfois nous avions même des olives. On en trouvait plus difficilement. Du vin, des sodas, de tout. On écoutait même de la musique, même si on n'entendait pas bien, à cause des machines. C'était bien. Le Mitu, ça le prenait dans ces moments-là, son envie de nous raconter des blagues. Sauf qu'il ne les disait pas comme tout le monde, une de temps en temps. Il les enfilait, le Mitu, comme des perles sur un fil. Vous n'aviez pas fini de rire de la première qu'il envoyait la deuxième puis la troisième et ainsi de suite. On en avait des crampes aux abdominaux, je vous donne ma parole ! Quand il était en forme, c'était terrible. Et puis le Mitu avait en réserve ses histoires drôles avec l'Elena et le Nicu. Il racontait tellement bien qu'on avait l'impression de se trouver dans leur chambre à coucher, avec eux. Je me les figurais même en train d'aller et venir, de se prendre le bec, quoi, comme tout mari avec sa femme. Bien sûr, c'étaient des balivernes, mais elles étaient si énormes qu'on avait de la peine à ne pas éclater de rire. Il rapprochait sa bouteille, pour ne pas avoir à trop s'étendre quand il aurait soif et il commençait :

— Un jour, Ceauşescu, le Grand Homme, s'est réveillé très courroucé. Mais très très courroucé, les gars.

Quand on entendait ça, tout le monde se taisait et on l'écoutait tous bouche bée. C'était son truc, ça : “les gars”… Le Mitu est arrivé dans les derniers à l'atelier. Avant, il travaillait aux boulons. Je suis sûre qu'il a eu un sacré coup de piston pour se retrouver ici bien au chaud. Et il tétait la bouteille, et il balançait des énormités.

On a riiiii…

On a riiiiiiii…

Seigneur, qu'est-ce qu'on a pu rire !

Il est vrai que parfois on riait jaune.

Il y en avait toujours un pour dire :

— Le Mitu, un beau jour, tu nous feras tous envoyer en taule avec tes blagues.

— Laisse tomber, mon gars, le chef nous oubliera pas, il nous balancera des *sarmale* au lance-pierre.

Nous n'avons pas eu à souffrir des blagues mais nous avons bien cru que nous étions fichus pour une autre raison. Un jour arrive d'Angleterre une commande d'une sorte de boîte métallique avec toutes sortes de trous et de trous-trous, je ne sais pas à quoi les rouquins l'utilisaient. On était ravis, vous vous imaginez bien ! Cela voulait dire des devises. Et des salaires rondelets. Les mauvaises langues faisaient des gorges chaudes de nos Anglais qui selon elles achetaient notre production pour le matériau utilisé et pas pour le produit fini. D'après ces mauvaises langues, ce qui intéressait les Anglais, c'était tout simplement le fer car Ceauşescu ne vendait pas de matière première. Du fer qu'ils fondaient, soi-disant, pour en faire des lames de rasoir. Moi, je n'y crois pas vraiment mais, ma foi, c'est ce qui se disait. Un jeune, Dragos, venait juste d'arriver à l'atelier. En fait, on nous l'avait imposé, parce qu'il était le neveu du premier secrétaire. Le chef n'avait pas eu le choix, il l'avait pris. Vu qu'il ne savait pas trouver le manche de la pince – tellement la Rolex dans sa tête tournait bien ! – le chef lui a trouvé un poste de conception où il y avait à faire tous les trente-six du mois. Les fameuses boîtes des Anglais étaient quelque chose de facile, alors il lui a demandé d'en réaliser les plans. On s'est mis au travail. On a bossé comme des enragés, si bien que la première tranche de trois mille boîtes a été prête en une semaine. Quand voilà le contrôleur qualité qui s'arrache les cheveux. Deux trous qui se trouvaient à gauche devaient être à droite. Trois mille boîtes, pas trois cents. S'il n'y avait pas eu au milieu de tout ça le neveu du premier secrétaire ç'aurait été terrible. Alors que, là, l'affaire a été étouffée. C'est encore le chef qui a finalement résolu le problème. Il a tout porté à la ferraille et a payé pour que tout soit pressé immédiatement. Ils n'en ont pas cru leurs yeux quand ils ont vu quel bon matériau c'était. Ensuite, il a rapporté, grâce à ses divers pistons, de la tôle de Galaţi – on avait dépassé le quota qui nous était alloué – et on s'est remis au travail. Bien sûr, chacun a conservé autant de boîtes qu'il pouvait en emporter. J'en ai vendu à droite et à gauche et il m'en reste encore quelques-unes. Je crois qu'aujourd'hui encore, si vous allez dans les marchés aux puces, vous trouvez de ces boîtes pour Angliches.

Et maintenant, vous pouvez toujours essayer de trouver un bout de tôle dans les entreprises roumaines. Tout est foutu.

Chapitre 23

Sanda adore la ville. Nous nous promenons dans les parcs et nous regardons les statues. Nous connaissons les écrivains depuis l'école, les autres, nous n'en avons pas vraiment entendu parler.

— C'est comme si on mettait des bancs et des statues dans une forêt, marmonne Sanda.

Nous nous ennuyons rapidement et nous nous dirigeons vers un salon de thé. Je sais ce que je veux, une Africana et un soda, mais ma sœur reste un bout de temps devant la vitrine. Elle lit les noms et me demande au sujet de chacun quel goût ça peut avoir. Moi-même je n'ai pas goûté à tout, si bien que parfois je ne lui suis d'aucune aide. Trois gâteaux ont retenu son attention mais elle ne parvient pas à se décider pour l'un d'entre eux.

— Prends-les tous, si tu en as envie.

Elle veut bien, alors la table est tout occupée. La vendeuse sourit. Je finis à peine mon Africana qu'elle les a déjà engloutis. Elle racle les petites assiettes, les unes après les autres, avec sa cuillère.

— Tu en veux encore ? je lui demande.

— Non, c'est un peu trop sucré…

On ne commence à parler qu'au troisième soda. Elle me donne les dernières nouvelles de la maison et moi je lui parle de ma nouvelle vie. Elle est d'avis que ça n'a rien de comparable avec ce que j'ai laissé derrière moi, que j'ai bien fait de mettre les bouts. Elle soupire.

— Tu sais, Mica… Je suis venue *aussi* pour te demander quelque chose…

— Vas-y, parle !

— Ben, je voulais te demander… je ne sais pas, qu'en penses-tu, tu crois que tu pourrais te renseigner au sujet d'une école professionnelle pour moi ?

Je ne dis rien. Je regarde dans mon assiette.

Elle insiste :

— Qu'est-ce que tu en dis ?

— Maman et papa vont me tuer.

— Peut-être que non… Qu'est-ce que tu en dis ?

— J'essaierai.

— Tu promets ?

— J'ai le choix ?

Nous passons à des choses plus gaies. J'évoque nos anciens maîtres d'école et nous nous moquons d'eux. On les épluche les uns après les autres, grossissant leurs défauts et exagérant leurs gaffes. On s'amuse comme des folles. Seulement, quand j'apprends que le professeur de mathématiques, Sebastian Protopopescu, a quitté notre village, cela m'attriste. Je ne sais pas exactement pourquoi. Je paie et nous sortons. Sanda veut savoir combien ça a coûté mais je lui dis que ça la regarde pas. En chemin, nous achetons des cornets de glace. Nous bayons aux corneilles devant les vitrines. Il y a encore des choses à regarder, les temps difficiles viendront plus tard. Je l'amène au magasin central qui vient juste d'ouvrir, avec deux étages et un tas de rayons. Une vendeuse nous rappelle à l'ordre à cause des glaces, si bien qu'on leur fait un sort en deux lampées. Nous regardons les chaussures, les tissus, les articles de sport, les produits cosmétiques, les porcelaines, les vêtements pour femmes et ceux pour les hommes. Je lui demande de choisir quelque chose, je veux lui faire un cadeau. Quand elle entend ça, il faut tout revoir depuis le début. J'aperçois un chapeau vert qui, je pense, irait bien à papa, pour les jours de fête et je le demande. Je fais l'essai sur la tête de Sanda, car la mienne est un peu trop grosse. Je l'achète. Sanda essaie une paire de lunettes de soleil. Elles lui vont bien.

J'ai envie de rire :

— C'est parfait pour le *tezic* !

Je les paie et nous continuons. Sanda s'arrête devant tous les miroirs pour s'admirer. Elles lui plaisent terriblement, elle ne cesse de les déplacer le long de son nez, plus bas, plus haut. Pour maman, nous tombons d'accord qu'un châle serait très bien. Nous tournons un peu, mais nous ne trouvons pas. Je propose d'aller voir ailleurs, peut-être aurons-nous plus de chance. A la sortie du magasin, j'aperçois une silhouette connue. Tante Lucrecia. Elle est debout devant l'entrée, nous tournant le dos. Elle semble attendre quelqu'un. Je prends Sanda par le bras et je lui fais signe de se taire. J'ai peur de voir avec qui tante Lucrecia a rendez-vous.

— Allez, on va se promener, je chuchote à Sanda. Elle va se fâcher parce qu'on n'est pas passées la voir.

Mais ma sœur ne semble pas vraiment convaincue. Elle reste sur place sans rien décider.

Nous entendons soudain derrière nous :

— Regardez-moi qui voilà !

Tonton Andrei.

On se retrouve tous les quatre à discuter devant le magasin et on gêne le passage. Nous apprenons qu'ils sont invités à un mariage le soir même et qu'ils sont à la recherche d'un cadeau. Je soupire de soulagement. Il n'est plus nécessaire de leur rendre visite. Ce sera pour la prochaine fois. Tante Lucrecia a toujours l'air aussi coquette. Nous nous séparons. Nous, nous partons à la recherche du châle et en chemin nous achetons encore deux cornets de glace. Je dis à Sanda de ne plus se lécher les doigts. Je lui donne mon mouchoir. Nous nous arrêtons devant une vitrine d'articles de sport. Nous entrons et Sanda essaie une paire de tennis chinoises. On lit sur son visage qu'elle voudrait bien ne plus jamais se déchausser, si bien que je les lui paie. Sanda m'embrasse.

Nous papotons en marchant.

— Là, c'est quoi ?

— Les bains de vapeur.

— Comment ça ? Tu te laves dans la vapeur ? Tu te brûles pas ?

— Tu te laves dans de l'eau avec du savon, mais tu es entourée de vapeur…

— Et tu suffoques pas ?

— Tu t'y habitues…

— Je crois que je préfère le baquet…

Le soir, Sanda retourne voir les acteurs, elle aura peut-être plus de chance cette fois.

La mi-journée. Nous sommes à la gare routière. Je raccompagne Sanda, renfrognée car obligée de rentrer. Nous n'avons pas trouvé de billet pour le soir, alors elle part maintenant, en pleine chaleur. Elle a un sac volumineux et lourd. En plus des cadeaux, j'ai rajouté quelques pains, du chocolat, des conserves de poisson, du sucre et de l'huile. Elle me rappelle à plusieurs reprises de ne pas oublier ce qu'elle m'a demandé. Le temps qu'on parle, elle ôte et remet à plusieurs reprises ses lunettes de soleil. Je fouille dans mon sac à main et je lui tends deux billets.

— Pourquoi ? elle me demande.

— Pour que tu aies tes sous…

— Aahh… à la campagne, tu ne sais même pas où les dépenser… Je les garde pour la prochaine fois que je viendrai…

— Tu fais comme tu veux, ils sont à toi.

L'autocar démarre. Je lui fais au revoir de la main. Elle fait semblant de pleurer et de recueillir ses larmes dans le creux de sa main. En retournant au foyer, je me demande si j'ai bien fait de lui donner de l'argent. Comment ne voudrait-elle pas aller en école professionnelle ? Je constate que je viens justement de l'encourager.

Arrivée au foyer, je sors ma monnaie et je fais mes comptes. Je suis à sec. Je demande à Livia de me prêter de l'argent jusqu'au prochain salaire.

Je devais faire tout ce que j'ai fait, je me dis, tranquille.

Chapitre 24

— Apostoae Emilia ? me demande le *securiste* en feuilletant des papiers.

Je fais signe que oui. C'est un homme d'environ quarante ans, un peu grisonnant, le visage doux et la voix lasse. Je m'attendais à voir une figure plus sévère en accord avec une voix tonitruante.

— Née Burac ?

— Oui.

— Père et mère agriculteurs ?

— Exactement.

— Que fait votre mari ?

— Serrurier industriel.

— Oui... oui... serrurier... Pourquoi vous n'êtes pas membre du Parti ?

— Hum... Je ne sais pas... Je ne crois pas que j'aie le niveau idéologique nécessaire, camarade...

— Je vois que vous êtes un bon élément, pas de manquement à la discipline...

— Ça, c'est vrai.

— Vous avez reçu un appartement par l'entreprise, comment vous vous y sentez ?

— Bien.

— On vous a proposé d'entrer au Parti et vous avez refusé ?

— Non.

— Mais si on vous le proposait, vous accepteriez ?

— Je ne sais pas... Je crois que oui.

— Et vous dites que vous n'avez pas le niveau idéologique ? Comment ça ?

— Je ne sais pas... C'est ce que je me dis...

— Que vous manque-t-il pour avoir le niveau idéologique nécessaire ?

— Peut-être que je devrais étudier davantage les documents du Parti... Est-ce que je sais ?

— Etes-vous satisfaite du collectif dans lequel vous travaillez ?

— Oui.

— Et du contremaître aussi ?

— De lui aussi.

— Avez-vous une quelconque insatisfaction concernant votre emploi ?

— Nooon.

— Considérez-vous qu'il vous manque quelque chose que l'entreprise peut vous aider à obtenir ?

— Est-ce que je sais... Peut-être une bouteille de gaz...

— C'est tout ?

— Oui, je crois que oui.

— Bien, rédigez une demande que vous me laissez et demain vous allez au syndicat pour retirer le bon pour la bouteille de gaz.

Quand je reviens, c'est la pause. Je tire ma gamelle et je m'assois dehors, sur le banc, à côté d'Aurelia.

— Comment c'était ? me demande-t-elle.

Je la regarde, sidérée qu'elle sache.

— Le chef m'a dit qu'après la pause j'y vais aussi.

J'ai compris.

— Aaah. Finalement, c'est un type bien. Il te demande quelles insatisfactions tu as. Moi, je lui ai dit que je voudrais une bouteille de gaz et il m'a dit de laisser une demande.

— Mais pourquoi il nous a pas demandé jusqu'à maintenant ?

Je fais un signe de tête pour dire que c'est clair pourquoi c'est maintenant et pas un autre jour. Nous mangeons. A la fin, Aurelia sort des oranges. Elle raconte qu'au magasin où travaille son mari ils n'ont plus assez de bras pour décharger la marchandise. On leur livre de tout. Du salami, du lait, du chocolat, de tout. Et pas seulement là, mais dans tous les quartiers. Certes, on fait encore la queue mais il n'y a pas plus de vingt ou trente personnes, pas la foule.

Maria s'approche, alors on se tait. Aurelia lui tend une orange épluchée et en quartiers. Maria en prend un, elle retire la peau et seulement après l'avale. J'ouvre de grands yeux.

— Je supporte pas les petites peaux, alors je fais comme avec les pamplemousses, dit-elle en souriant.

Pour ne pas me ridiculiser, je ne lui dis pas que je n'ai encore jamais eu l'occasion de manger des pamplemousses.

L'après-midi, on passe tous à l'extérieur. On balaie, on nettoie, on bêche. De la mairie, on a reçu de la terre bien noire, des rosiers et des plaques de gazon. Nous peignons tous les tuyaux apparents et la grue roulante. Sur le bâtiment principal, une autre équipe, d'une autre section, repeint les lettres de la taille d'un homme du "Vive le Parti communiste roumain". Les gardiens ont eux aussi de nouveaux collègues. L'asphaltage dans la cour de l'entreprise bat son plein.

Le soir, quand il n'y a plus de courant, on nous laisse rentrer chez nous.

J'arrive épuisée. Il est trop tard pour téléphoner à Sanda et lui demander comment va Alice. Je bavarde avec Tzucu. On n'a pas parlé depuis deux jours. Il me raconte que, de leur côté, ils sont allés transplanter du maïs. Ils ont arraché le maïs d'un lopin expérimental de la ferme du Parti ; de beaux et grands plants de maïs avec des épis gros comme ça ; et ils en replantent le long des champs, sur deux ou trois rangées, le long du parcours de Ceauşescu vers je ne sais quelle coopérative agricole de production. Là-bas, ils arrachent les vieux plants de maïs qu'ils chargent dans des remorques. Après, il ne sait pas lui non plus ce qui se passe. Ils mènent toutes ces opérations en plein soleil. Au moins, ils leur donnent de l'eau gazeuse.

Le troisième jour est en quelque sorte plus tranquille. On s'occupe de "pavoiser". Nous nous sommes séparés en deux. Une équipe dedans et l'autre dehors. Je suis à l'intérieur. Nous fabriquons un tableau d'honneur, avec les photos des ouvriers d'élite. Pour s'amuser, on place le père Mitu comme le meilleur des meilleurs, l'exemple à suivre. Ensuite on réalise un graphique sur les séances d'information politique, avec des données et des thèmes qu'on tire de notre chapeau. C'est-à-dire que pas tout à fait, on les copie d'après un modèle apporté par le chef. Nous découpons dans le journal des articles que nous fixons avec des épingles sur un morceau de polystyrène couvert d'un morceau de tissu rouge. Nous accrochons quelques portraits de Ceauşescu. Le chef nous apporte aussi une vingtaine de gros livres de l'œuvre du Nicu, pour qu'on les dispose dans son bureau. Comme il n'a pas de bibliothèque, nous allons en chercher une à la Fabrique de meubles – ils nous la prêtent. Le chef nous apporte aussi quarante jardinières de fleurs à disposer partout, de la manière la plus esthétique possible. On signe un bordereau en échange. Ce qui sera perdu ou détruit devra être payé.

Dehors, c'est le scandale. Quelqu'un hurle.

Aurelia et moi nous sortons sur le seuil pour voir de quoi il s'agit.

Un individu brun et contrarié, en costume-cravate, lève les yeux au ciel et de la fumée lui sort par les narines.

— Vous êtes des crétins et des imbéciles. Vous filez un mauvais coton avec moi, je vous le dis ! On laisse passer la visite et vous aurez affaire à moi ! C'est une usine de poivrots ici ou quoi ? On fait du vin ou on produit pour exporter ? Vous êtes des irresponsables.

Et il file comme une tornade, une de celles qui fauchent tout sur leur passage. On apprend que c'est la treille qui le dérange. De nous tous, c'est le père Culidiuc le plus affecté. Il l'a plantée, sarclée, liée pendant des années et à présent les gars sont en train de l'arracher.

Il ne veut même pas voir ça, il rentre dans l'atelier. Le chef ne dit rien, parce que nos nouveaux collègues sont présents, mais il a les larmes aux yeux. Moi aussi, ça me fait mal au cœur, l'ombre, les grappes noires aux grains serrés les uns contre les autres... Le père Culidiuc nous fait signe que le contrarié est frappadingue. On lui demande qui c'est et il dit qu'il s'agit d'un type haut placé à la départementale du Parti.

Une heure ne s'est pas écoulée qu'arrive le jeune gardien riant aux éclats. Il veut raconter quelque chose et le chef lui fait discrètement signe de se taire. Le gardien ne saisit pas et le voilà lancé. Il raconte que le type de tout à l'heure – camarade Tornade, comme je l'ai baptisé dans ma tête – s'en est pris aux sapins de chaque côté de la porte principale : pourquoi sont-ils aussi poussiéreux ? Il lui a été expliqué qu'ils ont été lavés au jet mais qu'on n'a pas pu les rendre plus verts que ça. Alors le type a commencé à gueuler qu'il n'en avait rien à faire, qu'au besoin on pouvait les colorer, pourvu qu'ils ressemblent à des vrais sapins, comme à la montagne. A présent, juchés sur des camions à bras mobile de l'Usine électrique, quelques individus peignent les sapins au pistolet.

Seuls Adrian, Maria et le Mitu rigolent. Ah, et aussi le père Culidiuc depuis l'atelier, derrière nous.

Le pauvre gardien, c'est maintenant qu'il comprend. Ça se voit à son regard effrayé.

Il essaie de noyer le poisson.

— Après tout, ça aussi c'est une solution.

Cette fois-ci, tout le monde rit.

Le gardien n'y comprend plus rien.

Le chef le prend par les épaules en lui demandant de lui montrer où il a vu une chose pareille, parce que lui n'y croit pas. Ça crève les yeux qu'il souhaite le tirer d'affaire.

Aujourd'hui nous partons plus tôt pour avoir le temps de nous préparer pour le lendemain et nous reposer. Le chef nous donne les instructions ultimes : des salopettes repassées et apprêtées, des hommes rasés et sentant le dentifrice, pas le tord-boyaux et des femmes sans rouge à lèvres, maquillage ni vernis sur les ongles.

J'arrive à la maison. Tzucu n'est pas encore là. Les marmites sont vides, l'évier est plein. Je me mets au boulot. Tzucu fait enfin son apparition. Il me raconte qu'un type avec une grande gueule s'est ramené et qu'il leur a passé un drôle de savon. Eux, parce qu'ils n'avaient pas arrosé le maïs transplanté et ceux de la ferme du Parti parce qu'ils se préparaient à expédier un troupeau de vaches de race à la coopérative agricole de production que Ceauşescu s'apprête à visiter – du sabotage. Je lui ai décrit la Tornade, c'est bien lui. Le troupeau de vaches : un véritable cirque. En premier lieu, il a fallu exclure des effectifs bovins toutes les vaches noires, parce qu'elles n'ont pas l'air optimistes. En second lieu, il n'était pas satisfait, parce qu'elles n'étaient pas assez bien lavées et brossées. Mais le plus fort, c'est quand il s'en est pris aux sabots qui n'étaient pas assez reluisants – vu que d'après lui : les vaches de race doivent avoir le sabot brillant. Finalement, il leur a demandé de les vernir pour qu'ils ressemblent au sabot idéal.

Nous discutons encore de choses et d'autres puis on s'endort.

Le grand jour.

Le directeur général et le chef nous passent en revue. Ils nous détaillent des pieds à la tête, arrangent un col au passage. Avec tous ces trucs de protection qu'on porte, on pourrait nous mettre en vitrine. L'atmosphère est tendue. Nos nouveaux collègues ne sont pas là ; probablement qu'ils sont ailleurs avec la délégation officielle. Le camarade Costume s'en va et nous restons entre nous. Le temps passe lentement. Nous errons d'un endroit à l'autre, on a la bougeotte. On n'a même pas envie de s'asseoir, pour ne pas chiffonner quelque chose.

Dans la rue, de part et d'autre de la chaussée, on a déjà ramené des travailleurs, des pionniers et des Jeunes Communistes, avec pancartes et fanions. Leur brouhaha nous parvient jusque dans la cour de l'entreprise.

De temps en temps, le Mitu fait quelques pas en se balançant, les mains écartées de la manière qu'il s'imagine être celle des cosmonautes. Nous sourions mais n'avons pas le cœur à rire. Quoi qu'on dise, nous sommes émus. Ce n'est pas tous les jours que Ceauşescu vient chez nous, dans notre atelier. Et je crois qu'on a un peu peur aussi, même si personne ne le dit. Nous devons nous en sortir ! Et comment !

De temps en temps le chef nous apporte des nouvelles transmises par le camarade Costume : Ceauşescu est en ville ; Ceauşescu est à table ; Ceauşescu est en chemin pour la CAP. La tension monte. Le pire est que nous n'avons rien à faire ; que nous devons attendre. Nous devons être prêts à tout instant.

L'après-midi vers les cinq heures, la nouvelle ahurissante arrive : Ceauşescu a quitté la ville.

Mais nous restons sur nos positions, des fois que ce serait une fausse alerte.

Vers les sept heures apparaît le camarade Costume et il nous confirme, Ceauşescu a quitté la ville. Il nous remercie et nous dit que la prochaine fois nous aurons peut-être plus de chance. Il repart illico.

Nous restons entre nous et l'atmosphère se détend brusquement.

— Chef, mais nos collègues, les nouveaux, ils ne sont pas venus aujourd'hui, ils n'ont pas pointé, qu'est-ce qu'on fait ? demande avec malice le Mitu.

— Qu'ils aillent se faire voir !

Nous décidons d'aller tous ensemble au restaurant fêter notre réussite.

Chapitre 25

Mme Rozalia racontait à voix basse, les yeux rivés sur la vieille horloge. De temps en temps elle s'interrompait et m'invitait avec douceur à me servir de confiture.

Elle est née en 1936. Son père, tailleur, avait un atelier et trois apprentis ; sa mère s'occupait de la maison. Elle était fille unique et par conséquent très gâtée. Elle aimait peindre ; elle garde encore des dessins de quand elle avait cinq six ans. On disait aux parents que la petite Rozalia avait du talent et sa mère l'encourageait. Son père passait la plupart de son temps à l'atelier. Il avait une clientèle choisie et difficile qu'il n'aimait pas laisser entre les mains des apprentis. Tous les notables de la ville commandaient leurs vêtements chez Anton Buzinschi. En raison d'une infirmité à la jambe le père ne fit pas la guerre. Même dans ces moments difficiles ils étaient plutôt à leur aise. La petite Rozalia entra à l'école où elle obtint de très bons résultats. Le dessin était de loin son point fort. L'arrivée des communistes signa le début du désastre. En 1949 l'atelier fut nationalisé. Le père, parce qu'il n'avait pas participé à la guerre, fut traité comme un ennemi du peuple. Grâce à des relations dans son ancienne clientèle, il échappa à la prison. Mais ils furent ruinés du jour au lendemain. Ils dansaient devant le buffet. Ce qu'il y avait de meilleur atterrissait dans l'assiette de Rozalia. C'était du pain et du lait. La mère avait difficilement réussi à se faire engager comme saisonnière dans des serres. Quand elle arrivait à la maison, elle était cassée en deux. Quel que soit l'emploi demandé, on refusait systématiquement d'embaucher son père. Une chance qu'il ait senti venir le vent des changements communistes et qu'il ait transporté presque tout son stock de tissus dans le grenier d'une connaissance, dans les faubourgs de la ville. Les machines à coudre, il n'avait pas pu les sauver. Alors, au début des années 1950, il vendait encore des coupons d'étoffe. De la bonne étoffe, de la vraie, de différentes couleurs, de celle qu'on ne trouvait pas ailleurs. Ce grenier était le paradis pour la petite Rozalia. Pendant que son père choisissait parmi les coupons, elle caressait et humait les étoffes, en déroulait un morceau et s'habillait en princesse ou en fée. Son père la prenait avec lui – elle l'avait compris plus tard – parce qu'en tenant un enfant par la main il passait mieux inaperçu. S'il avait été pris il n'aurait plus échappé à la prison. C'était très dangereux, mais la faim le poussait à prendre des risques. Les coupons, il les vendait au quart du prix à des tailleurs – des hommes de confiance qu'il connaissait depuis longtemps. Les hommes au sommet du nouvel ordre prolétaire et leurs épouses se taillaient des vêtements dedans. Parfois, dans la rue, son père l'arrêtait pour lui montrer telle ou telle robe : regarde, c'est fait dans du tissu de chez nous. Et ce n'était pas difficile à deviner. Les communistes ne fabriquaient plus que des tissus marron, noirs et gris. La grisaille et le bleu des salopettes de travail étaient les couleurs officielles. Si notre drapeau n'était pas rouge, jaune et bleu, on oublierait ces couleurs, disait son père. Les souliers étaient tous noirs et marron. Pareil pour les sacs à main ou les parapluies. A mesure que le communisme triomphait le monde se rétractait en deux ou trois couleurs foncées, comme sur une photo de mauvaise qualité. Les foules dans la rue ressemblaient à des cortèges funèbres. La petite Rozalia avait grandi. Elle dessinait au crayon, car les aquarelles étaient chères. Elle rêvait encore de devenir peintre. Sauf qu'en 1954, quand, pleine d'enthousiasme, elle tenta de s'inscrire à la faculté, son dossier fut repoussé. Elle apprit ainsi, à ses dépens, ce que signifie être l'enfant d'un ennemi de classe. On lui fit même la morale, pour qu'elle comprenne. De tels enfants ne sont pas des gens de confiance parce que leurs parents ont des comportements hostiles. Les chiens ne font pas des chats. Ils ne doivent pas occuper des fonctions de direction dans la société. Et puis, une place occupée par un *chiabur* est une place volée à un fils de prolétaire, et ce n'est pas juste. Elle comprenait. Elle comprenait que les camarades ne la laisseraient pas faire de la peinture. Elle pleura et se fit engager, ô combien difficilement, comme femme de ménage dans une institution puis comme poinçonneuse dans un autobus. En 1958, à la suite d'interventions compliquées, le régime fit une faveur à son père : celle de l'engager comme couturier. Dans l'atelier qui autrefois était le sien. La joie d'avoir un emploi était chaque jour empoisonnée par les souvenirs que suscitaient ces lieux. Les machines à coudre n'avaient pas changé, c'étaient les mêmes. Des anciens apprentis, il n'en restait qu'un, le plus maladroit, qui était devenu le chef et qui était membre du Parti. Heureusement, ce dernier ne lui gardait pas rancune. Si bien qu'en peu de temps Rozalia fut engagée aussi. C'est là qu'elle a appris la couture. A la nouvelle qu'Anton Buzinschi avait repris le travail, beaucoup d'anciens clients firent leur apparition. Du dépôt clandestin d'étoffes, il ne restait presque rien. Mais il avait rendu service, il avait contribué à les nourrir pendant presque dix ans. Il ne restait plus que des coupons partiellement moisis. Ils étaient entassés à un endroit où la toiture fuyait. Dans les années 1970 on déplaça leur atelier et sur le même emplacement s'installa une petite librairie puis un marchand des quatre-saisons. Le local existait toujours, quelque part dans le centre ancien. Après la révolution il fut occupé de diverses manières et à présent c'était une salle de jeux mécaniques. La passion pour la peinture ne l'abandonna jamais. Il était trop tard pour s'affirmer, mais pour compenser elle enseignait le dessin, comme remplaçante, dans une école de village. De temps en temps elle peignait encore des paysages. Elle finit par abandonner ce poste, à cause de la navette. C'était fatigant, il faisait froid, c'était cher. Presque tout son salaire passait dans le transport. Mais elle vivait de la couture. Elle aimait ce qu'elle faisait mais souffrait à cause des couleurs. Elle en avait assez du marron, du noir et du gris. Les rares occasions de travailler sur du grenat, du vert ou du bleu étaient de véritables fêtes. Seules les plus courageuses se faisaient faire une robe bleue, car jamais on n'aurait trouvé de souliers ou de sac à main assortis.

— Ma chère, le voilà mon communisme à moi : celui qui a pris de force l'atelier de mon père, qui a brisé à la base mon rêve de faire de la peinture, qui m'a privée de couleurs toute ma vie.

A la révolution, son père avait soixante-quatorze ans et il était presque aveugle. En bon couturier qu'il était et comme ceux qui vivent avec la crainte du lendemain, il avait épargné un peu d'argent. Il en gardait une partie à la CEC et l'autre à la maison, bien cachée, pour l'avoir sous la main. Lors des journées de décembre 1989, il pleurait d'émotion, il ne s'était jamais imaginé assister un jour à la chute des communistes. Vieillard presque aveugle, il était sorti dans la rue, prêt à offrir ses services aux forces révolutionnaires. Depuis son enfance il n'avait jamais connu un Noël si heureux. De tout cœur, il espérait voir punis ceux qui avaient fait du mal et rendu ce qui avait été volé.

— Mais pour ce qui est des couleurs, on ne peut rien réparer, disait papa.

Puis ce fut l'inflation. Le père fut pris de panique. D'un mois à l'autre son argent, économisé pendant toute une vie, perdait de sa valeur. Ce qui lui aurait permis d'acheter une voiture ne suffisait plus, au bout d'un an, qu'à payer une mobylette. Alors il se décida à en faire quelque chose. Désespéré, il acheta des machines à coudre. Dix. Il les entreposa dans l'appartement, occupant toute une pièce. Il aurait tellement voulu se monter un nouvel atelier de couture, mais il était trop vieux. Il mourut deux ans plus tard. A présent Mme Rozalia voulait exaucer son rêve. Les libéraux promettaient la restitution des biens immobiliers confisqués. De temps en temps, Mme Rozalia allait à l'ancien atelier de son père et disposait mentalement les dix machines à coudre. Elle ne pouvait plus travailler, mais quelques jeunes auraient pu rendre une âme aux lieux.

— Et pourquoi vous ne m'avez jamais raconté ça ? je lui ai demandé.

— Je ne pensais pas que cela vous intéresserait...

Le soir, Alice a de nouveau téléphoné pour me demander si j'avais changé d'avis. Je crois que nous sommes restées une heure au téléphone. Tzucu regardait un film tout en somnolant de temps en temps. Il faisait provision de sommeil, car le lendemain il partait de nouveau à la campagne.

— Ecoute, maman, je vais me ridiculiser, à l'association ! Qu'est-ce que cela peut bien te faire, tu le mettras de toute façon, ton coup de tampon !

Je lui ai expliqué que ma vie c'était ma vie, que je savais bien comment j'avais vécu. Si tout avait été merdeux, que devenait ma jeunesse alors ? Je n'ai fait de mal à personne, je n'ai envoyé personne en prison, je n'ai dénoncé personne à la *Securitate*, pourquoi je me sentirais coupable ?

— Ce n'est pas une question de culpabilité maman, mais tu dois admettre que c'est un mauvais système...

injuste… qui mène à la faillite même si à la base se trouvent les meilleures intentions…

— Tu peux traduire ?

— C'est-à-dire que, en voulant faire le bien, tu fais le mal. Parce que le système est comme ça. Mal conçu.

— Un système dans lequel tout a bien marché pour moi, comment veux-tu qu'il soit mauvais ?

— Mais les autres, maman ? Les autres, ça a bien marché, pour eux ?

— Les autres… Moi, maintenant, je fais partie des "autres"… de ceux pour qui ça marche mal. Moi je vote pour cette époque où c'étaient les autres qui faisaient partie des "autres"…

— Mais t'en penses quoi, ça ne serait pas mieux que personne ne fasse partie des "autres" ?

— Oui, pour ça je suis d'accord, ce serait le mieux.

— Alors fais-moi confiance.

— Regarde-moi ça, c'est l'œuf qui dicte à la poule !

Nous nous sommes chamaillées sans aucun résultat. Finalement, nous en avons conclu la même chose que la fois dernière : elle n'a aucune raison de regretter le communisme alors que moi j'ai toutes les raisons.

— Mais on est toujours une mère et sa fille, n'est-ce pas ? a plaisanté Alice, à la fin.

Quant à moi, je lui ai dit de nouveau de prendre du calcium, pour ne pas gâcher sa merveille de denture.

— Le fromage… le fromage contient du calcium, a marmonné Tzucu, du fond de la salle à manger.

Chapitre 26

Je suis dans mon une-pièce cuisine. Cela fait presque un an que j'en suis locataire et je suis très satisfaite. Ce n'était pas mal non plus au foyer, je m'entendais bien avec les filles, mais je ne réussissais pas à avoir un coin à moi. Je fais cuire des courgettes. En fait, c'est presque prêt. J'ai ouvert les fenêtres pour laisser partir l'odeur de cuisine. On entend le bruit des voitures dans la rue, mais ça ne me dérange pas trop. Je mets un disque. Avec mon dernier salaire, je me suis dit : Ça suffit, ça ne peut plus durer, tu as besoin d'un tourne-disque, Mica ! et j'ai acheté celui-là, qui ressemble à une petite valise. Je me suis dit qu'au besoin je peux l'emporter avec moi à la campagne. Je commence à avoir des choses à moi. Maintenant, si je dois déménager, un sac ne suffira plus, il faudra que je prenne un taxi. Bien entendu, pour la toilette, je me suis payé une serviette de bain moelleuse et qui n'en finit pas, même si le prix était un peu salé. Je retourne à la cuisine, je soulève le couvercle, je regarde si ça sent bon et je pique avec la fourchette. Encore un petit moment. Je range la table.

La sonnette.

Je hausse les épaules. Je n'attends personne.

Il est déjà tard.

Je regarde dans le judas et je n'en crois pas mes yeux : tante Lucrecia. Je me dis qu'il est arrivé quelque chose à la maison.

— La prochaine fois, quand tu changeras d'adresse, tu me préviendras, ma fille ! J'ai dû faire le tour du foyer…

Elle est toute habillée de blanc et porte des lunettes de soleil.

J'articule un :

— Entre, tata…

— Tu as de la place, dans cette pièce… Ce n'est pas mal du tout !

Elle pose son sac sur le lit et s'assoit dans le fauteuil. D'après son air dégagé, elle ne semble pas apporter de mauvaises nouvelles. Je lui sers un verre d'eau et je file à la cuisine surveiller les courgettes. J'éteins le gaz et je reviens. Ma tante feuillette un almanach *Scînteia.* Sans ses lunettes de soleil, on voit un long bleu sous l'œil droit. Je lui demande si elle a faim et elle me fait signe que non. Le disque est fini mais je ne sais pas si c'est bien le moment d'en mettre un autre.

Ma tante me demande si elle peut rester dormir ici cette nuit.

Je lui dis qu'elle peut dormir dans le lit et que, moi, je vais allonger le fauteuil sur lequel elle se trouve.

J'insiste avec les courgettes et elle accepte de les goûter.

— J'apporte à manger ici, ma tante, parce que la cuisine est tellement étroite qu'il n'y a pas la place pour deux paires de fesses.

J'essaie de plaisanter.

Quand je reviens avec la deuxième assiette, tante Lucrecia tient la photographie de Tzucu à la main. Une petite photographie, pour carte d'identité.

— Qui est-ce ?

— Un garçon…

— Je vois bien que ce n'est pas une fille. Comment il s'appelle ?

— Constantin.

— C'est ton chéri ?

— Hééé, tata… on est allés voir un film à quelques reprises…

— Joli garçon, ma fille… regarde-moi ces yeux ! Faut penser à te marier, il n'y a pas de honte…

Je sens que je rougis, alors je file chercher les couverts et les serviettes de table.

Le temps que tante Lucrecia est dans la salle de bains pour se laver les mains, je saisis la photo et je la glisse rapidement dans mon porte-monnaie.

Cet incident me fait tout de suite penser à un autre épisode, qui se passe dix ans plus tard.

C'est la fin de l'automne et je viens juste de débarquer chez mes parents. Papa récolte les betteraves rouges et maman s'active au ménage. Comme chaque fois, je leur ai apporté un peu de tout. En plus du pain, de l'huile et du sucre, toutes sortes de choses que j'ai reçues à l'usine : une veste molletonnée, une paire de bottes en caoutchouc, des savons Cheia, de la soude. Comme chaque fois, maman les prend et les porte dans la remise en me disant de ne plus rien apporter et qu'elle n'en a pas besoin. Depuis bon nombre d'années, je leur achète du bois pour qu'ils ne fassent plus de *tezic*, parce qu'ils prennent de l'âge et s'affaiblissent ; ils y touchent à peine, ils préfèrent fouler la bouse. Impossible de leur sortir ça de la tête. Comme s'ils voulaient me dire que c'est de moi qu'ils ont besoin, pas de ce que je leur apporte.

Tant que je n'étais pas mariée, ils ont espéré que je reviendrais au village. Avec mon mariage, ils se sont faits à l'idée. Toutes ces années qui ont suivi j'ai senti derrière moi leurs regards pleins de reproches. Ils ne me disaient rien mais à leur manière de me recevoir, je comprenais. Papa me regardait de travers, on aurait dit qu'autrement cela l'aurait obligé à vider son sac. Maman assistait à tout ça, triste, triste et fatiguée. Après le départ de Sanda pour l'école professionnelle, j'ai cru que la faute serait partagée entre nous deux. Elle en avait porté toute la responsabilité, n'avait pas soufflé mot de l'aide que je lui avais apportée. Mais peine perdue, tout m'est retombé sur le dos, car pour mes parents Sanda n'avait fait que suivre la grande, c'est-à-dire moi. En prenant de l'âge, papa est devenu lui aussi triste et fatigué et maman s'est mise à pleurer plus souvent. Ma seule défense, indirecte, était de leur montrer sans arrêt que l'avenir me donnait raison.

Après l'école professionnelle, j'ai suivi les cours du soir du lycée, alors même que j'étais déjà satisfaite de ce que je gagnais. J'étais terriblement ambitieuse. Je me suis préparée pour entrer à la faculté. Ça, c'était après mon mariage. Je voulais faire une section de sous-ingénieurs, en auditeur libre. J'ai révisé pendant environ deux mois pour l'admission mais quand j'ai su que j'étais enceinte j'ai laissé tomber. Alice est arrivée et j'ai mis au clou mes ambitions scolaires. Je les ai placées dans son cartable à elle.

Maman s'endort de plus en plus souvent quand elle s'assoit sur le tabouret pour se reposer quelques minutes. A présent, elle ronfle doucement, la tête appuyée contre le mur. Les mains sur les genoux. J'ai tout le temps essayé de leur faciliter la vie et ils ont accepté sans joie. J'ai refait la maison, le puits, j'ai installé le courant, mais le reproche luit dans les regards. A présent j'y suis habituée.

Je fais un tour dans le jardin. J'inspire profondément l'air de l'automne. Les citrouilles entassées, avec leurs auréoles orangées, semblent tout illuminer autour d'elles. Les capuchons du maïs murmurent dans le souffle du vent. J'aperçois dans l'arbre quelques pommes oubliées. Avec beaucoup de peine, je parviens à en attraper une. Petite et sucrée. C'est parfois très beau la campagne. Surtout quand on y vient en visite. Je jette le trognon dans l'enclos du cochon, mais il ne s'en émeut pas le moins du monde.

J'entends parler, alors je retourne vers la maison. Papa est arrivé, la fourche sur l'épaule. Maman s'est réveillée et prépare une *mamaliga*. Nous prenons place sur les chaises, près du poêle d'été. Nous parlons. Mon père n'est pas dans son assiette. Je lui demande ce qu'il a et il fait un geste peu rassurant, il n'a pas envie de raconter.

— Alors tu n'es pas au courant ? me demande maman.

— Non, de quoi ?

— Que ton oncle Andrei a perdu la boule.

— Eh, comment ça ? Qu'est-ce qu'il a fait ?

— C'est à ton père de te le dire.

Sa langue se délie, péniblement. J'apprends que tonton Andrei a quitté la maison. Il a pris le large avec une jeunesse de trente ans sa cadette. Tante Lucrecia a fait tout un scandale. Ils ont fait une réunion du Parti et ils l'ont renvoyé de sa fonction, pour comportement indigne. Ils ne lui ont pas retiré sa carte.

Nous nous taisons. Il n'y a plus rien à dire.

Je suis étonnée de voir comment les nouvelles parviennent au village bien plus vite, même si les choses se passent loin.

— Il est fou, cet homme, marmonne encore papa.

Je ne dis ni oui ni non.

Chapitre 27

A l'intérieur, ça sent vaguement le bois de sapin et très fort la colle. Dans la grande salle de la Maison des syndicats, nous sommes une vingtaine de personnes et je n'en connais qu'une ou deux, de vue. Nous confectionnons des pancartes pour un meeting urgent. On nous a apporté les slogans dès la première heure ce matin : "A bas les hooligans de Timişoara !" et "Nous demandons le retour à l'ordre dans tout le pays !". Nous avons encore assez de "Vive le Parti communiste roumain !" et de "Notre Fierté, notre Vie / Ceauşescu, Roumanie", il suffit de réparer une lettre par-ci par-là.

J'ai été convoquée par Dorofté, secrétaire du Parti pour notre entreprise et responsable de toute l'opération. Les gens que je connais de vue viennent aussi de notre fabrique. J'ai du mal à me rendre compte si Dorofté m'a appelée pour se venger ou bien si c'est la règle, c'est aux nouveaux adhérents du Parti à exécuter les bas travaux.

Quand je me suis inscrite au Parti – cela ne fait pas même un an – le secrétaire était tout miel avec moi ;

mais à la suite d'un incident il ne me voyait plus d'un aussi bon œil.

Voilà ce qui s'est passé.

C'était le jour de Pâques et nous étions tous à l'atelier. J'avais dit au chef, nous sommes orthodoxes, alors aujourd'hui, on ne travaille pas. Le chef n'avait rien contre, à condition qu'on récupère. Le matin, nous avons donc démarré quelques machines qui fonctionnent dans le vide et nous avons étalé sur la table tout ce qu'il convient de manger à Pâques : la *pasca*, les œufs teints en rouge, le *cozonac*, du vin. Que l'on participe à la fête, nous aussi, même si nous ne sommes pas à la maison. L'atmosphère était détendue, on discutait, on disait des blagues, on se sentait bien, à notre manière à nous. A la mi-journée, la sonnette retentit, sans le code. Nous nous regardons les uns les autres et c'est la panique. On ramasse tout, on fourre dans les placards et on se met derrière les machines. Il faut un bon moment avant qu'on ouvre. Derrière la porte, Doroſté. Il ne dit rien, il se met à arpenter l'atelier et à fouiller dans tous les coins. Je crois que cela sentait le vin et les œufs, même si on ne s'en rendait pas compte. A un moment donné il commence à farfouiller dans la poubelle et en sort ce que probablement il cherchait : des morceaux de coquilles rouges. Nous n'avions pas pensé à ça.

— Comment c'est arrivé là ? il a demandé, en nous regardant d'un air triomphal.

Personne ne dit rien.

— Je vous ai demandé quelque chose, dit Dorofté. Puis il ajoute : Camarade Apostoae, vous êtes depuis peu membre du Parti, pensez-vous que cela soit bien, ce qui se passe ici ?

Je fais un drôle de nez.

— Je vous prie de venir établir un procès-verbal. Une chose pareille ne peut pas ne pas être sanctionnée, dit-il en s'adressant à moi.

Je cherche un papier et de quoi écrire, puis je m'assieds et j'écris sous sa dictée. J'ai presque envie de pleurer.

Probablement que le chef a été prévenu, car j'ai à peine terminé le procès-verbal qu'il fait son apparition. Dorofté lui explique d'un air pincé quelle est la situation.

Le chef le prend gentiment.

— Oui, cam'rade, pour sûr, vous avez raison. Mais il ne s'agit ici que de tradition, vous savez comment c'est... pas forcément de sentiment religieux... Et puis, au moment de la pause, cam'rade, que voulez-vous, chacun mange ce qu'il apporte de chez lui... ce que l'épouse ou la belle-mère lui a mis dans le sac...

Il n'y a pas à dire, c'est un grand diplomate, notre chef à nous ! Sinon, il ne serait pas arrivé là où il est arrivé.

Mais Dorofté reste toujours aussi hargneux et nous fait signer le procès-verbal. On a regardé le chef et il nous a fait signe de la tête que oui.

Ensuite ils rentrent dans le bureau.

Je ne sais pas ce que lui aura dit le chef, comment il aura réussi à l'amadouer, mais à un moment donné notre contremaître passe la tête dans l'entrebâillement de la porte et nous adresse un signe bien connu. Cela veut dire apportez quelque chose de bon à boire. Du café et des cigarettes, il y en a toujours à l'intérieur. Nous lui apportons le meilleur cognac que nous ayons trouvé, parce que, du whisky, pas moyen d'en dégoter en si peu de temps. C'est déjà bon signe. Au bout de deux heures, il nous fait signe d'apporter une nouvelle bouteille. Ainsi donc, c'était réglé.

Nous n'avions plus le cœur à rien. La journée de travail était finie mais personne n'osait rentrer à la maison. Nous attendions de voir comment cela se terminerait puis d'encaisser un savon de la part du contremaître.

Vers les cinq heures, ils sortent en titubant. Le chef n'est pas un grand buveur mais, quand il faut s'enivrer, il le fait. Cette fois-ci, il n'avait pas eu le choix. Au moment de sortir en direction du taxi, il me tend le procès-verbal. J'en fais des confettis et je les jette à la poubelle.

Il revient, prend toutes ses affaires et nous lance un pâteux :

— On en reparle demain !

Depuis, j'essaie d'éviter Doropfté. A présent que nous sommes dans la même pièce, c'est plus difficile. Chaque fois qu'il passe à côté de moi, je fais semblant d'être très occupée. Hier je suis allée à la réunion du Parti. Une grande, pour toute l'entreprise. A la fin,

Dorofté en personne m'a nommée dans l'équipe de fabrication des pancartes. C'était une réunion inhabituelle où il s'agissait de prendre position contre les hooligans de Timişoara. Tzucu, qui écoutait Europe Libre, m'avait dit de quoi il était question. C'était la révolte et l'armée tirait sur la population. C'était un peu plus grave qu'à Braşov en 1987. Ils ont dit aux étudiants de rentrer chez eux dès le 16, de peur qu'ils ne fassent des manifestations, si bien qu'Alice est à la maison. Ça me rassure un peu. Je pense que tous ceux qui étaient dans la salle étaient au courant de ce qui se passe, parce que l'atmosphère était assez tendue. Dorofté s'emportait. Il jetait feu et flamme contre les forces *déstabilisatrices* et nous a encouragés à tout faire pour préserver les conquêtes du communisme. Les autres intervenants, bien que dans la même veine, s'emportaient un peu moins. Ensuite, quelques-uns dans la salle se sont levés pour stigmatiser les comportements des habitants de Timişoara, dignes de l'époque primitive et pour exprimer leur adhésion aux mesures fermes prises par le Parti.

Dorofté va et vient entre nous et nous presse.

Je coupe dans le polystyrène la lettre M. D'autres accrochent le tissu rouge sur les cadres de bois arrivés de la menuiserie. On m'a donné de longues bandes pleines de M tracés au crayon et je dois les découper. Pour que cela aille plus vite, chacun a une seule lettre. Ainsi on ne se mélange pas les pinceaux et on prend le pli, les gestes deviennent automatiques. A mesure que nous les découpons, d'autres les collent sur la toile. Heureusement que j'ai la lettre M, il n'y en a pas tant que ça. Ceux qui doivent faire les I ont moins de chance, parce qu'il y en a un tas. Ceux qui ont le H sont comme des rois, car il n'y en a que dans "hooligans". Pareil pour le B aussi, seulement dans "A bas".

Quelqu'un entre et crie :

— Les amis, Ceauşescu est tombé ! Le dictateur est en fuite !

Nous cessons le travail et nous le regardons, pétrifiés. Comme s'il avait perdu la tête.

— Venez vite à la télé ! Venez voir !

Je ne sais pas où se trouve la télé mais je suis les autres. On parle du dictateur, du criminel et de la liberté.

La joie ! Des embrassades à gauche et à droite. Mais pas avec Doroftě, qui a disparu.

Que fait Tzucu ? Que fait Alice ?

Je cours vers la maison, heureuse et terrifiée.

Le soir nous allons dans le centre de la ville. Il y a beaucoup de monde, on agite des drapeaux dont on a découpé le blason. Depuis un balcon, des discours. On scande des slogans. Finalement, nous rentrons à la maison, pour suivre les événements à la télévision.

— De toute façon, ce qui se passe à Bucarest est plus important que ce qui se passe dans ce bourg, dit Tzucu.

Chapitre 28

Sanda habite à l'autre bout de la ville, si bien que j'ai dû partir une heure avant. Pour ce qui est de mon grand plan de *ressuscitation* du passé, je n'étais plus aussi sûre. Je me suis dit que, peut-être, il serait mieux de voir d'abord quelle est l'atmosphère et ensuite seulement d'entamer la discussion. Autrement, je risquais de tout faire capoter. Toutefois, je pensais, on ne peut pas prendre les gens par surprise, sans les préparer un peu. J'ai pris le cake que je venais de faire, un cabas et je suis montée dans le tramway. Seigneur, le billet avait encore augmenté ! Presque deux salaires de l'époque de Ceauşescu. Je suis descendue à la gare et j'ai continué à pied. Elle n'a déménagé que depuis cinq ans environ ; ils ont vendu l'appartement et ont pris une maison avec un morceau de terrain derrière. Au début, ce n'était pas brillant, mais ils essayaient de se débrouiller avec ce qu'ils tiraient de leur potager. Silviu, son mari, avait monté un petit atelier de menuiserie où il bricolait un peu pour les gens du quartier, mais pas trop, parce qu'il a vieilli, lui aussi. Ils ont acheté à un bon prix à une famille qui partait vivre à la campagne. Les vendeurs avaient eu je ne sais quels ennuis avec leur fille qui s'était enfuie avec un motard et – poussés par le besoin aussi bien que par le regard rigolard des gens de leur rue – ils s'étaient retirés au village, chez leurs parents je crois, qui avaient paraît-il une grande ferme. Sanda était satisfaite. Elle disait qu'elle était à la campagne et à la ville en même temps, mais moi je crois plutôt qu'elle n'est ni à la campagne ni à la ville.

Nous ne sommes allés chez elle que deux ou trois fois, et, la dernière fois, c'était il y a trois ans. On se parlait au téléphone.

Depuis que je n'y ai plus mis les pieds, on dirait que la rue a changé. Toutes sortes de petites villas sont sorties de terre, peintes en jaune ou en bleu, comme les hôtels, à la mer. Probablement que les rupins de la ville cherchent ici un bol d'air pur. Elles ont des jardins de fleurs – pas trace de chou ni de persil –, des allées de gravier et des chiens-loups qui passent le museau à travers les grilles de fer forgé. Devant l'une d'elles, il y a même une petite fontaine qui gargouille et quand je suis passé deux coquins d'enfants jouaient à s'éclabousser. Trois ans avant, il n'y avait encore que la maison du Colonel* comme l'appelait Sanda et depuis quatre ou même cinq casemates de ce genre ont apparu. Il est vrai que c'est plutôt du côté de la rue qui donne sur la gare, et pas en bas, du côté du magasin, où Sanda a sa maison. Mais il n'est pas exclu qu'en quelques années de pauvres villas soient construites à côté de

* Voir l'étrange histoire de cette maison dans *Le Paradis des poules*.

sa maison, avec des types bedonnants en bain de soleil.

Si j'y pense bien, la maison où, dans le temps, Ceauşescu descendait et qui nous semblait être un palais, n'est qu'une bicoque à côté de ces grosses baraques qui poussent comme des champignons après la pluie. Je n'aurais jamais cru que dans ce coin de la ville, en bordure de plaine, on puisse construire autant.

Nous nous sommes embrassées, nous nous sommes tombées dans les bras. Sanda avait sorti dehors une table et quelques chaises, sous le noyer. Que dire d'autre, c'était agréable d'être à l'air frais. Ma sœur avait bonne mine et la maison rénovée avait complètement changé. Les jardinières de fleurs, alignées le long de la véranda, donnaient une impression de villégiature. D'un coup d'œil, j'ai pris la mesure de la cour et elle me semblait juste bonne pour y installer un hangar. Un petit, pour commencer.

— Voici Louche, c'est Silviu qui l'a trouvé je ne sais où… C'est ce qu'on dit, tout homme qui a une maison doit aussi avoir un chien qui soit là pour remuer la queue.

On aurait dit que ce chien avait honte, il se cachait derrière le tablier de Sanda comme un petit enfant. C'est un bâtard mais il tient ses oreilles levées et il a de grands yeux ronds comme des noix et il est sympathique. Silviu était parti pour le boulot, si bien que nous, les filles, nous allions rester entre nous.

— Et Aurelia ? j'ai demandé.

— Elle m'a téléphoné pour dire qu'elle serait un peu en retard, elle a quelque chose à résoudre au magasin.

En attendant qu'elle arrive, ma petite sœur m'a mise au courant de la vie d'Aurelia. J'ai compris qu'elles se voient souvent, parce que notre ancienne collègue de travail n'habite pas loin, quelque part près de la gare. Elles sont à peu près du même âge, environ cinq ans de moins que moi ; mais, de l'usine, nous en sommes parties toutes en même temps, quand ils ont mis la clé sous la porte. Aurelia a ouvert son magasin, dans le quartier, et elle vend de tout. Son mari, qui a été gestionnaire toute sa vie, savait comment les choses fonctionnaient et ils ont pu s'orienter dans cette voie. Elle court toute la journée mais ne peut pas se plaindre. Son gendre a une boulangerie dans un village des environs et il lui livre son pain. Le reste des produits provient des magasins de gros. Elle s'est acheté une voiture. Même Sanda est une de ses clientes, quand elle passe devant. Elle fait de bons prix. Chaque fois qu'elles se voient, elles en profitent pour discuter. Mais pas trop, parce que, en tant que patronne, elle est toujours pressée. C'est pas mal du tout, qu'elle se débrouille bien, je me suis dit ; elle pourrait aider financièrement au démarrage du projet.

— Eeeeh bien ! Mais dis, ça commence à ressembler à la ville, par chez toi ! a crié Aurelia en entrant comme une tornade.

— Et alors, tu croyais quoi ?!

Aurelia portait une blouse en lin aux manches bouffantes, une jupe chic et des sandales compensées. Elle avait des lunettes de soleil. Mais la démarche toujours aussi lourde et la langue aussi bien pendue.

— On dirait que tu as grossi, toi aussi… mais ça te va bien ! j'ai dit en me levant et en la serrant dans mes bras.

— Moui, j'ai pris quelques kilos… Le stress. Mais ça y est, régime ! A midi, une salade avec un petit quelque chose et, le soir, des fruits…

Elle a sorti de son cabas des petits gâteaux, une bouteille de deux litres de soda et quelques bananes. Elle a tout posé sur la table, à côté de mon cake coupé en tranches.

— Ta-dam ! Et maintenant, surprise ! elle a dit, en faisant apparaître une bouteille. Qu'on boive un verre, parce qu'on ne s'est pas vues depuis je ne sais combien de temps. C'est même pour ça que je ne suis pas venue en voiture…

C'était de la crème de whisky. Je n'en avais jamais bu.

Nous nous sommes assises toutes les trois autour de la table et allons-y la discussion. Louche ne sortait pas de derrière le tablier de Sanda, je ne voyais que sa queue qui s'agitait. Aurelia parlait de sa petite-fille :

— Elle n'arrête pas, je vous dis ! Et tout le monde dit qu'elle tient de moi. La vérité est qu'elle me ressemble assez. A l'époque, avant sa naissance, ma belle-fille ne me voyait pas d'un bon œil. Vous savez ce qu'on dit, le bébé ressemble à celui ou celle que la mère n'aime pas...

— A l'époque de Ceauşescu, c'était autrement facile d'élever un enfant, j'ai soupiré. A présent, je n'aurais même pas de...

— Notre petite à nous, elle a tout ce qu'il faut, je vous jure !

— Moi je regrette ce temps-là, sincèrement. Vous vous souvenez comment on s'amusait chez nous à l'atelier... la belle vie... et comme on se débrouillait bien ? j'ai dit, presque en pleurant.

Sanda connaissait mes opinions, elle n'était pas étonnée. Mais Aurelia m'a regardée longuement :

— Tu parles sérieusement ?

— J'ai une tête à plaisanter ?

— Ben, que veux-tu... d'une certaine façon j'étais plus tranquille, il n'y avait pas tant à courir...

Sanda a filé dans la maison retournant au passage le chien Louche. Le téléphone sonnait.

— Tranquille... et le frigo plein, j'ai dit en suivant son idée.

— La vérité est que par rapport à la misère qu'il y avait autour on était comme des rois... Parce qu'on travaillait pour l'exportation, c'est pour ça. Autrement... autrement tu peux être sûre qu'on aurait fait de ces queues...

— Tu te souviens des bouteilles de bière dans la baignoire, des sodas ?

— Ah là là, on était fous. Fous à lier !

— Le trictrac, le *septic*, *moara*…

— Il ne manquait que la roulette !

— Tu te souviens quand tu les as battus au championnat de trictrac ?

— Tu parles ? Seigneur, ce que j'ai pu les ridiculiser ! Moi, une bonne femme, les battre à plate couture… La finale était contre le père Ariton. Ils étaient tous de son côté, ces andouilles ! On était vraiment chauffés à blanc ce jour-là…

— Tu as des nouvelles du père Ariton ?

— Presque rien… Je l'ai croisé il y a quelques années, il s'était fait engager par un patron, mais il ne savait pas combien de temps cela durerait…

— Et cet idiot de Dragos ?

— Ah, lui il s'en est bien sorti, il a un dépôt de vins. J'aimerais avoir une affaire aussi florissante que la sienne…

— Comment il a fait, ce vaurien ?

— Comment veux-tu ? Je crois que son oncle, l'ex-premier secrétaire, lui a filé un coup de piston… Les plus grosses affaires, ce sont les anciens communistes qui les font…

— Comment ça ? j'ai dit, étonnée.

— C'est ce que j'ai entendu dire. Beaucoup d'anciens communistes sont aujourd'hui de grands patrons. Quoi, tu le savais pas ? Partout où tu vas, tu tombes sur eux. Même que je me suis retouvée nez à nez avec l'un d'eux là où je m'y attendais le moins… devine où ?

— Je sais pas… dis !

— Dans un monastère.

— Non !

— Si je te le dis… Je suis allée l'an dernier avec toute ma troupe au monastère. Dans la cour, toutes sortes de moines s'occupaient à diverses choses. J'ai acheté une petite icône et quand j'ai levé les yeux sur celui qui les vendait, j'ai eu l'impression de l'avoir vu quelque part. Où est-ce que je pouvais bien l'avoir vu ?

— C'était qui ?

— Attends ! Où est-ce que je pouvais bien l'avoir vu, celui-là ? Je reviens sur mes pas pour regarder de nouveau. Le moine m'a souri. Comme ça, à leur manière, timide. Il était assez âgé… Et d'un coup ça me revient : Dorofté !

— Non, c'est pas possible, Dorofté !?

— Attends ! Moi non plus j'arrivais pas à y croire, je me suis dit c'est des idées… Alors je me suis approchée et j'ai demandé : C'est vous ? C'est tout ce que j'ai demandé. Il a fait signe que oui. C'est lui, tu te rends compte ! Le secrétaire du Parti de la fabrique en train de vendre des icônes, tu aurais imaginé ça ?

— Je n'arrive pas à y croire… mais c'était un alcoolique !

— J'ai mis deux jours à m'en remettre… Mais si tu avais vu le visage doux qu'il avait !

— C'est lui qui m'a fait membre du Parti.

— Ben maintenant, t'as plus qu'à aller lui donner un coup de main ! a lancé Aurelia et elle s'est mise à rire aux éclats.

Puis Sanda est revenue, les joues rouges, en portant un seau d'eau. Dans l'autre main, elle portait une tasse :

— De l'eau du puits, pour qui en veut…

— On parlait de nos anciens collègues. Tu sais qui Aurelia a croisé ?

— Elle sait pour Dorofté, je lui ai raconté…

— Pourquoi tu ne m'as rien dit ? j'ai reproché à ma sœur.

— J'ai oublié.

— Mais, le Mitu, vous savez ce qu'il est devenu ? j'ai demandé en les regardant toutes les deux.

— Quand je suis arrivée ici, a commencé Sanda, je le voyais descendre la rue. Il fréquentait une sorte de bistrot qu'ils appelaient tous *Le Tracteur Chiffonné*, à l'endroit où il y a aujourd'hui le kiosque d'alimentation. Le bistrot a fermé environ deux ans après qu'on est arrivés ici et le magasin a ouvert. C'est bien, parce que c'est près et qu'on y vend presque de tout. Ah, mais c'est du Mitu que je parlais… Il allait au bistrot, il leur balançait ses histoires et les autres se fendaient la poire.

— Ah, mais je vous prends sur le fait, s'est exclamée Aurelia. Vous ne lisez pas les journaux !

— Pas tellement, c'est un peu cher… a reconnu Sanda.

— Moi non plus, je ne les lis pas, pour la même raison.

— Vous êtes des retraitées complètement dépassées ! Pas idée de ce qui se passe dans le bourg. Le Mitu est candidat au Conseil !

— N'importe quoi ! Il a déteint sur toi et tu nous racontes des craques, j'ai dit, méfiante.

— Si je vous le dis ! Mais c'est une info déjà dépassée. Que je vous dise quel est le scoop. Dans le journal d'avant-hier j'ai lu…

— Un autre bobard ? j'ai dit aigrement.

— Non, non, c'est du sérieux ! La candidature, c'est pas des bobards non plus, le Mitu est candidat sur la liste du parti Grande Roumanie. Bon, il est dans les derniers de la liste, sans grandes chances, mais il y est…

— Et le scoop ? a demandé Sanda.

— Ben, le scoop, c'est qu'un journaliste a publié une liste des actuels candidats qui ont été informateurs de la *Securitate*. Et le Mitu y est.

— Je ne peux pas y croire, d'où veux-tu qu'il sache ça, ce type ? je me suis fâchée.

— Je ne sais pas d'où il tient ça, de sources confidentielles, mais je crois que le Mitu était bien capable d'en faire une pareille.

— Maintenant, c'est la mode, tous ont été informateurs… Je sais pas… je crois que j'arrive pas à y croire… Vous ne vous rappelez pas toutes les blagues qu'il disait sur Ceauşescu ?

— Justement, pourquoi il lui arrivait rien ? a dit ma sœur.

— Et toi, tu en as bien dit des blagues sur Ceauşescu ? Et alors ? Il t'est arrivé quelque chose ? j'ai lancé à Sanda.

Aurelia a pris sa défense :

— Oui, mais Sanda en disait de temps en temps, alors que le Mitu…

Je crois qu'on a passé une heure autour du Mitu, jusqu'au moment où on a toutes décidé de changer de sujet. Il y avait encore tellement de choses à discuter…

La crème de whisky était bonne, rien à dire de ce côté-là, mais après deux verres je me suis retrouvée avec une de ces mélancolies…

On aurait dit que plus j'avais la larme à œil, plus Aurelia avait la langue bien pendue ; et je n'osais même plus penser à mon projet.

Sanda, quand il était question de communisme, disait toujours qu'il fallait laisser les morts avec les morts et qu'elle était contente de ce qu'elle avait.

— Oui, Aurelia, mais on était heureux… j'ai dit pour la énième fois.

— Tu débloques ! On avait de quoi manger, ça oui, mais tu trouves qu'on était heureux ? Moi je suis plus satisfaite aujourd'hui, quand j'arrive crevée à la maison… C'était un régime imbécile.

— Et nous on s'en foutait complètement… On se moquait de ce régime, tu te souviens ?

— On faisait contre mauvaise fortune bon cœur, ça oui.

— Mais on s'amusait, on se sentait bien ensemble…

— Tu sais ce que c'est, faire contre mauvaise fortune bon cœur ? Tu n'as vraiment pas le cœur à rire mais quelqu'un vient te chatouiller les doigts de pieds de force. Toi, tu ris, tu n'as pas le choix, mais cela ne veut pas dire que tu n'en peux plus de bonheur…

— Et quel chef on avait…

— Tu parles ! Un filou d'affairiste... Il s'est fait un magot sur notre dos. Sans dire combien de fois il s'en est pris à moi...

— Oh là là, tu n'es jamais d'accord ! regarde ce que sont devenues les usines. Elles avaient l'air de ça à l'époque ? Maint'nant, tu peux toujours chercher à remplir un bocal de peinture ou un bout de tuyau, tu ne trouveras pas...

— Tu sais quoi, Mica ? Si les filles volaient chez moi dans mon magasin comme on se servait à l'usine, je ferais faillite en deux semaines...

— Je veux dire autre chose : on trouvait.

— Chez moi aussi, on trouve.

— Oui, mais maintenant c'est autre chose...

— Ben oui, c'est comme si on venait piquer chez moi. Des choses qui m'appartiennent.

— Je voulais dire que, moi, j'ai la nostalgie de ce temps-là... je regrette cette époque... j'en ai les larmes aux yeux quand j'y pense...

— Et pourquoi tu ne chiales pas.

— Ben oui, je chiale, voilà !

Et je me suis mise à pleurer pour de bon.

A pleurer sur une époque mais aussi parce que Aurelia, qui avait tout partagé avec moi pendant vingt ans, ne voulait plus reconnaître combien nous avions été tous heureux. Parce que ses souvenirs, Seigneur ! étaient si différents des miens... Parce que je sentais que parfois elle avait raison. Parce que j'avais préparé un projet merveilleux qu'elle ne m'avait même pas laissée présenter.

— Qu'est-ce que tu fais, tu pleures pour de bon ? m'a demandé Sanda en venant près de moi.

— Et toi, tu ne dis rien !? je lui ai lancé avec amertume.

— Que veux-tu que je dise ?

J'ai laissé Aurelia partir devant puis j'ai démarré moi aussi.

Bien sûr, on s'est dit au revoir.

Dans le cabas où j'avais mis le cake, Sanda a glissé la moitié des bananes.

Chapitre 29

J'avais oublié que Tzucu est parti à la campagne, alors j'ai été déçue de trouver la maison vide. Cela m'aurait fait du bien d'avoir quelqu'un pour me taquiner. J'ai essayé de regarder un film, mais rien de ce qui se passait sur l'écran ne m'intéressait. Ces gens avaient leur vie qui ne ressemblait en rien à la mienne. C'était un peu bête, mais je leur en voulais. Pourquoi je m'intéresserais à ce qu'ils font, puisque eux ne s'intéressent pas à moi et à ce que je fais ? J'ai éteint le téléviseur et je me suis mise à passer l'aspirateur. Comme il était déjà tard, un voisin a tapé dans son radiateur et j'ai laissé tomber.

Je me suis assise sur le lit et j'ai récapitulé mon après-midi.

C'était clair, la discussion avec Aurelia ne m'avait pas fait du bien. Je n'étais pas dans mon assiette.

Je sentais mon passé commencer à changer. De nouvelles pièces entraient en jeu et elles ne coïncidaient avec rien, elles m'obligeaient à reprendre le jeu depuis le début. D'autres souvenirs me venaient en tête. Des gestes et des sentiments que j'avais oubliés. Les mêmes lieux, les mêmes personnes, la même époque, mais d'autres événements. Aurelia n'aurait pas dû faire ça. On était comme une famille et jusqu'à il y a peu on était heureux. Maintenant… maintenant tout se défaisait.

Et Sanda qui n'avait rien dit…

Depuis quand ma sœur me voyait comme une vieille coco ? Pourquoi nos souvenirs étaient-ils si différents ? De combien de gens heureux on a besoin autour de soi pour être nous aussi heureux ?

Finalement, je me suis endormie.

Ce matin, je me suis réveillée vieille.

Demain ? Oui, demain, jour d'élections…

Je crois que je vais gentiment rester à la maison… Je trouverai bien quelque chose à faire.

Ouvrage réalisé
par l'Atelier graphique Actes Sud.
Achevé d'imprimer
en janvier 2008
par l'Imprimerie France Quercy
à Cahors
pour le compte des Editions Actes Sud
Le Méjan, place Nina-Berberova
13200 Arles

Dépôt légal 1re édition : février 2008

N° impr. : 72897
(Imprimé en France)